EL VERDUGO DE DIOS

Un inquisidor en el Camino de Santiago

W0385877

TOTI MARTÍNEZ DE LEZEA

EL VERDUGO DE DIOS

Un inquisidor en el Camino de Santiago

EMBOLSILLO

Diseño de cubierta: Romi Sanmartí

Mapa: Aritz Albaizar

Fotografía de la autora: © Vicente Paredes Gil

Ilustración de cubierta: *La tentación de San Antonio*, El Bosco, aprox. 1490, Museo del Prado. Madrid

Diseño de colección: Toni Inglès

Queda terminantemente prohibida, sin la autorización escrita de los titulares del «Copyright», bajo las sanciones establecidas en las leyes, la reproducción parcial o total de esta obra por cualquier medio o procedimiento, comprendidos la reprografía y el tratamiento informático, y la distribución de ejemplares de ella mediante alquiler o préstamo públicos.

© TOTI MARTÍNEZ DE LEZEA
© 2008 MAEVA EDICIONES
Benito Castro, 6
28028 MADRID
emaeva@maeva.es
www.maeva.es

ISBN: 978-84-96748-48-4
Depósito legal: M-17.595-2008

Fotomecánica: G4, S. A.
Impresión: Lavel, S. A.
Impreso en España / Printed in Spain

A Mikel y Lorea

Mi cariño para Xabier Santxotena, escultor y poeta, descendiente del pueblo del bosque, por compartir conmigo memoria y sentimientos.

Y mi agradecimiento a la profesora Raquel García Arancón, por su apoyo y paciencia.

Bozate
Santiago
Zizur
Obanos
Eur
Estella/Lizarra
Gares/P
San Esteban de Deio
Los Arcos/Urantzia
Dorreaga/Torres del Río

Paris
Montsêgur
San Esteban de Baigorri
Garazi/San Juan
Xuhitoa
Collado de Izpegi
Elizondo
Valcarlos/Luzaide
Orreaga/Roncesvalles
Zubiri
Pamplona
N
ne
no
E
O
se
so
S

Vertus, 1239

El maestro de obras Geoffroi Bisol era un hombre ya maduro, de mirada penetrante, medio oculta bajo unas cejas espesas; abundante cabellera gris cubierta por un bonete y una espesa barba que lo hacía parecer mayor de lo que era. Vestía ropas de corte sencillo, sin pieles, adornos o joyas cosidas a ellas, pero la buena calidad de los paños desmentía la primera impresión que lo hacía parecer un simple artesano con algo de fortuna, un bodeguero o el dueño de un taller de telas. Se había ganado su fama trabajando en varias fábricas entre las cuales destacaba la propia catedral de su ciudad natal, Troyes, y sabía que no le quedaría vida suficiente para realizar los encargos que esperaban sobre su mesa de trabajo. Se hallaba supervisando la reconstrucción de la catedral de Châlons, destruida por un incendio unos años antes, cuando recibió un mensaje instándole a regresar sin demora a Vertus. Temiendo que algo grave hubiera ocurrido en su casa, ordenó aparejar la mula y se puso de inmediato en camino.

Ya había oscurecido cuando distinguió la antorcha encendida que iluminaba la entrada a la aldea cuya principal ocupación eran las viñas que la rodeaban y en la cual Madeleine y él habían construido su nido, lejos de la ciudad. Casi todos los vecinos trabajaban en las viñas y él mismo había adquirido una, de modestas dimensiones, en la que se evadía siempre que el trabajo se lo permitía, es decir, casi nunca. Su única hija, Alix, había nacido allí, llenando el espacio vacío que quedaba en su vida. A una edad en la cual sus conocidos ya eran abuelos, él había sido padre de una hermosa criatura. Por ella había vuelto a nacer, por ella... y por Madeleine, una mujer del pueblo, buena y caritativa, que había creado un hogar para él, el que le faltaba desde la muerte de su madre hacía ya diez años. Al igual que las antiguas sacerdotisas, mantenía el fuego del hogar encendido en todo momento y esperaba su regreso aunque su ausencia durase días y, a veces, meses. No hablaban mucho, sus lenguajes eran diferentes, sus ambiciones también. Él siempre tenía la mente repleta de líneas y formas, pero ella escuchaba su silencio y sus ojos mostraban la admiración que sentía cuando lo observaba trabajar inclinado sobre su mesa. El entendimiento suplía con creces la falta de palabras. Y luego estaba el lecho, frío durante casi toda su vida, y, de pronto, cálido y acogedor. No era un gran amante y tampoco podía decirse que alguna vez hubiera perdido la cabeza por un asunto que consideraba un mero desahogo, pero era reconfortante sentir a su lado el cuerpo de una mujer, oírla respirar. Desde su unión se había sentido un poco menos solo.

Antes siquiera de haberse apeado de la mula, le salieron a recibir varios de sus vecinos para comunicarle que Madeleine, junto con otras personas de toda la región, había sido apresada y llevada al castillo acusada de herejía.

–Dicen que hay allí cerca de quinientos detenidos –le comunicó su informante.

Hizo un cálculo rápido. El número le pareció un tanto exagerado, dado que los subterráneos del castillo no tenían capacidad para tanta gente. Lo sabía bien, puesto que él había sido el constructor del edificio, pero le vino a la mente la imagen del ganado amontonado en corrales y cuadras, y sintió un estremecimiento.

–Dicen –prosiguió el hombre– que el inquisidor quiere dar un escarmiento y planea un juicio colosal: ha jurado acabar con todos los herejes de una sola vez.

–¡Satanás engendró a ese hijo con una bruja! –exclamó otro de los presentes, y los demás corroboraron su afirmación.

La locura se había apoderado de la región de Champaña a finales del último verano y desde entonces no había paz en los hogares honestos. Gregorio IX había puesto en marcha cuatro años antes un tribunal religioso especial para juzgar los casos de herejía. Dicho cometido estaba en manos de seglares, pero a juicio del Papa, los procedimientos eran demasiado lentos y las penas leves, a pesar de haberse ejecutado ya a un buen número de herejes. El fraile dominico Robert Lepetit fue nombrado inquisidor para el norte de Francia y juró no descansar hasta no erradicar la herejía. A fe de muchos, lo estaba consiguiendo.

A Geoffroi le llevó un rato entender la razón por la cual Madeleine había sido encarcelada y escuchó atentamente las explicaciones que le dio un hombre entrado en años, vestido con un simple hábito negro a cuya cintura llevaba atada una cuerda y que se hallaba alojado en casa de otra de sus vecinas, la anciana Catherine que atendió a su mujer en el parto.

–Somos una comunidad cristiana que no hacemos mal a nadie –comenzó diciendo el hombre a quien llamaban obispo Moranis–; practicamos el amor hacia los seres humanos, incluso hacia los enemigos, y el cuidado de los pobres y de los enfermos, al igual que hizo Jesús. No pedimos dineros a nuestros seguidores, ni vivimos en monasterios; no tenemos iglesias ni catedrales. Nuestro templo es el mundo y nuestra fe el Sermón de la Montaña y el Evangelio de San Lucas. La Iglesia de Roma ha desencadenado sus furias contra nosotros, nos llama herejes y nuestros fieles sufren una terrible persecución, pero Cristo no tenía un techo sobre su cabeza; el Papa vive en un palacio y sus sacerdotes se enriquecen con el diezmo obligado. Aun así, creemos en la paz entre los seres humanos, condenamos la pena capital porque nadie tiene derecho a arrebatarle la vida a un semejante, y estamos seguros de que, al final, el Bien triunfará sobre el Mal. Nos conocen por cátaros –concluyó con una sonrisa.

–¿Cátaros? –interrogó estupefacto.

–Nosotros nos llamamos buenos creyentes.

–¿Y qué tiene que ver Madeleine con todo eso?

–Ella es una de los nuestros.

La respuesta lo dejó atónito y tardó en reaccionar. Echó una mirada a su alrededor. Sus vecinos, aquellas gentes pacíficas con quienes a veces se entretenía, hablaba de vides y recolecciones e intercambiaba saludos, se le aparecían ahora bajo otro aspecto: eran miembros de una secta condenada por la Iglesia, herejes, y él se sintió en aquel momento como la mosca atrapada en una gigantesca tela repleta de arañas. Su hija dormitaba sentada sobre una silla; la cogió en brazos sin decir ni media palabra y con el rostro lívido se encerró en su casa.

Pasó la noche en vela, sin dejar de vigilar el sueño tranquilo de la pequeña y temiendo que en cualquier momento aparecieran los sectarios, con su obispo al frente, para llevárselos a los dos. Durante aquellas largas horas, le vinieron a la mente pensamientos terribles; tenía las ideas confusas y el corazón destrozado. ¿Cómo era posible que él no se hubiera percatado de nada, que Madeleine, su buena esposa, hubiera sido una de ellos? Luego recapacitó. Su matrimonio no había variado su estilo de vida; las obras en lugares muy diversos lo obligaban a ausentarse de la casa durante largas temporadas; su mujer y él nunca hablaban sobre sus creencias, jamás se habían confiado sus pensamientos y deseos más íntimos. A él le bastaba con sentirla cerca, hacerle el amor de vez en cuando y que ella compartiera su silencio.

No sabía mucho de aquellos cátaros aborrecidos por la Iglesia y acusados de la más terrible de las herejías: la negación de la divinidad del propio Jesucristo, base de la doctrina de Roma. No creían tampoco en la virginidad de María, los sacramentos, el culto a los santos o a las reliquias; afirmaban la existencia de dos dioses: uno bueno y otro malo, creadores respectivamente del espíritu y de la materia, pero, sobre todo, acusaban a la Iglesia de Roma de ser instrumento del diablo. Era una religión de locos envenenados por creencias llegadas del oriente europeo y el Papa había llamado a la cruzada contra ellos. En lo que iba de siglo, habían tenido lugar dos guerras cruentas con miles de muertos en el sur, en Occitania, y ésta quedaba lejos de Champaña, país de catedrales y monasterios, cuyos verdes campos cruzaban los peregrinos que iban a rezar ante la tumba del santo apóstol Santiago, en Compostela.

Al día siguiente, nada más rayar el alba y acompañado por Alix, se personó en el castillo condal y solicitó hablar con el inquisidor. Apenas pudo disimular su sorpresa cuando los introdujeron en una pequeña habitación y se halló cara a cara con el dominico. No era la primera vez que se encontraban y el individuo no era una persona a la que se olvidaba con facilidad.

Unos años antes, en la villa de Reims, el fraile fue a visitar la catedral de Notre-Dame y no escatimó halagos ante la maravilla que se alzaba en el mismo lugar que el primer templo, ocho siglos atrás. Santuario de la realeza y una de las más hermosas construcciones del nuevo arte en Francia, provocaba el asombro de los visitantes por sus dimensiones y líneas armoniosas. El estilo era osado, arrogante, hermosísimo y controvertido; todos los maestros constructores, carpinteros, canteros, vidrieros del reino, deseaban trabajar en la fábrica de Reims. Geoffroi había sido uno de ellos y colaboraba en el portal central de la fachada occidental, el consagrado a la Virgen.

El fraile dominico admiraba la fachada cuando, de pronto, su rostro mudó del placer a la ira al contemplar la talla en piedra de la Virgen en la parte central superior. La imagen representaba a una mujer muy hermosa cuyo cabello, suelto al modo de las doncellas, enmarcaba un rostro sonriente y perfecto; vestida a la moda de las damas nobles de Champaña, los pliegues de su túnica, sujeta bajo el pecho, parecían tener movimiento y sus brazos se extendían acogedores, invitando al abrazo.

–¡Blasfemia!

El grito indignado del fraile resonó por encima de las voces de los albañiles y los martillazos de carpinteros y canteros; el ruido cesó y todas las cabezas se volvieron hacia él.

–¡Blasfemia! –repitió–. ¡Indecencia e inmundicia!

–No os entiendo... –dijo Geoffroi, tan sorprendido como los demás por su reacción.

–¿Quién ha osado colocar a una ramera en la puerta de entrada a la casa de Dios? –insistió el dominico señalando con un dedo acusador a la figura.

–Es una imagen de Nuestra Señora y he sido yo mismo quien la he esculpido –respondió el constructor ofendido.

–¡Arderéis en el infierno, maestro constructor! Esa mujer no es la madre de Cristo; es una ramera que sonríe con lascivia e incita a los hombres a acudir a su lecho.

Antes de que nadie pudiera reaccionar, el ya inquisidor se había subido al andamio, había asido una barra de hierro y golpeado con furia la imagen, rompiéndola por la mitad. No contento con ello, continuó golpeando hasta destrozarla por completo. Geoffroi estaba paralizado y no daba crédito a sus ojos. Jamás había sido agraviado de tal modo, jamás nadie se había atrevido a insultarlo de aquella manera. La estatua le había llevado meses de trabajo y el resultado, en su opinión, era lo mejor que había hecho en toda su vida.

–Quiero una imagen de María en el centro –le había dicho el arzobispo–, una imagen diferente a las demás; que esté viva, que respire. Esas vírgenes sentadas en majestad, con la corona en las sienes y el niño sentado en sus rodillas, no me dicen nada, no expresan sentimientos.

Aunque estaba de acuerdo con el prelado, nunca se le hubiera ocurrido a él decir algo semejante, pero el arzobispo no era un hombre como los demás. Decía lo que le parecía y lo hacía bien alto para que no quedaran dudas. Era un hombre con una gran personalidad y miembro de una familia influyente, pero él, un simple maestro de obras, no estaba a su altura y se limitó a afirmar con un gesto y a ponerse de inmediato a trabajar. El encargo le quitó el sueño hasta olvidar otras tareas pendientes; dibujó decenas de bocetos hasta dar con uno y sonrió satisfecho cuando, finalmente, logró plasmar sobre el papel lo que deseaba. Modeló la imagen en arcilla y, sin casi darse cuenta, cinceló después la figura de su mujer ideal. Estuvo a punto de lanzarse al cuello de aquel fraile loco que osaba destrozar su obra, pero se contuvo. El inquisidor era un enemigo peligroso y él un hombre práctico; no estaba dispuesto a ser encarcelado o ejecutado por un arrebato de ira. La vida era algo más importante que el orgullo ultrajado.

–Me han dicho que mi esposa está aquí –dijo sin apenas responder al saludo, igualmente sorprendido, del dominico, quien lo reconoció nada más entrar.

–¿Vuestra esposa?

–Me han dicho que fue hecha prisionera hace unos días, acusada de... de herejía.

El fraile no respondió de inmediato y se lo quedó observando con detenimiento antes de hacerlo.

–¿No lo sabíais? –preguntó al fin.

–Lo supe ayer. He pasado las últimas semanas en Châlons dirigiendo la reconstrucción de la catedral.

El dominico hizo una seña a otro fraile que se mantenía cerca de la puerta y éste desapareció para volver al poco con una carpeta de piel repleta de documentos.

–¿Cuál es el nombre de vuestra esposa?

–Madeleine, Madeleine Laforche.

Durante unos momentos, Robert Lepetit repasó, con el ceño fruncido, la relación de nombres inscritos en una lista extraída de la carpeta. Geoffroi no podía aguantar su nerviosismo y, al mismo tiempo, sentía un molesto cosquilleo en las palmas de las manos. Alix, ajena a la situación, comenzaba a impacientarse y a tirar del brazo de su padre, pero él la mantenía asida con firmeza.

–¡Aquí está! –exclamó finalmente el inquisidor con un tono de voz que al constructor le sonó a victoria.

–Exijo su libertad inmediata –ordenó, intentando mostrarse tranquilo–. Mi mujer no es una hereje.

–No exijáis nada, maestro, el asunto es mucho más grave de lo que vos suponéis. La Iglesia está en peligro; el reino entero lo está. Los herejes se han infiltrado por todas partes, amenazan a las buenas almas. Bajo una apariencia inofensiva, esconden los más terribles propósitos y pretenden acabar con el mundo creado por Dios Nuestro Señor.

–Mi esposa...

–Vuestra esposa es una de ellos –afirmó el dominico interrumpiéndole con sequedad–. Todos los nombres que aparecen en esta lista han sido examinados, interrogados y acusados formalmente de herejía.

–¡Tiene que haber un error!

–No hay error posible cuando está en juego la propia existencia de la Iglesia.

Geoffroi abandonó el castillo poco después. No sólo no había conseguido convencer al inquisidor, sino que, en algún momento, éste le había aconsejado no insistir en el asunto so pena de verse él mismo acusado como sospechoso de defender la postura herética. Tampoco logró ver a Madeleine.

Durante varios días, después de dejar a su hija al cuidado de la mujer de Lucien, su maestro cantero, recorrió la región de Champaña en busca de ayuda; habló con obispos, abades, alcaldes, personas influyentes de las ciudades y pueblos en los que había llevado o llevaba a cabo obras. Las sonrisas de bienvenida se trocaban en actitudes poco amistosas o, todo lo más, de conmiseración en el momento en el que mencionaba la razón de su visita. Únicamente encontró un oyente atento en el arzobispo de Sens, un viejo amigo, para quien había trabajado en varias ocasiones.

–Querido maestro, me temo que os halláis en una situación difícil –le dijo el prelado al tiempo que lo invitaba a tomar asiento a su lado–. Lepetit es un hombre peligroso, decidido a todo con tal de hacer méritos ante el Santo Padre. Lleva ya algún tiempo acusando y logrando la ejecución de cátaros en otros lugares del reino. Ha encendido hogueras en Douai, Cambrai,

Elincourt y en muchos otros sitios; cuenta con el beneplácito de altas instancias en la curia y el apoyo personal del rey Luis. He enviado varias cartas al Papa en las cuales le muestro mi disconformidad con sus métodos de actuación, pero sólo he recibido buenas palabras a cambio y la confirmación del apoyo del cual goza ese sujeto.

–Yo creía que el problema de los herejes concernía sólo a los del sur, los de las tierras del conde de Toulouse... –masculló Geoffroi para sí, y añadió a modo de disculpa–: Nunca me he preocupado mucho por ese tema.

–La guerra en el Languedoc, la destrucción de poblaciones enteras y la muerte de miles de personas han dado mucho que hablar en los últimos años, pero esa idea que vos tenéis, y muchos comparten, no es del todo correcta. Ocurre que en el sur el conflicto religioso va unido a otro político. A pesar de sus diferencias, esta vez el Santo Padre y el rey de Francia han llegado a un acuerdo para luchar contra un mismo enemigo. Ambos tienen mucho que ganar. La Iglesia desea acabar con una creencia que pone en duda su legitimidad y el rey tiene así una buena disculpa para frenar al conde y a sus nobles y, de paso, hacerse con sus tierras, las más ricas de toda Francia. Aquí, en el norte, aparte de algunas revueltas dirigidas por los barones, no existe el conflicto político y no hay razón para una guerra, aunque sí la hay para perseguir a los herejes. Os sorprendería saber que su doctrina tomó cuerpo precisamente en esta región hace ya un par de siglos o tal vez más.

–¿Tan terribles son?

Geoffroi recordó la figura de Madeleine inclinada sobre la cuna de su hija con gesto de amorosa protección; vio su rostro dormido y en paz, y sintió su mano apoyada sobre él mientras lo observaba trabajar. Jamás, en los pocos años transcurridos desde su unión, le había hablado de religiones o sectas; acudía a la iglesia los domingos y dedicaba parte de su tiempo a ocuparse de un par de familias necesitadas del pueblo; nunca le había escuchado una palabra malsonante, ni le había visto un ademán desabrido.

–No son terribles, pero sí peligrosos para la Iglesia. Además de amenazar la fe y la unidad cristiana, pregonan la pobreza, la carencia de bienes materiales y la igualdad entre los seres humanos. Esto hace que muchos los vean con simpatía en este mundo nuestro en el cual los pobres son casi todos. Aunque es extraño –meditó el arzobispo en voz alta– que también consigan adeptos entre las clases acomodadas...

–Madeleine no es una de ellos –afirmó convencido el constructor.

–¿Cómo lo sabéis?

–Nunca ha dicho ni hecho nada que pudiera ponerme sobre aviso.

–No hace falta pregonar lo que se cree, basta con sentirlo.

–¿Y qué hay de malo en eso si no se hace daño a nadie?

–Sois un buen hombre, maestro, e intentaré ayudaros, pero Lepetit no goza de mis simpatías ni yo de las de él, así que no puedo prometeros nada.

Aún llamó Geoffroi a otras puertas con idéntico resultado hasta que, cansado, fue en busca de su hija y regresó a Vertus. Sintió una sensación de frío al penetrar en la casa, no sólo porque el tiempo había sido desapacible y lluvioso durante las últimas semanas, sino porque el hogar acogedor era ahora una vivienda vacía de calor humano. Como si hubiese tenido la misma percepción, Alix comenzó a llorar con desconsuelo, y el gran constructor capaz de elevar torres, planificar puentes y dar vida a las piedras, se dio cuenta de que era incapaz de ocuparse de una criatura de cinco años. Nunca se había preocupado por los menesteres caseros, siempre había tenido quien lo hiciera por él: primero su madre, luego sus ayudantes o sus mujeres, después Madeleine... Suspiró desalentado y miró a su alrededor. ¿Por dónde empezar? La niña continuaba llorando y él no sabía qué hacer para calmarla cuando oyó llamar a la puerta y el corazón le dio un vuelco. Madeleine, ¡por fin! El arzobispo de Sens había cumplido su palabra. Se apresuró a abrir y la sonrisa se borró de su rostro.

–Dejad que os ayude, maestro Geoffroi.

Catherine alargó los brazos para tomar a la niña y él no pudo negarse. Alix dejó de llorar al sentirse acogida por la mujer que le había ayudado a nacer, la vieja partera cuyas ropas olían a hierbas y a musgo.

–Estáis agotado, maestro, lo leo en vuestro rostro –prosiguió la mujer al tiempo que acariciaba el cabello de la niña–. Debéis descansar. Yo cuidaré de ella, al menos por esta noche, para que podáis dormir tranquilo. También os enviaré algo de comida para que tengáis algo caliente que echaros al estómago.

El constructor intentaba pensar mientras prendía fuego en el hogar a unos leños a medio quemar y añadía otros nuevos. Su ordenada vida había sufrido una sacudida de la noche a la mañana, convirtiéndose en un caos dentro del cual él giraba sin rumbo, como una peonza. Debería haber rechazado el ofrecimiento de su vecina. Su hija corría peligro entre aquellas gentes señaladas por el dedo implacable de la Inquisición, las mismas que habían pervertido a Madeleine y la habían atraído hacia ellas con malas artes, y, sin embargo..., el único ofrecimiento de ayuda verdadera había partido de una de ellas. Estaba demasiado cansado para poder pensar, la cabeza le daba vueltas, sentía las piernas flojas y los ojos se le cerraban. Comió, sin dejar una gota, el potaje de verduras enviado por Catherine y se tumbó en la cama, quedándose inmediatamente dormido.

El juicio contra los herejes, presidido por el conde Teobaldo de Champaña, tuvo una amplia repercusión en toda la comarca y en las tierras vecinas. Dieciséis prelados de las sedes episcopales del norte de Francia acudieron a las sesiones; también lo hicieron los abades y priores de las abadías y monasterios más importantes de la región, teólogos, maestros en leyes, escribanos y todos los barones del condado. El arzobispo de Sens no acudió. Corrió el rumor de que era una forma de protesta, aunque nadie supo decir a ciencia cierta la razón de su ausencia, pero al maestro constructor se le esfumaron las pocas esperanzas que aún tenía.

A medida que se aproximaba el desenlace, el número de curiosos en los alrededores aumentaba día a día, como siempre ocurría en casos parecidos. Asimismo, llegaron al lugar multitud de mendigos, truhanes, prostitutas, vendedores ambulantes y predicadores iluminados con la esperanza de beneficio, aprovechando la afluencia de público al acontecimiento. La perspectiva de un gran espectáculo en el cual, con toda seguridad, se ejecutaría a un buen número de hombres y mujeres no dejaba a nadie indiferente. El horror y la lástima se mezclaban y la sensación provocada era difícil de describir.

–Los romanos les daban pan y circo; nosotros no les damos pan, pero sí herejes –comentó un barón en tono despectivo al observar a la muchedumbre acampada a los pies del castillo.

El maestro asistió al juicio mezclado con algunos clérigos menores, alcaldes y pequeños señores rurales que habían tenido el privilegio de estar presentes, eso sí, en el fondo de la sala y de pie. Uno de los administradores del conde le proporcionó una autorización cuando él le explicó que su mujer estaría entre los acusados. Habían tenido relaciones durante el tiempo que duró la construcción del castillo y aún las mantenían, pero el hombre le instó a situarse en un lugar discreto y a pasar desapercibido.

–Es un momento muy delicado, maestro –le informó–. El *«Bugre»* está como salido de sí y no deja de detener a todo tipo de personas para engordar la causa. Ve herejes por todas partes. No le deis, os lo ruego, la oportunidad de hacer lo mismo con vos. Recordad que también tenéis una hija de la que debéis ocuparos.

El Bugre... Así denominaban a los cátaros recordando que la herejía procedía de un país llamado Bulgaria. ¿Por qué llamaban del mismo modo al dominico si éste era su mayor enemigo?

–Porque fue uno de los nuestros –le informó Catherine.

Había vuelto a tratar con sus vecinos de Vertus. Algunos habían sido detenidos después de su partida en busca de ayuda y sus familias penaban al igual que él. También habían apresado al que llamaban obispo y que luego supo que era el guía espiritual de la comunidad. Por curiosidad, por entender lo que había llevado a Madeleine a unirse a ellos, por saber la razón por la cual aquellas gentes humildes arriesgaban sus vidas, y también por sentirse menos solo, hizo preguntas y a todas recibió respuestas.

Geoffroi fue conociendo la vida del hermano Robert Lepetit, el Bugre, por Catherine y otros miembros de la comunidad de Vertus. El hombre había sido fraile dominico hasta el día en que, obsesionado con una mujer, una buena creyente, la siguió hasta tierras italianas tras deshacerse de su hábito. Nadie supo muy bien explicarle lo que ocurrió después, pero al cabo de algunos años, el antiguo renegado regresó a la fe de Roma convertido en la bestia que ahora era. Conociendo las señales, el lenguaje y simbología de sus antiguos correligionarios, le era fácil descubrirlos y se afanó en ello; fue nombrado *Catharscum-Inquisitor* para el norte de Francia por el papa Gregorio IX quien, en carta dirigida al provincial de los dominicos, pidió que fuera enviado donde fuese necesario a fin de descubrir la herejía, y más concretamente a las provincias de Reims y Sens, en las cuales los ministros de Satanás habían expandido la mala simiente. Al llegar a tierras de Champaña, el Bugre venía precedido de una fama siniestra, puesto que hacía ya cuatro años que se dedicaba a sembrar el terror y a quemar herejes allí por donde pasaba.

Durante las sesiones del juicio, el constructor no perdió de vista al fraile; lo vio acusar, señalar con el dedo y decir cosas terribles, ante una audiencia deseosa de escucharle y un tribunal dispuesto a creer en sus palabras. No le temblaba la voz cada vez que condenaba a una persona, ya fuese hombre o mujer, joven o viejo. Los reos, descalzos y encadenados, también lo escuchaban. Introducidos en la sala en pequeños grupos, eran conminados a abjurar de sus crímenes. Si lo hacían y se arrepentían, eran separados y condenados a penas de cárcel o azotes, al exilio o a pagar determinadas cantidades de dinero, según la gravedad de su caso. Los que perseveraban en sus creencias eran irremisiblemente condenados a ser quemados vivos.

Vio a Madeleine en uno de los últimos grupos y el corazón se le encogió de dolor. Tendría que haber acudido en su ayuda, atravesar la sala y defenderla ante sus jueces, pero no lo hizo; permaneció quieto, incapaz de reaccionar cuando ella no quiso abjurar. No parecía sentir pena ni alegría. Miró al tribunal con indiferencia cuando escuchó su sentencia y se dejó conducir junto a los condenados a muerte sin haber abierto la boca, excepto para decir «no» cuando el Bugre le instó a renegar de su fe.

–Nosotros creemos que el mundo ha sido creado por el Mal –le informó Catherine cuando él le relató lo sucedido y el extraño comportamiento de su mujer–, por lo tanto, no nos importa morir, porque es la única forma de que nuestras almas se vean libres de él.

Una pregunta le quemaba en los labios.

–¿Cuándo... cuándo decidió Madeleine ser una de vosotros?

La mujer lo miró sorprendida.

–¿Cuándo? Siempre lo ha sido; sus padres y sus abuelos y los abuelos de sus abuelos lo eran, al igual que los míos. En estas tierras han existido verdaderos creyentes desde hace mucho.

–Pero... acude a la misa dominical y a las procesiones...

–Yo también, y todos los demás. ¿Para qué hacer las cosas más difíciles de lo que ya lo son? En tiempos de mis abuelos hubo una gran persecución, muchos de los nuestros murieron en aquella ocasión y otros tuvieron que emigrar. Los que decidieron quedarse, aceptaron las reglas impuestas por Roma; fueron, digamos, perdonados, pero siempre hemos sentido su ojo vigilante sobre nosotros y, ya veis, teníamos razón.

Catherine también le habló de un hombre, llamado Leutard, quien doscientos años atrás había sublevado a los campesinos en contra de la Iglesia de Roma. Sus prédicas fueron seguidas con fervor y le acarrearon las furias de los poderes religioso y civil.

–Dicen que se quitó la vida, pero no es cierto. Nuestra fe nos prohíbe matar, por eso no comemos carne, y el suicidio es matarse a uno mismo. Lo asesinaron, ahogándolo en el pozo que está al lado de la iglesia de San Martín –concluyó convencida–. De todos modos, no murió en vano. Los que se marcharon llevaron sus palabras por todo el país y puedo aseguraros, maestro, que hoy en día no existe un solo rincón de la vieja Galia en la que no vivan buenos creyentes.

Estas conversaciones y otras mantenidas al amparo de la noche, en su casa o en las de sus vecinos, con las ventanas bien cerradas y las puertas atrancadas, informaron a Geoffroi sobre una comunidad cuya existencia había ignorado hasta entonces. Siempre se había limitado a cumplir con las devociones religiosas en las cuales había sido educado; jamás se había interrogado sobre la existencia de Dios, estaba ahí y eso era suficiente para él. Tampoco había cuestionado nunca el dogma de la Iglesia, ni a sus ministros. En alguna ocasión su madre le había hablado de un antepasado, Geoffroi Bisol, uno de los nueve compañeros fundadores de la orden de los Pobres Caballeros de Cristo, más conocida como el Temple. Su madre estaba muy orgullosa de aquel antepasado y era la razón de que le hubiese dado el mismo nombre, aunque a él le fuera indiferente. No conocía a ningún caballero templario y, vistos los escasos medios económicos de su familia, tampoco parecía que un parentesco tan famoso les hubiera sido de mucha utilidad. Desde muy joven había trabajado en la construcción de iglesias y monasterios; primero como aprendiz, después como cantero hasta, finalmente, obtener el difícil puesto de maestro constructor. Necesitó muchos años, casi toda su vida, infinidad de horas de trabajo, estudios de matemáticas y geometría, para alcanzar la cima en su oficio, una meta a la cual muchos aspiraban, pero pocos llegaban, y nada podía distraer su atención del trabajo. De todos modos, una cosa estaba clara: su nombre se lo debía a sí mismo y no al templario abuelo de su abuelo.

Durante el juicio, observó atentamente los rostros de aquellos que, como Madeleine, se negaban a abjurar de su fe. No comprendía su actitud. Hombres y mujeres, algunos muy jóvenes, aceptaban serenos, sin una protesta, sin un gemido, una condena a muerte que hubieran podido evitar con tan sólo decir una palabra. Le recordaban a los santos mártires que él mismo había cincelado en capiteles y pórticos. También ellos prefirieron la muerte antes que renegar a sus creencias.

–Será un holocausto agradable a Dios.

Geoffroi tardó en reaccionar. La sentencia acababa de ser dictada pocos minutos antes: ciento ochenta y tres herejes, Madeleine entre ellos, serían quemados al día siguiente sin apelación posible; todos ellos habían admitido ser discípulos de Satanás y, a pesar de la benevolencia del tribunal y la oportunidad de salvar la vida, ninguno se había retractado de su terrible crimen. El constructor se hallaba apoyado contra un muro. Se sentía mareado, como después de haberse sobrepasado con la cerveza; las piernas le temblaban y era incapaz de pensar. Dos hombres, un fraile del Císter y un civil, hablaban a dos pasos de él.

–¿Redactaréis vos una memoria de los hechos, fray Aubri? –preguntó el civil.

–He tomado notas desde el comienzo de este asunto infecto y he sido encargado de enviar una relación al Santo Padre, aunque únicamente se hará pública una parte. No es necesario que el pueblo conozca al detalle las prácticas nauseabundas a las que estos herejes se entregan. No es bueno dar ideas a las mentes simples.

–¿Y cómo harán los fieles cristianos para reconocerlos?

–Por su hediondez. Su pestilencia es tal que las gentes honestas pueden reconocerlos cuando se cruzan en su camino.

Los vio alejarse, pero él permaneció apoyado contra el muro hasta que todo el mundo se hubo marchado. Madeleine olía a hierbas, a espliego y a romero; olía a amanecer. ¿De qué diablos hablaba aquel fraile?

Al día siguiente, al igual que miles de personas, los vecinos de Vertus se dirigieron a la campa, bajo el castillo, donde se alzaban tantas estacas como reos iban a ser ejecutados. El clima era desapacible, el cielo aparecía surcado por nubarrones grises con aspecto de ir a descargar en cualquier momento y el viento azotaba a rachas. Las estacas, en torno a las cuales se habían apilado montones de leña y ramas secas, semejaban esqueletos descarnados y a más de uno se le erizó el cabello ante la visión.

Geoffroi descubrió la cabellera rojiza, larga y abundante, agitada por el viento. Su mujer caminaba en la fila de los condenados que, precedidos por el inquisidor y varias decenas de frailes, emergía de las tripas del castillo. Por primera vez en su vida creyó que los milagros eran posibles. Algo detendría la ejecución; tal vez el conde se apiadaría de ellos; tal vez un rayo caería sobre el Bugre; tal vez todo era un mal sueño del que despertarían en cualquier momento. El inquisidor dio lectura a los cargos y nombres de los condenados por el tribunal. Entre los murmullos de los espectadores y los apagados gemidos de los reos, hombres y mujeres de todas las edades escucharon de nuevo sus sentencias de muerte. El maestro constructor siguió con la mirada el punto rojizo y se entretuvo en contar las estacas clavadas en la explanada al pie del monte Aimé, una colina en plena tierra de Champaña, para saber exactamente cuál era la de ella. Finalizada la lectura, dos docenas de frailes dominicos con cruces en las manos caminaron entre los condenados, alentando un último arrepentimiento, y abandonaron finalmente el lugar para dar paso a los verdugos. Geoffroi supo que los milagros no existían cuando el aire se llenó de humo y de gritos.

Momentos después, una densa capa de humo negro se elevó hacia el cielo. La noche cubrió la luz del día y los miles de personas llegadas desde todos los rincones de la región y desde las tierras vecinas temblaron de terror: estaban en el centro del infierno tantas veces anunciado por los curas desde los púlpitos durante los sermones dominicales. Las llamas abrazaron los cuerpos de los condenados cuyos alaridos enmudecieron las voces y el aire esparció el olor a carne humana quemada. Una mueca de disgusto se plasmó en los rostros de los espectadores que se llevaron las manos a la nariz y a la boca, pero no retrocedieron ni un paso, intentando no perder de vista el último movimiento, el estertor postrero de los sacrificados.

En una zona algo apartada de la muchedumbre, un pequeño grupo contemplaba impotente la ceremonia. Geoffroi tenía los ojos fijos en las piras humanas, mantenía las mandíbulas apretadas y los labios habían desaparecido bajo una línea blanca. En un momento determinado dirigió la mirada hacia la tribuna, engalanada con pesadas telas de terciopelo rojo y el escudo de la casa de Champaña.

–¿Quiénes son los de la tribuna? –preguntó volviendo a mirar en dirección a la hoguera.

–El conde, los barones, obispos y abades de la región –respondió otro hombre–. Gente importante.

–También está el hijo de perra –añadió una mujer anciana con las mejillas húmedas por las lágrimas–. ¿Cómo pudieron los nuestros acogerlo entre ellos? –inquirió a continuación, pero no obtuvo respuesta alguna.

La mirada del constructor se dirigió de nuevo hacia la tribuna de las personalidades, centrándose esta vez en la enjuta figura vestida con el hábito dominico situada junto al conde. El fraile asía con fuerza la balustrada y su cuerpo inclinado por encima de ésta parecía que fuera a caerse de un momento a otro. Justo entonces, el aire arreció con fuerza intensificando el olor a carne quemada y aventando cenizas sobre los espectadores. El conde y sus acompañantes se apresuraron a abandonar el lugar y en unos instantes la tribuna quedó vacía, a excepción del dominico que continuaba en su puesto, ajeno a lo que ocurría a su alrededor. También los espectadores comenzaron a dispersarse.

–¿Venís, maestro?

–Enseguida voy.

–¿Estáis bien?

El hombre hizo un gesto afirmativo. Catherine apoyó una mano sobre su brazo y lo apretó con cariño; fue a decir algo, pero se limitó a menear la cabeza de un lado para otro y, a una seña suya, los miembros del grupo emprendieron el camino hacia Vertus, la pequeña población vecina al monte Aimé.

Geoffroi Bisol permaneció en la explanada mucho tiempo después de que todo el mundo hubiera desaparecido, incluidos los últimos curiosos y los soldados del castillo, incluido el fraile negro, quien por fin había decidido retirarse. En la lejanía, las miradas de los dos hombres se encontraron aunque ninguno de ellos pudiera distinguir las facciones del otro. El humo se había disipado y únicamente quedaban pequeños rescoldos donde unas horas antes existían personas vivas. Con paso lento, el maestro se aproximó absorto en la contemplación del lugar. Luego contó las filas hasta llegar a la cuarta y los montículos hasta el sexto, comenzando por la derecha, y se detuvo. Sus mandíbulas seguían firmemente apretadas. Al cabo de un rato, se dejó caer de rodillas; recogió con ambas manos las cenizas aún templadas que no habían sido dispersadas por el viento y los restos óseos no consumidos, y llenó con ellos una arqueta de madera que extrajo de su morral. Lanzó una nueva mirada a su alrededor, hizo la señal de la cruz y echó a andar cuando la oscuridad hacía ya tiempo que había envuelto la hermosa tierra de Champaña.

Tan sólo unos meses antes disfrutaba de una vida sin sobresaltos, el mejor de los trabajos y una familia, y ahora... Apretó el morral que contenía la arqueta de madera y tuvo que detenerse unos momentos para coger aire antes de continuar avanzando. No tenía prisa, no quería llegar a su casa y enfrentarse con la realidad. Miró hacia lo alto del monte donde se recortaba la silueta del impresionante castillo cuyas formas y medidas él mismo había trazado más de veinte años atrás por orden de Blanca de Navarra, madre del conde Teobaldo. Era el castillo más bello de la región y uno de los más imponentes de todo el territorio francés, orgullo de sus propietarios y de él mismo. Había sido su primer encargo verdaderamente importante y la puerta de su renombre.

–Maldito seas, Teobaldo de Champaña, rey de Navarra, así la lepra recubra tu cuerpo y tu carne caiga a pedazos en una larga agonía –musitó sin alterar el tono de su voz.

Un par de días más tarde, abandonó la casa en la que había vivido con su mujer y su hija los últimos seis años; recogió sus dibujos, la arqueta de madera con los restos de Madeleine y alguna que otra cosa; aparejó un carro con toldo y se dispuso a emprender un largo camino. No se despidió de nadie, salvo de Catherine.

–Si alguien pregunta por mí, dile que he emprendido un viaje –rogó a la partera–. Y si se interesa por saber cuándo estaré de regreso, dile que algún día, tal vez...

–¿Volveréis?

–No lo sé.

Sabía que no volvería jamás. Con la ejecución de Madeleine y de sus compañeros se había roto el lazo que lo unía a la tierra en la que había nacido. No deseaba compartir el aire con sus asesinos; no quería trabajar para ellos, ni realizar hermosas construcciones para la gloria de un dios cuyos ministros y seguidores realizaban sacrificios humanos al igual que, se decía, hacían los antiguos paganos. Al mismo tiempo, y aunque aún no fuese del todo consciente, se culpaba de la muerte de su compañera por no haber intentado evitarlo, por no haber estado con ella hasta el final. Se sentía cobarde y sucio, decepcionado consigo mismo, hastiado.

–La niña...

–Estará bien, no te preocupes. Lucien, mi maestro cantero, y su mujer vienen con nosotros.

–Maestro...

Catherine parecía querer decirle algo más, pero no acababa de decidirse y él esbozó una sonrisa para animarla.

–Veréis... Tengo algo en mi poder que no debe caer en malas manos –la mujer extrajo un rollo del bolsillo de su faltriquera–. Es un documento. Yo no sé leer y no sé a quién confiárselo...

–¿Qué es?

–No lo sé, señor. Ya os he dicho que no sé leer, pero, vistos los acontecimientos, es peligroso guardarlo aquí, en Vertus.

–Destrúyelo.

–¡No podría hacerlo! –exclamó Catherine, escandalizada–. Os ruego que os lo llevéis. Estoy segura de que encontraréis a quién entregárselo. Perteneció al santo obispo Moranis...

Geoffroi deseaba marcharse de allí de una vez, la mención del obispo hereje quemado junto a su mujer le puso la piel de gallina, pero no podía negarle un favor a la persona que había sido generosa con su hija y con él. Cogió el rollo y lo guardó en la bolsa de viaje. Pudo observar que la mirada angustiosa de la mujer pocos minutos antes recobraba la tranquilidad. Sin más palabras, se subió al carro, arreó a la mula y la dirigió hacia el camino de Troyes. No echó la vista atrás. Cuanto antes olvidara la pesadilla, mejor para él, y para Alix.

El viaje desde Champaña les llevó semanas. Al salir de Vertus, Geoffroi únicamente tenía una idea: alejarse de allí lo antes posible. Dejaba varios trabajos sin finalizar, en especial los de la catedral de Châlons, pero nada en el mundo le obligaría a retomar las tareas; antes prefería ir a prisión. El obispo de Châlons lo trató con desprecio cuando fue a pedirle ayuda, e incluso comentó algo sobre la lujuria que le había llevado a caer en los brazos de una mala mujer, de una hereje. Se tragó la humillación porque no estaba en posición de responder, pero si el obispo quería su catedral, ¡que la acabara él mismo! Lo imaginó vociferando a diestro y siniestro en cuanto llegase a sus oídos la desaparición de su maestro de obras, y sonrió con amargura. Después frunció el ceño. Era urgente salir del territorio francés: podrían acusarlo de ser él también un hereje. El piadoso rey Luis IX tenía fama de justo, pero su celo religioso era más fuerte que su justicia y no tenía clemencia con los enemigos de la Iglesia, tal como había demostrado en múltiples ocasiones. Tampoco perdonaba las deserciones, y sus correos recorrían veloces el país. Debían llegar a Aquitania antes de que el obispo de Châlons y otros dieran aviso y se les buscara por todo el reino. Aquitania era territorio inglés; allí no tenían jurisdicción las leyes francesas, y Lucien y él podrían acogerse al asilo del gremio de constructores de Poitiers o de Burdeos. Luego, a medida que se sucedían las jornadas, lo pensó mejor.

Cuanto más lejos se hallaran, más difícil sería que los encontraran. Por otra parte, ya desde el comienzo de su viaje toparon con grupos de *jacques,* peregrinos que se dirigían a Compostela, fácilmente reconocibles por sus ropas, apropiadas para defenderse del sol o de la lluvia, y sus sandalias de caminantes. También tuvieron oportunidad, a una jornada de marcha después de haber dejado Troyes atrás, en la posada en la cual se alojaron, de entablar conversación con varias personas que hacían el mismo trayecto a lomos de caballerías, en especial con un comerciante de Calais. El hombre hacía el viaje para tantear la posibilidad de algún negocio ofertando lana inglesa, de mucho prestigio en el continente, a cambio de vino, de mayor prestigio aún en Inglaterra.

–He hecho este viaje en varias ocasiones y por los diversos caminos que llevan a Compostela –les explicó a Geoffroi y a Lucien mientras los tres hablaban en la taberna de la posada–. Es una experiencia muy interesante desde todos los puntos de vista. Va de sí que soy un cristiano fiel que a veces olvida sus deberes y es bueno para mi alma hacer recapitulación de mis faltas de tiempo en tiempo. Siempre que puedo me hospedo en un monasterio, acudo a los servicios, confieso mis pecados y me siento en paz, pero no os negaré, mis nuevos amigos, que no son éstas las razones que me empujan a emprender la larga ruta que lleva a la tumba del santo apóstol martirizado.

Al decir esto, el comerciante les guiñó un ojo y bebió un largo trago de la jarra de vino que los tres compartían después de limpiar con cuidado el borde. Era un hombre de mediana edad, con aire de haber disfrutado de la vida y continuar haciéndolo; más bajo que alto y más gordo que flaco, con aspecto cuidado como podía apreciarse por sus uñas, impolutas, su dentadura en buen estado y, sobre todo, el rostro rasurado y el cabello largo y brillante que, por el modo de pasarse la mano por él, debía de ser su gran orgullo.

–Los tiempos están cambiando a pasos acelerados –prosiguió después de beber– y el que no sabe subirse al carro pierde las mejores oportunidades. Hay que buscar nuevos mercados, nuevos clientes, y la ruta jacobea es uno de los mejores medios para conseguirlo. No sólo atraviesa infinidad de poblaciones, sino que también se conoce en ella a gentes llegadas de todas partes.

–Peregrinos que no tienen para comer y se acogen a la caridad de los monjes... –terció Lucien.

–Los hay míseros, muy míseros, eso es cierto; también los hay sinvergüenzas que venden reliquias falsas, ladrones que te roban a la menor oportunidad, asesinos y muchos otros de calaña similar, pero os equivocáis si pensáis que todos son así. A Compostela acuden nobles y plebeyos, ricos y pobres, representantes de ciudades y pueblos y, asimismo, algunos que llevan el encargo de postrarse a los pies del apóstol para cumplir la promesa hecha por sus señores.

–No me da la impresión de que valga para mucho el cumplimiento de una promesa en nombre de otros... –insistió

Lucien, habitualmente parco en palabras, pero a quien había soltado la lengua el vino peleón que raspaba la garganta.

–¡Claro que vale! Todo vale si se paga un precio..., a cada cual el suyo.

–Decidme, maese Jean, ¿cuál de las tierras que atraviesa el Camino es la más propicia para vuestros negocios?

Geoffroi escuchaba con una media sonrisa en los labios la perorata del comerciante, entretenido por el entusiasmo que apreciaba en sus palabras y al mismo tiempo condescendiente, pues no había en su mundo algo que tuviera mayor importancia que la creación, y no se creaba nada comprando y vendiendo cosas.

–El reino de Navarra, sin duda. Se halla en un lugar privilegiado, en un cruce de caminos: al norte, Aquitania; al este, Aragón; al oeste y al sur, Castilla. Todo el mundo ha de atravesarlo para ir a Santiago. Una tierra extraña aquélla... –añadió pensativo.

–¿Por qué?

–Veréis..., se extiende por las dos vertientes de los montes Pirineos y sus gentes..., ¿cómo os diría yo? Allí existe una mezcolanza de cristianos, musulmanes, judíos..., francos, ingleses y, ¡claro!, navarros. Se escuchan lenguas muy diversas, sus habitantes se mezclan entre ellos sin hacerlo del todo; los más próximos a las montañas son hoscos con los extranjeros, hablan un galimatías imposible de entender; y otro comerciante, a quien conocí en mi viaje anterior, me aseguró que algunos aún conservan sus antiguas creencias paganas.

–¿Bromeáis?

–¡Por la salud de mis doce hijos e hijas, os juro que es tan cierto como que ahora estamos aquí sentados!

Geoffroi y Lucien se miraron sorprendidos y divertidos a la vez. No imaginaban a aquel hablador padre de familia tan numerosa. El constructor estuvo a punto de preguntarle cuándo, con tanto viaje, encontraba tiempo para hacer hijos, pero calló. Le interesaba conocer más sobre la tierra cuyo nombre iba emparejado al de Teobaldo, el hombre que había presidido el juicio y la ejecución de tantos inocentes.

–¿Y todo el reino es igual?

–¡No, hombre! A partir de la ciudad de Pamplona y ya dirigiéndose hacia el sur, las gentes son más abiertas, aunque no demasiado. De todos modos, Navarra es el primer tramo verdaderamente organizado del Camino; se han fundado numerosas villas y repoblado otras abandonadas durante la guerra contra los musulmanes. Es una tierra que bulle, y no ha de olvidarse que por ella pasan cada año miles de personas.

–¿Miles?

–¡Muchas! Todas han de comer, vestirse, hospedarse, muchas se establecen en ella, a la ida o a la vuelta, y se construyen casas todos los días. Os aseguro, amigos míos, que si alguien desea cambiar de vida y empezar una nueva, Navarra es el sitio perfecto para ello.

El comerciante y Lucien continuaron hablando, pero Geoffroi ya no los escuchaba. Tal vez, pensó, el reino de Teobaldo era el lugar que estaba buscando. Si el comerciante de Calais estaba en lo cierto, trabajo no le faltaría y tampoco un lugar en el que olvidar y ver crecer a Alix sin sobresaltos.

–No me parece una idea acertada –afirmó Lucien más tarde, cuando él le confió sus planes–. Sois un hombre muy conocido en Champaña y alguno habrá que os reconozca, el propio Teobaldo, por ejemplo.

–No creo que visite Navarra con asiduidad; es un hombre de corte y dudo que sepa hacerse entender por los súbditos de su lejano reino. De todos modos, puedo cambiar de nombre si eso te tranquiliza.

–Cualquiera que sepa algo de arte sabrá reconoceros con sólo ver vuestro trabajo, sea cual sea el nombre que adoptéis.

Geoffroi sonrió agradecido. Las palabras de su ayudante demostraban admiración y, aunque inmune a los halagos, apreciaba su valor. Lucien y Agnès no habían tenido necesidad de consultarse cuando él les confió su decisión de abandonar su tierra y partir a la aventura. Ambos se miraron y asintieron con la cabeza sin intercambiar palabra.

–Si os vais, mi mujer y yo nos vamos con vos –fue todo lo que dijo el cantero.

Su primera reacción fue negarse, obligarles a recapacitar lo que semejante decisión supondría para ellos: la pérdida de trabajo y de seguridad, del hogar que juntos habían construido y el peligro de convertirse en unos proscritos, pero la mirada firme del hombre y la no menos firme de su mujer que había volcado en Alix el amor de su maternidad frustrada lo obligaron a callar. Nada de lo que él dijera les haría cambiar de opinión, y en el fondo se lo agradecía. ¿Cómo podría apañárselas con una criatura vagando por caminos desconocidos? Él sólo se sentía seguro sentado a su mesa de trabajo, dirigiendo una obra o empuñando un cincel y un martillo.

–Entonces, nos dedicaremos a obras menores que no llamen la atención –afirmó, y creyó observar un cierto alivio en el rostro del cantero.

A pocas leguas de la frontera entre Aquitania y el reino de Navarra, en Sauveterre de Bearn, mientras cruzaban el puente y escuchaba a un mozalbete contarles la historia de una reina de nombre Sanzia sometida al juicio de Dios bajo la acusación de haber asesinado a su hijo deforme y lanzada al río desde aquel mismo puente con las manos y los pies atados, le vino a la mente un nombre y él mismo se quedó sorprendido. Conocía a tantas personas que raramente las recordaba una vez habían desaparecido de su vida. Semeno García de Etxauz, vizconde de Baigorri, había acudido a Provins en el séquito del obispo de Pamplona para rogar a Teobaldo que se trasladase a Pamplona lo antes posible a fin de recibir la corona de su tío Sancho VII, llamado «el Fuerte», que había muerto sin herederos.

Tras la recepción en Provins, el nuevo rey y sus súbditos navarros pernoctaron varios días en el hermoso castillo condal del monte Aimé. Geoffroi recordaba a Semeno García porque fue el propio señor de Etxauz quien pidió que se le presentara al maestro de obras.

–¡Brillante trabajo el vuestro! ¡Sí, señor! Si algún día decidís cambiar de aires, venid a verme –le había dicho el noble navarro–. ¡No os ha de faltar labor!

–Estoy seguro de que en vuestro país existen constructores capaces, vizconde –respondió él cortésmente con una pizca de ironía en el tono de su voz.

Le resultó divertido que un señor rural le ofreciera trabajo en un lugar remoto del que únicamente sabía que era el del nacimiento de la condesa, madre de Teobaldo, y un par de cosas más.

–Hay buenos canteros y carpinteros –prosiguió el navarro, fijo en su idea–, pero sin refinamiento. Nuestras construcciones son prácticas, no hermosas; las vuestras son ambas cosas. ¡A lo dicho! Acordaos de mis palabras y venid a Navarra. Os gustará, ¡es el país más bello de la Tierra!

Semeno García había soltado entonces una carcajada y se había bebido de un trago el contenido de la copa de cristal que sostenía en la mano, más propia de un labrador que de un caballero. Sus últimas palabras y la forma de beber sin paladear –un sacrilegio– el mejor vino elaborado en los viñedos de Champaña le confirmaron su primera impresión: se hallaba en compañía de un patán, cuya morada, con toda seguridad, sería un establo o poco más.

Tuvo oportunidad de hablar en varias ocasiones más con el vizconde a pesar de que procuraba rehuir su compañía en cuanto los dos se hallaban en la misma habitación. El hombre lo buscaba, lo acorralaba, no dejaba de hablar de su tierra con una veneración exagerada aun para una persona apegada a su lugar de origen y acababa insistiéndole en que le hiciera una visita. Respiró tranquilo cuando los enviados navarros regresaron a su país y se olvidó del asunto. ¡Poco se imaginaba él entonces que cuatro años después la necesidad estaría a punto de obligarle a cumplir una promesa nunca hecha!

–Pero la reina Sanzia no se ahogó y así todo el mundo supo que era inocente –finalizó la narración el mozalbete, con una gran sonrisa en su cara sucia y la mano extendida.

Le dio una pieza de cobre y continuaron por la ruta de los peregrinos en dirección a la plaza fortificada de San Juan, al pie de los Pirineos. Un gran número de personas de todas las edades y condiciones se hallaba ante la muralla, a la espera de la apertura de las puertas de la población para poder entrar y disfrutar de un buen merecido descanso tras las largas jornadas de viaje desde tierras lejanas. Las había procedentes de Italia y de la Provenza, de Alemania y de Borgoña, de Inglaterra, de la región de Champaña y de Flandes; llegaban por el camino de París, por Burdeos, y también de Vézelay por Limoges, y de Puy-en-Velay. Los tres caminos se encontraban en la pequeña aldea de Ostabat, en Navarra, para dirigirse juntos hacia San Juan, la primera población suficientemente grande para albergar a cientos de peregrinos e inicio de la ruta santa hacia Compostela. San Juan de Urrutia, así llamada por el nombre de la pequeña iglesia situada en el interior de la fortaleza que controlaba el paso de ingentes cantidades de viajeros, sobre todo durante los meses de buen tiempo, recibía a los peregrinos con dos sentimientos encontrados: la suspicacia ante los desconocidos y, también, la satisfacción por los beneficios que su llegada suponían. El antiguo poblado, conocido por sus habitantes naturales como Garazi, se había transformado en un floreciente centro de actividad religiosa, cultural y artesana.

Por fin se escuchó la campana de la iglesia y unos instantes después se abrieron las puertas y comenzó la lenta entrada de los viajeros, obligados a abonar el peaje. Algunos, los menos, pagaban en moneda y pasaban sin mayores problemas; otros ofrecían una buena piel de zorro o cualquier otro objeto de valor tasado por un experto con cara de pocos amigos, sentado a una pequeña mesa; otros mostraban un documento expedido por algún obispo o abad importante, también examinado con detenimiento, pues eran muchos los pillos que vivían de la falsificación de documentos. Finalmente quedaba el grueso de aquellos que pretendían entrar en la población y no disponían de dineros ni documentos. Eran mendigos, peregrinos pobres, vagabundos, gentes huidas de sus tierras a causa del hambre o la guerra, o extranjeros incapaces de hacerse entender, mercachifles y volatineros, que esperaban encontrar un medio de vida en la famosa ruta santa, a lo largo de la cual, según se decía, había posibilidades para todos. Éstos eran examinados con atención por un médico en busca de enfermedades indeseadas; por un representante de la ley en busca de alguna señal de criminalidad; o por un sacerdote en busca de posibles herejes, no en vano el Camino traía consigo escapados de las hogueras ocultos bajo las esclavinas y sombreros de ala ancha. El grupo de parias se veía humillado y controlado, pero aceptaba con resignación la prueba ya que era la única manera de lograr el descanso, un lugar para reponer las fuerzas y algo que llevarse al estómago, antes de emprender el paso de los Pirineos, el tramo más difícil y peligroso del viaje. De todos modos, ricos o pobres estaban obligados a pasar el control de entrada a la población.

–¿Nombres?

–Geoffroi Bisol, mi hija, Alix, el maestro cantero Lucien Maurice y su mujer Agnès.

–¿Vuestra profesión?

–Maestro de obras.

–¿De dónde venís?

–De Champaña.

–¿Adónde os dirigís?

–A Baigorri.

–¿Razón?

–Visitar a Semeno García, señor de Etxauz y vizconde de Baigorri por el rey de Navarra. Soy su invitado.

La respuesta debió de sorprender al funcionario porque alzó la vista de la hoja en la que estaban escritas las preguntas obligadas y examinó con detenimiento a la persona que tenía delante antes de permitirles la entrada a él y a sus acompañantes.

Era difícil dar un paso dentro de la población. La calle estaba atestada, al igual que sus alrededores; se oía hablar en decenas de lenguas diferentes en medio de empujones y pisotones; los comerciantes se desgañitaban ofreciendo capas, sombreros y bordones; los ladrones acechaban una posibilidad para hacerse con la bolsa de las personas de aspecto acomodado, y los mendigos no dejaban pasar a nadie sin echársele encima y pedirle un óbolo en nombre del señor San Yago. Los viajeros pudieron también contemplar, subidos en sacos de carbón y barricas de cerveza, a un buen número de frailes harapientos ofreciendo a los peregrinos reliquias de santos, tan diversas como dudosas, para su protección ante los peligros que les esperaban al otro lado de las montañas.

–¡Babel debió de ser algo parecido a esto! –gritó Geoffroi a Lucien.

Los dos hombres desistieron de continuar en el carro y se apearon para asir las riendas y dirigirlo por entre la muchedumbre mientras Agnès sujetaba a Alix con una mano, un palo en la otra y los ojos bien abiertos para impedir que algún avispado se aprovechara de la situación e intentara sustraer algo del interior del vehículo. Tras muchos esfuerzos, lograron escapar del atolladero y salir por el otro extremo de la muralla que, curiosamente, estaba desprotegido. Como si allí no hubiera necesidad de vigilancia, las gentes del pueblo entraban y salían con toda tranquilidad portando aperos de labranza y cestos para la recogida de vegetales y frutas.

Geoffroi se dirigió a una mujer que llevaba un enorme cesto lleno de ropa y le preguntó por el camino hacia las propiedades del vizconde Semeno García, pero la mujer no pareció entender sus palabras, sonrió y le respondió algo que tampoco él entendió. Insistió y Lucien también intentó mediar, pero no hubo forma. Al poco rato, se hallaban rodeados por otras mujeres y algunos hombres, todos hablando a la vez. Lo único que los viajeros sacaron en claro fue que aquellas gentes les señalaban la zona alta y repetían «Donejakue» para indicarles el camino de los peregrinos. Iban ya a darse por vencidos y regresar al barullo en busca de alguien con quien poder explicarse cuando un hombre se aproximó al grupo.

–¿Deseáis algo? –preguntó en correcto romance francés.

El constructor respiró aliviado.

–Buscamos la propiedad de Semeno García, señor de Etxauz.

–¿Conocéis a mi señor, el vizconde?

–En efecto, tuve el placer de entablar amistad con él en el castillo del conde de Champaña.

–Del rey de Navarra –puntualizó el hombre.

–Sí, claro –corrigió Geoffroi rápidamente–, del rey de Navarra.

–Mi señor vive en Baigorri, a legua y media de aquí siguiendo por este mismo camino. Si me lo permitís, yo mismo puedo acompañaros. Mi nombre es Oriol.

Poco después se ponían de nuevo en marcha. Sabiéndose en la buena dirección tras el caballo del tal Oriol, Geoffroi se dedicó a contemplar el paisaje que les rodeaba. En algo tenía razón el noble navarro que tan mala impresión le había causado: aquella tierra era de una belleza difícil de describir. Tan pronto la vereda que pisaban desaparecía en medio de un bosque frondoso, como ascendían por una colina desde la cual se divisaba una región inmensamente verde, rodeada de montes cuyas cumbres desaparecían en la niebla. El cielo estaba cubierto de nubes de un color gris amenazador de lluvia, pero en algunos tramos se entreabrían para dejar paso a un rayo de sol que iluminaba un caserío aislado o un pequeño valle aparecido como por encanto, creando un efecto casi irreal. El maestro tenía un sentimiento encontrado de atracción y de rechazo a la vez. Le fascinaba la visión de una tierra montañosa, tan diferente a la suya propia y a las atravesadas durante las últimas semanas, pero al mismo tiempo había en ella algo de misterioso. Era un hombre con los pies en el suelo; no le gustaban las sorpresas o cualquier cosa que no pudiera entender con claridad. Sin embargo, algo en su interior le decía que aquélla sería la tierra en la que sus ojos se cerrarían algún día.

Xuhitoa

El jinete, su caballo y otro que llevaba asido por el arnés, ambos animales sólidos, de pequeña alzada, llamados *pottokak,* atravesaron la población de Anauz levantando una gran polvareda y espantando a gallinas y ocas que corrieron despavoridas en medio de aleteos y gritos. Al llegar a la última casa, el jinete frenó a su animal con brusquedad y se dirigió a un hombre viejo que, sentado en un banco adosado al muro, lo observaba con un rostro de piedra.

–¿Xuhitoa? –inquirió el jinete.

Sin desviar su mirada de la del caballero, el hombre señaló hacia el oeste con la mano izquierda. El jinete azuzó a su montura y se puso de nuevo en marcha, desapareciendo de la vista en medio de una nube de polvo. Entonces el viejo escupió al suelo.

Un poco más adelante, cuatro cabañas se alzaban en un alto, al borde del camino. Oriol se detuvo antes de aproximarse, sorprendido por la visión de las construcciones, pobres y destartaladas, o tal vez por el silencio que reinaba en el lugar. No se veían huertas labradas ni animales, y parecía deshabitado. Avanzó lentamente, se apeó al llegar a la primera de las cabañas y ató los caballos a un árbol.

–¡Dios sea con vosotros! –gritó.

Iba a dirigirse a la segunda, algo más apartada, al no recibir respuesta, cuando la puerta desvencijada de la primera se abrió y asomó por ella un chaval, casi un niño aún. De cabello castaño claro ondulado que le llegaba hasta los hombros, piel sonrosada y brillante y unos grandes ojos de un raro color gris, a pesar de sus ropas remendadas daba la impresión de hallarse fuera de lugar.

–Busco a Bozat, el carpintero –dijo el hombre ante la mirada interrogante del chico.

–Está en el bosque.

–¿Y cuándo volverá?

El chaval se encogió de hombros y enarcó las cejas dando a entender que no tenía ni idea e hizo amago de volver a entrar en la cabaña.

–¿No puedes llevarme hasta él? Traigo un recado de nuestro señor, el vizconde.

El chico meditó durante un instante, le hizo una seña para que lo siguiera y echó a andar por una vereda estrecha llena de zarzas que ascendía hacia el monte. Los dos caminaron en silencio durante un buen trecho hasta llegar a la pequeña explanada de un bosque en la que podía verse a cuatro hombres delante de un enorme roble. Oriol fue a decir algo, pero el muchacho se giró y le indicó que guardara silencio, después se detuvo y él hizo lo mismo. Contemplaron silenciosos a los hombres que, con los torsos desnudos, se disponían a talar el árbol.

El mayor de los cuatro se quitó la gorra de piel de oveja e inclinó la cabeza ante el árbol cuyas ramas superiores no podían apreciarse desde el suelo, siendo a continuación imitado por sus compañeros.

–Perdónanos porque vamos a derribarte –musitó, antes de colocarse de nuevo la gorra, asir el hacha y dar el primer golpe.

Durante media mañana, los cuatro leñadores se turnaron en la labor de dos en dos. En el silencio del bosque, únicamente se escuchaba, uno tras otro, un grito, un jadeo, seguido del sonido seco de la hoja hiriendo la madera. Mientras duró la tala, el chaval y el caballero se mantuvieron a la expectativa. En algún momento, el hombre intentó aproximarse a los leñadores, pero su joven acompañante lo retuvo por el borde del tabardo.

–No te acerques –le rogó, casi ordenó, en un susurro–. Trae mala suerte interrumpirles.

–¿Por qué le han pedido perdón al árbol? –preguntó con aire resignado al tiempo que se sentaba en el suelo–. ¡Sólo es un pedazo de madera!

–¡No lo es! –respondió el muchacho abriendo mucho sus hermosos ojos y en un tono escandalizado como si el otro hubiera dicho algo ofensivo–. El árbol es un ser vivo.

–¿Qué tonterías estás diciendo?

–Ese roble que están talando es más viejo que mi abuelo y que el abuelo de mi abuelo; sus raíces nacen en el interior de la madre tierra y sus ramas nos acercan al cielo –recitó el chaval como si se tratara de una oración bien aprendida–. El pueblo del bosque siempre pide perdón al árbol antes de talarlo; de no hacerlo, la maldición caería sobre nosotros.

Oriol observó con atención al muchacho, quien había perdido todo interés en él y cuya atención se hallaba en aquel momento fija en el trabajo de los cuatro leñadores. Había oído hablar en la torre acerca de aquellas gentes extrañas que vivían un poco por todas partes, sobre todo en las faldas de las montañas o en los bosques. Muchos los consideraban salvajes y los temían; se desplazaban de un lugar a otro según se presentase el trabajo, aunque nunca se avecinaban en las aldeas y mucho menos en los pueblos; no asistían a la iglesia ni bautizaban a sus hijos; no pagaban peajes, pues conocían al dedillo las veredas de las montañas, inaccesibles para otros que no fueran ellos; tampoco pagaban impuestos ni sabían de autoridades, reyes o leyes.

–¡Son unos vagabundos! –escuchó exclamar a su respecto al rector de San Esteban en una visita que éste hizo a su señor–. Unos salvajes paganos que aún adoran a los viejos dioses de los antepasados. La Iglesia nos llama a combatir en Tierra Santa contra los infieles y aquí mismo estamos rodeados de ellos.

–Exageráis, querido amigo –respondió Semeno García–. Son gente sencilla, aún sin civilizar, pero todo se andará. No hace mucho vuestros antepasados y los míos no eran muy diferentes.

–¡Bendita sea la Santa Sangre derramada por Nuestro Señor Jesucristo que hizo de nosotros fieles cristianos!

El vizconde había sonreído, recordó Oriol, aunque él podría haber jurado que aquella sonrisa cargada de ironía no estaba exenta de cierto desprecio hacia su invitado. Lo conocía bien, no en vano llevaba a su servicio más tiempo del que podía recordar. Había entrado a servir en la torre a una edad más o menos pareja a la del mozalbete que tenía a su lado. Semeno García era entonces sólo un poco mayor que él y lo trató como a un compañero de juegos más que como a un servidor, y aunque el tiempo marcó las diferencias existentes entre ellos, se había convertido en su mano derecha y receptor de sus confidencias. Este pensamiento le recordó la razón por la cual había hecho el trayecto hasta aquel miserable poblado lejos de toda ruta y se puso en pie de un salto dispuesto a interrumpir sin más tardanza a los leñadores.

En ese instante, el mayor dio finalmente un último hachazo al tronco, la copa se balanceó unos instantes antes de inclinarse hacia su izquierda y caer al suelo en medio de un estruendo, levantando una gran polvareda y arrastrando detrás de él hojas y ramas de los árboles vecinos. La tierra tembló, los pájaros, atemorizados, alzaron el vuelo y los leñadores se miraron complacidos. Aquel roble era un buen ejemplar. Les proporcionaría la madera necesaria para cumplir el encargo.

–Han de tener doce pies de largo –les había dicho el comprador, refiriéndose a las vigas que sostendrían la techumbre de su nueva casa–. Y las quiero de una sola pieza.

El hombre se aproximó a ellos, seguido por el muchacho, a quien la súbita reacción del caballero había dejado un tanto sorprendido.

–Dios sea con vosotros –dijo a modo de saludo, y al ver que lo miraban con curiosidad pero sin responder a su saludo, preguntó en tono arrogante–: ¿Cuál de vosotros es Bozat el carpintero?

–¿Quién quiere saberlo? –preguntó el mayor en el mismo tono.

–Oriol, caballero de mi señor, el vizconde de Baigorri.

–No te conocemos. ¿Qué quieres?

¿Por qué le resultaba tan difícil hablar con aquellos tipos? ¿Cómo se atrevían a tutearlo como si fueran sus iguales? Por menos de eso le hubiera rebanado el cuello a cualquier otro, pero allí estaba en inferioridad de condiciones: uno contra cuatro, sin contar al muchacho, y todos ellos bastante más fuertes que él mismo.

–Mi señor desea hablar con Bozat el carpintero –dijo, intentando ser amable–. Tiene que venir conmigo a Baigorri.

–Pues si tu señor quiere hablar, que venga él aquí.

El desparpajo del hombre lo dejó paralizado durante un instante. Jamás en su vida le había ocurrido otro tanto. ¡Era el colmo! Sintió el furor apoderarse de sus sentidos y estaba a punto de echar mano a su espada y habérselas con los cuatro aunque tuviera que morir en el intento, cuando el leñador sonrió divertido.

–¿Con cuál de los cuatro quiere hablar? –preguntó.

–¿Cómo has dicho?

–Pregunto que con cuál de nosotros quiere tu señor hablar, porque los cuatro somos Bozat y también carpinteros.

–¡Cinco! –intervino el muchacho–. Yo también cuento.

–Tú no cuentas hasta que no hayas talado un árbol y dormido con una mujer, así que ¡cállate! –le replicó uno de los hombres, el más joven, y todos se echaron a reír.

Muy a su pesar, Oriol sonrió al ver la furia reflejada en la cara del chaval, enrojecida de golpe. Después miró a los hombres uno por uno. Estaba claro que eran miembros de una misma familia, sus rasgos y complexión eran parecidos aunque ninguno de ellos tuviera el mismo color de ojos que el muchacho.

–No lo sé... –dijo dubitativo al cabo de un rato.

–Pues, mientras te lo piensas, vamos a comer –continuó el mayor–. Hemos trabajado duro y debemos reponer las fuerzas.

Sin esperar su respuesta, los leñadores se pusieron las camisas, recogieron las hachas y las sierras y echaron a andar en dirección a las cabañas. Oriol los siguió intentando recordar todas y cada una de las palabras que le había dicho su señor.

–Ve al barrio de Anauz llamado Xuhitoa y tráeme a Bozat el carpintero.

No le había dado ninguna otra indicación. La encomienda era de lo más sencilla, ¿cómo imaginar que iba a encontrar cuatro hombres con el mismo nombre y el mismo oficio? Penetró en la cabaña con la mente puesta en la solución de su problema y se sentó en el banco de madera que le indicó uno de los leñadores. Sólo entonces prestó atención al lugar en el que se encontraba. Contradiciendo el miserable aspecto exterior de la cabaña, el interior aparecía amplio y limpio. Todo allí era de madera: paredes, techo, los pocos muebles y todos los utensilios, incluidos los cubiletes para beber, las fuentes para servir la comida y, por supuesto, las cucharas. Únicamente eran de otros materiales los pucherillos de barro para cocer los alimentos, la olla y el cuchillo para cortar, aunque el mango de éste también era de madera. Jugueteó con él mientras los demás se afanaban a su alrededor y quedó muy sorprendido al observar la talla que aparecía en el mango. Representaba a un caballo al galope a punto de emprender el vuelo, una verdadera obra de arte, digna de la mesa de un gran señor. Estuvo tentado de preguntar acerca de su origen, pero la voz de su anfitrión le impidió llevar a cabo su deseo.

–Un hombre ha de comer si quiere cumplir con sus obligaciones, con todas –puntualizó, y sus palabras fueron recibidas con comentarios y risas por sus familiares.

–Como siempre, los hombres sólo tenéis un idea en la cabeza.

La voz femenina le sobresaltó y alzó la mirada. Una mujer acababa de entrar por la puerta y contemplaba a sus hombres orgullosa y satisfecha. Ya no era una jovencita, pero tampoco era mayor; un mechón blanco se entremezclaba con sus cabellos castaños peinados en un moño, como si hubiera sido puesto allí a propósito, como teñido por coquetería; su piel era clara a pesar de tener el aspecto de una campesina y mostraba una figura atractiva, de hermosos pechos y caderas anchas. Pero fueron sus ojos los que cautivaron de inmediato a Oriol. Eran de color gris, de un gris tan profundo que no parecían reales, iguales a los del mozalbete que se había aproximado a ella para coger el cesto repleto de verduras que llevaba en las manos.

–Ésta es Elaia –la presentó el jefe de la familia–. Se ocupa de nosotros desde que murió su hermana, la madre de mis hijos. He olvidado tu nombre.

–Oriol, gentilhombre del vizconde de Baigorri.

–Eso..., y bien, mujer, ¿no piensas alimentar a los hombres de la casa?

–Los hombres de la casa habían dicho que no volverían hasta el anochecer –replicó ella sin inmutarse.

–El árbol ha caído antes de lo previsto y tenemos un invitado.

La mujer sacó del arcón de la comida un gran pan redondo y un queso sin empezar y los dejó encima de la mesa.

–Id quitando el hambre mientras se calienta el potaje –dijo al tiempo que echaba unas ramas de leña al fuego y revolvía el contenido de la olla con un cucharón.

Oriol no podía dejar de mirarla. Se sorprendió pensando que en cualquier otro lugar habría pasado por una dama de buena familia. Había dignidad en sus movimientos, en el tono de su voz, en cómo había respondido a su cuñado, y parecía imposible que solamente fuera una de aquellas mujeres a las cuales se había referido el rector.

–¡Son como bestias! –había insistido éste–. Fornican hasta con los animales y sus mujeres no les van a la zaga; son depravadas y lascivas.

–Inventos, historias de personas con malas entrañas –respondió el señor de Etxauz–. A la gente le gusta hablar de lo que no conoce, disfruta acusando a los demás sin fundamento alguno.

–Y yo os digo que son pecadores de la peor especie, adoradores de la diosa pagana, leprosos inmundos.

–¡No digáis sandeces! Son tan leprosos como podamos serlo vos o yo. Si lo fueran, estarían encerrados en la malatería de Bidarrai o en la de Ortzaize; no andarían sueltos por ahí.

–Hablo de la lepra espiritual, la que corrompe las almas, del castigo divino.

El vizconde y el rector habían entonces entablado una discusión teológica sobre el Bien y el Mal que él escuchó con oído distraído, pero ahora, sentado a la misma mesa y compartiendo el pan y el queso de aquellos que don Martín de Arraioz tenía como descendientes del propio Caín, no podía evitar recordar lo escuchado.

–¿Todos son hijos tuyos? –preguntó a su anfitrión, haciendo un ademán que abarcaba a los otros tres hombres y al muchacho.

–No, sólo el joven y el chico. Los otros son mis hermanos.

–¿Y todos os llamáis Bozat?

–¡Claro! –sonrió el hombre–. Mismo abuelo, mismo nombre.

–¿Sólo Bozat? –insistió Oriol, preocupado por averiguar a cuál de ellos tendría que llevar a presencia de su señor.

–Sólo Bozat.

–¿Y cómo os distinguís entre vosotros?

Los cuatro hombres, la mujer y el chaval se miraron entre ellos y se echaron a reír a continuación.

–Tenemos otros nombres para usar en familia. Yo soy Manex, los hermanos Beñat y Aner, el hijo mayor Donat y el pequeño Eder. ¡Venga! ¡Que la comida se enfría!

La mujer había llenado una fuente honda con el potaje de la olla y, sin más preámbulos, todos introdujeron sus cucharas en la fuente y comenzaron a comer directamente de ésta. Durante un buen rato, sólo se escucharon sorbidos y gruñidos de placer.

Oriol los contemplaba atónito y empezaba a darle la razón al rector. Aunque no se les viese ninguna traza de lepra –más bien parecían gozar de una salud excelente–, no habían rezado una oración de gracias como haría cualquier buen cristiano y parecían animales ante la pitanza. Y aquellos nombres paganos... Se sintió incómodo.

–¡Come o te quedarás sin nada! –le indicó el leñador.

Metió con aprensión su cuchara en la fuente y se encomendó mentalmente a Dios para que lo librara del contagio. Pronto olvidó sus temores. Tenía hambre y el potaje estaba muy bueno. Acabó disputando la última cucharada con el muchacho bajo las miradas divertidas de los demás.

–He de partir –dijo cuando acabaron de comer– y mis órdenes son llevar a San Esteban de Baigorri a Bozat el carpintero.

–Iré contigo –le informó Manex–. Al fin y al cabo, soy el mayor y el jefe de la familia. Lo que tu señor tenga que decir a cualquiera de nosotros, bien puede decírmelo a mí. Vosotros –añadió dirigiéndose a sus hermanos e hijos– ocupaos de desbrozar el tronco y dejarlo limpio para comenzar el corte mañana a primera hora.

–Padre, ¿puedo ir contigo?

–No.

Oriol sonrió de nuevo al constatar la decepción en la cara del joven Eder. Definitivamente, el chaval le caía bien. Hablaría de él al vizconde e intentaría convencerlo para que lo tomara como sirviente o, tal vez, como escudero.

–Una pregunta... –dijo mientras volvía a admirar la talla del mango del cuchillo–. ¿Quién lo ha tallado?

–El chico. Le gusta perder el tiempo haciendo esas cosas.

–Bonito caballo, parece que esté volando... –dijo Oriol dirigiéndose al chaval.

–No es un caballo, es la Diosa Madre –respondió éste, aún enfurruñado por la negativa del padre.

Partieron poco después a galope tendido, y durante todo el trayecto Oriol no pudo dejar de pensar en los hermosos ojos grises de la mujer y en las últimas palabras del muchacho. Era cierto, entonces, lo que decía el rector: aquellas gentes aún adoraban a Amari, la diosa pagana de sus antepasados.

Eder pasó sus dedos por las rugosidades del pedazo de tronco de dos codos de largo por uno de ancho. Era una madera excelente, pensó emocionado; vieja de muchos años, tal como mostraban los círculos que aparecían en la parte talada; un castaño testigo de la existencia de varias generaciones familiares que finalmente había sido abatido durante el último cuarto creciente de la luna para convertirlo en leña, en material de construcción o... en algo hermoso. El padre se había negado en un principio a darle aquel trozo.

–¿Para qué lo quieres? –le preguntó cuando él se lo pidió.

–Quiero trabajarlo.

–Quieres perder el tiempo –afirmó el padre frunciendo el ceño–. Creí haber dejado claro que no quería verte haciendo cosas que no valen para nada; malgastas una buena madera y te llenas la cabeza de pájaros.

–Lo hago en mi tiempo libre y no molesto a nadie.

–A mí me molestas.

El padre había dado media vuelta y se había alejado farfullando algo sobre lo dura que era la vida para malgastarla en actividades inútiles.

Cuando aquella tarde Eder entró en el chamizo que utilizaba como taller, un pequeño habitáculo más apto para servir de gallinero que para trabajar, encontró el tronco de pie, iluminado por un rayo de sol que penetraba por el agujero abierto en uno de los muros del minúsculo espacio.

A pesar de su aparente severidad, el padre siempre acababa cediendo, tal vez porque, en el fondo, a él mismo le hubiera gustado transformar la madera en objetos «inútiles», hermosos a la vista y al tacto. Un leñador podía talar un árbol, un carpintero transformarlo en recias vigas para sostener las casas y las techumbres, un ebanista realizar una buena mesa o una alacena con su madera, pero sólo un artesano poseía la habilidad suficiente para tallar figuras en ella. Todos los hombres de la familia eran leñadores, carpinteros y ebanistas; en realidad, tres oficios en uno, el tradicional de su gente. Nacían, vivían y morían entre árboles; tanto era así que era imposible imaginárselos realizando otro tipo de trabajos. El bosque era su hogar y los árboles, seres vivos según la vieja creencia, pero una vez caídos se convertían en materia inerte, en su medio de vida. Él, sin embargo, no pensaba igual. Estaba convencido de que la madera seguía viva aun después de haber sido cortada y podía pasar mucho tiempo inmerso en su contemplación, descubriendo sus vetas, tonalidades, textura, antes de decidirse a hincarle la gubia. Era un don, un conocimiento heredado, para el que no había explicación. Había comenzado a tallar cuando aún era un niño pequeño. Primero fueron formas sin concretar; luego pequeños animales y plantas para, finalmente, atreverse con la figura humana a la que quería dotar de vida, de espíritu. La primera figura realizada fue un ser amorfo, con una frente enorme y miembros desproporcionados. Sus familiares se rieron de él, pero no le importaron las risas ni los comentarios hirientes e insistió hasta que logró tallar la figura de un leñador en el momento de dar el último golpe y cuyos músculos tensados aparecían perfectamente visibles. Ya no hubo más risas, pero a partir de entonces el padre no perdió ocasión de mostrarle su desaprobación.

–Ya tenemos demasiados problemas para que tú te entretengas en tonterías –le dijo cuando él le mostró una talla en la que aparecía su cabaña en primer plano y las otras detrás, rodeadas de árboles.

–Es Xuhitoa –intentó justificarse.

–Ya sé que es Xuhitoa. Tengo ojos en la cara. ¿Y qué? ¿Tan orgulloso estás de vivir aquí?

Quedó desconcertado. Nunca se había planteado si estaba orgulloso o no de haber nacido y de vivir en el pequeño barrio, arriba de la colina, oculto del mundo por la arboleda. Sólo bajaba a Anauz de tiempo en tiempo y tampoco conocía a nadie allí. La gente del pueblo no era como ellos, eso estaba claro. Donat le dijo que, una vez que había acompañado al padre con una carga de leña, se acercó a un grupo de muchachos y ellos lo insultaron y le tiraron piedras. A él nunca le había ocurrido algo parecido, aunque sí había podido observar las miradas poco amistosas que le dirigían las personas con las cuales se cruzaba en el camino.

–¿Por qué nos miran así? –preguntó al padre.

–No nos quieren.

–¿Por qué? Somos sus vecinos.

–Ellos preferirían que no lo fuéramos.

No hubo modo de sonsacarle nada más y los tíos tampoco respondieron a sus preguntas cuando él quiso saber la razón del extraño comportamiento de los del pueblo. Supo luego, de nuevo gracias a su hermano, que la gente de Anauz despreciaba a los habitantes de Xuhitoa porque no iban a la iglesia, no eran agricultores ni ganaderos y, lo más grave, no eran propietarios de sus casas. No había muchos habitantes en el hermoso valle de Baigorri, pero casi todos eran propietarios de viviendas y tierras. La casa daba el nombre a la familia, y quien no tuviera aquélla, tampoco tenía éste. Los pocos vecinos de Xuhitoa vivían en las tierras del vizconde.

El muchacho dejó de pensar en cosas que no comprendía y centró su atención en el tronco; tuvo la impresión de que le hablaba y supo entonces que la obra aún no iniciada sería una muy especial, mágica. No pudo, sin embargo, comenzar el trabajo; no quería estropear la madera. Una incisión mal realizada, un corte equivocado, y el precioso material iría a parar directamente al fuego. Se entretuvo en tallar dos mangos de cuchillo que la tía Elaia le había pedido, visto su arte, para sustituir a otros cortados de forma tosca, pero de vez en cuando se detenía y contemplaba el pedazo de madera que continuaba en el mismo lugar. Podría tallar un ciervo o un jabalí, animales con los cuales los habitantes de Xuhitoa compartían espacio, se dijo; sería la primera vez que realizase una obra así, de gran tamaño. Luego lo pensó mejor. Quería hacer algo extraordinario; algo que dejase boquiabiertos a los miembros de su familia, en especial al padre, pero no se le ocurría nada. Una bandada de pájaros anidados en los árboles vecinos distrajo sus pensamientos. El piar de las aves al atardecer era una de las cosas que más le gustaba. Primero comenzaba una y, a continuación, le respondían cientos de otras, organizando un enorme alboroto que duraba un buen rato.

–Se desean las buenas noches –le había dicho la madre en una ocasión en la que él preguntó la razón de tanto bullicio–. Se preguntan si han tenido un buen día, si están contentas...

–¡Los pájaros no hablan! –había exclamado él entre risas.

–¡Claro que hablan! Todos los animales lo hacen, a su modo. Lo que ocurre es que nosotros no podemos entender lo que dicen. Si escuchas con atención, podrás oírles llamándose, avisándose de un peligro, buscando pareja...

Le entristeció el recuerdo de la madre. La echaba en falta, sobre todo al acostarse. Durante el resto del día, apenas tenía tiempo de pensar en ella, pero todas las noches, antes de dormirse, le dedicaba un pensamiento aunque sólo fuera durante unos pocos instantes. Cerraba los ojos y la veía junto a él, con sus largas trenzas cayéndole sobre el pecho, sonriéndole, arropándolo. No era justo que se hubiera ido sin decirle adiós. La culpa había sido del bebé que yacía junto a ella, sobre el lecho de ramas. Eso fue, al menos, lo que escuchó decir a las mujeres mientras la preparaban para el viaje a la morada de la Madre. La habían cubierto de hojas de helecho, trenzado su cabello con esmero y colocado una corona de flores silvestres sobre su cabeza, antes de retirarse y dejar que el padre, Donat y él se acercaran. Examinó curioso a la pequeña criatura, blanca como la nieve, y la odió por ser la causante de su soledad. No tuvo tiempo de fijar su atención en la madre, el padre prendió fuego al lecho de ramas y ambas desaparecieron entre humo y llamas.

Empezaba a anochecer cuando Manex regresó a la casa y fue rápidamente asaeteado a preguntas sobre los motivos de la llamada a presencia del vizconde. A pesar de las preguntas y las miradas interrogantes, el leñador se sentó a la mesa y comió en silencio dos cuencos repletos del mismo potaje que Elaia había preparado para la comida.

–¿Y bien? –le preguntó su cuñada cuando se levantó de la mesa.

–Y bien ¿qué?

–¿Qué quería?

–Hablar.

–¿De qué?

–Cosas del trabajo.

–¿Qué cosas?

Manex echó una mirada a su alrededor; sus hermanos e hijos lo miraban expectantes y Elaia estaba a punto de perder la paciencia, algo que podía apreciarse con toda claridad por cómo enarcaba las cejas y apretaba los labios, un gesto que él conocía demasiado bien.

–Quiere que trabajemos en su torre. Nos pagará y alojará en una cabaña de su propiedad mientras duren las obras.

–¿A todos?

–A todos.

Dicho esto, el jefe de la familia dio por terminadas las explicaciones, se arrebujó en una manta sobre el colchón relleno de heno seco colocado junto al hogar y se quedó dormido antes de que los suyos hubieran tenido oportunidad de hacer más preguntas.

Aquella noche Eder permaneció despierto durante mucho rato. Por primera vez en su vida iba a ver mundo. No sería una de aquellas visitas al pueblo que duraban menos que un suspiro, entre miradas hostiles y algún que otro insulto, sino que irían a San Esteban de Baigorri, la localidad más importante de la región junto a Garazi, a trabajar para el señor del valle en persona.

Unos días más tarde, la familia al completo recogió ropas y herramientas, cerró la cabaña y se encaminó hacia su nuevo destino.

La casa-torre se hallaba situada en una loma sobre el río Aldude. Era un edificio austero, viejo de más de un siglo, sin el mínimo adorno, construido en piedra hasta la segunda altura y con un cadalso de madera en la parte superior que igualmente servía de almacenamiento para cereales y frutas, y como puesto de vigilancia para los hombres del vizconde. Los Bozat fueron alojados detrás de la iglesia de San Esteban, construida por los señores del lugar para su enterramiento, en una casucha situada junto a otras de aspecto similar, habitadas por aquellos a quienes el rector llamaba leprosos espirituales; todos carpinteros y canteros, la mayoría conocidos de los recién llegados.

A la mañana siguiente, nada más rayar el alba, los hombres de la familia, incluido Eder, y sus vecinos esperaban órdenes a las puertas de la torre. El vizconde deseaba, según les dijo Oriol, transformarla en una morada digna de su condición de gentilhombre del rey de Navarra. Para ello, les informó, había contratado los servicios de uno de los mejores maestros de obras del reino de Francia a quien todos deberían obedecer sin discutir. Dicho esto, penetró en el edificio y volvió a salir de él al poco rato acompañado de dos hombres, uno cercano a los cincuenta y rostro serio, vestido de modo extraño a la región, y otro con su mismo aspecto aunque más sencillo. El primer hombre pasó revista a los allí congregados, saludó con un gesto y los hizo agruparse por oficios, quedando los Bozat y algunos más en el grupo de los carpinteros.

–Andamios y vigas de quince pies de largo por dos de ancho –ordenó el constructor por medio de Oriol que le servía de intérprete.

–¿Haya, roble, castaño o encina? –replicó Manex.

Durante unos instantes los dos hombres se observaron. Ambos tenían casi la misma edad y también la misma altura. El constructor sabía reconocer a un buen artesano con sólo mirarle a los ojos y verle las manos. Sonrió.

–Castaño para el andamiaje, roble para las vigas.

Manex sonrió a su vez, hizo una seña a su gente y desaparecieron por el caminejo que llevaba al bosque cercano.

Baigorri, 1243

Cuatro años después de su marcha de Vertus, Geoffroi Bisol se congratulaba de la feliz intuición que había dirigido sus pasos al reino de Navarra. Allí, entre montañas y valles, gentes rudas y poco habladoras, había encontrado parte del sosiego perdido en el monte Aimé. Atrás quedaban las zalamerías de corte, las reverencias hipócritas, las palabras vacuas; en Baigorri vivía en paz.

La sorpresa de Semeno García al verlo aparecer fue semejante a su placer. No preguntó la razón por la cual el hombre que lo había escuchado con educada displicencia durante su estancia en Champaña se hallaba ahora en su querida tierra y él tampoco le dio mayores explicaciones. El vizconde los alojó en la propia torre, aunque semanas después les cedió una casa al otro lado del río, con un sobrado lo suficientemente grande para utilizarlo como taller y un pequeño jardín en la parte posterior. Él y Lucien se enfrascaron de lleno en la tarea de reformar la inhóspita vivienda de su anfitrión y transformarla en un lugar digno de la posición ostentada por su dueño en la corte navarra. No era un establo como había pensado, pero sí un edificio carente de gracia en el que las corrientes de aire penetraban por todas las rendijas. Sin llegar ni de lejos al esplendor de los castillos de su tierra, restauró el exterior e interior de la torre y la transformó en una vivienda confortable, lo que fue muy del agrado del navarro y, más aún, de su mujer, hijos y servidores.

Después llegaron otros trabajos: la iglesia de San Esteban fue ampliada, se construyó un puente sobre el Aldude, se ensanchó el camino entre Baigorri y la costa para permitir el tráfico de las carretas repletas de madera, carbón y lana, y otros señores de la zona requirieron sus servicios. Aquéllos eran trabajos menores, nada que ver con las hermosas iglesias, castillos, monasterios o palacios cuyos dibujos el maestro estudiaba, corregía o ampliaba a la luz de las velas, durante la mitad de sus noches, incapaz de conciliar el sueño desde la muerte de Madeleine y de sus compañeros. Intentaba no pensar en ello, pero no podía dejar de recordar a la madre de su hija y su miserable final, aceptado por ella con resignación y, tal vez, como una liberación. Recordaba su cabello rojizo agitado por el viento, escuchaba los gritos de los ajusticiados, la mirada impasible de Teobaldo y la enfermiza del fraile Robert Lepetit, y deseaba comprender, aunque sin conseguirlo, el motivo de tanta maldad. Una furia impotente se adueñaba entonces de él y se veía obligado a hacer un esfuerzo para concentrarse en sus dibujos y maquetas, y dejar de pensar.

–Maestro...

Se hallaba sentado en un taburete en el jardincillo de su vivienda, dibujando a carboncillo una figura femenina sobre una tablilla apoyada en sus rodillas. Levantó la vista y sonrió. No prodigaba sus sonrisas, pero el mozalbete de cabello revuelto y ojos grises le inspiraba una ternura casi tan profunda como su pequeña Alix. Eran las dos únicas personas ante las que caían sus defensas, siempre alerta.

–El padre pregunta si hoy visitaréis la obra...

–Sí, enseguida pensaba ir. ¿Hay algún problema?

–No sé, creo que sí... Tal vez...

El constructor sonrió de nuevo. Mientras hablaban, el joven intentaba ver lo que él estaba dibujando en la tablilla. No le había pasado desapercibido el interés que mostraba siempre que tenía un plano, un dibujo o simplemente unas líneas al alcance de su vista. Su mirada se aguzaba en esos momentos intentando ver más allá, descubrir, entender. Le recordaba a sí mismo a su edad.

–¿Qué edad tienes?

La pregunta hizo que el chaval desviase la mirada del dibujo y la clavase en él.

–No lo sé.

–¿No lo sabes?

–No.

Calculó que andaría cerca de los quince. Estaba a punto de convertirse en un hombre cuyo destino, a todas luces, sería el mismo que el de su padre, leñador carpintero. Oriol le había hablado del muchacho y de su habilidad para la talla, pero él no le había prestado atención. El sirviente del vizconde llamaría talla a cualquier cosa, se dijo. ¿Qué sabría él del verdadero arte, de la escultura elevada a rango divino, del don para transformar pedazos de piedra, mármol o madera en imaginería digna de Dios? Un don otorgado sólo a unos pocos como él mismo y al cual había renunciado el día en que el maldito fraile hizo añicos su hermosa Virgen del Amor, como él la había llamado sin saber muy bien por qué. Aquel día juró no volver a esculpir y había mantenido su juramento. Encargó a un compañero la ejecución de la estatua deseada por el arzobispo de Reims y se limitó a aprobar la obra realizada: una Virgen en el momento de su coronación como Reina del Cielo. Apreciaba al joven Eder porque él quería a Alix, jugaba con ella y le había enseñado a pescar truchas con las manos; oía sus voces y risas junto al río y se lo agradecía de todo corazón, pues había olvidado lo que era la alegría, y Lucien y Agnès tampoco eran unos cascabeles.

–Me han dicho que te gusta tallar figuras en madera.

Eder enrojeció hasta las orejas y balbuceó algo que Geoffroi no entendió. Había aprendido la lengua de los navarros, pero no lo suficiente para comprenderla y hacerse comprender a la perfección y se maravillaba al observar la pasmosa facilidad con la cual Alix pasaba sin problemas del romance al vasco y de éste al latín que le enseñaba el rector de San Esteban, su tutor. Estaba claro que el aprendizaje de las lenguas precisaba de mentes jóvenes y despiertas, y él ya era viejo para ponerse a estudiar.

–Enséñame algo de lo que haces –insistió.

El muchacho salió corriendo sin despedirse. Sorprendido por una falta de respeto poco habitual entre las gentes del lugar, se levantó del taburete y penetró en la vivienda con la intención de acudir a la obra, una casa de amplias dimensiones para un amigo del vizconde, el señor de Ursúa. A punto de salir, en la misma puerta, tropezó con Eder que regresaba con un bulto en las manos. El chaval enrojeció de nuevo, le tendió el objeto envuelto en un trapo y salió disparado, no sin antes haberse quitado la gorra de lana a modo de respetuoso saludo.

El constructor no acudió a la obra aquel día; permaneció encerrado en su cuarto y no respondió a las llamadas de Agnès a la hora de la comida. Desde la ventana de la habitación podía ver el transcurrir apacible de las aguas del río que iban a perderse entre los árboles del bosque cuyas hojas multicolores comenzaban a alfombrar el suelo. También divisaba las montañas que, a modo de muralla, rodeaban aquella hermosa tierra que ahora también era la suya y la de su hija. Después, los ojos volvían a la figura de madera tallada por un chiquillo, hijo de un leñador; los dedos la acariciaban y la mente no salía de su estupor. Pocas veces en su ya larga vida había tenido la oportunidad de contemplar algo tan perfecto. La talla, una mujer, no llegaba a un codo de altura, no estaba pintada, ni siquiera barnizada, pero sus dimensiones, la finura de sus rasgos, los cabellos, peinados en dos trenzas hasta la cintura que se abombaba en estado de gravidez sostenida por las manos, y los pliegues del vestido, una túnica campesina sin adorno alguno, bajo el cual asomaban los pies descalzos, eran de tal belleza que le cortaban la respiración. Además, su rostro se parecía como una gota a otra al de su malograda Virgen.

Al anochecer pidió a Oriol que lo acompañara a casa de los Bozat. El administrador del vizconde pareció sorprendido ante tan extraña petición, pero no hizo comentario alguno. La vivienda del jefe de los carpinteros no se distinguía de las otras alineadas detrás de la iglesia. Eran cabañas, construcciones pobres, de paredes de madera y tablillas desiguales que formaban el tejado, sujetas por piedras para impedir que salieran volando cuando el viento arreciaba fuerte.

–No hay huertas –constató el constructor.

–No, señor. Estas gentes no tienen terrenos de su propiedad.

–¿Por qué? ¿Tan pobres son?

–No les está permitido tener propiedades.

Geoffroi se detuvo a dos pasos de la primera casa y obligó a su acompañante a hacer lo mismo.

–¿Cómo es que no les está permitido tener propiedades?

–No podría responderos porque no lo sé. Lo único que sí sé es que viven separados del resto de la población y les está prohibido comerciar con productos alimenticios, por eso son carpinteros y canteros. La madera y la piedra no transmiten enfermedades.

–¿Qué enfermedades?

–Dicen..., dicen que son leprosos, señor.

–¿Quién lo dice?

–El cura.

Geoffroi iba a preguntar algo más, pero Oriol, que no hizo el mínimo intento por continuar la conversación, siguió andando hasta detenerse ante una de las cabañas y llamó a la puerta.

Todos los miembros de la familia se pusieron en pie al ver en el umbral al maestro constructor. Durante unos instantes, se miraron unos a otros con preocupación; algo muy grave tenía que haber ocurrido para que acudiera a su vivienda. Al joven Bozat comenzaron a temblarle las rodillas. El maestro no había aparecido por la obra y él había jurado que le había dado el recado, aunque no mencionó la conversación mantenida con él y, mucho menos, que hubiera osado entregarle una de sus figurillas, la más querida. Estaba aterrado.

–Siento molestaros a estas horas –comenzó diciendo Geoffroi a modo de disculpa.

Los rostros se relajaron y rápidamente diez manos se apresuraron a ofrecerle un asiento.

–¿Ocurre algo en la obra? –inquirió el jefe de la familia en tono precavido.

–No. El motivo de mi visita es tu hijo.

–¿Cuál de ellos?

Las miradas iban del más joven a su hermano mayor y los ceños fruncidos del padre y los tíos no auguraban nada bueno.

–El muchacho.

Eder hubiera querido desaparecer en aquel momento. Aún recordaba algunas de las leyendas narradas por la madre. Hablaban de seres misteriosos que se desvanecían en la niebla y reaparecían a miles de leguas en un abrir y cerrar de ojos. ¡Ojalá tuviera él poder para hacer lo mismo!

–¿Qué ha hecho?

La voz del padre sonó como una amenaza en sus oídos y bajó la vista.

–Esto. Supongo...

El maestro extrajo la figura de debajo de su manteo y la colocó encima de la tabla que lo mismo servía para comer que para serrar una viga.

–Me gustaría saber si en verdad ha sido él quien ha tallado esta figura.

Nadie dijo nada durante un buen rato. No sabían qué decir.

–No volverá a ocurrir –aseguró Manex finalmente–. Os pido disculpas en nombre de toda la familia.

–¿Por qué?

–Por permitir que el chico pierda el tiempo en trabajos inútiles distrayéndose de sus obligaciones.

–Lo hago en mi tiempo libre y...

La mirada furibunda del padre interrumpió la frase que el joven había comenzado en su defensa.

–Dime, Eder –el maestro constructor estaba verdaderamente interesado–, ¿hay más figuras como ésta?

–La cabaña está llena de ellas y de otras cosas –se apresuró a afirmar Elaia.

Había captado el gesto del constructor y también el tono de su voz. Miró a Oriol y éste le hizo un guiño afirmativo. Antes de que los demás hubieran tenido tiempo de reaccionar, colocó encima de la tabla media docena de tallas diversas, animales en su mayoría. También le mostró una jarra de vino de madera perfectamente torneada, cuya asa representaba una lamia peinando sus cabellos y un par de cuchillos cuyos mangos mostraban escenas de caza y pesca.

–¡Y este *kaiku*!

Añadió triunfal la mujer poniendo en sus manos un recipiente para cocer la leche con adornos circulares tallados que él ya había visto grabados en los dinteles de algunas puertas.

–Teníais razón, Oriol, el chico sabe tallar. Es un verdadero artesano. –Geoffroi se dirigió a Manex, que observaba la escena sin entender ni media palabra–. Deseo que tu hijo sea mi discípulo. Le enseñaré mi arte y, tal vez, él me enseñe el suyo. A partir de mañana pasará a vivir a mi casa, yo me ocuparé de su alimentación y de su vestido, y te pagaré el dinero que dejarás de percibir porque él ya no volverá al bosque. Si tú estás de acuerdo, por supuesto.

El hombre miró a su hijo, miró las figuras, miró al maestro constructor, apretó las mandíbulas y aceptó con un gesto de cabeza.

A partir del día siguiente, Eder descubrió una vida que ni en sueños habría imaginado. Dejó de trabajar en el bosque, en la carpintería, en los andamios, y se aplicó en ser un buen discípulo de su maestro. Lo seguía a todas partes como un perrillo faldero y escuchaba atentamente sus explicaciones; repitió hasta la saciedad ejercicios de cálculo y aprendió a utilizar la regla y el cartabón. También aprendió a dibujar, algo que nunca había hecho, pues a la hora de trabajar un trozo de madera siempre se había dejado guiar por la intuición. Dibujaba con facilidad y se asombraba de sí mismo con grandes exclamaciones cuando veía plasmado en la tablilla el modelo –un apero, una jarra, una fuente– indicado por Geoffroi, quien evitaba los halagos para no provocar orgullos vanos en el alumno, pero sentía una honda satisfacción al constatar sus progresos. El maestro dedicaba un rato cada día a enseñarle matemáticas y geometría, y también a leer y a escribir en latín y en romance francés.

–Te será de utilidad –afirmó cuando el muchacho preguntó de qué servía hablar en unas lenguas que ninguno de sus parientes conocía.

La ayuda de Alix fue decisiva. La niña parloteaba sin cesar y le encantaba hacerlo. A punto de cumplir los nueve años, tenía una mente rápida y absorbía todo tipo de conocimientos sin la menor dificultad, se fijaba en todo y preguntaba lo que no entendía o era nuevo para ella. No se hizo rogar dos veces cuando su padre le pidió que hablara con Eder en latín y en romance francés. Estaba encantada de tener a alguien joven en la casa. Vivir con tres adultos, más el rector que le daba lecciones, era muy aburrido.

El cura fue la mayor dificultad que encontró Geoffroi para llevar a cabo lo que se había propuesto: enseñar a su discípulo todo lo que él sabía, legarle sus conocimientos y experiencia, compartir con él las ideas que nunca había llevado a cabo, la visión del mundo por medio de la arquitectura y, en especial, la escultura. Don Martín puso el grito en el cielo en cuanto conoció sus intenciones.

–¡Jamás! ¡Jamás! –exclamó escandalizado–. ¡No podéis meter en vuestra casa a uno de ellos!

–¿Por qué? –preguntó él, impasible.

–Son paganos, contaminan lo que tocan, sacrifican animales a la luna, queman los cadáveres y expelen un olor nauseabundo.

El maestro sintió una punzada. También los dos hombres a los que había escuchado tras el juicio y condena de Madeleine habían hablado de olores y pestes.

–Yo no les he visto hacer ninguna de esas cosas que vos decís –replicó en un tono indiferente para no mostrar su enojo–, y huelen igual que todo el mundo.

–Vos sois nuevo en estas tierras y desconocéis muchas prácticas paganas que aún se mantienen vivas por aquí. Os digo que no podéis hacer lo que planeáis. Son como bestias, buenos para el trabajo con la madera y la piedra, y nada más.

–Yo no veo nada malo en ellos.

–Meter a uno de ellos en la casa sería como meter en ella a una serpiente venenosa. Os aviso, tenéis una hija inocente que puede resultar contaminada por esa cría de pagano y habréis de dar cuentas a Dios.

La oposición del rector no hizo sino reafirmar su intención. De alguna manera, don Martín le recordaba al Bugre; los dos eran igual de intolerantes, ambos mostraban su desprecio y odio hacia otros seres humanos esgrimiendo a Dios como excusa. De todas formas habló de ello con Semeno García. A pesar de ser solamente un señor rural, sin comparación posible con los grandes nobles que él había conocido, le constaba el sentido común del vizconde, a quien había llegado a apreciar.

–El rector exagera –respondió éste cuando le expuso la situación–. Es cierto que los carpinteros no son como los demás, pero de ahí a pensar que son la representación del propio demonio media un trecho.

–No entiendo su fobia.

–Veréis, nuestra tierra fue tardíamente cristianizada; quedaron grupos desperdigados, gentes de la montaña, que no fueron adoctrinadas en la fe de Cristo y han conservado parte de sus creencias. No acuden a la iglesia, no bautizan a sus hijos y tampoco entierran a sus muertos en tierra sagrada; no tienen propiedades y no pagan impuestos, puesto que nada poseen. A don Martín le gustaría tener a todo el mundo bajo su autoridad y recibir los diezmos, pero ésos se le escapan.

–Oriol me dijo que eran leprosos...

–Los curas los llaman leprosos espirituales, leprosos de alma, que es como la Iglesia de Roma denomina a todo aquel que no puede controlar: judíos, musulmanes, herejes, gitanos, ateos y... paganos, pero éstos son tan leprosos como pudierais serlo vos o yo; dominan el trabajo de la piedra, pero sobre todo, la madera, y entre nosotros no hay mejores artesanos que ellos.

Si alguna duda tenía el constructor, quedó disipada tras su conversación con el vizconde y no permitió que, en su presencia, el rector volviera a cuestionar su decisión. A partir de entonces, miró con otros ojos a las gentes que vivían detrás de la iglesia. Le recordaban a sus vecinos de Vertus, y ello le hacía sentir mayor simpatía hacia aquellas personas vilipendiadas debido a prejuicios sin fundamento.

Eder aprendía con celeridad; Geoffroi disfrutaba enseñándole y se sorprendía al constatar sus progresos. Lo observaba sin que él se diera cuenta cuando tallaba una figurilla para regalársela a Alix o lo veía ensimismado con el carboncillo entre los dedos. Se veía a sí mismo afanándose para llegar a lo más alto. Había llegado y ¿para qué? La verdadera felicidad no se hallaba en los grandes triunfos, sino en las pequeñas cosas de todos los días, pero él se había dado cuenta demasiado tarde. Se decía que no quería que el joven siguiera sus pasos, pero al mismo tiempo, algo en su interior le impelía a enseñarle, a obligarle a aprender, a ser el mejor. Pronto comenzó a encargarle trabajos como pasar a limpio sus apuntes o proyectar él solo algunas partes pequeñas de sus construcciones. Sin embargo, había algo en lo que aún no había comenzado a instruirlo y no sabía si alguna vez lo haría: la escultura en piedra, la perfección absoluta, el dominio de la materia y del volumen, la belleza pétrea a la cual únicamente unas manos privilegiadas eran capaces de dar vida. La mayoría de los canteros escultores tallaban la piedra a gusto de sus clientes y de las modas, había buena artesanía en sus trabajos, pero no verdadero arte, y esto es lo que los diferenciaba de los pocos que realizaban obras capaces de cortar el aliento, como le había ocurrido a él al contemplar la imagen de la mujer descalza.

–¿Quién es? –preguntó a Eder, señalando la figura, un día que ambos se hallaban trabajando en el desván.

La imagen reposaba sobre un viejo arcón apolillado dejado allí por los anteriores ocupantes de la vivienda y era el único objeto que el muchacho había llevado con él al mudarse desde la cabaña. La luz del día penetraba por un ventanuco, más bien una hendidura realizada en el muro, e iluminaba su perfil embarazado.

–Mi madre. Bueno... –vaciló–, lo que recuerdo de ella. Ha pasado mucho tiempo desde que se fue, pero no quiero olvidarme de cómo era. Por eso la he tallado, para recordarla.

–¿Por qué va descalza?

–¡No me imagino a la diosa calzada! –rió Eder.

–¿Qué diosa? ¿No has dicho que representaba a tu madre?

–Ambas son la misma.

–No te entiendo.

–Ambas son madres; dan la vida.

Geoffroi no supo qué decir y permaneció callado durante largo rato mientras el joven se aplicaba en los ejercicios.

–¿Tiene nombre esa diosa de la que hablas?

–Amari, Ama Lur, la Madre Tierra –tradujo Eder para que no quedara ninguna duda.

–¿La Madre Tierra? –preguntó el constructor estupefacto con los ojos puestos en la figura de madera.

–Es la Gran Madre, la madre del sol y de la luna –le explicó Eder con sencillez–, la que nos da la vida. El pueblo del bosque siempre ha creído en ella.

Aquella noche y las noches siguientes, el maestro constructor no ocupó su vela en revisar viejos proyectos y en imaginar otros nuevos. Poseído por una súbita agitación, dibujó sin descanso, intentando recuperar en su memoria la imagen de su Virgen cuyos bocetos había quemado, en un arrebato de ira y dolor, después de haber sido destruida por Lepetit. Él no volvería a coger un cincel, pero no permitiría que ningún otro pudiera reproducirla. Ahora, sin embargo, sentía la necesidad de recuperarla, pero por mucho que lo intentó, no logró representar su recuerdo ya confuso. Al cabo de unos días, renunció a los bocetos y decidió modelar en arcilla una figura sin rasgos que le sirviera de modelo; se hizo traer un bloque de piedra calcárea de color rosáceo, muy abundante en toda la región, se encerró en su habitación y asió el cincel y el martillo, dispuesto a revivir su sueño, pero no se atrevió a dar el primer golpe. Su mano temblaba como la de un anciano.

Al día siguiente, a primera hora, subió al desván. Eder se hallaba aún dormido, pero no tuvo ningún reparo en despertarlo; retiró la manta que lo cubría y lo zarandeó con brusquedad.

–¿Has tallado alguna vez la piedra?

–No –respondió el muchacho, sorprendido por un despertar tan brusco.

–¿Te gustaría intentarlo?

Eder hizo un gesto como diciendo que podía probar y esperó. El maestro constructor pasó casi todo el día explicándole cómo iniciar el trabajo, insistió en que no debía golpear la piedra si no estaba seguro, en cómo debía asir los instrumentos de trabajo, en cómo debía calcular las medidas para no equivocarse y, sobre todo, lo más importante, tenía que ver la obra acabada antes de haberla comenzado, tenía que verla en su mente, insistió, con la misma claridad como si la tuviera delante de los ojos. El joven lo escuchaba atentamente, impaciente por comenzar, pero constatando apesadumbrado que las horas del día transcurrían y la luz se iba con ellas.

–Mañana, lo primero que has de hacer es un modelo en arcilla para reproducirlo después. Primero la arcilla, después el cincel –recalcó el maestro, y dio por concluidas sus explicaciones.

Como si la larga exposición lo hubiera agotado, Geoffroi se retiró a su habitación y no salió de ella en lo que quedaba de jornada. De pronto se sentía viejo, vacío; no había en su vida un proyecto para el futuro, y un hombre sin ilusiones era un hombre acabado, alguien a quien tan sólo restaba esperar la muerte. Sacó del arcón la arqueta de madera con los restos de Madeleine que había guardado bajo sus ropas para no tener que dar explicaciones a Alix si la encontraba y se interesaba por su contenido. ¿Cómo podría explicarle que aquellos cuatro huesos y el polvo grisáceo era todo lo que quedaba de la mujer que le había dado la vida? La niña no se conformaría con respuestas fáciles, querría saber, y él no deseaba revivir sus recuerdos; los había dejado dormir en un rincón de su memoria durante los últimos años, creyendo que así olvidaría, pero no había olvidado. Al contrario. En los últimos tiempos no hacía sino pensar. Las conversaciones con su joven alumno le obligaban a replantearse muchos de los temas sobre los cuales nunca se había interrogado. El muchacho era un espíritu puro, sin malear; había sido dotado del talento reservado a los privilegiados y ni siquiera era consciente de ello. Y también estaban aquellas creencias que en Champaña lo hubieran llevado directamente a la hoguera.

Poco a poco, mediante su propia observación, las conversaciones mantenidas con Semeno García y también con el desagradable rector de San Esteban, así como lo poco que había sacado de Manex Bozat cuando ambos se encontraban para hablar del avance de las obras, el maestro constructor iba haciéndose una idea sobre aquellos a los que el muchacho llamaba «pueblo del bosque» y había llegado a la misma conclusión ya expuesta por su protector, el vizconde de Baigorri, y que él no había tomado en serio en su momento. Incluso el rector tenía razón. Los llamados leprosos, impuros, a los que se impedía poseer propiedades y se prohibía emparejar con otros que no fueran de su casta, no eran sino gentes sin cristianizar, paganos, y tal constatación lo dejó tan sorprendido que necesitó volver una y otra vez a pensar sobre ello para reafirmarse en su idea. ¿Cómo era posible algo semejante mil doscientos años después de la muerte de Cristo?

–Si no acuden a la iglesia, ¿dónde entierran a sus muertos? –preguntó a Semeno García una noche en la que compartieron la cena en la nueva y amplia sala del vizconde.

–Los queman.

–¿Los queman?

–Sí, al modo de los antiguos.

–¿Y qué hacen con las cenizas?

–Llevan los cadáveres al monte, los queman y luego entierran las cenizas en el mismo lugar.

–¿Para qué?

–Algunos montes eran lugares sagrados para los antiguos vascones, aún lo son en algunos aspectos. Creían que los seres humanos renacían después de muertos, al igual que las plantas tras el invierno, y para ello era necesario enterrarlos en un lugar próximo a la morada a la que llamaban Amari o Madre. –Semeno García sonrió al observar la cara de asombro de su invitado–. Consideraban las cuevas úteros de esa diosa, a la que aún se invoca en muchas casas, incluso en algunas muy cristianas.

–¡Jamás había oído algo parecido!

–Os sorprendería conocer las viejas costumbres de este pueblo. El reino de Navarra está lleno de ellas, pero esta zona montañosa es, tal vez, la que con más ahínco permanece anclada en su pasado.

–¿Y la Iglesia no dice nada?

–Lo dice, pero... –el vizconde alzó los hombros con indiferencia–. Los reyes navarros nunca prestaron demasiada atención a las cosas de la religión. La utilizaron en su provecho, pero jamás con el fervor de vuestros últimos reyes, quienes pidieron y consiguieron que el Papa llamara a la Cruzada contra los herejes del conde de Toulouse, aunque todos sabemos que, además de devoción, también existen intereses de índole menos espiritual en dicha acción. Nuestro señor Teobaldo, sin embargo, los persiguió no hace mucho en sus tierras del norte de Francia únicamente por lealtad a la Iglesia y en defensa de la verdadera fe. Vos lo sabéis. Estabais allí cuando se hizo justicia.

Geoffroi sintió frío al escuchar las últimas palabras y se aproximó al fuego que ardía en la enorme chimenea construida por él para el señor de Etxauz. El otoño era melancólico en aquella región y la lluvia no había dejado de caer durante las últimas semanas, unas veces en forma de grandes chaparrones y otras fina, mezclada con la niebla. Achacó su momentáneo destemple al aire que se colaba por las rendijas de las láminas de madera que guarnecían las ventanas a la espera de que llegara el vidrio encargado, pero él sabía que había sido la mención a los sacrificados del monte Aimé lo que en verdad había enfriado su cuerpo, y también su alma.

Fue a depositar de nuevo la arqueta en el fondo del arcón y sus ojos se toparon con el rollo que Catherine le había entregado en el momento de abandonar Vertus. No lo había desenrollado en todos aquellos años. No sentía ninguna curiosidad por saber lo que estaba escrito en él, no quería revivir nada de lo pasado y estaba seguro de que aquel documento tenía algo que ver con la doctrina que había llevado a Madeleine a la hoguera. Lo había depositado en el fondo del arcón y se había olvidado de él, pero esta vez lo cogió, soltó el cordoncillo de cuero que lo ataba y extendió la piel, muy fina y blanda, sobre el tablón colocado encima de dos caballetes que le servía de mesa de trabajo, acercó el candil para poder ver con detalle y abrió los ojos, sorprendido.

Se trataba de un pergamino en el que podía verse una escalera de caracol dividida en casillas con un número en cada una de ellas. La espiral era uno de los símbolos de los Compañeros Constructores, y también lo era la pata de oca, animal que aparecía en trece de las casillas. No era la primera vez que veía una ilustración parecida; la había visto en Troyes, su ciudad natal, cuando fue aceptado como compañero después de varios años de trabajar como aprendiz y juró cumplir las ordenanzas del gremio, pero ¿cómo había llegado aquel ejemplar a manos de un obispo hereje? Había escrito algo en una esquina, pero no logró descifrarlo; la letra era menuda y la tinta estaba gastada, así que echó mano de la lente de vidrio, montada sobre un soporte de madera, que había adquirido en Troyes a un comerciante alemán varios años atrás, y leyó despacio en latín: *«El Jardín de la Oca, la Verdad está en el Camino»*.

Los aprendices hablaban mucho después del trabajo, o cuando no llegaba el material por falta de fondos y era obligado esperar jornadas enteras, a veces semanas e incluso meses, para poder reanudar la tarea. En sus años mozos se había entretenido con otros compañeros jugando a aquel juego en el almacén en el cual se reunían tras la jornada de trabajo; se tiraban los dados y se avanzaba por las casillas hasta llegar al jardín en el centro de la escalera de caracol, pero nunca lo había considerado algo más que un juego a pesar de haber oído a un viejo cantero decir que no era un juego, sino algo más importante. Al preguntarle el significado de sus palabras, el hombre repitió que la escalera no era un juego, sino un medio para adivinar el porvenir.

–Pueblos más antiguos que el nuestro, allá por Oriente, utilizan algo similar para predecir lo que ha de venir.

Ante las risas de los aprendices, el hombre insistió.

–Los Pobres Caballeros de Cristo lo trajeron a Francia tras la segunda Cruzada. He oído decir que lo utilizan para conocer el futuro, pero sólo los iniciados están en el secreto.

No le dio importancia a las palabras del viejo, pero no dejaba de ser curioso que aquel «jardín de la oca» estuviera en manos de un hereje. Él no era dado a juegos intelectuales ni cabalísticos y jamás se había interesado por los asuntos esotéricos a los cuales eran aficionados tanto nobles como plebeyos. La existencia, la vida, no tenía misterios para él. Uno nacía, vivía como podía y moría cuando le llegaba el momento. No creía en agoreros, brujerías, magias, adivinadores, misterios o cosas por el estilo, y ningún secreto filosófico iba a cambiar el rumbo del mundo por mucho que algunos se empeñaran continuamente en anunciar su final o la llegada del Anticristo. De hecho, tampoco dedicaba un pensamiento a la otra vida, aquella que predecían los curas, la de la gloria eterna para los buenos y el infierno para los malos. Le bastaba actuar con honradez y esperar.

Debajo del dibujo había unas líneas escritas con letra muy menuda y comenzó a leer ayudándose con el vidrio de aumento. Se trataba de algunos pasajes del Evangelio de San Lucas. El texto estaba en francés, algo que llamó su atención, aunque luego recordó que una de las acusaciones hechas a los herejes era la de haber traducido el Nuevo Testamento a lengua vulgar para ser entendida por el pueblo. Algunas frases estaban subrayadas.

> Bienaventurados los pobres, porque vuestro es el Reino de Dios. Bienaventurados los que tenéis hambre ahora, porque seréis saciados. Bienaventurados los que lloráis ahora, porque reiréis. Bienaventurados seréis cuando los hombres os odien, cuando os expulsen, os injurien y proscriban vuestro nombre como malo, por causa del Hijo del Hombre.
>
> ... Amad a vuestros enemigos, haced bien a los que os odien, bendecid a los que os maldigan, rogad por los que os difamen.
>
> ... No juzguéis y no seréis juzgados, no condenéis y no seréis condenados; perdonad y seréis perdonados.

Eran palabras que él ya había escuchado durante los oficios dominicales y siempre le habían causado un sentimiento confuso, sobre todo la última frase subrayada. Perdonar, olvidar... podía hacerse cuando el agravio era fútil, pero cómo hacerlo cuando se había sido testigo de la inmolación de tantas buenas personas cuyo único delito era creer en la palabra de Cristo a su manera y no a la de Roma. No habían cometido ningún crimen, ni robado, matado o calumniado, y, sin embargo, fueron sacrificados por aquellos que decían representar a Dios. ¡Extraño modo de interpretar el Evangelio!

Ahuyentó sus fantasmas y examinó el anverso de la piel oscurecida ayudándose con el vidrio de aumento. En el borde superior había escrita una frase en francés: «La Verdad nos hace puros». El resto estaba en blanco, a excepción de una «e» perfectamente clara que aparecía hacia la mitad de la hoja, pero, aparte de las marcas dejadas por el tiempo, no parecía haber nada de extraordinario. Iba a guardar el rollo de nuevo cuando se acordó de otro juego de sus años de aprendiz. Sus compañeros y él escribían pequeños mensajes en trozos de pergamino con tinta invisible elaborada por ellos mismos con jugo de cebolla o con leche y luego se divertían poniéndolos al calor de una llama para leer el contenido. Ahora le parecía algo pueril, pero... Con sumo cuidado, pasó la piel por encima de la llama de la vela, evitando en todo momento el contacto directo para no chamuscarla. Poco a poco aparecieron letras de color oscuro hasta formar un texto legible, escrito también en francés. Comenzó a leer con cierta dificultad, pues algunas letras no habían aparecido y la escritura era irregular y lo releyó un par de veces más.

Guardó el rollo junto a la arqueta, en el fondo del arcón, y concentró su atención en un proyecto que hacía años bullía en su cabeza y al cual no había podido dedicar tiempo: la construcción de una catedral cuya belleza superaría a la de Reims. Un sueño que, estaba convencido, nunca vería hecho realidad, pero le daba igual, pues lo importante era imaginarlo, verlo.

Durante varios meses, Eder se aplicó a dominar el cincel y el martillo que el maestro había puesto en sus manos. Los primeros trabajos fueron un verdadero desastre; no lograba crear las formas imaginadas y ello le enfurecía. Hubo momentos en los que, desesperado, llegó a estar de acuerdo con su padre: ¡aquello era una pérdida de tiempo! Poco a poco, sin embargo, fue encontrando el pulso justo para controlar la presión y la fuerza necesarias hasta conseguir lo deseado. También ayudó que Geoffroi lo enviara a ejercitarse con Lucien a la cantera de donde se extraía la piedra de construcción. El maestro cantero no hablaba mucho, pero mostraba una paciencia infinita hacia él y hacia otros jóvenes a quienes aleccionaba. Les enseñó a utilizar la escuadra y el compás para medir la piedra a fin de realizar con exactitud el corte de los sillares, dovelas, molduras de capiteles y basamentos que después encajarían con la perfección de las piezas de un rompecabezas en las construcciones que poco a poco iban haciéndose un sitio en el país del bosque, el valle de Baigorri, el «río rojo», así llamado por el color de sus aguas que arrastraban tierras arcillosas. El joven se aplicaba con ahínco y pronto sobrepasó a los demás aprendices para satisfacción de Lucien y, más aún, del maestro de obras.

–Veo que vas dominando el arte –le dijo Geoffroi un día en que se acercó a la cantera para observar los progresos de su alumno.

–¿Puede llamarse maestría al simple corte de unas piedras? –preguntó él, un tanto enfurruñado por una labor que consideraba tediosa.

–Hasta el trabajo más sencillo, el menos interesante, es un arte cuando se hace bien. La perfección lo es en sí misma, sea cual sea la tarea que se lleve a cabo. No lo olvides.

Cubierto de arenilla blanca que se metía en sus ojos y en su nariz, y le provocaba tos, no estaba muy de acuerdo con la aseveración de su maestro. Puestos a elegir, se dijo, y si el arte consistía en hacer algo perfecto, no había quien le ganara a pescar truchas. De todos modos, trabajó con ahínco para poder volver a la escultura cuanto antes. En invierno los días eran cortos y las obras importantes se dejaban para la primavera, así que todo el mundo se retiraba en cuanto la luz comenzaba a declinar, pero él era el último en abandonar la cantera y el primero en aparecer por ella al día siguiente. A pesar de ello, logró encontrar tiempo para tallar por su cuenta pequeñas figuras de animales que conocía bien: osos, jabalíes, ciervos, etc.; realizaba las piezas y después les pasaba la piedra, mojándolas para tapar los poros, hasta hacer desaparecer las aristas, y quedaban suaves al tacto y brillantes a la vista. Aunque, acostumbrado a trabajar de memoria y a pesar de lo mucho que había insistido su maestro en ello, jamás hacía el modelo previo en arcilla. Trabajaba en su rincón, a la luz de una lámpara de aceite de ballena, mientras los demás moradores de la casa se dormían escuchando el golpeteo apagado y cadencioso procedente del desván.

Geoffroi no dormía. Tumbado en el lecho, escuchaba el sonido de la maceta con una mezcla de orgullo al constatar la pericia y laboriosidad de su discípulo. Y de angustia. Sabía que se encaminaba hacia el tramo final de su existencia, pero el muchacho comenzaba a dar los primeros pasos en la suya y a él le hubiera gustado acompañarlo, aunque sólo fuese para que no cometiera sus mismos errores, para advertirle, para protegerlo, pero cada cual debía seguir su camino en la vida y de nada valían las experiencias ajenas.

Una mañana despertó con una sensación extraña. Por fin había logrado conciliar el sueño, aquel sueño que tanto tardaba en llegar y que removía, en el silencio de la noche, recuerdos que deseaba borrar de su memoria. Todo era quietud a su alrededor y sonrió. Agnès se ocupaba de que no hubiese ruidos en la casa hasta que él no salía de su habitación. Ni siquiera se escuchaba a Alix, la niña más habladora que conocía. Bien era cierto que él tampoco conocía a otras niñas, pero estaba seguro de que era imposible que hubiera otra tan charlatana como ella. La campana de San Esteban le anunció que era domingo y obligada la asistencia a la misa para no dar que hablar. Abrió los ojos y fue incapaz de moverse. Junto a la cama, encima de la mesita donde la vela de la palmatoria iluminaba sus noches de insomnio, se hallaba la imagen en piedra de una mujer con largas trenzas, el vientre abultado y los pies descalzos.

No pudo concentrarse en los rezos durante la misa, ni tampoco escuchó la prédica de don Martín que, como siempre, giraba en torno al pecado y a los pecadores, amenazándoles con las más terribles penas del infierno si en algún momento se desviaban del camino señalado por la Santa Madre Iglesia. No podía dejar de pensar en la figura. La emoción embargó todos sus sentidos al cogerla y examinarla con atención: ni un fallo, ni un mal golpe. Era la réplica exacta de la talla en madera que su joven alumno había dejado en sus manos casi un año antes. Y, algo que no le había ocurrido desde el día en que su madre murió en sus brazos, la emoción hizo que las lágrimas asomaran a sus ojos. En algún momento, durante la misa, echó un vistazo a su alrededor buscando a Eder, pero luego recordó que él y los suyos nunca asistían a los oficios religiosos. Sin embargo, observó que en la parte trasera de la iglesia, apartado de los demás fieles, se mantenía un pequeño grupo de hombres y mujeres. Reconoció a varios de ellos porque trabajaban para él como carpinteros y canteros y se extrañó de no haber reparado en ellos en otras ocasiones. No pudo evitar lanzarles alguna que otra mirada a lo largo de la ceremonia y comprobó que, en efecto, no participaban de la misma como el resto y que, en el momento de hacer las ofrendas del pan para los pobres, el acólito hacía un nudo en el saco de recogida para no mezclar sus óbolos con los ya entregados por los demás concurrentes.

–Son leprosos –escuchó cuchichear a su lado.

Se giró sorprendido. Alix lo miraba con sus grandes ojos azules.

–¿Quién te ha dicho eso?

–Él. –Alix señaló al rector.

No respondió, pero en aquel mismo instante decidió que su hija ya tenía edad para educarse en otro lugar, aunque aún no sabía dónde.

Al atardecer de aquel mismo día, acudió a visitar al vizconde. Llevaba un par de semanas sin aparecer por la torre y Semeno García lo recibió con los brazos abiertos y ordenó que se les sirviera queso de oveja elaborado por sus pastores y vino de Irulegi, el mejor de la región, extraído de las cepas plantadas por los romanos siglos atrás. Durante la mayor parte de la velada, el señor del valle no dejó de hablar de su experiencia guerrera, cuatro años atrás, bajo las órdenes de Teobaldo, en la Cruzada convocada por el Papa contra el infiel. La expedición se saldó con un montón de muertos y prisioneros entre los cristianos en el único encuentro habido con el ejército musulmán, aunque con posterioridad se logró la restitución de Jerusalén y de otras plazas gracias a la ayuda del hermano del rey de Inglaterra que había parlamentado con el sultán de Damasco y con el de El Cairo. La aventura no fue muy brillante, pero el señor de Etxauz la magnificaba un poco más cada vez que se refería a ella, y todos sus familiares y los que le conocían estaban más que hartos de oírsela narrar.

Geoffroi escuchaba en silencio. A él le traían sin cuidado los asuntos que nobles, soldados y frailes tuvieran entre manos y, en especial, los del rey de Navarra, el hombre que no había movido un solo dedo para evitar la masacre de decenas de sus vasallos franceses, ni había impedido que un monje, enfermo de mente, expandiera el terror en sus territorios. Los poderosos no se detenían hasta lograr sus propósitos, hablaban en nombre de los pueblos que gobernaban cuando, en realidad, sólo miraban por sus propios intereses; los hombres de armas arrasaban tierras fértiles, llevaban la desolación por doquier y destruían todo lo que de bello existía sobre la Tierra; y la Iglesia... olvidaba las enseñanzas de Cristo y convocaba a ejércitos, ávidos de conquistas, para asesinar en nombre de Dios. ¿Qué Dios podría desear la destrucción de su mejor obra, el ser humano? Este pensamiento le recordó el motivo de su presencia en la torre.

–Durante la misa de hoy –comenzó diciendo en un momento en que el anfitrión detenía su discurso para dar cuenta de un buen pedazo de queso ahumado– he observado que algunos de vuestros vasallos, los carpinteros y canteros que trabajan en las obras y sus familias, permanecían apartados del resto de los fieles...

–Sí, se colocan al fondo de la iglesia.

Semeno García se llevó el pote de vino a la boca y lo paladeó con gusto.

–¿Por qué?

–Bueno..., costumbres...

–¿Qué costumbres? –insistió el maestro de obras.

El vizconde se alzó de hombros, como si no quisiera hablar del tema, pero se decidió a responder al observar la firmeza de su invitado.

–Creo que ya hablamos sobre los Bozat y otros como ellos...

–Dijisteis que no iban a la iglesia y enterraban a sus muertos en la montaña, pero éstos sí van.

–En realidad, llevan poco tiempo haciéndolo. No sé..., tal vez una o dos generaciones. Los curas y también otras gentes creen que aún no están suficientemente..., ¿cómo os diría yo...?, cristianizados, y luego, con todos esos herejes sueltos por ahí que llegan a través del Camino y traen con ellos ideas poco ortodoxas, contrarias a la religión y a Roma, existe mucha desconfianza por parte de los fieles cristianos, que prefieren no mantener contacto con gentes de dudosas creencias o procedencias.

–¿Me estáis diciendo que a vuestros carpinteros y canteros se les mantiene a prueba hasta que demuestren su verdadera fe?

–Sí..., podría decirse que ocurre algo así. Se les bautiza durante la noche, se les entierra fuera de la iglesia, no se les permite casarse con personas que no sean de su misma..., de su misma especie.

–Pero... ¿acaso son extranjeros?

–No, que yo sepa. Ellos se llaman a sí mismos pueblo del bosque. ¿Sabíais que no hace mucho el valle de Baigorri era un inmenso bosque repleto de robles, hayas, abedules, fresnos y otras clases de árboles? –preguntó el vizconde con voz jovial, cambiando de asunto–. Ésta siempre ha sido una tierra de pastores y leñadores. Nuestros rebaños son famosos en Navarra y nuestra madera se vende en todo el reino y también en Aquitania.

Geoffroi no salía de su asombro. Tal vez su propio drama, el desasosiego y el sentimiento de culpabilidad que no lo abandonaban desde la muerte de Madeleine lo habían aislado demasiado de su entorno. Se excusó diciéndose que el desconocimiento de la lengua y de las costumbres de la región también habrían tenido algo que ver con su aislamiento, pero aun así... Conocía a todas las personas que trabajaban para él y, desde luego, no encontraba diferencias, ni físicas ni de ninguna otra clase, entre ellas y los demás habitantes del pueblo. De vez en cuando, aparecían por San Esteban grupos de gitanos de tez oscura, pero se marchaban al cabo de algún tiempo. También se veían peregrinos procedentes de otros lugares que preferían hacer su recorrido por caminos laterales, menos transitados e incluso menos difíciles que el llamado «camino francés» que partía de San Juan y se dirigía a Pamplona por Roncesvalles. Entre Baigorri y el vecino valle de Baztán únicamente había un puerto, el de Izpegi, y de allí a la capital del reino de Navarra apenas existían dificultades.

–¿Y vos lo permitís? –preguntó al cabo de un rato.

–¿Cómo no voy a permitirlo? Habréis observado que aquí la producción agrícola es más bien escasa, las tierras montañosas no son las más adecuadas para cultivar grandes extensiones de terreno y el clima tampoco ayuda. Los rebaños y la madera son nuestra principal riqueza y ¡hay que sacarles beneficios!

–Os pregunto si vos permitís que algunos de vuestros vasallos, hijos de esta misma tierra, sean tratados como apestados.

Semeno García frunció el ceño. No le gustaba el tono del maestro de obras. Él no ponía las reglas. Daba lo mismo lo que pensase, estuviese o no de acuerdo. Gobernar cualquier lugar, por muy pequeño que éste fuera, era una tarea difícil y a él le bastaba con mantener a sus vasallos tranquilos y evitar las revueltas. Únicamente tenía que dar cuenta de sus actos al rey, y los reyes exigían obediencia y el pago de los impuestos; lo demás les traía sin cuidado. El rey acudía a Navarra en contadas ocasiones, el resto del tiempo vivía en Champaña. Cuando él no estaba en el reino, sus representantes, hombres de confianza y chambelanes, todos franceses, se encargaban de gobernar. Los montañeses no eran como los demás navarros. No era sólo una cuestión de religiones o creencias, de viejas costumbres o modos de vida. La existencia en aquellos parajes, rodeada de altas montañas, alejada de los centros de poder, aislada de influencias extrañas, era dura y había marcado el carácter de sus habitantes. No aceptaban órdenes y hablaban de tú a tú a sus gobernantes. Tampoco a él le agradaba que los artesanos fueran tratados de forma despectiva por los demás vecinos; eran gente trabajadora y valiosa. No le importaba si continuaban apegados a sus viejas creencias, con tal de que no le causasen problemas, pero no estaba dispuesto a enfrentarse con nadie –y menos con la todopoderosa Iglesia– por salir en su defensa.

–No penséis que esto sólo ocurre en este lugar –respondió incómodo–. No hay pueblo, ni villa, desde la costa hasta el Béarn, que no cuente con un barrio o un asentamiento de agotes, y en todas partes se les trata igual.

–¿Por qué ese nombre?

El vizconde se alzó de hombros y continuó narrando su viaje a Tierra Santa. Incluso le mostró una espada sarracena de hoja curva que, según él, había arrebatado personalmente a un enemigo durante un combate cuerpo a cuerpo.

Geoffroi regresó a su casa poco después. Volvía a sentir el mismo malestar que no lo había abandonado desde el momento en que tuvo conocimiento de haber vivido entre herejes, cuando creía haber hallado por fin el sosiego en un pueblecito sin historia donde pasaría el resto de su vida en compañía de una buena mujer y la criatura nacida de ambos. Los meses transcurridos al abrigo de las montañas le habían devuelto un poco de paz, pero, de nuevo, intuía que su tranquilidad y la de su hija estaban en peligro. Un martilleo apagado en el piso superior rompía el silencio que envolvía la casa y, sin pensárselo, subió al desván. Iluminado por la luz de una vela, el joven Bozat se hallaba sentado sobre el catre, concentrado en su tarea. Ni siquiera escuchó el crujir de los peldaños de la destartalada escalera apoyada en el vano. El maestro contempló durante un buen rato su perfil agudo inclinado sobre la pieza en la cual estaba trabajando y escuchó las palabras del vizconde refiriéndose a aquellas gentes, sus vasallos, sus mejores artesanos. Quería saber más sobre ellos y entender la razón del comportamiento hacia ellos de sus propios vecinos, pero Semeno García no parecía saber mucho más de lo que ya le había dicho, y no tenía ninguna intención de preguntarle al rector. Bajó las escaleras intentando no hacer ruido y pasó casi toda la noche absorto en la contemplación de la figura de piedra que no había devuelto a su creador.

Al día siguiente, cuando Oriol acudió a la casa para recibir órdenes referentes a la construcción del nuevo molino del vizconde, Geoffroi le sorprendió con una pregunta.

–¿Qué sabéis vos sobre los llamados agotes?

La cara de asombro del administrador le confirmó lo que él ya intuía, que el hombre sabía aún menos sobre el tema que su señor.

–¿Quién podría informarme? –preguntó de nuevo.

–¿Tenéis alguna queja? –interrogó a su vez Oriol con cautela.

–No, sólo es interés por conocer su situación.

–No creo que haya nada de interesante en ellos. Son buenos artesanos y viven a su modo...

–¿Quién podría informarme? –insistió el constructor en un tono que no admitía réplica.

–No sé..., la verdad...

–Alguien habrá.

–Tal vez, Elaia.

–¿Quién es Elaia?

–La tía del muchacho.

Geoffroi recordó a la mujer que le había mostrado los trabajos de Eder la noche en que fue al barrio situado detrás de la iglesia. Sus caminos se habían cruzado en algunas ocasiones y, por sus andares y modales, le dio la impresión de que era una mujer de carácter. Todas las mujeres de aquella región parecían serlo; permanecían calladas mientras sus hombres hablaban, pero a él no se le habían escapado las miradas que éstos les dirigían antes de afirmar algo o tomar una decisión. La propia esposa del vizconde no hablaba mucho, pero Semeno García se dirigía a ella, como esperando su aprobación, cuando hablaba con voz atronadora sobre la invasión de la vecina Lapurdi o de sus intenciones de acudir de nuevo a la aventura en Tierra Santa.

–Decidle que deseo hablar con ella.

–Pero...

–Id ahora mismo y decidle que la espero. Aquí tenéis los dibujos para el maestro cantero y para el carpintero, ellos sabrán lo que han de hacer para comenzar los trabajos del molino.

Geoffroi le tendió un rollo de piel sin darle oportunidad para continuar la conversación; el hombre hizo una inclinación, cogió el rollo y salió sorprendido todavía por la insólita petición del maestro de obras.

Poco después, Agnès abría la puerta a Elaia. Ambas mujeres estaban tan sorprendidas como el administrador. Agnès, porque era la primera vez que el maestro solicitaba la presencia de alguien en la casa y porque ese alguien era nada menos que una mujer; y Elaia, porque le inquietaba la llamada inesperada del hombre que prohijaba a su querido sobrino y temía que hubiese cambiado de opinión.

–¿Algún problema con el muchacho? –preguntó al tiempo que, siguiendo la indicación de Geoffroi, tomaba asiento sobre un taburete, cerca del fuego encendido en la cocina.

–Ninguno, muy al contrario. Pocos maestros hay tan orgullosos de sus alumnos como yo lo estoy de él.

La sonrisa satisfecha de Elaia dejó paso a un gesto de preocupación. ¿Cuál era entonces la razón de la llamada?

–Te he llamado porque deseo ayudar y conocer mejor a Eder –prosiguió el constructor– y, para ello, necesito saberlo todo.

–¿Todo? ¿Qué es todo?

El maestro desapareció tras la puerta de su habitación y regresó con la figura tallada en piedra.

–Todo –repitió dejando la figura en el regazo de la mujer.

Geoffroi y Elaia hablaron durante toda la mañana. Así supo el maestro que Eder había quedado huérfano cuando aún no llegaba al hombro de un adulto y que su madre había fallecido al dar a luz, al igual que su hija recién nacida.

–Mi hermana –dijo Elaia sin poder contener la emoción– era un ser muy especial. Cuando miro a Eder la veo en él. Era una mujer hermosa y dulce; tímida y, sin embargo, con una fuerza extraordinaria que emanaba de su interior. Algunos decían de ella que era una lamia. No sé si sabréis, maestro, que en esta tierra, y entre otras muchas cosas, la gente cree en unas criaturas que habitan en los bosques, junto a las fuentes y al nacimiento de los ríos, capaces de hacer sortilegios y de enamorar a los hombres. Aseguran los que dicen haberlas visto que tienen los dedos de los pies unidos por unas membranas, como las ocas. Tal vez por eso –sonrió señalando a la figura– el muchacho la ha tallado descalza, para que todos puedan ver que los pies de su madre eran como los de los demás mortales.

–A mí me ha dicho que representa a su madre, pero también a alguien a quien llama Amari –aventuró Geoffroi.

Elaia examinó con atención la figura y acarició su vientre abombado antes de volver a hablar. Cuando lo hizo, su mirada estaba fija en las llamas del hogar.

–Ella es la Señora, la madre de los seres humanos, los animales y las plantas; madre también del sol que nos ilumina y da calor, y de la luna, la luz de los muertos, que indica a los difuntos el camino hacia su morada en las entrañas de la Tierra.

Agnès se había aproximado a ellos escandalizada. Había estado escuchando la conversación mientras se ocupaba de poner orden y disponer la comida del mediodía. Fue a decir algo, pero Geoffroi le hizo una seña para que permaneciera callada.

–Vela por nosotros en todo momento; su vientre se hincha y nos alimenta –prosiguió Elaia–; premia a los buenos acogiéndolos en su seno y castiga a los malvados haciendo que sus espíritus vaguen para toda la eternidad dentro del cuerpo de una lechuza.

Agnès se cubrió la boca con la mano nuevamente escandalizada; después cogió el cesto de la ropa y salió para dirigirse al río a hacer la colada. No seguiría escuchando aquella conversación herética.

–¿Por qué enterráis a vuestros muertos en la montaña en lugar de en la iglesia? –preguntó Geoffroi, deseoso de conocer más.

–¿Qué mejor sitio puede haber para volver a nacer?

–¿Es cierto que los quemáis?

–Algunos lo hacen, mi familia, por ejemplo; otros los entierran de cuerpo entero.

–¿Por qué?

–¿Por qué los quemamos? Porque el fuego libera el espíritu y le permite regresar con más facilidad al vientre de la Madre.

La conversación mantenida con la tía del muchacho dejó muy pensativo al maestro constructor. Sus vecinos de Vertus también hablaban de un renacimiento espiritual después de la muerte, de una liberación del alma. Tal vez porque se estaba haciendo viejo y su percepción de la muerte se había acrecentado con los años, o tal vez porque se resistía a creer que la madre de su hija y todos los demás hubieran sido condenados a sufrir durante toda la eternidad, las palabras de Elaia apaciguaron su corazón dolorido. Cuánto más hermoso era creer que los espíritus volaban libres una vez se desprendían de su cuerpo humano, que volvían a nacer, que la vida continuaba...

París

Después del asunto del monte Aimé, Robert Lepetit ya no tuvo ninguna duda de haber sido elegido por la Divina Providencia como brazo ejecutor de su justicia. Su triunfo había sido el triunfo de Dios. Erradicaría la herejía de las tierras de Francia, perseguiría a los herejes y a todos los que pusieran en duda la doctrina de la Iglesia de Roma, se adentraría en sus madrigueras y no descansaría hasta ver arder sus cuerpos corrompidos por el pecado.

Todos los días daba gracias al Señor por haberle hecho recobrar la cordura a tiempo. Cada vez que recordaba su acaloramiento, su obcecación por aquella mujer, una cátara, una hereje, que le había hecho olvidar sus obligaciones y renegar de su fe, le invadía un odio frenético hacia ella y los suyos. Al mismo tiempo, sentía un deseo sexual desbocado y únicamente era capaz de apaciguarlo fustigando su espalda desnuda con unas zurriagas cuyas tiras de cuero se habían vuelto rígidas como la piedra debido a la sangre reseca.

La había conocido en la Escuela de la Catedral, recién tonsurado fraile dominico, a la cual acudía para escuchar las lecciones de su maestro, un canónigo, experto teólogo y filósofo. Unas pocas mujeres asistían también, en calidad de oyentes. Eran familiares de personajes ilustres o de los propios oradores, y ocupaban un lugar en un balconcillo lateral, abierto al aula magna donde se impartían las lecciones. Desde su asiento podía verlas perfectamente, sin obstáculos por medio. Quedó prendado de Lionor la primera vez que sus miradas se cruzaron y ya no pudo apartar la vista de ella. Jamás en su vida había contemplado un rostro tan perfecto en un ser humano, ni tan bello. No tardó en averiguar que era sobrina del canónigo e inventó las disculpas más disparatadas para visitar a éste y poder así entrever a la mujer que le robaba el sueño. Sus esfuerzos dieron el fruto deseado y logró ser admitido en el pequeño y selecto grupo de estudiantes a los cuales el canónigo impartía lecciones particulares en su propia casa. Lionor solía estar presente en dichas ocasiones y él tenía que hacer esfuerzos sobrehumanos para permanecer atento y responder a las preguntas del maestro sobre la materia impartida. Soñaba con ella, se la imaginaba desnuda y, a pesar de las disciplinas, no podía quitársela de la cabeza. Nunca mantuvieron una conversación en privado y nada en la actitud de la joven mostraba que estuviera más interesada en él que en cualquiera de los otros estudiantes, pero para el fraile todas sus miradas, gestos o sonrisas eran promesas de amor, de deseos no confesados, de goces carnales.

Un día se sorprendió al no verla en el balconcillo y tampoco en casa del canónigo cuando acudió a la siguiente lección. Aparentando simple cortesía, preguntó si la joven se hallaba enferma o indispuesta, ya que una epidemia de viruela tenía atemorizada a la población parisiense desde hacía semanas.

–Lionor está bien –respondió el canónigo–. Partió hace ya una semana hacia Milán.

–¿Milán? ¿En Italia? –interrogó el fraile estupefacto.

–Sí, ha ido a visitar a una hermana de su madre que matrimonió con un comerciante de aquella ciudad.

–¿Piensa permanecer mucho tiempo alejada de París? –preguntó de nuevo, tratando de hablar en un tono neutro para no desvelar la angustia que sentía en aquellos momentos.

–Me temo que sí...

El canónigo no le dio más explicaciones y él no se atrevió a insistir. El hombre parecía preocupado por algo más que la simple marcha de su sobrina.

Durante varios meses, Robert intentó luchar contra sus deseos y centrarse en los estudios. Su prior esperaba grandes cosas de él; era un joven inteligente y le instaba a aprovechar todas las oportunidades para conocer las Sagradas Escrituras a fondo, aprender a rebatir la herejía y desenmascarar a los enemigos de la Iglesia, pero él era incapaz de olvidar a Lionor. Una mañana salió para la escuela y no regresó al convento, se desprendió de su hábito, se hizo con unas ropas de romero y emprendió el camino hacia Italia, acogiéndose a todos los monasterios del camino que llevaba a la ciudad santa de Roma. Al llegar a Turín, abandonó al grupo con el cual había realizado la mitad del trayecto y se dirigió a Milán. Allí mendigó e, incluso, robó para poder comer, pero no cejó en su empeño. Con el cráneo tonsurado nuevamente cubierto de cabellos y la barba espesa, apostado junto a la catedral, vagabundeando por la plaza del mercado o recorriendo arriba y abajo las rúas de los comerciantes, su mirada seguía a todas las mujeres jóvenes que apercibía aunque fuera de lejos.

La vio una tarde de enero. Estaba medio muerto de frío y de hambre y apenas le quedaban fuerzas para andar, pero la siguió hasta una casa en la que ella penetró después de haber golpeado en la puerta dos veces con los nudillos. Él hizo lo mismo, golpeó dos veces con los nudillos y esperó. Fue la misma Lionor quien le abrió la puerta y, al verla, cayó exhausto al suelo. Cuando despertó estaba acostado en una cama que olía a romero, en una habitación pequeña y caldeada por un pequeño braserillo de carbón. No sabía dónde se encontraba, estaba tan débil que no podía siquiera mover sus brazos ni sus piernas y creyó hallarse en el cielo cuando vio al objeto de sus deseos inclinarse sonriente sobre él y preguntarle si se encontraba mejor.

Su recuperación le llevó tiempo, pero a él no le habría importado que hubiera durado mucho más. Era mimado como no lo había sido en toda su vida por personas amables que se desvivían por atenderle, y la mujer amada lo visitaba todos los días y se preocupaba por él. No lo había reconocido. Era difícil reconocer en aquel hombre de largos cabellos y barba tupida al fraile tonsurado y rapado, embutido en el hábito dominico, que había tenido ocasión de frecuentar en casa de su tío el canónigo, y él no se dio a conocer. A medida que mejoraba, comenzó a dar unos pasos y a participar en la vida familiar de sus protectores. Le causó desazón darse cuenta de que Lionor no vivía allí, pero le tranquilizó constatar que ella acudía todos los días sin faltar uno y quiso pensar que lo hacía por él. Pronto averiguó el motivo de la presencia de la joven en la casa; de ella y de un buen número de personas que también la frecuentaban.

Aquellas gentes que hablaban de paz, de amor entre los seres humanos, de compartir las posesiones, de ayudar a los pobres y desvalidos de la Tierra, formaban parte de un grupo de buenos creyentes, de cátaros. El descubrimiento lo dejó anonadado. Su primera reacción fue hablar con Lionor, explicarle el peligro que corría y confesarle su pasión por ella, una pasión que le había llevado a romper sus votos religiosos, pero lo pensó mejor al constatar el brillo de su mirada cuando escuchaba las pláticas del que parecía ser el jefe del grupo, un tal Bernardo. Optó entonces por esperar un momento más oportuno y, mientras tanto, fingió ser él también un «hombre bueno», nombre que se daban a sí mismos los herejes. Su devoción y entrega fueron tales que, al cabo de los meses, pasó a ser la mano derecha de Bernardo. Su conocimiento de las Sagradas Escrituras, así como la práctica de la predicación adquirida en el convento y el arte de la retórica aprendido con el canónigo, tío de su amada, lo convirtieron en un elemento valioso de la pequeña comunidad milanesa. Llegó incluso a alcanzar la categoría de elegido o apóstol, nombre con el que se reconocía a los sacerdotes de la Iglesia de los Creyentes tras recibir el *consolamentum*, el último sacramento por el cual se despedían de la vida y se disponían a morir, desde aquel mismo instante, renunciando a los bienes terrenales y también al amor carnal, generador de la vida humana, creación del Mal.

En su calidad de elegido, escuchaba las confesiones de sus compañeros, en especial las de Lionor, quien le profesaba una devoción sin límites, al haber sido ella, según estaba convencida, la primera en ayudar a un apóstol de Dios para guiar su rebaño en la penalidad. Aquellos momentos en los cuales la joven abría sin recelos su corazón y le confiaba sus secretos más íntimos eran para Robert su mayor placer, a la espera del goce supremo: hacerla suya. Estaba seguro de que ella se rendiría y lo seguiría hasta el fin del mundo cuando llegase el momento, cuando su entrega espiritual fuera total, y esperó pacientemente, convencido de que la espera tendría por fin su premio, pero no fue así. El día en que le confesó su amor, su deseo por ella y su intención de que vivieran como marido y mujer, vio cómo su rostro reflejaba el estupor más completo, seguido de un gesto horrorizado y –lo que más le dolió– el desprecio en su mirada. Ese mismo día abandonó la comunidad y también Milán; regresó a París y pidió ser readmitido en la orden dominica después de haberse sometido al juicio de sus antiguos hermanos en religión y haber aceptado sin una queja la disciplina sobre sus espaldas.

Los años pasados entre los buenos creyentes habían hecho mella en el espíritu del renegado. La doctrina cátara predicaba que el universo estaba regido por dos fuerzas: el Bien y el Mal; el primero representado por Dios, creador del alma, y el segundo, por el Diablo, creador de la materia que era preciso destruir. En la concepción de Robert, estos dos entes adoptaron aspectos muy concretos: el Bien era la Iglesia de Roma; el Mal, los herejes. A partir de entonces, su entrega a la lucha por la erradicación de estos últimos fue total. Habiendo vivido entre ellos y alcanzado él mismo la dignidad superior, le era fácil descubrirlos. Había actitudes, palabras, frases, que pasaban desapercibidas para cualquiera que no estuviera en el secreto, pero él lo estaba. Obtuvo del Papa el nombramiento de inquisidor encargado de perseguir la herejía en todo el reino de Francia, en especial en el norte, y se aplicó a la tarea como si su propia salvación dependiera de ello. Era tal su encono que veía herejes por todas partes, empezando por cualquier mujer joven que le recordara a Lionor y siguiendo por todos sus parientes; exigía que fueran encarcelados para después ser juzgados y ejecutados. Las cárceles estaban llenas, y tanto los concejos de los pueblos como los alcaides de las fortalezas de Champaña y Brie se quejaron, se negaron a dejarse llevar por la furia enloquecida del clérigo y a detener a supuestos cátaros. El hombre, incluso, pretendió que su antiguo profesor, el tío de la mujer a la que seguía deseando, fuera hecho preso y juzgado por hereje. El canónigo se quejó al propio arzobispo de París y éste envió a Roma un pliego de cargos contra el fraile que fue a unirse a las quejas ya recibidas desde otras diócesis francesas. La respuesta no se hizo esperar: la dignidad inquisitorial le fue retirada y se le prohibió abandonar el convento dominico de París.

Durante casi un año, Robert el Bugre hizo penitencia y llevó una vida ejemplar de sacrificio y entrega, sin dejar en ningún momento de enviar cartas al Santo Padre declarando su inocencia y las malas artes de los enemigos de la Iglesia, y solicitando le fuese devuelto el cargo. Su esfuerzo se vio recompensado y, de nuevo, fue nombrado gran inquisidor para ser depuesto al poco tiempo al constatar las autoridades religiosas que los meses de reclusión habían agravado su crueldad y obsesión enfermiza por los herejes. Esta vez se negó a obedecer y acusó al mismo Papa de haber sido abducido por las fuerzas infernales. Era ir demasiado lejos. Los dominicos lo expulsaron de la orden, y el antiguo renegado fue juzgado, excomulgado y condenado a permanecer recluido para el resto de su vida en una celda del convento franciscano del que escapó a las pocas semanas, tras convencer al hermano que se ocupaba de llevarle la comida de la injusticia cometida con él.

–Me han echado porque se saben malos cristianos y mi presencia entre ellos no haría sino recordarles su hipocresía y deslealtad hacia la Santa Madre Iglesia –le confesó a un viejo borracho que una noche compartió con él la esquina de una mesa mugrienta en un tugurio del barrio de Saint Michael. El viejo asentía sin decir palabra, dispuesto a aguantar todo lo que fuera necesario con tal de beber gratis a cuenta de aquel hombre vestido con un hábito que se caía a pedazos y con la mirada desvariada de un loco de atar.

Pasados unos meses, y mientras esperaba en la cola de los pobres que todos los días recibían un cuenco de sopa y un pedazo de pan en el Hôtel-Dieu, escuchó la conversación de un par de andrajosos que se disponían a emprender el peregrinaje a Compostela.

–Más nos vale hacer la peregrinación antes de morir de asco en esta ciudad repleta de asesinos y ratas –oyó decir a uno de ellos.

–¿Tú crees que será seguro? –preguntó el otro en tono de duda.

–Me han dicho que los peregrinos son acogidos en todos los pueblos, monasterios e iglesias del Camino, que no les falta el alimento ni la ropa de abrigo.

–Pero ese sitio, Compostela, está muy lejos, dicen que en el fin del mundo...

–¿Y qué más da? Andaremos un poco cada día, veremos lugares nuevos y tal vez también tengamos oportunidad de salir de nuestra miseria.

–¿Cómo?

–Robando a los peregrinos ricos, ¡claro! –rió el hombre mostrando una boca negra como un pozo.

No pudo seguir escuchándolos porque les tocó el turno y dejaron de hablar, más preocupados de que les llenaran los cacillos que por continuar la conversación. Los buscó después por los aledaños del hospital, pero no los encontró. Sin embargo, no pudo dejar de dar vueltas a la idea de llevar a cabo el peregrinaje hasta la tumba del apóstol Santiago, y un par de días más tarde salía por la puerta de Orleans en dirección a la ciudad del mismo nombre. No lamentaba su decisión y tampoco le asustaba lo desconocido.

Su vida durante los últimos tiempos había sido pura miseria. Puesto que los dominicos lo habían echado como a un apestado, decidió obligarlos a escuchar su voz aunque no quisieran. Cada día se apostaba junto al convento, subido en un cajón, y arengaba a las gentes desde el improvisado púlpito. Les conminaba a arrepentirse de sus pecados, a estar alerta porque la herejía campaba a sus anchas por doquier, a no acudir a los frailes por ser éstos los nuevos discípulos del Anticristo y a contribuir a su subsistencia con un óbolo. No logró sacar ni unas monedas con las que pagar una cama y, en varias ocasiones, debió renunciar a su plática debido a los insultos y las risas de los oyentes. París era un antro de perversión, todos sus moradores perecerían por el fuego, al igual que habían perecido los habitantes de Sodoma y Gomorra, pero a él no le pillaría la ira divina porque, fiel a su cometido, seguiría buscando herejes por los caminos de Dios, aunque tuviera que juzgarlos y ejecutarlos él mismo.

Los dos andrajosos tenían razón. Era más fácil subsistir en el camino a Compostela que en la enorme y poblada urbe a orillas del Sena. Ni siquiera debía temer a los salteadores que acechaban a lo largo de la ruta para desvalijar a los peregrinos. Él era un pobre y ningún ladrón se molestaría en perder unos instantes para robarle, a menos que no quisiera despojarle de su hábito, un nido de piojos y pulgas, algo ciertamente poco probable. Su aspecto provocaba tal lástima que, al verlo, los campesinos le ofrecían un pedazo de pan y un rincón en la cuadra para dormir. Durante las primeras jornadas caminó en solitario, pero a medida que transcurría el trayecto, fue conociendo a otros desheredados de la Tierra; coincidían en los hospitales para los peregrinos pobres o se calentaban mutuamente cuando la noche los pillaba en descampado y se veían obligados a refugiarse en una borda o en una casa abandonada. Poco a poco fue recuperando las dotes oratorias del antiguo dominico, del pastor de buenos creyentes, del inquisidor todopoderoso, y antes de llegar a Poitiers se había erigido en jefe de una docena de mendigos que escuchaban con avidez sus palabras en torno a un cazo de sopa de la caridad en un monasterio o a una hoguera, encendida para ahuyentar a las alimañas del bosque. El Bugre supo entonces que había encontrado una nueva meta en la vida. Al igual que Jesucristo, él no poseía nada y caminaba rodeado por doce discípulos a los que aleccionar. El viaje hasta Compostela era largo y durante el mismo tendría tiempo de llevar a cabo su obra, y luego, tras postrarse ante la tumba del Apóstol, fundaría en tierras de Galicia un cenobio para cristianos fieles, verdaderos hijos de Dios.

Al llegar a la región de la Gironda, tierra de viñedos plantados por los romanos y mimados por los monjes de las innumerables abadías y conventos, Robert y los suyos se dirigieron a Sancto Emiliano, un monasterio con fama de milagrero construido encima del primitivo excavado en la propia roca. La zona estaba en pie de guerra y era difícil evitar las partidas de hombres en armas que recorrían los caminos. Los condes girondinos se habían alzado contra el gobierno del rey inglés Juan sin Tierra, duque de Aquitania. En el monasterio los monjes proporcionaron al peculiar grupo unos hábitos remendados pero limpios a condición de que se bañaran y se dejaran despiojar. Robert estuvo a punto de negarse. Aunque su cuerpo estuviera recubierto de un costra de suciedad que hacía imposible su ubicación en alguna de las razas que poblaban el mundo, su alma purificada por el sufrimiento estaba limpia y, lo más sorprendente, desde el inicio de la andadura no había vuelto a pensar en Lionor, ni se había despertado en medio de la noche preso de un violento deseo que aumentaba su desasosiego tanto como su odio por el género femenino, culpable de la perdición de todo hombre. Tal vez si se lavaba, pensó, volverían a él las antiguas pesadillas. Recapacitó, sin embargo, al contemplar un hermoso códice iluminado en el oratorio de los monjes. En una de las iluminaciones, Jesús aparecía acompañado por los apóstoles durante la Última Cena, todos aseados y con túnicas sencillas, como correspondía a su humildad, pero limpias. Aceptó la oferta de los monjes y obligó a hacer lo mismo a sus compañeros, igualmente reacios al agua aunque por otras razones. De paso, decidió asimilar su aspecto al del Salvador del códice, se dejó crecer el cabello hasta los hombros y recortó la barba a ras de las mejillas. Era alto y delgado, de nariz aguileña y ojos oscuros, de forma que para cuando llegaron a la frontera con Navarra, un artista se hubiera sentido muy satisfecho de contar con él como modelo para pintar un cuadro o un retablo de carácter religioso.

Para entonces ya había adquirido el dominio absoluto sobre sus compañeros; éstos le obedecían sin discutir y se sentaban alrededor para escucharle, convencidos de estar reviviendo la vida y los hechos de los apóstoles. Su piedad atrajo a nuevos acólitos deseosos de ser admitidos en el grupo. Robert les permitía asistir a sus sermones, pero nada más. No quería que el encanto se rompiese; doce habían sido los discípulos del Hijo de Dios y doce serían los suyos, aunque –meditó– en algún momento tendría que desembarazarse de uno de ellos, pero aún no había decidido de quién.

Penetraron en Navarra por Galtzetaburu, donde pernoctaron en el priorato hospital de Santa Magdalena de Utziat, y continuaron viaje a primera hora de la mañana en dirección a Garazi, la población protegida por la plaza fortaleza de San Juan de Urrutia. Al llegar a la puerta, el oficial al cargo los detuvo.

–La tumba del apóstol de Cristo –respondió Robert cuando el hombre se interesó por su destino; el oficial sólo fue capaz de hacerse a un lado para dejarlos pasar, sin duda impresionado por la imponente planta del jefe del grupo y el tono seguro de su voz, a pesar de que no llevaba consigo ningún certificado ni carta de recomendación.

Los pasos de montaña estaban cerrados debido a la nieve y eran pocos los peregrinos que se habían aventurado a realizar el viaje en los meses más fríos del año. Aun así, eran demasiados para la pequeña población cuyos vecinos intentaban alojarlos en sus propias casas o enviarlos a los pueblos próximos a la espera de que el tiempo mejorara. Al igual que el oficial de la puerta, el rector de San Juan se sintió impresionado por la apariencia de Robert y de sus compañeros y aceptó las vagas explicaciones que aquél le dio sobre su procedencia, convencido de que eran personajes de importancia que viajaban de incógnito. No era la primera vez que ocurría. Él había conocido a más de uno que, bajo la apariencia de pobre necesitado, ocultaba un importante cargo eclesiástico y, estaba claro, el hombre no era un cualquiera, tenía estudios y sabía hablar. Ante la imposibilidad de encontrar un alojamiento adecuado para los trece, el sacerdote cabalgó a lomos de un borrico hasta Baigorri y le planteó el problema al rector de San Esteban. Don Martín de Arraioz no lo dudó. Estaba harto de convivir con gentes incapaces de decir dos frases seguidas sobre otra cosa que no fueran sus rebaños de ovejas, de escuchar las fanfarronadas de Semeno García cuando le daba por hablar de sus proezas guerreras y de aguantar las miradas de superioridad que le dirigía el maestro constructor. La llegada de unos extranjeros importantes haría sumamente interesantes las largas veladas invernales. El hecho de que fueran peregrinos también decía mucho sobre su piedad cristiana, un alivio en aquella tierra de paganos.

Dos días más tarde, Robert y los suyos se hallaban alojados en la amplia casa del rector de San Esteban, situada a pocos pasos de la iglesia, en la parte opuesta al barrio de los agotes.

El encuentro entre el antiguo inquisidor y Geoffroi Bisol no se hizo esperar. Don Martín llevó a su invitado a la torre del vizconde al día siguiente de su llegada. Estaba ufano y se alegraba de haber acogido a los peregrinos en su propia casa, en especial a quien los otros llamaban hermano Robert y obedecían en todo momento. El hombre había resultado ser una persona culta y su pertenencia a las órdenes religiosas lo hacía aún más cercano, aunque el rector no logró averiguar a cuál de ellas pertenecía exactamente y tampoco quiso insistir para no parecer descortés, pero estaba seguro de que por lo menos era un abad, o incluso alguien más importante. De todos modos, una cosa era cierta: era un hombre austero, versado en las Sagradas Escrituras y muy devoto. A su llegada, la tarde anterior, se había dirigido a la iglesia y había permanecido en oración hasta la puesta del sol; cenó frugalmente, un potaje acompañado de un cuartillo de vino y un pedazo de pan, y después ambos conversaron durante parte de la noche.

–La herejía, amigo mío –le dijo en un momento dado de la conversación– es el gran peligro que amenaza a los buenos cristianos y que es preciso erradicar por todos los medios, el miembro corrompido que hay que cercenar para que no contamine al resto del cuerpo. Los enemigos de Nuestro Señor nos rodean por todas partes, se han infiltrado incluso en la Iglesia bajo la apariencia de hombres santos y esperan vigilantes la llegada del Anticristo para despojarse de sus máscaras.

–¡Me asustáis!

–Más asustado os sentiríais si supierais hasta dónde pueden llegar sus manejos. ¿No habéis reparado en el número, cada vez mayor, de ataques a la verdadera religión de Cristo? Las sectas crecen, los herejes salen a la luz sin ningún temor, protegidos por altos dignatarios del clero, y sus doctrinas se expanden como la lepra.

–¡La lepra!

–La lepra, sí, el castigo divino que se hace visible en los cuerpos de los pecadores, aunque a veces permanece oculta en las entrañas de los más impíos, que pueden, así, moverse a su antojo por estas tierras de Dios. He jurado dedicar mi vida a desenmascarar a los herejes, pero yo también he sido un pecador y debo redimir mis faltas postrándome ante el sepulcro del santo apóstol martirizado antes de comenzar mi misión.

Don Martín sintió un estremecimiento y estuvo a punto de confesar a su interlocutor que muy cerca de donde ellos se hallaban vivían familias enteras de leprosos espirituales, pero calló.

Aún no conocía bien al hombre aparecido en su vida por casualidad y, a fin de cuentas, él manejaba el asunto a su modo y no quería intromisiones ajenas, pero tomó buena cuenta de sus palabras. Tal vez más adelante, si la nieve persistía y el hermano Robert permanecía algún tiempo en su casa, acabase por confiarle la terrible realidad que se ocultaba en aquellos hermosos parajes.

Al llegar a la torre de Etxauz con su invitado a eso del mediodía, el rector se sintió contrariado al ver allí al maestro constructor. El vizconde y él se hallaban enfrascados en el examen de una maqueta colocada sobre la enorme mesa de roble que ocupaba la mitad de la sala noble. Semeno García alzó la cabeza cuando ellos penetraron en la habitación.

–Acercaos, don Martín. ¡Llegáis justo a tiempo! –exclamó–. Venid a ver la nueva capilla que tengo pensada para el enterramiento de los miembros de nuestra familia. El maestro Geoffroi me la estaba mostrando en este momento.

El rector se aproximó mientras Robert permanecía cerca de la puerta. Su mirada estaba fija en el constructor que había mirado hacia la puerta a su llegada, pero cuya atención se centraba de nuevo en la maqueta y explicaba el proyecto. De golpe, los recuerdos volvieron a su mente: una imagen blasfema destrozada a golpes de barra, un hombre con una niña en brazos suplicando por la vida de su mujer, ésta quemada junto a otros muchos herejes... Él era entonces el inquisidor general, el hombre más temido de Champaña y también el más poderoso, más incluso que el propio conde Teobaldo, y ahora era únicamente un mendigo. Apretó los puños y avanzó hacia la mesa.

–Permitid que os presente –escuchó decir al rector–. Mi señor Semeno García, vizconde de Baigorri por el rey de Navarra, y el maestro constructor Geoffroi Bisol. Mi invitado, el hermano Robert, procedente de París y peregrino a Compostela.

El dedo que en esos momentos seguía la curva de un hermoso arco ojival se detuvo de golpe y su dueño levantó la vista.

Ante él, como un espíritu llegado de las profundidades de la memoria, se hallaba el causante de sus males; el hombre inclemente que había enviado a Madeleine a la hoguera y había dejado huérfana a su hija sin el menor escrúpulo de conciencia; el responsable de sus noches en vela y de la angustia que lo atenazaba desde entonces. Geoffroi sintió un dolor y una ira tan fuertes que se vio obligado a realizar un esfuerzo para contenerse, se irguió en toda su altura y miró directamente a los ojos de Robert, aunque ninguna palabra de saludo salió de su boca.

Semeno García, ajeno por completo a los sentimientos de su amigo el constructor, indicó a sus visitantes los asientos situados en torno a la gran chimenea de la sala y ordenó a un criado que les sirvieran una jarra de vino acompañado de queso, jamón y nueces.

–¡No hay nada mejor que un buen pote de vino a media mañana para alegrar el corazón y alejar el frío! –exclamó jovial, y añadió, dirigiéndose al acompañante del rector–: Y, decidme, ¿de dónde llegáis y hace cuánto que emprendisteis el viaje?

La conversación duró tanto como el vino, el queso y el jamón, y pronto derivó hacia la famosa Cruzada, único tema de interés para el navarro. Geoffroi no le escuchaba. Sentado al lado opuesto de Lepetit, tan pronto miraba a éste como sus ojos se dirigían a los troncos que ardían en la chimenea.

Una vez, poco después de la muerte de Madeleine y tras abandonar Vertus, acercó la mano a unas llamas en una posada del camino. No recordaba muy bien por qué razón lo había hecho. Tal vez por el deseo de saber lo que se sentía cuando el fuego quemaba la carne, para castigarse por no haber amado más a su mujer y, sobre todo, por no haber compartido su vida, tal como era el deber de un buen marido. Retiró la mano nada más sentir el mordisco del fuego, pero el dolor se mantuvo durante varios días y le quedó una marca en el dorso a pesar del ungüento elaborado con la flor del saúco, bueno para las quemaduras, que Agnès se apresuró a aplicar al tiempo que hacía comentarios sobre lo muy descuidados que podían ser los hombres. De vez en cuando se acordaba de aquella experiencia y sentía un escalofrío con sólo pensar en lo mucho que habría padecido Madeleine antes de expirar. Y ahora su verdugo estaba sentado a pocos pasos de él, con un pote de vino en las manos y conversando tranquilamente como si nada hubiera ocurrido, como si tuviera la conciencia tranquila de un niño.

Observó a Robert y lo encontró cambiado. Estaba más delgado y sus facciones se habían afilado, pero seguía teniendo la misma mirada fría e inquisitiva de antaño. Sintió deseos de lanzarse sobre él y rodear su cuello con las manos, apretar hasta sacarle la vida por la boca, pero él no era una persona violenta y, menos aún, vengativa. Si existía la justicia divina, si en verdad existían un infierno y un cielo, esperaba que el hijo de perra fuera a parar al primero y sufriese en propia carne el dolor que había infligido a tantas víctimas inocentes.

–He de hacer –dijo levantándose y dirigiéndose al vizconde.

–Quedaos a comer, querido amigo. Me complacerá invitaros a los tres a compartir mi mesa.

–Mis disculpas, señor, pero me esperan en el molino. La piedra de molienda no encaja como debiera y hay que aprovechar ahora que las aguas bajan sin fuerza.

Geoffroi hizo una inclinación dirigida a todos y a ninguno y se dispuso a salir.

–¿Y vuestro ayudante agote qué tal responde?

La pregunta del rector detuvo su marcha.

–Mejor que muchos –respondió, y salió de la habitación.

¡Maldito tiparraco! Se alegró de haber enviado a Alix con las monjas clarisas de Pamplona para educarse en el convento. No quería ver a aquel mal hombre y mal sacerdote cerca de su hija. Algún día tendría que explicarle lo ocurrido a su madre, pero por nada del mundo permitiría que lo supiera por boca del rector de San Esteban. Estaba seguro de que el renegado no tardaría en contarle la historia y el cura correría a decírselo a todo el mundo en cuanto lo supiera. Tal vez había llegado el momento de partir de nuevo y buscarse la vida en otro lugar. Sus ojos no se cerrarían, como pensaba, en el hermoso valle que le había brindado un refugio seguro durante algún tiempo.

El Bugre no había perdido de vista la expresión y la mirada del constructor. La sorpresa de éste había sido semejante a la suya. ¿Qué hacía uno de los más afamados maestros de Champaña en un agujero como aquél? Supo de su desaparición por el obispo de Châlons después de la justicia ejecutada en el monte Aimé y se propagó el rumor de que también era un hereje cátaro que había puesto tierra por medio ante el temor de ser arrestado e interrogado, pero él sabía que no era cierto. Todos los testimonios y pruebas habían pasado por sus manos y en ningún lugar aparecía su nombre. Es más, después de su visita para interceder en la causa seguida contra su mujer, él mismo pidió informes sobre Bisol, pero no había nada censurable en su vida. Era un hombre cumplidor con sus obligaciones religiosas, absorbido por su trabajo en hacer más bella la casa de Dios. ¿Por qué entonces se había ido si no tenía nada que reprocharse? ¿Por qué razón abandonó su casa, su oficio y el puesto que tan duramente le había costado alcanzar? Después de su partida, aún se detuvo a algunas personas más de Vertus y, entre otras cosas, se les preguntó por sus relaciones con el obispo hereje Moranis, con la mujer del constructor y también con éste. Una de ellas confesó durante los interrogatorios algo referente al maestro de obras, pero no lograba recordar su declaración.

Mientras su anfitrión continuaba hablando de la Cruzada, el antiguo dominico pensó en la imagen de la Virgen de la puerta de la catedral de Reims. Era la estatua más hermosa que jamás había contemplado, pero el rostro que parecía tener vida, las manos extendidas en un gesto de bienvenida, la túnica cuyos pliegues simulaban envolver un cuerpo femenino perfecto, le recordaron a Lionor y la destrozó sin poder contener su ira. Un escultor capaz de crear tanta belleza podía ser peligroso; acercaba la divinidad al hombre, la humanizaba, la hacía comprensible. Los seres humanos debían mantenerse alejados; era necesario que entre Dios y ellos existiese un abismo infranqueable, puesto que, perdido el miedo y el respeto, la puerta quedaba abierta a la herejía. No parecía haber amistad entre el constructor y el rector de San Esteban, así que no le costaría mucho sonsacar a este último cualquier información valiosa. No sabía nada de las leyes de Navarra, pero su rey era el mismo que había firmado la orden de ejecución de los herejes de su condado y también aquí se haría justicia con los enemigos de la Iglesia verdadera.

–¿Quién es el ayudante que habéis mencionado? –preguntó a don Martín al abandonar la torre.

–¿Qué ayudante?

–No sé, le habéis preguntado al maestro constructor por un ayudante y le habéis llamado algo que no he entendido.

–Ah..., sí, el muchacho agote...

–¿Agote? ¿Qué es eso?

El rector suspiró. No hubiera querido hablar de ello tan pronto, pero, recapacitó, antes o después el hombre se fijaría en los artesanos, carpinteros y canteros, que vivían separados del resto de los habitantes y no poseían casas propias; preguntaría por qué razón se mantenían apartados de los demás durante los oficios religiosos y se les daba la comunión con ayuda de unas pinzas de madera, y sería necesario responderle. Él mejor que ningún otro estaba en disposición de hacerlo.

–Los agotes son... nuestros leprosos.

–¿Tiene el maestro un ayudante leproso? ¿No teme al contagio?

–Bueno, es el tipo de enfermedad de la cual vos hablabais ayer por la noche, la lepra espiritual.

–¿Herejes? –los ojos oscuros de Robert brillaron en la noche.

–No precisamente...

–¿No precisamente?

–No son herejes.

–¿Qué son, entonces? ¡Explicaos de una vez!

–La mayoría están bautizados y asisten a la iglesia, pero conservan algunas de sus antiguas creencias. El mensaje de Cristo tardó en penetrar en esta región –añadió a modo de disculpa–. También hay otros que no están bautizados.

–¿Me estáis diciendo que en las tierras de Teobaldo de Champaña aún quedan paganos?

–Puede decirse que así es.

–¿Y el ayudante del maestro es uno de ellos?

–Sí. Le avisé que era peligroso acogerlo en su casa y más teniendo una hija, pero no me hizo caso y además...

–¿Es de los bautizados o de los otros? –le interrumpió el Bugre.

–De los otros. De todos modos, no hay hidalgos ni propietarios entre ellos –añadió don Martín con un deje despectivo en la voz–. Son artesanos, canteros y carpinteros en su mayoría.

–¿Trabajan para el maestro de obras?

–Sí, y al parecer se entiende mejor con ellos que con los demás habitantes de la zona.

Aquella noche, acompañado por los ronquidos de sus compañeros, Robert meditó sobre la conversación mantenida con el rector. No podía dejar de pensar en su buena fortuna. Dios le había hecho emprender el peregrinaje y había enviado la nieve para impedirle cruzar los montes, para obligarlo a permanecer en aquel lugar perdido, al parecer infestado de idólatras, con la misión de convertirlos y mostrarles el único camino posible para la salvación de sus almas. Cuando por fin el sueño lo venció, ya había tomado una decisión: no proseguiría el viaje a Compostela hasta haber erradicado el paganismo de aquella región, pero antes tendría que hablar con el maestro constructor. Era la única persona allí que conocía su identidad.

Al día siguiente, y acompañado de su seguidor más fiel, Aubert, se acercó al molino. Antes de aproximarse al lugar, observó a distancia a los hombres que trabajaban en la construcción. Geoffroi Bisol hablaba con un joven y le señalaba el pequeño puente de arco ojival en el que los canteros ajustaban los últimos bloques de piedra, mientras que, a pocos pasos, los carpinteros tendían el maderamen para levantar un tejado de cuatro aguas en un sobrio edificio cuadrado. Los ojos de halcón del Bugre no perdían detalle. El constructor se mostraba relajado, muy diferente a como lo había encontrado la víspera; vestía un abrigo de piel de conejo hasta media pantorrilla, más apropiado para un campesino que para el hombre que en Champaña trataba con obispos y nobles. Lo vio echar un brazo por encima del joven y reírse por algo que éste había dicho. Aquél debía ser sin duda el pagano leproso del cual le había hablado el rector. Era incomprensible e indignante que un hombre que había edificado hermosos templos para mayor gloria del Señor se mezclara con aquellas gentes. Luego recordó haber oído decir que los compañeros constructores formaban sociedades, repletas de señales, signos y palabras secretas, y se llamaban a sí mismos «hijos de Hiram», el arquitecto del templo de Salomón. También se decía que Hiram era descendiente de Caín y que Lucifer, el príncipe de la luz, le había enseñado los secretos de la arquitectura, arcanos transmitidos de padres a hijos durante generaciones. Bisol no era cátaro, se dijo, pero tampoco era trigo limpio y él se encargaría de cribarlo.

El maestro y su ayudante caminaban de vuelta hacia el pueblo cuando vieron la figura del antiguo fraile recortada a contraluz encima de la loma. Geoffroi se detuvo y por instante pensó en volver a la obra, pero prosiguió su camino. Era inútil tratar de eludir el encuentro.

–Resulta difícil entender qué hace un gran maestro de obras en un lugar como éste –fueron las palabras de saludo de Robert cuando llegaron a su altura.

–Más difícil resulta ver a un gran inquisidor tan lejos de sus dominios espirituales –respondió Geoffroi en el mismo tono.

–Peregrino a Santiago, ¿y vos?

Robert apenas podía ocultar su satisfacción. El constructor ignoraba lo acaecido tras su marcha y éste era un tanto a su favor. Podría llevar a cabo la misión que se había impuesto sin ningún temor.

–Rehago mi vida lejos de los malos recuerdos.

–En compañía inadecuada, por lo que veo... –al decir esto, desvió su mirada hacia Eder.

–Esto no es Champaña.

–Pero su rey es el mismo hombre que presidió el juicio y la ejecución de los herejes en el monte Aimé. Lo recordáis, ¿no es cierto? Vuestra mujer era uno de ellos. Es un hombre temeroso de Dios que no dudará en hacer lo mismo en éstas que también son sus tierras.

Geoffroi no respondió enseguida. Sus temores de la víspera comenzaban a tomar cuerpo. El halcón había puesto su mirada en otra pieza y estaba dispuesto a atraparla.

–Imagino que nuestro señor Teobaldo también se interesará por conocer lo ocurrido al arcediano de la catedral de Reims –dijo por fin–. ¿Lo recordáis vos? El hombre apareció con todos los huesos rotos en las orillas del río. Se habló mucho de aquel asunto y se condenó a un zapatero a ser descoyuntado.

Robert palideció.

–El zapatero fue culpable del asesinato –respondió sin apenas despegar los labios.

–Se dijo...

–¡Murmuraciones! ¡Chismorreos! Hubo un testigo que lo identificó.

–Uno de vuestros hombres.

–¡Un hombre de la Iglesia!

–También se escribió.

–¿Cómo que se escribió? –El Bugre parecía desconcertado.

–Alguien más vio lo ocurrido y lo dejó escrito.

Geoffroi hizo una señal a Eder y ambos prosiguieron su camino en silencio. Robert los vio partir, incapaz de moverse, los miembros agarrotados. ¿Cómo diablos sabía aquello el constructor? La tarde declinaba y una lluvia suave comenzó a caer, pero él permaneció como clavado al suelo y Aubert, a su lado, no se atrevió a mover ni un dedo. ¿Cómo diablos lo sabía?, se preguntó de nuevo el antiguo dominico.

Justo antes de comenzar la caza de herejes en Champaña, solicitó dinero a las sedes episcopales, pero los obispos respondieron que no era de su incumbencia puesto que había sido nombrado por Roma y era ella quien debía ocuparse de sus necesidades. Los alcaldes de los concejos también le negaron apoyo económico; las cosas de la religión, le dijeron, no eran asunto de laicos. Los gastos de su cruzada particular resultaban muy elevados. No sólo debía hacerse cargo de los viajes y alojamiento de sus agentes, sino que también era necesario comprar o recompensar a informantes civiles, delatores y testigos falsos. Acudió entonces al arcediano de la catedral de Reims, Jean, hijo de Philippine, prima carnal de Teobaldo, a quien el Papa había declarado ilegítima y negado los derechos a la titularidad del condado en beneficio de su pariente. Le había llegado información por parte de uno de sus espías sobre la simpatía hacia los cátaros mostrada por el arcediano, quien en varias ocasiones había incluso protegido y dado asilo a algunos de ellos en la propia catedral. Quiso hacerle chantaje para que solicitase al conde una renta a su favor, pero Jean de Champagne se negó en redondo y amenazó, a su vez, con denunciarlo ante su primo, con el cual mantenía una relación amistosa a pesar del contencioso que aún se dirimía entre ambas familias. Robert ocultó su ira y se despidió, pero siguió al clérigo hasta su domicilio, próximo a la muralla, y allí lo abordó de nuevo.

Las palabras subieron de tono, llegaron a las manos y el arcediano rodó por las escaleras de piedra que llegaban al lavadero junto al río. Quedó allí tendido, como un muñeco roto. Teobaldo exigió la búsqueda y captura del culpable, y Robert obligó a uno de sus ayudantes a denunciar al zapatero, que había protestado en voz alta por la caza indiscriminada de personas acusadas de herejía. El hombre no tuvo más remedio que obedecer, pues el Bugre lo había encontrado en una ocasión en una postura comprometida en compañía de un joven y la Iglesia perseguía a los sodomitas igual o más que a los herejes. Tras la ejecución del zapatero, el ayudante de Robert se tiró desde lo alto de un andamio de la catedral en construcción y murió, con lo cual él se quitó una preocupación de encima. Y ahora, tantos años después, aparecía Geoffroi Bisol hablando de un documento escrito que podía incriminarlo y del que debía tener buen conocimiento, de lo contrario no le habría dicho nada al respecto.

Cuando Robert y su fiel Aubert regresaron a San Esteban, estaban calados hasta los huesos. El Bugre permaneció en vela durante toda la noche. Como si la tensión hubiera aguzado todos sus sentidos, de pronto le vino a la mente lo que intentaba recordar desde que había vuelto a ver a Bisol. Durante una de las sesiones de tortura, una vieja, vecina del maestro, aseguró que él no era uno de ellos, pero confesó haberle entregado un documento de Moranis, el obispo cátaro ejecutado en el monte Aimé. No logró averiguar de qué se trataba; la vieja no sabía leer, y además murió durante una de las sesiones en el potro. Ahora estaba seguro de que se trataba del mismo escrito mencionado por el constructor. Pasó varios días en vilo, temiendo que hubiera hablado con el vizconde o con el rector, pero los días transcurrieron sin que nada cambiara a su alrededor y se tranquilizó un poco. No obstante, se juró no olvidar el asunto y tener los ojos abiertos y la mente bien despierta. Antes mataría a aquel bastardo, marido de una hereje y padre de una cachorra herética, que verse de nuevo ante un tribunal.

Montségur, 1244

Raymond Gauti metió en su morral un pote de miel y un queso de leche de oveja, se caló el sombrero de fieltro hasta las orejas y se dispuso una vez más a servir de guía entre la pequeña localidad de Lavelanet, en el país D'Olmes, y la cumbre de la «roca», como todos llamaban al escarpado monte rocoso que se alzaba en solitario en medio de una naturaleza agreste. El trayecto hasta las faldas de la montaña, la ascensión y la vuelta a casa obligaban a un gran esfuerzo, pero sobre todo suponía un enorme peligro. Sería torturado a fin de sonsacarle información o ejecutado en el acto si era atrapado por los francos. No obstante, era el único medio que tenía para ayudar a los asediados, y más concretamente, a los Elegidos y Elegidas que vivían en el castro, personas dispuestas a morir por su fe y sin las cuales desaparecería la Iglesia de los Creyentes. Besó a su esposa Maurina y a su hija Alazaïs, que intentaban no mostrarse preocupadas, hizo una seña de asentimiento al hombre que lo esperaba junto a la puerta y ambos iniciaron la andadura. Sería noche cerrada cuando llegaran a su destino, pero él conocía bien el camino y podía realizarlo con los ojos cerrados, razón por la cual se había ofrecido como guía a los sitiados. Además, el clima les favorecía: hacía frío y el cielo amenazaba nieve. Los hombres del senescal D'Arcis permanecerían dentro de sus tiendas o irían a molestar a los habitantes de las poblaciones vecinas.

Tenía los pies y las manos heladas, a pesar del esfuerzo de la subida y también de la tensión provocada por el peligro. Su acompañante, un hombre de mediana edad, pisaba tras él en silencio, atento a cada paso para no caer por las gargantas que se abrían en la roca. No lo conocía, pero tampoco era la primera vez que servía de guía a un desconocido: debía de ser alguien importante, pues en su última visita al castro, el propio señor de Péreille le había anunciado su llegada y rogado que lo guiara hasta ellos sin dilación alguna.

–Puede que sea nuestra última oportunidad –le aseguró.

–Os lo traeré, no temáis –respondió él, deseando creer en las palabras del caballero.

Desde hacía varios meses, las tropas francesas sitiaban la plaza fortificada de Montségur, el «monte seguro», en lengua de oc, donde se hallaban refugiados más de doscientos creyentes bajo la protección del señor de castillo, Raymond de Péreille, su yerno, Pierre-Roger de Mirepoix, y otros caballeros *faidits*, protectores de la Iglesia acosada, a pesar de no pertenecer a ella. Sus razones para defender a los perseguidos eran muy variadas. Algunos tenían familiares entre los creyentes, otros eran acérrimos partidarios del conde de Toulouse, otros, en fin, consideraban mero invasor al ejército del rey Luis de Francia.

Al mismo tiempo, la situación de las poblaciones vecinas era muy precaria. Gauti y su familia habían abandonado Avignonet para escapar de la furia de los francos tras el asesinato de dos inquisidores y sus nueve acompañantes. Se trasladaron a Lavelanet, a una casa perteneciente a su pariente Arnaud-Raymond Gauti, caballero de Soreze y Durfort, y *faidit* defensor de la plaza, creyendo que allí estarían más seguros. Craso error. Tras unos meses de calma relativa, el asesinato de los representantes de Roma marcó el destino del enclave que acogía la sede principal de la Iglesia de los Creyentes. El pueblo, próximo a la montaña, estaba tomado por los cruzados, quienes ocupaban las mejores viviendas, se hacían entregar todo tipo de víveres, organizaban trifulcas y abusaban de las mujeres, pero nadie se atrevía a quejarse. Los creyentes habían organizado una red de aprovisionamiento y apenas salían de sus viviendas, pero su seguridad pendía de un hilo. La resistencia de la fortaleza enfurecía a los soldados, que se ensañaban con la población y la acusaban de prestar ayuda a los sitiados, lo cual había sido cierto con anterioridad. De Lavelanet y de otros muchos lugares se enviaban alimentos a los resistentes por medio de personas de todas las edades y condiciones que ascendían a Montségur burlando la vigilancia enemiga hasta alcanzar la barbacana situada en medio de una estrecha vereda, el único paso de acceso. Pocos eran ahora, sin embargo, los que se atrevían a atravesar el cerco con la complicidad de algunos vecinos de la región, enrolados por la fuerza en el ejército franco.

–¡Tejedor! –gritó Raymond en respuesta a la solicitud de la contraseña hecha desde lo alto de la barbacana.

Poco después, el señor de Péreille y su yerno acudieron a recibir al visitante. Por las pocas frases que intercambiaron en su presencia, el guía intuyó que el hombre era un experto en máquinas de guerra, pero él era un simple tejedor y no entendía demasiado de aquellos asuntos. Dejó a los soldados y fue directamente a la casa ocupada por el obispo Marty, a quien todos los creyentes veneraban como a un santo.

–¡Mi buen Raymond, hermano! –El obispo le impidió arrodillarse asiéndole por ambas manos–. ¿Qué noticias nos traes?

–No muy buenas, me temo. El cerco se estrecha cada vez más, han hecho levas entre los habitantes de la zona y continúan deteniendo a hermanos y hermanas, o a cualquiera que muestre simpatía por nuestra religión.

–¿Y tu esposa e hija?

–Están bien, aunque inquietas por vosotros.

–Que no sea eso motivo de preocupación para ellas. Nosotros estamos en paz. Lo que tenga que ser, será, y ya sabes que no nos importa morir.

Lo sabía. A los Elegidos no les importaba morir, estaban preparados para el gran paso, convencidos de que la vida real comenzaba después de la muerte. No la buscaban, pero tampoco se resistían llegado el momento. No ocurría lo mismo con el pueblo. Él, por ejemplo, pertenecía a una familia de creyentes desde hacía tres generaciones. Su padre había muerto en Béziers, adonde había viajado con la intención de sacar de allí a uno de sus hermanos. Más de veinte mil personas, de todos los credos, fueron masacradas por el ejército francés en la ciudad mártir. A él le faltaban aún dos meses para nacer. Su madre aguantó hasta el parto y después murió de pena, o eso fue al menos lo que le contó la tía que lo crió. De poco valdrían los sacrificios si los Elegidos perecían en Montségur. Su Iglesia jamás se recuperaría y los creyentes se desperdigarían como un puñado de granos aventados por el temporal.

–¿Y nosotros? ¿Qué haremos?

–Ahora reza y descansa. –La voz del obispo había adquirido un tono paternal–. Mañana hablaremos de nuevo, he de pedirte un favor.

Raymond fue alojado en la cabaña de un matrimonio de tejedores con dos hijos que no habían recibido el *consolamentum*, pagó su hospitalidad con el queso y la miel y miró para otra parte cuando los niños se abalanzaron sobre ellos.

A la mañana siguiente, acudió a escuchar la prédica del obispo. A pesar de la desesperada situación en la que se encontraban, amor, caridad y perdón fueron las palabras más escuchadas por los hombres y mujeres apiñados en torno a la casa de su guía espiritual. Después Marty lo hizo llamar y le confió el favor que deseaba solicitarle.

–La misión que quiero encomendarte es difícil y sé que pongo tu vida y las de los tuyos en peligro –comenzó diciendo–, pero es necesario que algunos de nosotros sobrevivan para preservar la Palabra. Te pido que seas su guía en el exilio.

–No soy un Elegido...

–Ves y te orientas en la oscuridad. Guíalos por las montañas, lejos de aquí, a una tierra segura. Debes hacerlo ya porque no queda tiempo.

–¿Vendrás con nosotros?

El obispo negó con la cabeza.

–Únicamente podrán ir unos pocos. De lo contrario, seríais presa fácil para los soldados francos.

–La Iglesia de los Creyentes necesita a su pastor...

–Cada uno de nosotros somos pastores; yo sólo soy uno más y moriré dichoso porque al fin podré ver a Dios.

Raymond pudo luego hablar unos momentos con su pariente, el caballero Gauti, quien aseguró estar decidido a luchar hasta el final.

–Aunque espero resistir con vida lo suficiente para recibir el *consolamentum* antes de que todo esto acabe –le confesó–. No puedo pedirlo antes porque, como sabes, nuestra religión nos prohíbe matar, pero tampoco puedo desertar. Somos pocos hombres de armas y no sería justo abandonar mi puesto en estos momentos.

Al anochecer, un pequeño grupo de personas entre las que se encontraban varias familias, incluida la que lo había acogido, unos niños cuyos padres habían decidido permanecer en la roca y un anciano Elegido que se despidió de su obispo con lágrimas en los ojos, siguió compungido al guía. Sabían que nunca volverían a ver a los compañeros que dejaban atrás y con quienes habían compartido la vida durante los últimos años. Hombres y mujeres de edades y procedencias muy diversas, madres e hijas, esposos, hermanos, amigos, quedaban en la roca dispuestos a llegar hasta el final de la hermosa aventura que habían creído posible, la de una vida en comunidad, trabajando, rezando y amando a sus semejantes.

Para alivio de Raymond, no se tropezaron con ninguna patrulla en su camino y tampoco encontraron francos al llegar al pueblo. Maurina le informó de que habían sido llamados al campamento militar, pues al parecer se preparaban para atacar una vez más.

–Dicen que han traído máquinas de guerra capaces de lanzar piedras a grandes distancias.

–Primero tendrán que conquistar la torre de defensa y después subirlas –afirmó él.

A pesar de lo prometido al obispo Marty, se resistía a abandonar el pueblo. Conocía bien la región, pero jamás había salido de ella e ignoraba lo que habría más allá de sus confines. En el fondo, confiaba en que las cosas tomaran otro rumbo en cualquier momento. Se decía que el conde de Toulouse negociaba un acuerdo con el rey de Francia y con el Papa; había llamado en su auxilio a los ingleses de Aquitania y esperaba que los señores de las tierras colindantes apoyaran su causa. Sólo necesitaba un poco de tiempo.

Durante los días siguientes se acercó todo lo que pudo al campo de batalla y constató, horrorizado, que los francos habían logrado ocupar la torre de defensa e instalar sus artefactos a poca distancia por debajo del castro. Lanzaban enormes pedruscos sin cesar, aunque eran respondidos de igual manera desde la fortaleza, y en algún momento los vio retroceder. Luego, una mañana, el silencio. No tardó en extenderse el rumor por toda la región: la rendición de la roca era ya un hecho. Algunos soldados regresaron a Lavelanet y contaron a voz en grito que los herejes se habían rendido y solicitado quince días para entregar la fortaleza.

–¡Y aquellos que no confiesen sus pecados y se arrepientan perecerán en la hoguera! –añadieron eufóricos.

La amenaza se cumplió y la esperanza desapareció el día en que pudo verse, elevándose hacia el cielo, una nube negra y el aire trajo gritos de agonía. Era hora de cumplir lo prometido. Los refugiados habían sido repartidos por varias casas y aún tardaron toda una jornada en disponer la salida. Muchos creyentes del pueblo, temerosos de las represalias, también deseaban partir, y ello añadía dificultad a la empresa. Cuantos más fueran, más ardua sería la huida. Finalmente, emprendieron la marcha hacia lo desconocido una noche de luna llena. Tomaron el camino en dirección a los Pirineos por senderos de cabras, alejándose de las poblaciones, ocultándose de día y esperando la oscuridad para reanudar el viaje. Caminaban despacio debido a los niños y a los ancianos, en especial, el Elegido, hacia quien todos los rostros se volvían a menudo en busca de ánimo y consuelo. Raymond los dirigía, pero ni él mismo sabía hacia dónde.

Aún humeaban los restos de la colosal hoguera cuando Manex Bozat dio a sus hombres la orden de partir. El aire estaba impregnado de un olor nauseabundo que producía arcadas a los soldados más recios, obligándolos a respirar por la boca, y las cenizas aventadas habían cubierto la región con un manto oscuro y amenazador. Antes de echar a andar, los montañeses lanzaron una última mirada al lugar. Sólo ahora eran capaces de entender lo ocurrido y su participación en el horrible crimen perpetrado. Habían cumplido el encargo, otro más; creían, como siempre hacían, sin preguntas, limitándose a realizar el trabajo, recibir el pago por sus servicios y dar por finalizado el motivo que los había llevado tan lejos de su tierra.

–Vamos –ordenó al pequeño grupo.

No respondieron a los adioses que les dirigieron varios soldados francos que los despedían con las caras tiznadas y sonrisas satisfechas, y tomaron el sendero en dirección a las montañas a paso rápido, uno detrás de otro, en silencio, cada cual inmerso en sus pensamientos. Manex iba al frente con la cabeza llena de preguntas sin respuestas.

–Es un trabajo muy especial y tú y tu gente sois los únicos capaces de realizarlo –le había dicho el vizconde al convocarlo a su presencia dos meses antes–. Seréis bien recompensados y podréis estar de vuelta para comienzos del verano.

–¿Qué tiene de especial? –preguntó él algo extrañado.

–Ellos te lo dirán. Nuestro señor Teobaldo me ha ordenado que proporcione hombres capaces de llevar a cabo lo que aparentemente otros no pueden. Están en juego intereses muy graves e importantes. A mi entender, tú eres el único con posibilidades para llevar a buen fin el encargo. No puedes negarte y la recompensa os vendrá bien.

Eligió a diez de los mejores, incluidos sus hermanos e hijos. Eran buenos en su oficio, trabajadores incansables; hombres acostumbrados a la vida dura.

–Padre, ¿por qué no vamos a caballo?

Le sobresaltó el sonido de la voz de su hijo Eder. Por un momento, había olvidado a sus compañeros.

–Nosotros no tenemos caballos –respondió con el ceño fruncido y continuó avanzando.

El vizconde les había proporcionado caballerías para hacer el viaje de ida lo más rápido posible, aconsejándoles seguir al mensajero y a los soldados, expertos escaladores que los acompañarían, y no entretenerse por ninguna razón, pues la encomienda era urgente. Viajaron durante varias jornadas, deteniéndose lo mínimo imprescindible para comer y descansar, siguiendo caminos bien marcados, cruzando tierras desconocidas, más cálidas a medida que se dirigían hacia el este, y finalmente llegaron al lugar en el que, al parecer, se les esperaba con tanta impaciencia: el campamento de un ejército de francos, establecido en un paraje montañoso y bastante desértico, con pocos árboles y muchos matorrales.

Sin tan siquiera tener tiempo para recuperarse de la larga cabalgada, el mensajero los llevó ante la presencia del jefe del campamento, un soldado vestido de metal de los pies al cuello. No le agradó aquel hombre de cráneo rapado y mirada arrogante. Conocía bien a los de su clase. Se creían superiores y consideraban a los demás seres humanos pulgas a las que pisotear, los había igual en su tierra, y él no era ninguna pulga. Calibró sus fuerzas y llegó a la conclusión de que no le duraría un asalto en una pelea de igual a igual, pero allí era el jefe, y él, sólo un carpintero a quien se pagaba por su trabajo.

Por medio del mensajero que hacía también las veces de intérprete, el soldado les indicó lo que se esperaba de ellos. Observaron con atención la montaña en cuya cima, y envuelto en la bruma, podía verse un poblado fortificado. En el extremo oriental, en la cresta de la montaña, una vereda muy desnivelada permitía alcanzar la torre de defensa situada sobre un precipicio y a poca distancia de la barbacana que protegía la puerta de la muralla. Las órdenes del franco eran acceder a la torre y montar un trebuquete, una especie de catapulta, para lanzar bolaños y cántaros repletos de brea ardiente sobre la plaza fortificada. No era una tarea fácil, eso estaba a la vista. Una simple mirada a su alrededor les indicó que el campamento militar llevaba establecido en aquel lugar desde hacía varios meses. Las basuras, los corrillos de hombres charlando o jugando a los dados y la falta de tensión así lo indicaban. Eran varios miles los soldados allí acampados, y el poblado de la cumbre, por su tamaño, no podía contener más de trescientas o cuatrocientas personas. Manex sintió simpatía por los sitiados que mantenían en jaque a todo un ejército, y durante un instante estuvo a punto de dar media vuelta y marcharse, dejando al soldado con la palabra en la boca. No tenía ni idea de cuáles eran las razones del conflicto, ni tampoco le interesaba conocerlas, pero admiraba el valor, y las gentes refugiadas en la cima lo tenían. Fue un pensamiento que cruzó su mente y desapareció con la misma celeridad. ¿Y a él y a los suyos qué les importaba? Hacía tiempo que había decidido ser su único dueño, no inmiscuirse en asuntos ajenos e impedir que éstos alterasen su vida. Volvió su atención, por tanto, al saliente e hizo una seña afirmativa dirigida a sus hombres.

Durante los días siguientes, los soldados de Baigorri inspeccionaron el terreno, escalaron la roca, llegaron a aproximarse a poca distancia del saliente y comprobaron que, en todo momento, había allí una partida de soldados en alerta continua, dispuestos a lanzar flechas y piedras a cualquiera que se aventurara por la senda de ascenso. Los carpinteros, por su parte, examinaron la madera dispuesta para fabricar las plataformas y las diversas piezas de las catapultas que deberían ensamblar, y ejecutaron algunas mejoras en las mismas para darles estabilidad.

El jefe franco les enviaba recados cada dos por tres, instándoles a que iniciaran la misión, pero los navarros siempre respondían de igual modo.

–Lo haremos cuando estemos dispuestos, y si tiene prisa, que lo hagan sus hombres.

Los artesanos, por su parte, no mantenían ningún contacto con los soldados del ejército franco, ni siquiera con los vascos enrolados en él. Nada más instalarse, éstos se les habían acercado con ánimo de entablar conversación por ser todos originarios de la misma tierra.

–Nada de familiaridades –recomendó Manex a sus hombres–. Puede que hablemos la misma lengua y hayamos nacido bajo el mismo cielo, pero no tenemos nada en común con ellos. No nos pagan por matar, sino por hacer un trabajo, y nos marcharemos en cuanto lo hayamos acabado.

Un anochecer, sin dar cuenta de sus intenciones al jefe franco, los soldados del vizconde ascendieron por la ladera este del monte, silenciosos como gatos confundidos con las sombras de la noche. Escalaron por la pared rocosa sin un jadeo, sin tropiezos, sin romper una rama ni desprender una sola piedrecilla. Con el mismo sigilo llegaron hasta la pequeña guarnición apostada en la torre y mataron a todos sus componentes, degollándolos con sus cuchillos. Antes de que las primeras luces del alba iluminasen la región, el capitán del vizconde y el carpintero despertaron al mensajero y lo obligaron a acompañarlos hasta la tienda del jefe del ejército.

–Dile que necesitamos una partida de hombres –le ordenaron.

–¿Para qué? –preguntó de malas maneras el soldado, enfurruñado por haber visto interrumpido su sueño.

–Aún no hemos montado las máquinas –respondió Manex– y no queremos que nos lluevan piedras o dardos mientras trabajamos.

El trabajo llevó más tiempo de lo previsto. Era difícil ensamblar las piezas de los trebuquetes en la zona prevista, y los defensores de la fortaleza disparaban flechas sin cesar. Cuando finalmente el primer artefacto quedó instalado, semejaba la silueta de un insecto gigante dispuesto a engullir el poblado rebelde. Los habitantes asentados al abrigo de la muralla abandonaron sus enseres y se precipitaron dentro del recinto cuando las piedras y los cántaros de brea ardiente comenzaron a caer sobre los tejados de sus casas y cabañas mientras los soldados sitiados respondían de igual forma con otra máquina que lanzaba bolaños sobre los cruzados y los obligaban a retroceder. No obstante, mes y medio más tarde, los desesperados defensores de la plaza se rindieron, solicitaron negociar y se entregaron quince días después.

Manex y sus hombres descendieron una vez instaladas las catapultas y observaron desde abajo los avances del ejército franco y los denodados esfuerzos de los atacados defendiéndose hasta el último momento. No tenían ya nada que hacer allí y eran necesarios en su tierra, habían recibido un pago generoso por el trabajo y estaban ansiosos por abandonar aquella compañía no deseada, pero el artesano sentía curiosidad por ver de cerca a los valerosos defensores del nido en lo alto de la montaña rocosa durante tantos meses y obligó a los suyos a esperar hasta el final. La sorpresa de todos fue inenarrable al constatar que más de la mitad de los rendidos eran civiles y, de éstos, la mayoría mujeres. Fueron arrastrados monte abajo por los soldados francos, golpeados, insultados y empujados hacia un campo cerrado por una empalizada y repleto de ramas y leñas. Ante el estupor de los montañeses, los más de doscientos prisioneros se adentraron en él cogidos de las manos y entonando cantos.

–¿Quiénes son? –interrogó Eder al mensajero que les había servido de intérprete.

–Herejes.

–¿Herejes?

–Discípulos del diablo, enemigos de la Santa Madre Iglesia –le aclaró su interlocutor–. Se les ha dado la posibilidad de renegar de sus errores, pero se han negado. Por eso sus cuerpos arderán al igual que arderán sus almas para toda la eternidad.

–Pero... ¡hay doncellas y jóvenes entre ellos!

–El pecado no tiene edad –sentenció el hombre, impertérrito.

Los soldados franceses lanzaron decenas de teas encendidas al interior de la empalizada y las llamas no tardaron en prender la leña. Los cantos se mezclaron con gritos de agonía al tiempo que el aire iba impregnándose de un repugnante olor a carne quemada. Eder apretó las mandíbulas y desvió sus ojos, asqueado por la escena. Su mirada se detuvo en el jefe del campamento que contemplaba la ejecución con una sonrisa satisfecha. Estaba acompañado por tres o cuatro personajes, al parecer todos importantes según indicaban sus vestimentas.

–¿Y ésos quiénes son? –preguntó de nuevo señalando al grupo.

–Nuestro comandante Hugo D'Arcis, senescal del rey de Francia, a quien ya conoces, el arzobispo de Narbona, el obispo de Albi y un representante del Santo Padre.

El joven Bozat iba a hacer una nueva pregunta, pero su padre lo llamó para que fuera a reunirse con él. Los montañeses se disponían a abandonar el lugar de inmediato.

–Una pregunta más –dijo volviéndose al mensajero y señalando la montaña en cuya cima aún podían observarse hilillos de humo ascendiendo hacia el cielo–, ¿cómo se llama esa roca?

–Montségur.

Los carpinteros marcharon solos. Los hombres del vizconde decidieron quedarse en el ejército franco; la paga era excelente y se les había prometido parte del botín si permanecían allí. Aún quedaban reductos de herejes a los que exterminar. Por decisión de Manex Bozat, acatada como siempre por sus compañeros, el grupo tomó la ruta de las montañas, en lugar de otros caminos más fáciles y rápidos, pero también poblados. No deseaban toparse con nadie, no querían ver caras desconocidas ni hablar con otros que no fueran los suyos. El lobo sólo soportaba a los miembros de su manada, y en aquellos momentos, todos se sentían un poco lobos. Los hechos presenciados y, sobre todo, la muerte cruel de tantos seres humanos habían provocado en el pequeño grupo unas emociones desconocidas hasta aquel momento, sumiéndolo en un profundo silencio únicamente roto por el graznido de un ave o el sonido de un eco lejano. Necesitaban la soledad de las altas montañas para recuperar la calma, necesitaban sentir el aire puro en sus pulmones y limpiarlos de los residuos contaminados por la hoguera.

Eder estaba impresionado. Aún podía sentir el terrible olor a carne quemada y en sus oídos resonaban todavía los cantos de las víctimas del enorme holocausto. ¿Cómo era posible que tanta gente hubiera estado dispuesta a inmolarse sin rebelarse, sin un grito de protesta? No podía entenderlo. Aquellos hombres y mujeres habían resistido valerosamente el asedio durante meses y después se habían dejado conducir a la pira como borregos al matadero. Por muchos años que viviera nunca lo entendería, y tampoco conocía a nadie que pudiera explicarle tan extraño comportamiento. Tenía clavados en su memoria los ojos de una joven de facciones delicadas y cabellos rubios. Sus miradas se habían encontrado durante un breve instante, antes de que ella entrara en el recinto y los soldados prendieran fuego a la madera allí apilada. También recordó la satisfacción en los rostros de los caballeros cuyos nombres había olvidado mientras las víctimas se convertían en teas humanas. Un escalofrío recorrió su cuerpo de los pies a la cabeza y supo que las cosas ya no volverían a ser iguales. Había sido testigo de un hecho terrible que jamás olvidaría por muchos años que viviera; había visto la maldad en forma de hombre.

A pesar de la oposición de su maestro, quiso acompañar a los suyos en aquel viaje que provocaba en él tanta excitación como curiosidad. Nunca había salido de Baigorri, no había tenido la oportunidad. Al enterarse por boca de su tía, pidió e insistió todo lo que fue capaz, hasta que el padre aceptó. A fin de cuentas era un buen carpintero y ya era un hombre. Tuvo la impresión de que el padre sentía una íntima satisfacción por su decisión. Desde que era discípulo del maestro constructor y vivía en su casa, apenas intercambiaban unas palabras cuando se encontraban. No es que antes hubieran hablado mucho más, pero los silencios entre ellos eran ahora más profundos, como si se hubiera roto el lazo invisible que unía a las dos generaciones de una misma sangre. Estaba convencido de que el padre estaba resentido porque él había aceptado con entusiasmo la oferta del maestro Geoffroi en lugar de quedarse entre los suyos.

–No recibirás otra cosa que golpes si intentas ser como ellos –le había dicho en cierta ocasión, poco después de instalarse en San Esteban, y había vuelto a recordarle la frialdad y la antipatía que algunos habitantes del pueblo sentían hacia ellos.

–¿Por qué? –preguntó una vez más–. Nunca me has dicho el motivo.

–Te lo diría si lo supiera. Las cosas ya eran así cuando yo nací y mi padre tampoco supo explicármelo.

–Pero... alguna razón habrá...

–Ya te he dicho que no lo sé, aunque tal vez la intuyo...

El padre había permanecido pensativo durante largo rato, tanto que Eder creyó que no volvería a abrir la boca.

–Hubo un tiempo en que todos los habitantes de estas tierras creían lo mismo que sus padres. Luego las cosas cambiaron. Las gentes se agruparon en torno a las iglesias, escucharon hablar de un dios nacido de una mujer virgen que fue más tarde crucificado, y creyeron en él. Lo sé porque yo también entré alguna vez en la iglesia cuando tenía más o menos tu edad.

Eder escuchaba en silencio, temeroso de interrumpir para siempre la explicación esperada desde que había tenido edad de comprender.

–Pero hubo también otros –prosiguió el padre al cabo de un rato– que no vivían en los pueblos y no escuchaban las prédicas de los curas: nosotros, leñadores, carpinteros, carboneros, almadieros...

–Los agotes...

–¡Nunca! ¡Nunca!, ¿me oyes bien?, vuelvas a pronunciar esa palabra. Insultas a tus antepasados y te insultas a ti mismo.

Manex se había levantado y había salido de la cabaña dando un portazo, y él permaneció encogido, atónito por su reacción. No volvieron a hablar del asunto, ni siquiera en alguna otra ocasión en la que él trató de sonsacarle algo más.

Caminando ahora tras los pasos del hombre que había sido su guía antes de que el maestro constructor apareciese en su vida, Eder meditaba sobre aquella conversación y sobre otras mantenidas con sus tíos y con su hermano. Lo único que sacaba en claro era que nunca sabría el motivo exacto por el cual sus vecinos los mantenían apartados.

El trayecto era difícil y fatigoso, pero los montañeses continuaron a buen paso hacia el oeste, sin preocuparse del viento helado que azotaba sus rostros, durmiendo lo justo, alimentándose con la carne seca que llevaban en los morrales, los frutos salvajes que encontraban por el camino y algún conejo que otro cazado con las hondas. Las alturas despejaban las mentes y aliviaban las penas; se sentían los únicos habitantes de la Tierra y, aunque poco dados a ensimismarse con la belleza, no dejaban de admirar las extraordinarias vistas y las impresionantes moles rocosas entre las cuales discurría la vereda, tan estrecha que los obligaba a caminar en fila, uno detrás de otro.

Despertó sobresaltado un amanecer, cuando las luces del alba comenzaban a reflejarse en el cielo tornándolo naranja. Había escuchado un llanto; se sentó y buscó a su alrededor con la mirada, sin dejar el abrigo de la covacha en la que habían encontrado refugio la noche anterior. Todo estaba silencioso y no tardó en volver a tumbarse, intentando arrebujarse en postura fetal para defenderse del frío. Instantes después volvió a escuchar el llanto y se levantó de un saltó. Notó la mano de su padre a su lado asiéndolo por la pantorrilla para obligarle a agacharse de nuevo. Manex también se había despertado y escuchaba, los ojos brillantes como los de un ave rapaz, en la semiclaridad del amanecer. Le hizo un signo y los dos permanecieron quietos. No había duda alguna. El aire les traía el sonido de un llanto o de un grito no muy lejos de donde ellos se encontraban. Despertó a sus compañeros, indicándoles con el dedo índice sobre la boca que guardaran silencio. Pegados a la roca, ocultándose en las zonas sombrías, los leñadores fueron aproximándose al lugar de donde procedía el sonido y permanecieron agazapados tras una roca.

Cerca del precipicio, unos veinte hombres y mujeres, más algunos niños, se agrupaban mirando hacia abajo, mientras un joven tendido en el suelo, con medio cuerpo afuera y asido por los pies por otros dos, alargaba los brazos en un vano intento por alcanzar algo. Los montañeros salieron de su escondite y se aproximaron al grupo. Al verlos, jalaron al que estaba tendido y todos ellos retrocedieron unos pasos con el terror reflejado en sus rostros. Sin prestarles atención, Manex se asomó al precipicio y pudo comprobar que una niña se hallaba unos metros más abajo, agarrada a un saliente y con los pies apoyados en una frágil rama pelada que, misterios de la naturaleza, emergía de la roca. Siempre en silencio, los hombres de Baigorri sacaron una soga de uno de los morrales, ataron un extremo a la cintura de Eder, el más delgado de todos, y el otro a un pedrusco más grande que cualquiera de ellos, y a continuación se colocaron en cadena agarrando la soga y tensándola al tiempo que el muchacho comenzaba a descender hacia la niña. Al llegar a su altura, la cogió por la cintura mientras le señalaba su cuello para que ella pasase los brazos a su alrededor. Con la frágil carga sobre sus espaldas, dio un par de tirones a la soga y su padre y los demás jalaron hasta que los dos estuvieron en tierra firme. Eder posó a la niña en el suelo y le sonrió. La carita sucia por el polvo y las lágrimas le devolvió la sonrisa.

Sin decir ni media palabra, recogieron la soga y se dispusieron a proseguir su camino. Entonces los hombres y mujeres que habían permanecido estupefactos ante la insólita aparición y la posterior salvación de la niña parecieron salir de un sueño y se apresuraron a rodearlos, tocarlos y hablarles en una lengua que ellos no entendían.

–Creo que nos están dando las gracias –rió Eder.

–¡Bien pueden hacerlo! –respondió Manex–. Un momento más y la chiquilla habría caído en el vacío.

Respondieron con gestos y palabras, algo turbados por las efusivas demostraciones de agradecimiento, pero dispuestos a seguir adelante. Entonces un hombre viejo que apenas podía sostenerse en pie y era ayudado por un par de jóvenes cogió la mano de Eder y la besó. La reacción de éste fue retirar la mano como si se hubiera quemado o le hubiera picado un bicho. ¿Dónde se había visto que un hombre besase la mano de otro y más siendo éste una persona mayor? El anciano no se inmutó y comenzó a hablar apoyando su mano derecha en el pecho, a la altura del corazón, y la izquierda señalando al cielo.

–Sigue dándonos las gracias –afirmó Eder.

Manex se sentía molesto. En la montaña nadie debía nada a nadie y era obligada la ayuda a quien se hallaba en peligro. No había nada que agradecer. Se despidió con la mano y echó a andar seguido por los suyos.

No bien habían andado cincuenta pasos cuando se dieron cuenta de que el grupo, con el viejo subido a la espalda de uno de los jóvenes al frente, los seguía, intentando mantener su paso ligero. El artesano frunció el ceño, pero continuó andando, alargando las zancadas para ir más rápido. Al cabo de un rato los perdieron de vista y respiró aliviado. No quería compañía; ninguno de ellos la quería. Continuaron hasta la hora del mediodía, momento que aprovecharon para descansar un poco y comer algo, y su sorpresa fue pareja a su enfado al observar que el grupo los había seguido y aparecía por encima de la última loma. Los perseguidores llegaban agotados, sin aire en los pulmones y las caras enrojecidas por el esfuerzo. Se dejaron caer a poca distancia de donde estaban ellos y se los quedaron mirando con ojos suplicantes.

–Creo que quieren venir con nosotros...

–¡Que Inguma se los lleve a las profundidades y a mí con ellos si lo permito!

–Padre... –Eder no dejaba de mirarlos.

–¡La montaña es para los montañeses y a nosotros nos esperan en casa! Llevarlos con nosotros supondría un retraso en nuestros planes.

–Padre...

–¿Qué?

–Van vestidos igual que los otros.

–¿Qué otros?

–Los que quemaron...

Observándolos con más atención pudieron comprobar que, en efecto, por su aspecto y sus ropas, se parecían mucho a las personas que habían visto bajar de la roca y entrar en el cerco de estacas. No había que hacer un gran esfuerzo para apreciar lo muy asustados que estaban, ni tampoco para imaginar que huían de algo o de alguien. Parecían animales acorralados, exhaustos por el esfuerzo y las penas. Después de meditarlo, Manex aceptó su presencia, pero dejó bien claro que no admitiría retrasos ni molestias por su culpa. A pesar de todo, aminoraron el paso y se ocuparon de alimentar y dar de beber a sus nuevos acompañantes; los ayudaban en los tramos más difíciles, y más de una vez cargaron sobre sus espaldas al anciano a quien aquellas gentes tanto veneraban.

Poco a poco se creó un vínculo entre ellos, si no de amistad, al menos de entendimiento, aunque no pudieran comprenderse salvo por medio de Eder. Su conocimiento del romance sirvió para que el joven se diera cuenta de lo acertado que había estado su maestro al obligarle a aprender otras lenguas, aunque aquellas gentes no hablaran exactamente igual que éste y que su hija. A veces, al atardecer, cuando acampaban en algún lugar seguro, arropados por las montañas y la caricia de la brisa del verano, se sentaba junto a ellos y escuchaba al anciano. Decía cosas extrañas para él, muy extrañas. Hablaba del bien y del mal, de almas y cuerpos, de una vida dura y errante, de ovejas entre lobos que sufrían persecución, de la alegría de morir para renacer espiritualmente. El muchacho siempre estaba acompañado por la niña que había salvado y por sus padres. Los tres lo seguían a todas partes como los polluelos a la gallina, y ello causaba las risas de los montañeses, aunque a él no le molestaban. Raymond y Maurina Gauti, y sobre todo Alazaïs, su hija, estaban tan agradecidos que no sabían cómo demostrarlo, y por otra parte, únicamente parecían sentirse seguros a su lado.

Al llegar al Béarn, el grupo decidió asentarse cerca de la población de Oloron, donde existía una comunidad de creyentes que, aunque separados del resto de los habitantes, vivían a salvo de la Inquisición y de los ataques del ejército francés. Aquellas tierras se hallaban bajo la jurisdicción de las leyes inglesas, y el rey Luis no deseaba enemistarse con su irascible vasallo, Enrique III, rey de Inglaterra y duque de Aquitania. Los montañeses aceptaron su hospitalidad y pernoctaron una noche en una cabaña habitada por un leñador como ellos, su mujer y sus dos hijos, quienes, según les explicaron, vivían una situación muy similar a la de ellos en Baigorri, es decir, soportando la desconfianza de sus vecinos. A la mañana siguiente reemprendieron el viaje. Dos jornadas de camino, a lo más tres si el tiempo no ayudaba, les separaban de su casa, y el hormigueo de la impaciencia comenzaba a roerles por dentro. Para sorpresa de todos, los Gauti decidieron acompañarlos. Lo mismo les daba, expusieron, un lugar que otro para vivir, y puesto que sus nuevos amigos habían sido generosos con ellos, era de esperar que el resto de las personas que vivían en su pueblo también lo fueran. Era inútil tratar de explicarles la verdadera situación, y Eder tampoco sabía muy bien cómo hacerlo, así que la pareja y su hija siguieron en compañía de los montañeses después de haberse despedido de sus compañeros de odisea y muy especialmente del anciano, ante el cual se inclinaron tres veces como correspondía hacerlo ante un Elegido de su religión.

Recuperando los colores y los olores, dejaron atrás el Béarn y se adentraron en la hermosa y salvaje tierra de Xuberoa, hacia el sur, hacia las estribaciones de los montes que les eran familiares; atravesaron el río Errobi que regaba las huertas de Garazi y se adentraron en la región que habían abandonado seis meses atrás. No hablaron, sólo se miraron y sonrieron. El silencio se transformó en exclamaciones de alegría y aceleraron el paso al descubrir a lo lejos la torre del vizconde encima de la loma, iluminada por los rayos del sol de la tarde. Ninguno de ellos se percató del extraño silencio reinante en San Esteban, ni se fijó en el hecho de que las puertas y ventanas se cerraban a su paso.

Los Bozat entraron en tropel en su cabaña esperando encontrar dentro a Elaia con su eterna sonrisa en los labios y la olla humeante, repleta de potaje, pero el interior estaba oscuro y el fuego apagado. Manex encendió un candil y pudieron entonces comprobar el aspecto desolador que presentaba el que durante algún tiempo había sido su hogar. Estaba absolutamente vacío; no había olla ni otros utensilios, la mesa también había desaparecido, así como las figurillas talladas por Eder y el arcón de las ropas. Durante unos instantes, los miembros de la familia se miraron interrogantes y, a continuación, salieron como un solo hombre, dejando solos a los Gauti. No llamaron a la puerta de la cabaña vecina y entraron en ella en tromba. Su vecino y su mujer se hallaban sentados junto al fuego y giraron las cabezas, asustados al verlos entrar.

–¿Qué ha ocurrido? ¿Dónde está Elaia? –preguntó Manex, y la mujer se echó a llorar desconsolada.

Poco después de su partida, les explicó el vecino, los artesanos y sus familias recibieron orden del vizconde de reunirse en la iglesia al anochecer. Todos acudieron presurosos, preguntándose a qué vendría una orden tan poco habitual. Encontraron allí al rector y a un fraile llegado del norte que durante algunos días había estado merodeando por el barrio, observándolos con ojos de halcón, pero sin dirigirles la palabra y sin responder a sus saludos. Durante mucho rato, el hombre habló siendo traducido por el rector. Los acusó de ser falsos cristianos y los amenazó con hogueras eternas si no renunciaban para siempre a sus viejas creencias; les dijo que no había lugar donde pudieran esconderse y que él los perseguiría hasta el último rincón de la Tierra si continuaban quemando los cuerpos de sus difuntos; que no podían acudir a la iglesia y hacer al mismo tiempo ofrendas a una diosa pagana, representación del diablo. Aterrorizados, escucharon sus palabras con el miedo en los cuerpos y la angustia en sus corazones.

–Entonces –prosiguió el vecino– Elaia avanzó hacia el hombre, escupió al suelo y se dirigió a la puerta, dejándolo con la palabra en la boca. Él le ordenó volver, pero ella no hizo caso y abandonó la iglesia. Todos vimos cómo el rostro del fraile se volvía aún más blanco de lo que ya estaba, levantó un puño en alto y la llamó leprosa inmunda y otras cosas terribles. Al día siguiente, el hombre del vizconde, Oriol, se presentó en vuestra cabaña, se la llevó a la torre y...

El ruidoso llanto de la mujer del vecino interrumpió el relato.

–Y... ¿qué? –tronó Manex.

–Nadie supo qué ocurrió... –El hombre dudó antes de continuar.– El cuerpo de Elaia apareció flotando en el río un par de días más tarde.

Durante un momento suspendido en el tiempo, los Bozat permanecieron en silencio golpeados por la noticia, intentando comprender lo incomprensible. Habían partido a comienzos del invierno y el verano estaba a las puertas. ¿Cómo era posible que algo así hubiera podido ocurrir en tan corto espacio? ¿Quién era el hombre del que hablaba el vecino? ¿Y por qué se habían llevado a Elaia? Preguntas no emitidas en voz alta y para las cuales no encontraban respuestas.

–¿Qué se hizo de ella? –preguntó por fin Manex refiriéndose a su cuñada.

–Ellos la enterraron.

–¿Quiénes?

–El fraile y sus acompañantes, llegaron doce más con él.

–¿Dónde la enterraron?

–En el erial.

La incredulidad más completa se reflejó en la mirada del carpintero. El erial era el lugar donde iban a parar los muertos sin familia conocida, los criminales, los extranjeros y otras gentes a las cuales no se les permitía ser enterradas en tierra consagrada. También lo eran los artesanos cristianos que, en vida, no habían mostrado suficiente fe a los ojos del rector.

–Dame una manta –dijo en un tono de voz neutra–. Ya te compraré una nueva.

–¿Qué pretendes hacer? –interrogó el vecino, pero no insistió; hizo una seña a su mujer, que se levantó y sacó una manta vieja del arcón.

Manex la cogió, dio las gracias y abandonó la cabaña seguido por sus hermanos e hijos. Sin decir ni media palabra, tomó el caminejo que conducía al erial. Al llegar al lugar, respiró hondo varias veces y se adentró por entre zarzas espinosas en busca de una tumba recién excavada sobre la cual aún no hubieran tenido tiempo de crecer las malas hierbas. No podía pensar. Nunca había sido afectuoso en sus demostraciones de alegría o de pena. Era más sabio, opinaba, guardarse para uno los sentimientos de cualquier tipo; cuanto menos dejase entrever ante los demás, menos posibilidades tenía de no parecer vulnerable, pero lo era.

La muerte de su mujer abrió una herida en su corazón que no se había cerrado por completo a pesar de los inviernos transcurridos. La recordaba como la vio la última vez, con su criatura en los brazos, antes de que él prendiese fuego a la madera y ambas desapareciesen entre las llamas y el humo. Durante mucho tiempo fue incapaz de acostumbrarse a su ausencia, la echaba en falta a cada instante, esperaba encontrarla cuando entraba en la cabaña y no logró hallar la paz hasta que Elaia ocupó su lugar en la casa y también en el lecho de hierbas. Las cosas mejoraron desde entonces. No la amaba como había amado a su hermana, pero se necesitaban el uno al otro, y esa necesidad consolaba su soledad; verían pasar la vida y juntos envejecerían.

–¡Padre!

La voz de Donat interrumpió sus pensamientos y se apresuró cerca de su hijo, quien le mostraba un túmulo de tierra removida, el único aparentemente visible en aquel lugar de desolación. Los cinco hombres se arrodillaron a su alrededor y comenzaron a escarbar con las manos y los cuchillos. Tenían prisa; la luz no tardaría en desaparecer sumiendo al valle en la oscuridad. La brisa les traía el olor de los brezos y de la flor de la argoma; el cielo parecía iluminado por una gran hoguera que le prestaba su color rojizo y únicamente se escuchaban los sonidos del campo y el respirar agitado de los Bozat. No tardaron en encontrar el cuerpo envuelto en una tela mugrienta, cabeza incluida. Estaba a un par de palmos de profundidad, sus enterradores se habían limitado a cavar justo lo necesario para ocultarlo. Manex desgarró la parte de tela que le cubría el rostro y apretó las mandíbulas hasta hacerse daño. Apenas permitió que sus hermanos e hijos lo contemplaran. El amasijo de carne hinchada y a medio pudrir no era reconocible, pero sí el hermoso cabello castaño y el mechón blanco que él había acariciado tantas veces. Cubrió de nuevo el rostro e hizo una seña a los demás. Entre todos sacaron el cuerpo de la fosa y lo depositaron encima de la manta antes de envolverlo en ella. Después, siempre en silencio, lo auparon y echaron a andar en dirección al alto del puerto de Izpegi, cuya silueta se recortaba en las sombras del anochecer.

Caminaron el resto de la noche y parte de la madrugada hasta llegar al collado de Elorrieta, un lugar en el cual podían verse decenas de piedras clavadas en la tierra, la mayoría colocadas en círculo, aunque también había otras dispersas por los alrededores. El collado era tránsito obligado para los pastores y sus rebaños, y también lugar de enterramientos de los antiguos habitantes de la región. Durante el resto del día, los Bozat se dedicaron a recoger ramas y hierbas secas hasta apilar un buen montón a poca distancia del círculo más grande; depositaron el cadáver de Elaia sobre ellas y esperaron la llegada de la noche. Cuando la luna hizo su aparición e iluminó la explanada, Manex frotó sus piedras de pedernal y prendió fuego a las ramas. Sin una palabra, grito o lamento, los cinco hombres contemplaron la hoguera y la alimentaron hasta el amanecer. Entonces cavaron un agujero con sus cuchillos y depositaron en él las cenizas y los restos óseos no consumidos, los cubrieron con tierra hasta formar un pequeño túmulo y colocaron piedras a su alrededor, formando un círculo pequeño dentro del más grande. Luego volvieron sobre sus pasos y regresaron al valle, pero no se dirigieron a San Esteban, sino que fueron directamente a Xuhitoa, a la antigua cabaña que aún permanecía en pie.

La cabaña tenía la puerta abierta y estaba llena de polvo y excrementos de animales que habían aprovechado el refugio durante los meses fríos. Dos inviernos habían transcurrido desde la marcha de la familia, pero parecía que hubiera sido más tiempo y todos se sentían mucho más viejos.

–Hay que adecentar esto –constató Manex– y buscar algo para comer.

Apenas habían intercambiado unos monosílabos desde su salida de San Esteban; no precisaban de palabras para compartir el dolor, el estupor y la rabia que sentían en aquellos momentos. Ya hablarían de ello más adelante, con más calma, cuando las cosas volvieran a la normalidad y pudieran pensar sobre lo ocurrido. Su instinto de supervivencia afloró salvaje, con la fuerza necesaria para no dejarse amilanar por los acontecimientos, y todos se pusieron a la tarea, como si adecentar la cabaña fuera lo único importante en sus vidas.

Después de ayudar a limpiar, reparar los desperfectos y encender el fuego, Eder se escabulló al cuchitril mientras los demás se adentraban en el bosque en busca de alguna liebre, ardilla o ave que echarse al estómago. También allí había polvo y excrementos, pero daba al sur y estaba cálido. Echó una mirada a su alrededor. El pedazo de tronco continuaba en el mismo lugar en el que él lo había dejado, en medio del pequeño espacio, iluminado por los rayos del sol como un altar a la espera del sacrificio. El joven se aproximó a él, pasó los dedos por la madera y comenzó a llorar en silencio por su infancia definitivamente perdida.

Baztán

Geoffroi Bisol estaba presente cuando el Bugre y el rector acudieron a ver al vizconde para solicitar su permiso. Querían, dijeron, adoctrinar a los artesanos de una vez por todas. También lo estaba cuando volvieron horas más tarde para informar sobre el comportamiento de una mujer que había osado escupir en la casa de Dios.

–¡No podemos permitir actos semejantes! –gritó don Martín, preso de un ataque de ira–. ¡Ha sido una blasfemia!

–Herejía, diría yo –añadió Robert Lepetit sin perder la calma.

–No hay herejes en estas tierras –afirmó Semeno García, molesto por la interrupción y más incómodo aún por algo que no presagiaba nada bueno.

–Los herejes están por todas partes, aunque vos lo ignoréis o pretendáis ignorarlo –insistió el antiguo fraile.

–No en mis tierras.

–¿Cómo llamáis entonces al hecho de escupir delante del sagrario?, ¿de despreciar la palabra de Dios?, ¿de insultar a sus representantes?

–Exijo que esa mujer sea juzgada por blasfemia –insistió a su vez el rector.

–¿Quién es?

–Su nombre es Elaia Bozat.

Geoffroi se giró al escuchar el nombre.

Al entrar los dos hombres, él se había aproximado a la ventana, intentando permanecer al margen de lo que éstos tuvieran que decir. Contemplaba el paisaje que se extendía ante su vista: una región frondosa con todas las tonalidades de verde, de ríos transparentes como el mejor vidrio, de mañanas ocultas en la niebla y atardeceres resplandecientes, de melancólicos días de lluvia y antiguos ritos, a la que había llegado a amar como si de la suya propia se tratase. Echaba en falta a su hija. A pesar de ser parco en sus demostraciones de afecto, por primera vez en su vida se sentía verdaderamente solo, pero los años pasaban veloces, se dijo, y pronto la tendría de vuelta a su lado. También echaba de menos a su ayudante, el joven Eder. Le había pedido que lo dejara acompañar a sus parientes en el viaje que los llevaría a regiones lejanas y muy diferentes de las suyas.

–¡Podré conocer otras tierras! –exclamó el muchacho, excitado e intentando contagiarle a él su excitación.

Pero él conocía la misión que llevaba a los navarros a servir al rey de Francia; lo había hablado con el vizconde. No le gustaba la idea y hubiera querido explicar a su discípulo la verdadera razón del viaje y lo que se esperaba de ellos.

–El asedio de Montségur se está alargando más de lo previsto –le informó el señor de Etxauz–. Pierre-Roger de Mirepoix, el hombre del conde de Toulouse, y sus soldados defienden el enclave desde hace meses. El asunto no sólo priva a las tropas francas de la necesaria movilidad, sino que además ha convertido a los asediados en héroes a los ojos de la población.

–¿En héroes? Según lo que vos decís, no hay allí más que unos pocos soldados y varias decenas de herejes, hombres y mujeres.

–Precisamente por eso. Para los habitantes de aquellas tierras, Montségur significa la resistencia a la invasión de los soldados del norte. El rey Luis no sólo pierde tiempo y dinero cada día que pasa, sino también prestigio, y nuestro señor Teobaldo está dispuesto a prestar a su primo todo el apoyo posible. Ya ha enviado soldados y ahora me pide escaladores y artesanos.

–¿Para qué artesanos? –preguntó con ironía–. ¿Piensa construir una catedral en lo alto de una peña?

–Máquinas de guerra, amigo mío; artefactos que es preciso subir, montar y asentar con pericia –afirmó el vizconde sin ocultar su orgullo–. Y es un honor que haya pensado en nosotros.

Él no estaba tan seguro de que la encomienda fuera un honor. Protegidos por la bula del papa Gregorio IX, los señores francos podían hacerse con las propiedades de los herejes que fueran muertos o hechos prisioneros. Segundones de las familias nobles, caballeros sin fortuna, aventureros y otros de la misma calaña se habían dirigido hacia las ricas tierras del sur en busca del botín, habían asesinado a miles de personas herejes, cristianas y también judías, y se habían apropiado de sus bienes. No era una cruzada, una guerra de religión, como la presentaban los poderes civiles y religiosos, sino una masacre y un robo en toda regla, pero ¿cómo explicárselo a un joven ansioso por salir del rincón en el que había nacido y se había criado? Tal vez, pensó con más detenimiento, la visión de la guerra fortaleciese el espíritu del muchacho, le hiciese madurar. Por otra parte, deseaba alejarlo de Lepetit. El Bugre había asegurado ser un peregrino y partiría en cualquier momento, ya que el buen tiempo había despejado de nieve los caminos. Ahora se arrepentía. Debería haberse negado y decirle que una guerra no era lugar para una persona dotada con el don de la creación como era él; en ella los hombres mataban a otros seres humanos y se transformaban en alimañas, aniquilaban la belleza de la vida e imponían el terror por la fuerza de las armas, pero no lo hizo.

–¿Elaia Bozat? –escuchó preguntar al vizconde–. ¿La cuñada de Manex, mi maestro carpintero?

–La misma –afirmó el rector.

–Pero ¿qué locuras estáis diciendo? Los Bozat nunca han hecho mal a nadie, jamás se han metido en pleitos.

–No van a la iglesia.

–¿Y qué?

La mirada furibunda del rector y la no menos encolerizada de su acompañante amedrentaron al señor de Etxauz. Ambos podrían informar a Teobaldo y, él lo sabía, el rey era un cristiano ferviente al igual que lo era su primo el rey francés. Si existía alguna duda sobre su ortodoxia, podía ir despidiéndose de sus sueños de llegar a ser algún día uno de los principales caballeros de la corte navarra.

–¿Qué es lo que queréis? –preguntó tras carraspear para aclararse la garganta.

–Juzgar a la hereje –fue la rápida respuesta de Lepetit.

–Interrogar a la mujer... –medió conciliador don Martín–. Tal vez si hablamos con ella y le hacemos comprender el error en que vive podamos salvar su alma.

–Haced como bien dispongáis.

–¿Tenemos por tanto vuestro permiso para... para hablar con ella?

–Lo tenéis, pero no quiero escándalos. ¿Lo entendéis bien? Estas tierras llevan mucho tiempo en paz y deseo que continúen igual. Nuestras gentes son sencillas, pero supersticiosas; mezclan sus viejas creencias con las de la verdadera fe, pero no hacen daño a nadie. No permitiré que ocurra aquí lo que está ocurriendo en otros lugares. Navarra no es Francia.

La referencia a la caza de herejes en tierras francas era clara y Robert fue a responder, pero el rector, que conocía bien al vizconde, le hizo una seña para que permaneciera callado; ambos se inclinaron y salieron con paso vivo de la habitación.

–¡Sólo me faltaba que estos dos vengan ahora a complicarme la vida y se pongan a buscar herejes donde no los hay! ¡Malditos beatos! –exclamó Semeno García furioso consigo mismo.

El maestro constructor no respondió al exabrupto. La imagen de Elaia se fundió en su memoria con la de Madeleine; no se parecían en el físico, pero ambas eran igualmente fuertes. Así como su mujer no había flaqueado ante la muerte, estaba convencido de que Elaia tampoco flaquearía, y tuvo miedo por ella. Las mujeres eran seres extraños, pensó, a los que nunca llegaría a comprender; parecían débiles e indefensas, y, sin embargo, eran más valerosas que muchos hombres que conocía, empezando por sí mismo.

Días después, don Martín le pidió que acudiera al interrogatorio, pues era conveniente que estuvieran presentes algunas personas respetadas por la comunidad, pero él se negó. No volvería a pasar de nuevo por lo mismo que ya había pasado en el castillo de Teobaldo, se dijo, pero adujo estar muy ocupado y no tener la preparación adecuada para juzgar a nadie. El rector aceptó a regañadientes su negativa y masculló algo sobre la obligación de todo buen cristiano a la hora de defender a su Iglesia y a Dios. No le cupo la menor duda de que el Bugre le había contado lo ocurrido en el monte Aimé. Supo por Lucien que Agnès había sido llamada en calidad de testigo, puesto que había ido comentando por ahí lo escuchado durante la visita de Elaia a la casa y alguien había corrido a contárselo al rector en cuanto se conoció la detención de la mujer agote. Agnès no fue capaz de sostener su mirada cuando regresó del interrogatorio, lo cual le confirmó lo que ya temía: que había repetido las palabras de la acusada sin omitir ninguna.

Cuando el rumor se propagó por la pequeña población, cuando se dijo que Elaia había aparecido ahogada e incluso se insinuó que ella misma había puesto fin a su vida, permaneció encerrado en su habitación con la mirada puesta en las aguas del río y una gran tristeza en el alma.

–Algunos de nosotros hemos permanecido fieles a las creencias de nuestros padres –le había dicho ella durante su conversación junto al fuego– y continuamos siendo parte de la Tierra que nos da la vida, nos alimenta y nos acoge en su seno cuando nuestro tiempo se ha acabado. El cura y otros como él hablan de un lugar en el que arden los cuerpos de los que no creen en sus palabras y de otro por allí arriba –la mujer había señalado hacia el techo– adonde van a parar los que sí lo hacen. Hablan de castigos y premios y de que, algún día, los seguidores de su dios resucitarán para vivir eternamente felices, pero nosotros sabemos que eso no es cierto, que venimos de la Madre y regresamos a ella para nacer de nuevo. Soportan a aquellos de los nuestros que deciden aceptar sus creencias, pero no se fían de ellos y los mantienen alejados. Ningún miembro de mi familia permitirá que le humillen.

–Pero... lo hacen... –aventuró él.

–No. Sólo lo intentan.

Supo con toda certeza, aunque nadie se lo hubiera dicho, que Elaia había sido asesinada, y dicha constatación avivó con fuerza su dolor nunca apaciguado. La maldad de los hombres lo perseguiría hasta el final de sus días, pero estaba dispuesto a huir hasta el fin del mundo si era necesario con tal de escapar de ella. De los millones de lugares de la Tierra en los que un hombre podía rehacer su vida, había tenido que ser precisamente aquél el elegido por Robert Lepetit para continuar lo comenzado en Champaña. Tal vez era el medio, meditó, del cual se servía el Todopoderoso para castigar su debilidad; la penitencia por no haberse enfrentado al fraile en su lugar de origen y no haberlo hecho tampoco en la hermosa tierra que los había acogido a su hija y a él.

Había llegado la hora de partir una vez más, pero esta vez iría solo. No se veía con fuerzas para viajar en compañía de Agnès. Cada vez que la mirase recordaría que, tal vez por su culpa, una persona inocente había muerto de modo indigno. Lamentaba tener que dejar atrás a Lucien; llevaba muchos años a su lado y no podía olvidar que había abandonado su hogar por acompañarlo en su viaje a lo desconocido, pero no dejaría atrás a su mujer, y él tampoco deseaba que lo hiciese. El maestro cantero se había adaptado muy bien en la nueva tierra, había aprendido perfectamente la lengua e incluso su aspecto semejaba al de los naturales; no parecía echar nada en falta y tenía trabajo. Lo recordarían durante algún tiempo, pero luego olvidarían, y eso sería lo mejor para todos. Por su parte, apenas tenía otras pertenencias que sus útiles y herramientas, un par de túnicas, un manto forrado de piel y la arqueta con los restos de Madeleine, pero necesitaba una excusa para emprender la marcha. De manera providencial vino en su ayuda el amigo del vizconde, Sancho de Ursúa, para el cual ya había trabajado en un par de ocasiones.

–Poseo unas tierras al otro lado del puerto –le explicó en una visita que le hizo por sorpresa–, en el valle de Baztán, en las que pacen mis vacas. El clima es allí más benigno que en Baigorri y me gustaría construir una hermosa casa y fundar un mayorazgo. Sé que andáis muy ocupado, maestro Geoffroi, pero no conozco a nadie tan capaz como vos para dar forma a un sueño. Os ruego que aceptéis el encargo y os trasladéis a aquella zona durante algún tiempo, el que duren las obras. Me ocuparé de encontraros un alojamiento digno y pagaré con generosidad vuestros servicios.

Se hizo de rogar y no demostró el menor entusiasmo para no parecer demasiado ansioso, pero aceptó el encargo cuando el vizconde en persona, presionado por su amigo, le conminó a hacerlo. Le hubiera gustado esperar el regreso de su ayudante, pero ya habían transcurrido varios meses desde su partida y no había noticia de él ni de los suyos. Quizá, pensó, la encomienda que los había llevado tan lejos les estaba ocupando más tiempo del previsto, o tal vez habían muerto, o habían decidido permanecer en las tierras del Midi... Allí nadie los señalaría con el dedo ni los mantendría apartados. Luego recordó a Elaia. Si los Bozat estaban aún vivos, volverían y él no quería estar presente cuando averiguasen lo ocurrido, pero tampoco quería perder a Eder y encomendó a Lucien que le comunicase su paradero en cuanto lo viera. Por si acaso, también pidió a varias personas conocidas que informaran al muchacho y le rogaran en su nombre que acudiese cuanto antes al pueblo llamado Arizkun, al otro lado del puerto.

Pero aún le quedaba algo por hacer antes de despedirse del lugar que había sido su hogar durante los últimos cinco años.

–Cuando el tiempo ha acabado, cuando la Madre llama a los nuestros a su lado –le había dicho Elaia en el curso de la única conversación mantenida con ella–, depositamos sus cuerpos sobre un lecho de ramas al cual prendemos fuego. Velamos durante toda la noche para que el fuego no se apague y después recogemos cenizas y restos y los enterramos en los lugares sagrados.

–¿Y cuáles son esos lugares sagrados? –había preguntado él con curiosidad.

–Las cimas y cuevas de algunas montañas.

–¿Hay alguna por aquí cerca?

La risa alegre de la mujer de los ojos grises había provocado también la suya.

–¡Naturalmente! Esta tierra está llena de lugares sagrados, algunos más que otros. Nuestra familia siempre ha enterrado a sus muertos en el collado de Elorrieta, en Izpegi.

–¿Por qué?

–No lo sé. Tal vez porque está cerca. Enterramos en el collado a mis padres y a los padres de Manex, así que espero que los míos hagan lo mismo conmigo cuando me llegue el turno.

Deseaba de todo corazón que, cuando los Bozat regresaran, hicieran efectivo el deseo de la mujer, la sacaran del mísero agujero en el cual la habían enterrado y la llevaran al lugar donde reposaban sus antepasados.

Una mañana temprano se dirigió hacia el collado de Elorrieta acompañado por un pastor con quien había hecho cierta amistad porque el hombre se encargaba de procurarle un magnífico queso de oveja, su único vicio culinario. Si el pastor se sorprendió cuando él le pidió que le indicara el camino, no lo demostró y se limitó a caminar por delante, acompasando el paso al de él, poco habituado a la marcha montañera. Al llegar a la campa, Geoffroi comprendió lo que Elaia había querido decir. Aquél era sin duda un paraje en el cual el espíritu podía sentirse en paz. El horizonte se perdía en un mar de montañas, cuyas cimas se asemejaban a las crestas de las olas. Como si la naturaleza entera supiera que aquél era un lugar de descanso eterno, nada perturbaba su quietud, ni siquiera las aves que lo sobrevolaban en silencio. No era extraño que durante generaciones, pastores y leñadores hubieran incinerado y enterrado allí a sus difuntos. Se imaginó la ceremonia descrita por la mujer, de noche, a la luz de la luna, las llamas ascendiendo hacia el cielo, y escuchó las voces de los deudos anunciando la partida de sus seres queridos. Después cavó un hoyo con la ayuda de su cuchillo y, ante la mirada impertérrita del pastor, enterró en él la arqueta y su contenido; cubrió de nuevo el hoyo, acarició la tierra y se dispuso a emprender una nueva etapa de su ya larga vida.

–La piedra.

Se giró sorprendido hacia el pastor.

–¿El qué?

–La piedra.

–¿Qué piedra?

El hombre se limitó a extender su mano derecha y a señalar las numerosas piedras que parecían emerger de la tierra de forma natural.

–¿Hay que colocar una piedra?

El hombre afirmó con la cabeza y a Geoffroi le dio la impresión de que los ojillos cubiertos por unas espesas cejas sonreían irónicos aunque la boca permaneciera inmóvil. Al observar su confusión y su mirada buscando una piedra, el pastor le hizo un gesto de espera con la mano y desapareció monte abajo para reaparecer un rato más tarde, portando un pedrusco de un codo de ancho por medio de alto que colocó y ajustó encima de la tierra removida poco antes.

–Sirve para indicar a los muertos el camino de vuelta –le informó, y no volvió a hablar en todo el trayecto de regreso a San Esteban.

Por primera vez en todos aquellos años, el maestro de obras durmió durante toda la noche con un sueño tranquilo y reparador. Sentía en su interior que Madeleine reposaba por fin en paz, en tierra amiga. Dos días más tarde, emprendía el camino hacia la población de Arizkun, en el valle de Baztán, acompañado por un servidor del vizconde, ambos a lomos de sendos borricos. No hubo adioses; en todo caso algún «hasta pronto», pues todo el mundo estaba convencido de que se marchaba sólo por algunas semanas y de que regresaría en cuanto estuviera acabada la casa del señor de Ursúa, aunque él sabía que no sería así. Divisó el collado desde el camino y, en su corazón, se despidió para siempre de la madre de su hija.

El noble navarro lo esperaba con los brazos abiertos. La mayor parte de las tierras del valle, le explicó, eran comunales desde mil años atrás, pero él era propietario de treinta acres de tierra privada. Este hecho lo enfrentaba a los demás vecinos, que reclamaban la comunidad de absolutamente todos los terrenos, pero él no pensaba dar su brazo a torcer.

–La heredad de Ordoki ha sido propiedad de mi familia desde hace varias generaciones y no pienso renunciar a ella. Ya sé que es poca cosa comparada con las tierras que poseo en Baigorri, pero me da igual. Éstas son tan mías como aquéllas; seguiré cobrando el peaje a todo bicho viviente, hombre o animal, que las cruce, y ¡ay de aquel que intente arrebatármelas! Tengo suficientes hombres como para enfrentarme a todo el valle si fuera preciso.

Tras su declaración de intenciones, Sancho de Ursúa pasó a explicarle lo que esperaba de él: una torre de piedra de grandes dimensiones, con un cadalso de madera en la parte superior, que sirviera tanto de vivienda para él y su familia, como de defensa en caso de problemas; una construcción de menor calidad para albergar a sus gentes, y cuadras para el ganado. El lugar elegido se hallaba en un paraje de extraordinaria belleza, rodeado por un bosque de robles, a poca distancia del río. Desde allí podía divisarse la población de Arizkun a la que se accedía por medio de un puente construido con tablones irregulares.

–¿Con cuántos artesanos cuento? –preguntó el maestro cuando su interlocutor dio por concluida la exposición de sus deseos.

–¿Artesanos?

–Sí, carpinteros y canteros.

El hombre se rascó el cogote, en un gesto habitual en él cuando no sabía qué responder.

–Todos por aquí son agricultores y ganaderos...

–Necesito buenos artesanos para llevar a cabo el trabajo –insistió Geoffroi con la mente puesta en los excelentes trabajadores encontrados en Baigorri.

–¿No os sirven mis hombres? Hay algunos muy habilidosos entre ellos.

El maestro alzó una ceja. Aquel tosco navarro debía de pensar que construir una casa era un trabajo fácil que cualquiera podía hacer. La vivienda de un pequeño señor rural no era comparable a una catedral, pero él sabía de catedrales que se habían desplomado como si fueran de barro y en ellas habían trabajado los mejores constructores y artesanos durante años; se habían derrumbado bajo su propio peso y habían matado a decenas de personas. Por un momento pensó con cierta satisfacción que su estancia en aquel lugar no duraría más de un par de días. Si no disponía de hombres, tampoco llevaría a cabo la obra y podría continuar viaje hacia Pamplona para reunirse con Alix, como tenía previsto. La voz del señor de Ursúa le distrajo de sus pensamientos.

–¿Y si logro traer a los artesanos del vizconde?

Miró al hombre. No era tan tosco como parecía y su cerebro funcionaba, al parecer. Estuvo a punto de negarse aduciendo cualquier cosa que se le pasase por la mente, pero no lo hizo. Una sonrisa satisfecha alegró el rostro duro del navarro.

–Pues no os preocupéis porque dentro de unos días los tendréis aquí –añadió dándole unas palmadas en la espalda.

–Sólo necesito a los Bozat, a todos ellos, y a algunos de los canteros –replicó Geoffroi, distanciándose unos pasos del de Ursúa y de sus familiaridades–. Los aprendices del maestro Lucien bastarán –añadió con presteza.

No quería volver a ver a éste ni a su mujer. Ya se había despedido de ellos y esperaba que la despedida fuera definitiva. Cuantas menos cosas lo ataran al pasado, mejor. Además, sin él a su lado le sería más fácil disponer la continuación del viaje hacia la capital del reino y no tendría que inventarse nuevas excusas. Se acomodó en el pueblo, en la casa de una familia deudora del señor, donde le cedieron el único dormitorio existente, y se dedicó a realizar los dibujos y la maqueta de la nueva construcción a la espera de la llegada de los artesanos y, en especial, del joven Eder. Semeno García sabría dónde encontrar a los Bozat.

Por segunda vez en su vida, Oriol recorrió la distancia entre San Esteban y Xuhitoa. No lo hacía por gusto y de buena gana habría delegado el asunto en alguno de los otros servidores, pero el vizconde había sido muy claro; le había encomendado el encargo a él personalmente y no le había quedado más remedio que obedecer. ¿Con qué cara le recibirían los Bozat? Todos en el valle conocían su regreso a comienzos del verano y su reacción al conocer la muerte de Elaia; se habían llevado el cuerpo de la mujer, probablemente para enterrarlo a la antigua usanza, y después habían vuelto a su vieja cabaña. También se negaron en redondo a trabajar de nuevo para el señor o para cualquier otro. En un principio, Semeno García había amenazado con echarlos de sus propiedades, y Xuhitoa le pertenecía, pero luego pareció pensarlo mejor y ordenó que se les dejara en paz. Tal vez, meditó Oriol, su señor sentía algún remordimiento por haber permitido que el hombre llegado del norte interviniera en sus asuntos y, más aún, por la extraña muerte de una de sus vasallas. El vizconde era un hombre religioso, pero no apreciaba a los clérigos, y Oriol estaba seguro de que, en el fondo, se alegraba de que existieran en su tierra gentes como los Bozat, fieles a las antiguas creencias que sacaban de quicio al rector.

De todos modos, tampoco él tenía la conciencia demasiado tranquila. A fin de cuentas, fue el encargado de detener a Elaia y llevarla a la torre. Recordó la primera vez que la vio, en la cabaña, y la impresión que le había causado, tan arrogante y con aquellos ojos grises que parecían cuentas de vidrio. En algún momento pensó requerirla en amores, pero no se atrevió. Podía contagiarlo si en verdad sufría la terrible enfermedad de la que hablaba el rector y, por otra parte, no estaba muy seguro de que los carpinteros fueran a aceptar dicha relación, y él no deseaba enfrentarse con ellos. Este pensamiento le trajo otro: los Bozat también conocerían su participación en el hecho y lo acusarían de haber sido el culpable de la muerte de la mujer y, quién sabía, incluso podrían acabar con él en un santiamén como venganza. El sudor provocado por la cabalgada se le heló en la piel al imaginar lo que serían capaces de hacer con él aquellos hombres, duros como las hojas de sus hachas, y estuvo a punto de dar media vuelta. Prefería enfrentarse a la cólera del señor de Etxauz que a los leñadores, pero prosiguió su camino.

El lugar no había cambiado ni un ápice y la cabaña seguía en pie. Esta vez, en previsión ante cualquier eventualidad, decidió no apearse del caballo; llamó a voz en grito a Manex Bozat y esperó. Nadie respondió a su llamada y llegó a pensar, con cierto alivio, que él y los suyos no se hallaban allí, y probablemente tampoco se encontraban ya en Baigorri. Iba a marcharse cuando lo vio aparecer entre los árboles y tuvo que tragar saliva varias veces. Con el enorme corpachón cubierto por una chamarra de piel de lobo, la larga cabellera y la barba espesa, ambas de color gris, y el hacha sobre el hombro, creyó estar viendo al mismísimo Basojaun, el señor del bosque, del cual hablaban las gentes. No conocía a nadie que hubiese tenido la oportunidad de contemplarlo alguna vez, pero las historias que se contaban sobre él ponían los pelos de punta. Se decía que era un gentil, un gigante pagano, como los que habitaban aquellas tierras mucho antes de que aparecieran los primeros seres humanos, y que mataba a todo cristiano que se interpusiera en su camino. El hombre se plantó delante del caballo y miró a Oriol con el ceño fruncido; sus hermanos e hijos llegaron tras él y también se lo quedaron mirando con rostros adustos. Durante un instante, Oriol sintió verdadero terror; estaba paralizado y era incapaz de moverse.

–Nuestro señor Semeno García –logró por fin decir con voz temblorosa– os ordena..., os ruega que os dirijáis a la heredad de Ordoki, en la población de Arizkun, en el valle de Baztán, al otro lado del puerto. El maestro Bisol reclama vuestra presencia allí para llevar a cabo unos trabajos de construcción para el señor de Ursúa.

No esperó respuesta alguna, giró su montura y salió disparado a galope tendido. Había cumplido la orden y lo que ocurriera después ya no era asunto suyo.

Los Bozat lo vieron alejarse y se miraron sorprendidos. Desde su regreso a Xuhitoa no habían tenido relación con ninguna persona, excepto con un servidor del vizconde que, en una ocasión, había aparecido por allí para comunicarles que el señor reclamaba su presencia para proseguir con los trabajos pendientes desde su marcha al este.

–Dile a tu señor que busque carpinteros en otra parte –respondió Manex–. Nosotros ya no trabajaremos para él. Y si vuelves a aparecer por este lugar, yo mismo me encargaré de clavar tu miserable cuerpo en el tronco de un árbol para que sirva de alimento a los lobos.

El servidor huyó aterrorizado y nadie más había vuelto para molestarlos. La presencia de Oriol y, sobre todo, el mensaje que les había traído los dejaron momentáneamente aturdidos. Desde su regreso a Xuhitoa habían evitado cualquier encuentro con otras personas; no habían bajado ni una sola vez a Anauz y se alimentaban a base de caza, pesca y frutos silvestres, pero sabían que no podrían continuar en la misma situación. A fin de cuentas, no poseían nada más que sus manos para trabajar, pero tampoco podían cortar los árboles del vizconde ni vender leña o vigas para la construcción sin su autorización. Antes o después el señor reclamaría lo que era suyo y ellos tendrían que marcharse a otro lugar, pero ¿adónde? La posibilidad de cruzar el puerto e ir al valle vecino para trabajar con el maestro de obras a quien todos ellos apreciaban podría ser la solución que buscaban. Nada tenían y nada dejaban atrás, así que al día siguiente cerraron una vez más la puerta de la cabaña y encaminaron sus pasos hacia el puerto, sin atravesar San Esteban. En la memoria de todos, el nombre de la población iría irremisiblemente unido al de Elaia y su injusto final.

Durante los primeros días, tras el regreso de las tierras del este y el conocimiento de lo ocurrido, Eder no supo muy bien dónde se hallaba, no podía centrarse. Su primera reacción fue, al igual que la de sus parientes, renegar del mundo que conocía, escapar lo más lejos posible. También se le ocurrió ir en busca del extranjero que había destrozado sus vidas y cortarle la garganta con su propio cuchillo, aunque él también muriese en el intento o fuese encarcelado por los hombres del vizconde. Los días transcurridos en la soledad de Xuhitoa habían calmado sus ánimos y la pena había ocupado el lugar de la ira. También había ayudado ver al padre sereno. Sabía, todos sabían, lo que la tía Elaia había representado para él tras la muerte de su madre y lo mucho que la quería, pero ni una palabra de odio o venganza salió de su boca. Cuando el joven pudo al fin razonar, su primer pensamiento fue para el maestro constructor. No volvería a verlo porque nunca pondría los pies en San Esteban, de eso estaba seguro, pero lamentaba no continuar con el aprendizaje. El maestro le había mostrado un mundo apasionante y había soñado con poder llegar a ser tan buen constructor como él, pero ahora todo había acabado. Su vida transcurriría en Xuhitoa o en algún lugar parecido talando árboles. Con un poco de suerte, el padre se pondría de acuerdo con algún artesano de los alrededores y le buscaría mujer. Antes de los penosos acontecimientos, había llegado a un acuerdo con un artesano carpintero de Arrosa y concertado la unión de Donat y Andeia, la hija del artesano. Deseaba lo mejor a su hermano, pero él quería algo más; quería ver mundo, aprender el arte de construir, esculpir la piedra, hacerse respetar. Ahora, después de creer que todo estaba perdido, la fortuna se aliaba a su suerte y la excitación iba apoderándose de él cuanto más se acercaba a su destino; notaba los pies ligeros y el corazón alegre como no lo había estado desde antes del invierno, y marchaba un buen trecho por delante de los otros, ansiando ser el primero en contemplar la tierra donde los esperaba su maestro.

Se detuvieron en la primera población que encontraron al bajar el puerto. Daba la impresión de ser un lugar próspero, de casas recias y bien cuidadas, huertos repletos y animales abundantes. Manex se dirigió a un labrador de piel tostada y arrugas en el rostro.

–¿La heredad de Ordoki, en Arizkun? –preguntó tras haberle deseado la paz.

El hombre no respondió al saludo, los miró con desconfianza y se limitó a señalar hacia delante; después dio media vuelta y se adentró en una hermosa casa de piedra y madera. Pensaban detenerse a descansar un rato, lavarse la cara y las manos, comer algo, reponer fuerzas, pero la fría acogida y las miradas igualmente desconfiadas con las que se toparon les hicieron desistir, y decidieron proseguir su camino. La propiedad del señor de Ursúa no podía estar muy lejos. Allí tendrían tiempo de recuperarse y comenzar una nueva vida, así que más valía no entretenerse y apresurar el paso para llegar mientras hubiese luz.

–¿La heredad de Ordoki? –preguntaron a una mujer al llegar a la siguiente población después de caminar algo menos de una legua.

La mujer tardó en responder. Los observó con atención y ellos pudieron leer en sus ojos la misma desconfianza que en los del labrador anterior.

–¿A quién buscáis? –preguntó al fin, sin responder a la pregunta.

–Al maestro de obras del señor de Ursúa.

–No está allí.

Los Bozat la miraron sin comprender.

–¿No está? –preguntó de nuevo Manex–. Nos habían dicho...

–Vive en esa casa de ahí enfrente –le interrumpió la mujer, al tiempo que señalaba una edificación a unos pasos del lugar donde se encontraban.

Manex fue a darle las gracias, pero la mujer siguió su camino sin molestarse siquiera en despedirse. Poco después el maestro Geoffroi en persona los recibía con exclamaciones de alegría en la cálida cocina de sus anfitriones. Éstos no parecieron sorprenderse ni molestarse por la súbita presencia de los cuatro hombrachones y el muchacho que no dejaban espacio para moverse; era como si los hubieran estado esperando. La pareja, un hombre y una mujer entrados en años, sonrió y salió discretamente para dejarlos solos tras invitarles a servirse de la olla colgada sobre el hogar e indicarles que aquella noche podrían dormir en la cocina puesto que ellos la pasarían en la casa de una de sus hijas.

–¡Mis buenos amigos! ¡Mis buenos amigos! –exclamó Geoffroi abrazándolos por turno–. ¡Estáis aquí!

–Recibimos vuestro encargo y hemos venido –respondió Manex, incómodo por los efusivos ademanes del constructor.

–¡Eder! ¡Muchacho! ¡Te has hecho un hombre en estos meses! –prosiguió Geoffroi sin poder contener su emoción.

–Me alegro mucho de volver a veros, señor.

La emoción del joven era parecida a la que manifestaba el maestro, pero por nada del mundo mostraría sus sentimientos ante los demás miembros de su familia. No era la costumbre.

–Venid aquí, junto al fuego. Tendréis hambre, servíos sin miedo, Matías y su mujer son muy buena gente y se sentirán ofendidos si no aceptáis su hospitalidad. ¡Comed! ¡Comed!

Los cinco Bozat se sentaron en los bancos de madera dispuestos a ambos lados de la lumbre, se sirvieron el potaje de la olla y comenzaron a comer en silencio. Sentían un nudo en la garganta. Tenían hambre de comida, pero también de afecto, y era la primera vez en mucho tiempo que alguien se alegraba de volver a verlos.

Pasaron media noche hablando, una vez llenos los estómagos y alentados por el rico licor de endrinas de la garrafilla de barro que el dueño de la casa había dejado a su alcance con un guiño cómplice dirigido a Geoffroi. La parquedad habitual de Manex y de sus hermanos dio paso a sentimientos expresados en voz alta: la aventura en las tierras del este, el estupor al ver quemadas vivas a decenas de personas, el dolor al regresar y no encontrar a Elaia, el robo de su cadáver para llevarlo a Elorrieta y la decisión de no trabajar nunca más para el vizconde, a sus ojos, último responsable de la suerte corrida por su querida parienta...

–También fue ésa una de las razones por las que abandoné Baigorri –confesó el constructor, aliviado al saber que Elaia se hallaba en paz al igual que Madeleine–, y tampoco pienso regresar. ¡Bueno! Deberíamos descansar un poco, mañana me gustaría comenzar los trabajos. Cuanto antes empecemos, antes acabaremos, y yo podré proseguir mi viaje hacia Pamplona para reunirme con Alix.

Eder había participado en la conversación, y también había permanecido callado durante parte de ella. Disfrutaba escuchando hablar a su padre y al constructor. Los dos eran hombres de edad; tenía mucho que aprender de ellos y los admiraba a cada uno por su valía, pero las últimas palabras del maestro paralizaron sus músculos y fue incapaz de moverse del asiento cuando los demás se levantaron.

–Alguno de vosotros puede dormir en la misma habitación que yo. Me temo que este espacio sea algo menguado para unos hombres de vuestra corpulencia –rió Geoffroi antes de salir de la cocina.

–No os preocupéis, ya nos las apañaremos –respondió Manex con una sonrisa–. No será la primera vez que dormimos todos amontonados.

–Como queráis. Hasta mañana entonces.

El constructor se dirigió al cuarto mientras los Bozat calculaban el espacio. En un rincón había un catre ancho para dos cuerpos, pero supusieron que sería el de los dueños de la casa que tan amablemente los habían acogido y prefirieron tumbarse en el suelo, envolviéndose en unas mantas apiladas sobre un arcón en el ángulo contiguo al catre. Momentos después, los ronquidos de los cuatro adultos llenaban la cocina.

Eder esperó un rato más y luego se deslizó fuera sin hacer ruido, como le habían enseñado a moverse para cazar liebres, y golpeó suavemente con los nudillos en la puerta que se abría al otro lado del pasillo.

–Esperaba que vinieras.

Geoffroi abrió enseguida, con el rostro sonriente y un candil en la mano.

–No sabía si ya dormíais...

–Sabes que apenas duermo, pasa.

La luz del candil iluminaba una habitación humilde, sin muebles, excepto una cama y un arcón para las ropas. Bajo la ventana, cubierta con una madera, el constructor había montado una mesa con un tablón y dos caballetes. Encima del tablón, el joven pudo ver una maqueta de obras y sus dos figuras, la de madera y la de piedra, a ambos lados. Sonrió.

–No iba a dejarlas allí a merced de cualquiera –dijo Geoffroi, sabedor de lo que en aquellos momentos pasaba por la mente de su discípulo–. Me alegro de que volvamos a estar juntos. Aún te queda mucho que aprender.

–Habéis dicho que al acabar aquí, partiréis hacia Pamplona...

–Sí, y espero que me acompañes.

Eder regresó a la cocina poco después y se tumbó junto a su hermano. Le costó dormirse a pesar de lo muy cansado que se sentía y, cuando lo hizo, la sonrisa no se había borrado aún de sus labios.

La construcción de la torre y de las casas del señor de Ursúa comenzó en cuanto los discípulos de Lucien, cuatro jóvenes bien dispuestos, llegaron a Arizkun. Para entonces, los carpinteros ya habían construido para albergarlos una pequeña chabola de madera a menos de media milla del lugar de la obra, en la ladera de una pequeña elevación. A juicio de Manex, aquél era el mejor lugar de toda la heredad porque se hallaba protegido de los vientos, tenían sol desde antes del mediodía hasta casi la caída de la tarde y el río estaba a dos pasos. Le parecía increíble que nadie se hubiera percatado de ello. El propio señor había elegido un lugar sombrío, rodeado de robles, para edificar su vivienda, pero él se cuidó mucho de hacerle alguna observación el día que el maestro hizo las presentaciones. ¡Allá él si prefería esconderse entre los árboles! También construyeron una chabola para ellos mismos al lado de la otra. Siguiendo su costumbre, fabricaron una mesa, un arcón y útiles para comer, todo ello de madera. No sabían lo que harían una vez finalizadas las obras, pero era su forma de vivir: instalarse lo mejor posible allí donde estaba el trabajo, no pensar en el futuro, vivir el día a día con los pies sobre la tierra, sin sueños vanos difícilmente alcanzables.

Al igual que había ocurrido en Baigorri, Geoffroi pidió a Manex que dejase a su hijo pequeño vivir con él.

–Quiero continuar con su aprendizaje –le dijo, y añadió tras una pausa–: Y necesito compañía. Los años comienzan a pesar y la soledad es mala compañera para un viejo.

El carpintero aceptó con un ademán afirmativo. Bien sabía él lo que era sentirse solo a pesar de estar siempre acompañado por sus hermanos e hijos, cuánto más en el caso del constructor, sin una mujer a su lado, sin su hija y sin el amigo cantero que lo había acompañado durante tanto tiempo. Eder no era como ellos, eso lo había notado desde que el muchacho era un niño. Era igual que su madre, tenía sus mismos ojos de mirada ensoñadora, su mente se perdía en proyectos ilusorios y podía transformar una madera o una piedra en algo inútil pero bello.

Tampoco era tan fuerte como ellos y nunca sería un buen leñador. Tal vez su destino no estaba entre los suyos, tal vez la Madre había previsto algo distinto. Aceptó, esta vez sin resquemor, y deseó en su fuero interno haber acertado aunque su decisión alejara de él a su hijo para siempre.

Dos inviernos más tarde la torre, las casas y las cuadras estaban finalizadas a gusto del propietario, quien se instaló en la vivienda con su familia y sus hombres. Geoffroi se alegró. Por fin podría viajar a Pamplona para reunirse con Alix. En breve cumpliría dieciséis años y ya era hora de abandonar el convento. Tanto el señor de Etxauz como el de Ursúa habían pagado generosamente sus servicios y disponía de suficiente dinero para instalarse donde mejor le apeteciera a la espera de que fueran requeridos sus servicios. Además, sabía por Sancho de Ursúa que Teobaldo deseaba transformar Navarra, construir, dotarla de iglesias, palacios y puentes. En el fondo, le confesó un día su anfitrión, el rey consideraba que su reino era un tanto rústico, quería pulirlo, introducir, en una palabra, el *savoir vivre* de la corte francesa.

–Sabréis que su padre murió antes de que él naciera y fue educado en París, en el propio palacio real...

Geoffroi no respondió. Sabía todo lo que había de saberse sobre Teobaldo, pensó, y bastante más que muchos. El monarca era atractivo de cuerpo, valiente en la batalla y un consumado poeta. Sus composiciones eran famosas en toda Europa: estaba considerado como uno de los mejores trovadores de su tiempo y sus canciones se cantaban a lo largo de la ruta compostelana. Años atrás, él también llegó a admirar al joven conde capaz de enfrentarse a su tío y tutor, el difunto rey de Francia, padre del actual. Lo defendió cuando malas lenguas rumorearon que había tenido que ver con la muerte de aquél debido al amor que sentía por la reina, Blanca de Castilla, a quien había dedicado sus poemas más apasionados. A la gente le gustaba hablar y Teobaldo tenía enemigos poderosos en la corte. Su admiración se consumió, sin embargo, al mismo tiempo que los cuerpos de los infortunados que ardieron en el monte Aimé un día de primavera.

–Tiene gustos muy refinados –prosiguió Sancho de Ursúa– y sé que ha llamado a constructores francos y alemanes para llevar a cabo sus proyectos. También los hombres ricos y los comerciantes acaudalados, en su mayoría de procedencia francesa, desean disponer de bellas mansiones en piedra. Ya sabéis que la casa es signo de poder.

Geoffroi hizo una mueca irónica al escuchar el último comentario del navarro. Construía catedrales, palacios y mansiones para los ricos, y él ni siquiera poseía una habitación en propiedad. Todo su haber se hallaba en su cabeza y en sus manos, y nada tendría el día que éstas comenzaran a fallar, nadie se acordaría de él. Así era la vida: las construcciones se alzaban para mayor gloria de obispos y señores, y sólo en contadas ocasiones se recordaba el nombre de los maestros que las habían hecho posibles.

–¿Pensáis residir de manera permanente en la heredad? –preguntó en un intento por ahuyentar el pesimismo.

–Me gustaría. Éste es un lugar tranquilo y hermoso, pero no sé... Hay que cultivar las tierras y criar ganado, y las gentes de este valle son muy orgullosas. Aparte del asunto que me enfrenta a ellas por la posesión de terrenos no comunales, será difícil encontrar collazos. Aquí tienen a gala no ser vasallos de nadie, ni trabajar para otros que no sean ellos mismos.

Una idea afloró a la mente de Geoffroi, tan rápida que incluso él se sorprendió. Eder y él habían hablado mucho sobre su próxima partida hacia el sur, pero también sobre la situación de la familia del muchacho. Una vez finalizados los trabajos, los Bozat tendrían que marcharse de allí y no tenían adónde ir. Le había parecido notar que el joven vacilaba, que sus intenciones de acompañarlo perdían fuerza cuando mencionaba el futuro incierto de los suyos, como si sintiese que de algún modo los estaba traicionando.

–Proponed a los artesanos que permanezcan en vuestras tierras –dijo Geoffroi sin énfasis, para no dar la impresión de que el asunto le interesaba especialmente–. Pueden ocuparse de los cultivos y de los animales y, además, de la tala de los árboles, la fabricación de mobiliario y también del arreglo de la techumbre o de la torre cuando sea necesario...

–¿Creéis que aceptarían?

–Nada se pierde con probar.

Los canteros prefirieron regresar a San Esteban, pero los Bozat aceptaron a condición de que se les permitiera tirar las chabolas y construir una casa para vivir en mejores condiciones. El señor de Ursúa lo pensó durante algunos días y finalmente aceptó, pero dejó bien claro que únicamente podrían vivir allí los presentes y sus parientes más cercanos, no permitiría la llegada de nuevas familias; la casa no tendría más de veinte pasos de ancho por otros veinte de largo, aunque podría disponer de dos alturas; sería de su propiedad y podría desalojarla cuando le viniera en gana. Pagaría por los trabajos de construcción realizados, pero el cultivo de su tierra y el cuidado de su ganado sería el pago de los artesanos por permanecer en la heredad; podrían disponer de una pequeña huerta para su propio consumo, un cerdo y media docena de gallinas.

–Los árboles también me pertenecen –añadió–. Deberéis pedirme permiso y abonar su precio antes de talar uno de ellos para servicios que no tengan nada que ver con Ordoki. En caso de que alguno de vosotros pretenda construir para otros, también deberá pedir permiso y compartir conmigo los beneficios.

Las condiciones eran duras, pero la vida en Baigorri también lo era. ¿Qué más daba un lugar que otro? En Baztán, al menos, tendrían una oportunidad para mejorar su situación; aquí nadie los conocía y no tendrían que soportar las miradas displicentes de los vecinos, ni las ofensivas palabras en su contra del rector del lugar.

A pesar del intenso deseo que sentía por volver a ver a su hija, el maestro de obras permaneció en Arizkun aún unos meses. Lo hizo por Eder, para que el muchacho pudiese acompañarlo con la conciencia tranquila, sin nubes en el corazón. Ayudó a los artesanos a edificar la casa, pequeña pero sólida, y se sintió ampliamente recompensado cuando observó la satisfacción de Manex al penetrar en ella. Por primera vez, los Bozat disponían de una vivienda con los bajos de piedra y tejas en el tejado en lugar de tablas.

–¿Cómo la llamarás? –le preguntó con una sonrisa.

–¿Llamarla?

–Sí. Según tengo entendido, en estas tierras las casas tienen nombre propio.

–Las que son de propiedad –afirmó el hombre con brusquedad.

–Ésta lo es, al menos por ahora –afirmó Geoffroi sin perder la sonrisa.

Manex abandonó su postura adusta y también sonrió.

–Bozatenea.

–¿Bozatenea?

–Sí. «La casa de Bozat.»

Transcurrido el invierno, Geoffroi y su discípulo aparejaron dos caballos de pequeña alzada adquiridos por el primero y emprendieron el camino hacia Pamplona.

–Regresa si no encuentras lo que buscas –le dijo el carpintero a su hijo– y, si lo encuentras, ven a vernos de vez en cuando. Ocurra lo que ocurra, recuerda que nosotros somos tu familia.

No hubo abrazos de despedida; sólo un empujón cariñoso de Donat y unas palmadas de los tíos dándole ánimos. Dejó en la casa la imagen de piedra para que los suyos lo recordasen al verla, pero guardó la de madera en el morral; tenía una querencia especial por ella. Se giró varias veces a medida que se alejaba y los vio empequeñecer hasta desaparecer, ocultos por los árboles.

Al día siguiente, se presentó en la torre una comisión formada por varios hombres para protestar por la edificación de la casa de los artesanos y exigir su demolición. El valle, recordaron, tenía derecho de hidalguía desde los tiempos del rey Sancho III el Mayor; únicamente eran hidalgos los nacidos en él y sólo ellos podían construir casas.

–En mis tierras soy yo el único amo –fue la respuesta de Sancho de Ursúa– y se construye lo que se me pone en los cojones.

El encuentro duró menos que un pedazo de pan en las manos de un mendigo y acabó entre insultos y amenazas por ambas partes.

–Apelaremos al rey –afirmó el que parecía llevar la voz cantante, un tal Juanes Lópiz de Garaia, el mayor propietario de ganado de Arizkun.

–Apelad también al Papa si queréis. En mis propiedades se hará únicamente lo que yo disponga.

–¡Jamás permitiremos que unas gentes que se dedican a los trabajos manuales lleguen a considerarse nuestros iguales! –amenazó el hombre.

–¡Ya los buscaréis –gritó Ursúa en el mismo tono– cuando vuestras casas se caigan de puro viejas y os entre el agua por los agujeros!

–Decidles que no den ni un paso fuera de esta heredad porque si no, lo pasarán mal –fue la última advertencia.

–¡Al diablo con vosotros! –fueron también las últimas palabras de Sancho de Ursúa antes de penetrar en la torre y ordenar a sus hombres que «acompañasen» a los enviados hasta las lindes de su propiedad.

Manex Bozat fue testigo del encuentro puesto que la discusión había tenido lugar en el exterior de la torre. Los gritos y voces llegaban lejos y él se había aproximado al escuchar el alboroto presintiendo que algo malo estaba ocurriendo. Al regresar, no respondió a las preguntas de los demás y se sumió en un silencio que duró días. Nada había cambiado, se dijo, allí donde fueran siempre serían mal recibidos. Se alegró de que Eder hubiera partido lejos, en pos de sus sueños, y rogó a la Madre para que protegiera a su hijo más joven.

La noticia de la presencia en el valle de gentes llegadas de Baigorri que habían construido su propia casa corrió más rápida que el viento. El concejo del valle se reunió para pronunciarse al respecto. Desde que podían recordar, nunca se habían permitido otras edificaciones que las pertenecientes a las familias asentadas en Baztán. Únicamente tenían ese derecho los baztaneses de nacimiento e iba contra la tradición no escrita del valle. Para azuzar más el fuego de la discordia, un pastor del otro lado de los montes comentó que los carpinteros que trabajaban para el señor de Ursúa eran leprosos, descendientes de leprosos.

La comisión enviada para parlamentar con el señor de la torre regresó para dar noticia del fracaso de su misión. Otra delegación fue enviada a hablar con el senescal que, en nombre del rey, regía el país en ausencia del monarca. El noble los escuchó con atención, pidió asesoramiento y declaró que nada podía hacerse. Según las leyes del reino, el señor de Ursúa era propietario y podía hacer en sus tierras lo que bien se le antojara siempre que no menoscabase los intereses reales, y no había menoscabo alguno en el hecho de contratar hombres para cuidar del ganado y permitirles construir viviendas, pues en algún sitio tenían que vivir.

El representante enviado a San Esteban de Baigorri para conocer de primera mano quiénes eran aquéllos volvió horrorizado.

–El rector me ha dicho que, en efecto, son leprosos. Él los ha llamado leprosos espirituales, que viene a ser lo mismo. También ha afirmado que no son verdaderos cristianos. Algunos todavía son paganos y también hay entre ellos gentes heréticas llegadas del este a las que llaman «crestias», que no creen en la Virgen ni en los sacramentos.

Durante algunos días, grupos de personas más o menos numerosos se apostaron en la orilla del río, al otro lado del puente de tablas, y lanzaron gritos contra los recién llegados y contra el señor de Ursúa, pero los hombres de este último los amenazaron con sus ballestas y la cosa quedó ahí por el momento.

Pamplona

Hacía semanas que las nieves se habían derretido, excepto las que cubrían las cumbres más elevadas, y los pasos habían vuelto a ser transitables. Con el buen tiempo, llegó de nuevo un río de peregrinos que, al igual que las abundantes y transparentes aguas que se deslizaban de las montañas, descansaban en San Juan y proseguían viaje hacia Roncesvalles. Éste era el tramo más temido del Camino. Los viajeros se veían obligados a avanzar por los collados evitando la espesura de los bosques, los animales salvajes y también a posibles salteadores que acechaban en las zonas bajas. La subida hasta el alto de Ibañeta era muy dura, pero allí arriba los esperaba un monje haciendo sonar una campana los días de niebla para indicarles el camino, y la bajada se veía recompensada con la acogida siempre cálida de los religiosos.

Robert Lepetit salió del letargo en el que había permanecido durante los últimos dos años y decidió que ya era hora de reemprender la marcha. Estaba satisfecho. El tiempo transcurrido en San Esteban había dado sus frutos. Todos, absolutamente todos los habitantes de la población asistían a la misa dominical y a las vísperas. Él se había encargado de que así fuera. Ocupó el puesto del rector en el momento del sermón y encontró de nuevo aquella vena oratoria que tanto admiraban sus profesores. No era lo mismo predicar a sus doce compañeros y a algunos peregrinos menesterosos que hacerlo para una población compuesta por hombres, mujeres y niños, aunque éstos fueran unos campesinos iletrados y supersticiosos. Los veía temblar cuando le escuchaban hablar de las penas del infierno y de los castigos dispuestos por Dios para los enemigos de su Iglesia y el rector traducía sus palabras; pasaban por su lado temerosos de encontrarse con su mirada y no hubo necesidad de detener a nadie más. Tras la muerte de la mujer pagana, los pocos que aún lo eran solicitaron el bautismo, ceremonia presidida por el vizconde y llevada a cabo ante todos los habitantes del pueblo, de noche, a la luz de las antorchas. No obstante, había recomendado al rector mantener un ojo siempre vigilante porque uno nunca sabía hasta dónde llegaba la sinceridad de los nuevos convertidos y podría ser que algunos de ellos hubieran solicitado el bautismo para evitar problemas.

–No os preocupéis, hermano –le aseguró don Martín–. Velaré para que ninguno de éstos vuelva a descarriarse.

Robert y sus doce discípulos partieron una mañana en dirección a San Juan, dispuestos a adoctrinar también a los peregrinos cuya fe no fuera lo suficientemente fuerte. El antiguo fraile no había olvidado la conversación escuchada en los Hospitalarios de París; le constaba que muchos de los devotos no lo eran en realidad y realizaban el Camino con el fin de lucrarse o de escapar de la justicia religiosa o civil. Él desenmascararía a los falsarios.

Después de atravesar la población de Luzaide, el pequeño grupo se unió en el alto de Ibañeta a otro más numeroso que se apresuraba para llegar a uno de los hitos del Camino, el más importante después de la propia Compostela: Orreaga, Roncevaux para los francos. Esperaban ser acogidos en el monasterio y escuchar el primer sermón verdaderamente santiaguino de su peregrinación. El lugar estaba impregnado de devoción, pero el Bugre se sintió defraudado. No había pasión, ni suficiente firmeza en las palabras del sacerdote.

Permanecieron allí un par de jornadas dedicadas en exclusiva a predicar a los peregrinos, algo que él hacía a la vera de la capilla del Sancti Spiritus, lugar de enterramiento, se decía, del famoso Roland y de los doce pares de Francia, aunque nadie podía asegurar dónde exactamente se hallaban las sepulturas.

Bajo las ramas de un enorme roble cuyas tiernas hojillas acababan de brotar, el antiguo renegado daba rienda suelta a su oratoria, que duraba horas. Al llegar, los peregrinos pasaban por delante de él y seguían en dirección a la iglesia, pero se detenían a la salida y antes del atardecer del primer día la campa estaba llena de gente deseosa de escucharle. Sus discursos habían cambiado de tono. Ya no era la voz acusadora que amenazaba a los artesanos de Baigorri con las penas del infierno, sino la de un padre bondadoso dispuesto a acoger en sus brazos a todos los hijos pródigos del mundo, incluidos los mayores pecadores, y también aquellos que se habían dejado tentar por prédicas heréticas. Sus oyentes bebían sus palabras y la mayoría de los ojos estaban empañados de lágrimas, tal era el fervor que provocaban sus palabras. De vez en cuando, alguno de los discípulos se levantaba y pasaba un saquillo de cuero manoseado entre la concurrencia sin que ricos ni pobres negaran su aportación a las necesidades terrenales del predicador que tanto les recordaba a las imágenes de Cristo vistas durante el Camino.

Para alivio de los canónigos que no sabían cómo hacer frente a su rivalidad, Robert y los suyos reanudaron la marcha en la mañana del cuarto día después de su llegada y, acompañados por una ingente cantidad de peregrinos que entonaban salmos y letanías, iniciaron el descenso por la vereda que llevaba a Burguete. De esta manera transcurrió el viaje hasta Pamplona. Se detuvieron en todas las iglesias y ermitas que encontraron a su paso para rogar al santo su protección; se acogieron a la caridad en los hospitales de Gerendiain, Larrasoain y Arre; caminaron a través de bosques de robles, hayas y abedules cuyas ramas se entrelazaban creando bóvedas naturales; siguieron las huellas de infinitas pisadas humanas y animales; se perdieron entre nieblas y aliviaron sus pies doloridos en las frescas aguas del Arga; pero, sobre todo, escucharon las prédicas del espontáneo guía espiritual, cada día más enfebrecido por la devoción que leía en los rostros de sus compañeros.

Al llegar a la ciudad episcopal, la masa se diluyó como por encanto, como si las murallas de la gran urbe y la animación de sus barrios hubieran hecho desaparecer la espiritualidad vivida por los peregrinos durante las jornadas precedentes. También ayudó la férrea decisión de los guardas que custodiaban la entrada por el puente de la Magdalena de no dejarlos entrar a todos a la vez, obligándoles a hacerlo en pequeños grupos para no crear atascos y altercados.

–La tumba del Apóstol de Jesús es nuestra meta –respondió Robert al ser interrogado sobre los motivos de su viaje.

Al igual que había ocurrido en Garazi, los guardas los dejaron pasar sin exigirles el peaje y les indicaron la dirección para llegar al burgo franco.

–En Pamplona debéis buscar alojamiento en San Cernin –les había advertido un viejo que había hecho del Camino su medio de vida y llevaba años recorriendo el trayecto de Vézelay a Santiago, y vuelta.

–¿Por qué? –se interesó el Bugre.

–Allí estaréis a salvo.

–¿A salvo de qué?

–¿No lo sabes? Ésta es tierra de paganos y de judíos. Lo sé porque he pasado por aquí en múltiples ocasiones. Existe una dormitalería de peregrinos junto a la catedral, pero ésta se halla en plena ciudad de los navarros, y un franco sólo está a salvo entre los suyos. Los enfrentamientos entre los barrios son cosa habitual. Hazme caso y cobíjate en el burgo de San Cernin.

Se encaminaron por la rúa Mayor sin detenerse en ningún momento ni hacer caso a las llamadas de los comerciantes que exponían sus productos en la propia calle, hasta llegar a la puerta de Chapitel donde se abría un erial vacío, llamado «el vado», separación entre las dos comunidades enfrentadas. Al otro lado, en el portal de la Galea, se toparon con un nuevo cuerpo de guardia que les interrogó sobre las razones de su presencia en el barrio franco y que recibió la misma respuesta que el del puente de la Magdalena. Ya dentro del burgo respiraron aliviados y buscaron el hospital de peregrinos para alojarse. El lugar estaba repleto hasta los topes, y ni sus palabras ni su aspecto bíblico convencieron al hospitalero. No había sitio, les dijo, y no podrían quedarse aunque vinieran recomendados por el obispo.

–Las ordenanzas son las ordenanzas y la puerta se cierra cuando el hospital está lleno –afirmó antes de cerrar dicha puerta en sus narices.

La noche estaba a punto de caer y los días eran aún fríos; tenían hambre y estaban cansados después de caminar durante toda la jornada, así que el predicador tomó una decisión. Las limosnas, ofrendas y, sobre todo, la bolsa de monedas de plata que el señor de Etxauz había puesto en sus manos «para obras de caridad» bien podían proporcionarles por una vez un alojamiento adecuado y comida caliente para sus estómagos. Se lo habían ganado, él se lo había ganado. Alquiló tres habitaciones, dos para sus acompañantes y una para él solo en una posada de la Pellejería, rúa impregnada de olor a cueros y pieles, y pidió comida para todos: sopa de albóndigas y lechón asado, acompañados de vino de la comarca.

Tumbado encima de un colchón de lana y bajo un grueso edredón de pluma, con el estómago satisfecho y los sentidos algo embotados por el vino, Robert dio las gracias a Dios por mostrarle el camino en todo momento. No había errado cuando decidió emprender el peregrinaje. Todavía le quedaba mucho trayecto por recorrer, pero no había prisa. Compostela no iba a moverse de su sitio y él tenía una labor que cumplir. Al igual que había convertido a los paganos de Baigorri, convertiría a otros. Seguro que también los habría en Pamplona; al fin y al cabo, muchos de sus habitantes eran de la misma ralea que los montañeses, todos ellos amamantados por las mismas ubres idólatras. Su último pensamiento antes de quedarse dormido fue para la mujer de mirada retadora que había osado enfrentarse a él.

Aquella mujer, la leprosa pagana de la cual ni siquiera recordaba el nombre, le había hecho perder los estribos. Cada vez que cerraba los ojos la veía ante él, hermosa y arrogante, plantándole cara y burlándose de sus amenazas. No le tenía miedo, y eso le había enfurecido. No era más que una campesina burda, sin educación, incapaz de hablar en una lengua civilizada y, aun así, había enturbiado sus sentidos del mismo modo que lo había hecho Lionor tantos años atrás. ¡Malditas hembras! La tentación estaba siempre presente, siempre al acecho, como un ave de rapiña dispuesta a lanzarse sobre las almas puras al menor descuido. El diablo estaba dentro de la mujer, lo miraba a través de sus ojos grises y se burlaba de él, se le ofrecía mostrándole un cuerpo rebosante que unas pobres ropas no podían ocultar. Era la serpiente que tentó a Eva y trajo la desolación a los seres humanos, privados desde entonces de la gracia de ver a Dios, la Betsabé que anuló el razonamiento del rey David y le hizo caer en el pecado, la Salomé que obtuvo la cabeza del Bautista, la Dalila que arrebató la fuerza a Sansón. Había mortificado su carne y rezado durante noches enteras, pero la tentación continuaba a su lado, la sentía en cuanto volvía a encararse con la pagana, cuando la sacudía por los hombros preso de una furia incontrolable, olía su aliento y el abundante cabello coronado por un mechón diabólico rozaba su cara. Era una tortura insoportable.

Una noche se acercó al calabozo de la torre e hizo una seña al guardián para que lo dejara solo, penetró en el chamizo y la contempló a la luz de la antorcha mientras dormía sobre un montón de paja sucia. Sus pechos asomaban por el escote de la camisa a medio atar y se movían al ritmo de la respiración, una respiración tranquila, confiada, y su cuerpo reposaba relajado. Sólo tenía que alargar la mano y acariciarle los muslos, el sexo... ¡Sería tan fácil! Sus músculos estaban tensos y tenía dificultades para respirar. El deseo era cada vez más fuerte, pero era su deber luchar contra el Maligno y no se dejaría vencer. Colocó su rodilla derecha sobre el pecho de la mujer, asió su cabeza con las dos manos y la giró con violencia. Todo ocurrió en un breve espacio de tiempo, tan breve que ella sólo tuvo tiempo de abrir los ojos y mirarle, sorprendida, antes de morir.

–Duerme –dijo al pasar por delante del soldado, y éste se limitó a alzar los hombros.

La decisión de echar el cuerpo al río no fue de él. El vizconde no quería líos y el rector tampoco. Dirían que la mujer había intentado escapar durante la noche y había caído al agua. Daba lo mismo que les creyeran o no, nadie intentaría averiguar lo ocurrido a una agote.

–Pero –advirtió el señor de Etxauz mirándolo fijamente– estos hechos no deben volver a repetirse.

–¿Qué hechos? –respondió él–. La mujer murió; esas cosas ocurren. Tal vez ella misma se quitó la vida...

–Jamás he oído que una persona pueda romperse el cuello mientras duerme.

La alusión era bien clara y ninguno de los dos insistió. De todos modos, y a partir de aquel día, la asistencia de los artesanos a los oficios fue más numerosa que de costumbre y pronto hubo quienes pidieron ser acogidos en el seno de la Iglesia. Un alma había ido directa al infierno, se dijo por enésima vez el Bugre para acallar su conciencia, pero a cambio muchas otras se habían salvado.

Al día siguiente se despertó con la mente despejada y las ideas claras. No había olvidado su idea de fundar una orden predicadora y Pamplona era un sitio tan bueno como otro cualquiera para comenzar su apostolado. Acudió a la catedral con ánimo de ver el templo y, de paso, enterarse sobre los pasos que debía dar. El arcediano no estaba allí en aquel momento, pero encontró a un canónigo hablador y, por ende, originario de París, llamado Eluard. Se guardó mucho de decirle su verdadero nombre. No había clérigo franco que no supiera lo ocurrido. Su nombramiento, éxitos, caída en desgracia y posterior enjuiciamiento eran conocidos por todo el estamento clerical y no había transcurrido el tiempo suficiente para que hubieran sido olvidados. De hecho, pensó, nadie sabía su verdadero nombre porque durante todo el Camino se había hecho llamar «hermano Robert» sin más, y Robert era un nombre muy común. Aunque, pensándolo mejor, sí había una persona que le conocía: el maestro de obras Geoffroi Bisol, pero no había ningún peligro. El hombre se pudría en un miserable villorrio construyendo para un señor rural.

–¿Así que os interesa saber si existe en las ciudades de Pamplona alguna orden religiosa? –La pregunta de Eluard le hizo prestar atención.

–Soy peregrino y lo normal es acogerse en un monasterio...

–Aquí disponemos de un albergue para peregrinos, la dormitalería, que se halla aquí al lado...

–Lo sé, pero está lleno.

–En el burgo hay otro, el hospital de Sancti Spiritus.

–También está lleno.

–La verdad es que no me extraña. Son miles las personas que peregrinan y pasan por Pamplona en cuanto comienza el buen tiempo.

–¿Y los conventos y monasterios? –insistió Robert.

–Ah, encontraréis algunos extramuros, de hombres y de mujeres: clarisas, agustinos, dominicos, franciscanos hijos del diablo.

El canónigo sonrió al observar el gesto interrogante de su interlocutor al escuchar el exabrupto.

–Veréis, ésta es una ciudad episcopal y aquí no hay lugar para nadie más –comenzó a explicarle–. Los franciscanos tienen un convento extramuros y quieren instalarse dentro, pero, ¡por todos los ángeles del cielo!, no entrarán.

–¿Por qué?

–No queremos aquí conventos, monasterios, cenobios y cosas por el estilo. Si aún fueran dominicos..., pero los franciscanos son mala gente. Ponen en duda algunas de las normas de la Iglesia de Roma. Son unos desarrapados y exigen, oís bien, exigen que todos los demás también lo seamos. Son unos heréticos. –Los ojos de Robert brillaron en la penumbra de la catedral–. Pero ya se encargó el obispo de que esos excomulgados no llevaran a cabo sus propósitos.

–Así pues, no hay conventos ni monasterios en Pamplona.

–No, ni los habrá. Al menos, dentro de los muros.

–¿Y si una nueva orden deseara establecerse en esta ciudad? –preguntó el Bugre, temiéndose la respuesta.

–No tendría ningún futuro.

Continuó un rato hablando con el canónigo, que acabó explayándose a gusto sobre el conflicto que enfrentaba al rey Teobaldo y al nuevo obispo de la sede, don Pedro Ximénez de Gazolaz, quien lo había denunciado ante Roma por ejercer su justicia en el burgo, usurpar casas, no pagar el diezmo y poseer propiedades dentro de la ciudad sin tener derecho a ello, y una nueva idea fue fraguándose dentro de la cabeza de Robert Lepetit.

Ese mismo día, acompañado de Aubert, el más fiel de sus discípulos, buscó y encontró una pequeña casa construida con adobe y madera, justo al lado de la puerta de Santa Engracia, camino obligado para los peregrinos que salían de Pamplona. Pagó con los dineros del vizconde y los trece se trasladaron a ella. Todas las mañanas, al rayar el sol, se colocaban a la puerta de la casa y ofrecían comida y calabazas de agua a los viajeros; también curaban pies llagados y otras heridas. Robert los exhortaba a proseguir el Camino, a no desfallecer ni dejarse tentar por el Maligno. El viaje era largo, les aseguraba, sólo aquellos con verdadera fe llegarían sanos y salvos y su sacrificio se vería recompensado con la gracia de Dios. Muchos caminantes retrasaban la salida con tal de escucharle y los alrededores de la puerta de Santa Engracia eran un hervidero humano de sol a sol. En pocas semanas la fama de santón del Bugre se había extendido por la población, y no eran sólo peregrinos los que se acercaban al local para escuchar sus palabras, sino también muchos burgueses acomodados y sus familias, que aportaban dinero, comida y vendas. El obispo pronto tuvo conocimiento de la presencia del extraño grupo y ordenó que el cabecilla fuera llevado a su presencia; sus guardias se encargaron de cumplir el encargo y el predicador atravesó el burgo y también la Navarrería escoltado por los guardias y seguido por sus compañeros y un gran número de personas, peregrinos y burgueses.

–¡También a Jesús lo llevaron preso ante Caifás! –gritó Aubert, y un murmullo se elevó entre la multitud.

La entrevista entre el obispo y el predicador se llevó a cabo en la sala de trabajo del primero. Impresionado por el aspecto del hombre que tenía delante, como todos los que lo veían por primera vez, el prelado pidió que los dejaran solos. Nadie supo de lo que hablaron, pero Robert salió del palacio episcopal sin escolta, se reunió con los seguidores que lo esperaban fuera y regresó a la casa próxima al portal de Santa Engracia acompañado por un gran número de personas deseosas de escuchar su prédica.

Al hallarse solo en presencia del obispo, se había arrodillado y pedido en latín confesión. Incómodo por la petición, pero incapaz de negarse, don Pedro había aceptado. Bajo secreto de confesión, el Bugre le confío su verdadera identidad. Su nombre era Robert de Reims, dominico e inquisidor delegado por el Santo Padre para indagar el paradero de dos importantes sacerdotes cátaros huidos de Occitania. Llevaba meses tras su pista y, según la información suministrada por un hereje arrepentido, ambos individuos se hallarían en estos momentos en la ciudad de Pamplona, protegidos por personas muy próximas al rey. Su labor predicadora era parte del plan para continuar las pesquisas. Los ojillos del prelado se animaron. Le agradaba la idea de que dos herejes de renombre fueran detenidos en su ciudad y, de paso, también quienes los protegían, e involucrar así a Teobaldo; bendijo al hombre arrodillado ante él, le aseguró que no volvería a ser molestado y le hizo prometer que lo mantendría al corriente de sus averiguaciones, algo a lo que Robert no tuvo ningún reparo en acceder con la mano puesta en el pecho.

Los viajeros penetraron en la ciudad episcopal por el portal de la Magdalena. Sus pasos se mezclaron con cientos de otros en la rúa de los Peregrinos, después de haber respondido a las preguntas de los guardas sobre los motivos de su viaje y abonado el pago del peaje para poder seguir adelante. Geoffroi Bisol se limitó a decir que él y su «sobrino» eran peregrinos a Santiago de paso por Pamplona, que deseaban pernoctar en una posada y proseguir el viaje al día siguiente. La bolsa bien repleta del constructor, de la cual extrajo las monedas para el peaje, convencieron definitivamente a los guardas, que los dejaron entrar sin más preguntas.

–¿Por qué les habéis dicho que somos peregrinos y que yo soy vuestro sobrino? –inquirió Eder en el colmo de su asombro.

Él no sabía mentir, jamás había mentido. Amari no perdonaba a los mentirosos; era algo de todos conocido. La negación de la verdad podía acarrear todo tipo de males.

–¿Y para qué iba a darles más explicaciones? –respondió Geoffroi en tono de guasa–. Aprende, muchacho. No hace falta decir siempre la verdad.

–¿Por qué no?

–Ya lo irás averiguando con el tiempo. Te basta con saber que el mundo fuera de tus bosques es bastante más complicado de lo que crees. Una respuesta sencilla, aunque sea falsa, abre puertas, mientras que la verdad las cierra a menudo. ¿Qué les importa a esos guardas saber si tú y yo somos parientes, si Alix está en un convento, si no tenemos ninguna intención de ir hasta Galicia? No les importa en absoluto y nosotros tampoco tenemos por qué aclarárselo. Nuestras vidas, creencias, pensamientos o proyectos son sólo nuestros;

son, entiéndelo bien, la única forma de libertad exclusivamente nuestra.

El joven no lo entendió, pero tomó nota de las palabras de su maestro para recordarlas cuando fuera necesario. Avanzaron despacio por rúas y cantones abarrotados de gentes y puestos de mercado cuyos dueños comenzaban a recogerlos dada la hora y el próximo toque de queda. Dejaron los animales en la cuadra pública a la entrada de la Navarrería y se dirigieron a continuación al barrio de San Cernin, habitado por francos desde los tiempos del rey Sancho Ramírez, siglo y medio atrás, después de haber preguntado por él a una vendedora de morcillas y asaduras.

–En cuanto entremos en el barrio franco, tú callado como un muerto –le advirtió Geoffroi–. No abras la boca ni para pedir agua.

–¿Por qué?

–Porque los francos y los navarros no se llevan bien.

–¿Por qué?

–La vieja historia de siempre...

–¿Cuál?

El maestro sonrió. A pesar de que el joven rondaría los veinte años, su altura desgarbada, el bigotillo que asomaba encima del labio superior y la habilidad de consumado artesano que ya mostraba, en algunos aspectos su discípulo le recordaba a un niño sorprendido por todo lo nuevo.

–Unos ya estaban cuando los otros llegaron. Los primeros trabajaban los campos y los segundos crearon negocios; aquéllos han continuado siendo pecheros del rey y éstos son comerciantes libres... Diferencia de clases, diferencia de lenguas y costumbres y, sobre todo, diferencia de riquezas.

–¿Y vos y yo qué tenemos que ver con ello?

–Nada, Dios es testigo, pero yo soy franco y tú navarro. Uno de los dos deberá hacerse pasar por lo que no es a fin de evitarnos problemas y he decidido que seas tú.

–¿Por qué yo?

–Porque aún tienes mucho que aprender –rió Geoffroi al tiempo que le echaba el brazo por encima del hombro y lo arrastraba hacia el barrio de San Cernin.

Se alojaron en la primera posada que encontraron cuyo nombre, Le Borgognon, dejaba bien claro a quién pertenecía. El posadero, un hombre llegado de Borgoña unos años antes, les alquiló una minúscula habitación amueblada únicamente con un catre grande cubierto con unos lienzos de dudosa limpieza y un candil abollado que apenas iluminaba el lugar. La presencia del rey y de su corte en la ciudad episcopal, les explicó, había abarrotado las hospederías y no había un solo rincón disponible en toda la ciudad. Ésta fue también la disculpa para cobrar por adelantado un precio de escándalo, pero era casi de noche. Geoffroi no protestó y pagó al momento con la mente puesta en buscarse otro acomodo al día siguiente. Estaban cansados y deseaban irse a dormir, pero antes comieron un pedazo de conejo en salsa mientras compartían mesa con una docena de hombres desaseados cuyo aspecto fiero y vestimentas de cuero, chaquetas y calzas, así como las espadas y dagas colgadas a la cintura, mostraban claramente que eran soldados.

Los anteriores reyes de Navarra habían utilizado los servicios de mercenarios llegados de Francia y Alemania cada vez que se habían enfrentado a castellanos, aragoneses o musulmanes, pero durante la última década, y a pesar de hallarse el reino en paz, su número había crecido de forma extraordinaria. Siguiendo los pasos de peregrinos y comerciantes, los hombres de armas sin posibles en sus propias tierras recorrían el Camino no con la intención de hacerse perdonar sus pecados o rogar una merced al santo, ni tampoco con la idea de hacer negocio, sino para enrolarse en el ejército navarro a cambio de una buena paga y la posibilidad de asentarse en las tierras de Teobaldo. El hecho de que el rey fuera un franco facilitaba las cosas.

El constructor no intercambió más de dos palabras con ellos, y cuando le interrogaron sobre su procedencia, se limitó a responder que su sobrino y él acababan de llegar de Champaña, lo cual fue recibido por parte de los soldados con exclamaciones de alegría y brindis en honor al soberano oriundo de aquella región. Se escabulleron de la bulliciosa compañía en cuanto tuvieron oportunidad, se encerraron en el cuartucho y se tumbaron en el catre sin tan siquiera desvestirse.

Al día siguiente, de buena hora, Geoffroi alquiló dos habitaciones en una casa de huéspedes en la calle de la Correyería, que le había sido recomendada por el propio posadero, sorprendiéndose de encontrarlas limpias y bien amuebladas con arcón para ropas, palangana y jarro de agua incluidos, y después se dirigieron al monasterio de las clarisas de Santa Engracia en busca de Alix. Tuvieron que andar un buen trecho, pues el convento se hallaba extramuros, en unos terrenos al otro lado del puente del Mazón. No había conventos dentro de los muros de la ciudad, como bien había explicado el canónigo Eluard al antiguo inquisidor, debido a la oposición del arcediano y los canónigos, quienes no estaban por la labor de admitir competencias y, mucho menos, de repartir los beneficios de las limosnas, algo que no habían tenido reparos en demostrar cuatro años antes al expulsar a los franciscanos a pesar de contar éstos con una bula papal.

La sorpresa se plasmó por igual en los rostros de los dos hombres al ver aparecer a Alix acompañada por la abadesa; ambos tardaron un buen rato en recobrarse. Con el cabello recogido en una trenza, vestida con una sencilla túnica holgada de color crudo, cerrada hasta el cuello y mangas largas, la niña a la que habían despedido hacía casi cinco años se había convertido en una mujer y, además, muy hermosa. El maestro constructor apretó los labios emocionado. A primera vista, le recordó a Madeleine y sintió un pellizco en el pecho. Observó en un segundo examen que, aunque asombroso, no era tanto el parecido. Su piel era blanca como la de aquélla, pero su cabello no era rojizo, sino de un castaño dorado, como el de las hojas de los árboles al caer durante el otoño; sus ojos sí tenían el mismo color azul, pero no había en ellos ni rastro de la docilidad de su madre, muy al contrario. Aunque permanecía en recatado silencio, su mirada iba de él a Eder con indiferencia y, al mismo tiempo, cierta desconfianza altiva. Dicha constatación sorprendió desagradablemente al constructor y tuvo que hacer un gran esfuerzo para permanecer impasible. También se fijó en que los rasgos de su hija eran más finos que los de Madeleine: nariz recta, mentón perfectamente ovalado y frente amplia. Sintió el deseo de abrazarla con fuerza, besar sus mejillas y decirle lo mucho que la había echado en falta, pero se contuvo. La abadesa no dejaba de alabar el buen comportamiento, religiosidad y ágil inteligencia de la alumna que les había sido confiada y lamentaba que su padre hubiera decidido ir en su busca.

–¿No habéis pensado, maestro, dejarla con nosotras y que haga los votos? Sería una excelente religiosa. El mundo hoy en día es un peligro para las jóvenes honradas y no hay lugar más seguro para ellas que los muros de una casa de oración.

Geoffroi reprimió una sonrisa al observar el cambio producido en la actitud de Alix, quien miró furiosa a la religiosa, pero también asustada.

–Puede, puede... –respondió él con ánimo de alargar un poco el susto que en aquellos momentos sentía su pequeña rebelde–, pero llevo muchos años sin ver a mi hija y desearía pasar algún tiempo en su compañía.

Salieron del convento en cuanto se vieron libres de la insistencia de la monja, a quien prometieron regresar al cabo de unos días, bien para despedirse o bien para dejar allí definitivamente a la joven. Ninguno de los tres encontraba palabras para romper el silencio establecido entre ellos mientras caminaban por las rúas francas de Pamplona. No sabían qué decirse. La mirada indiferente que de nuevo veía en los ojos de su hija impedía al constructor dar rienda suelta a sus sentimientos. Durante su separación, se había ocupado de que nada le faltara, había enviado dinero y mantenido correspondencia con las monjas para conocer su estado de salud o sus avances en los estudios, pero, cierto era, no había ido a verla en todo aquel tiempo. No lo había considerado oportuno o simplemente no se le había ocurrido, así de sencillo. Tal vez había hecho mal, pensó ahora, porque la ausencia enfriaba las relaciones y hería de muerte al amor entre las personas.

–Habrá que comprarte algunas ropas. No puedes ir por ahí vestida como una monja –dijo por decir algo.

Alix se alzó de hombros como si le diese igual, pero el brillo en su mirada desdecía su aparente indiferencia, y Geoffroi aprovechó la oportunidad para asirla por el brazo en ademán cariñoso y atraerla hacia él.

–Te has convertido en una mujer y estoy muy orgulloso de ti.

La joven no respondió, pero el maestro notó que sus músculos se relajaban y no intentaba separarse de él. Poco después penetraron en una tienda de paños en la rúa Mayor de los Cambios, la mejor del burgo, como se apresuró a informarles el dueño, y encargaron dos túnicas según la moda, camisas y una capa de lana con capucha y ribete de piel para Alix. Mientras una costurera tomaba medidas a la joven, Geoffroi encargó para él una túnica verde oscuro, de mangas anchas y larga hasta los pies, y otra más corta de color azul oscuro para su ayudante con calzas a juego y camisa blanca.

–Pero, maestro... –susurró confuso Eder al oído de Geoffroi–. Yo ya tengo ropa...

–Buena para el campo –le respondió él–, pero estamos en la ciudad. Aunque te parezca extraño, aquí la gente se fija más en el aspecto exterior que en la verdadera naturaleza de las personas.

Como si la perspectiva de deshacerse de la vestimenta sin ninguna gracia que se había visto obligada a llevar durante los últimos años le abriera un nuevo horizonte, Alix sonrió por primera vez y el corazón del constructor latió apresuradamente. No había ninguna duda: su sonrisa sí era la misma que la de Madeleine.

Pasaron el resto de la jornada ocupados en adquirir chapines, botas, cintos, bolsos para los dineros y otros objetos totalmente inútiles en opinión de Eder, que no salía de su asombro. Él nunca había tenido una moneda en las manos. La mayoría de las veces, su padre cobraba los trabajos en especies –sacos de cereales, pieles, morcillas y otras cosas parecidas–. ¿De dónde sacaba el maestro tal cantidad de dinero? Se sentía incómodo ante tanto derroche y, por otra parte, no podía dejar de contemplar de soslayo a la joven. Él también la había echado mucho en falta. Había sido la única persona con quien se había sentido a gusto, aparte del constructor y de los miembros de su propia familia. Mientras recorrían las calles del barrio franco, no dejaba de pensar en ello y de lamentar que su recuerdo se hubiera esfumado. La niña de largas trenzas, a la que llevaba sobre sus espaldas y con quien iba a pescar truchas, nada tenía que ver con la jovencita orgullosa que caminaba a su lado y no le había dirigido la palabra en todo el día. De hecho, ni siquiera lo había mirado al salir del convento, cuando su padre le preguntó si recordaba a su amigo de juegos. Estaba decepcionado y, lo que aún era peor, tenía miedo de perder el afecto del maestro. Ya no lo necesitaría ahora que su hija estaba con él, y acabaría teniendo que volver junto a los suyos. Sería lo que tuviese que ser, pensó con resignación, y no había que darle más vueltas al asunto.

Al anochecer, cansados de andar, regresaron a la casa de huéspedes, y los tres agradecieron desde lo más profundo la sopa de berza y el pedazo de costilla de cordero asado que la dueña de la casa les invitó a compartir con ella.

–Es agradable tener con quien conversar de vez en cuando –confesó la mujer satisfecha al observar su apetito–. Mis huéspedes acostumbran a comer fuera y sólo vienen a dormir. A veces, apenas tengo tiempo de quedarme con sus caras: llegan, pagan y se van.

–¿Es éste un buen negocio? –preguntó Geoffroi más por cortesía que por curiosidad.

–Algunas veces sí, como ésta, en la que el rey está en la ciudad, pero por lo general los viajeros prefieren el ruido, las bebidas y... las mujeres de las hospederías. Además de las vuestras, dispongo de otra habitación que también está ocupada en estos momentos por un caballero importante que...

Un golpeteo interrumpió a la dueña, que se apresuró a levantarse de la mesa y a abrir la puerta. El aspecto del hombre de mediana edad que penetró en la cocina era cuando menos impresionante. Alto y corpulento, a Eder le recordó a su padre y a sus tíos, aunque no se pareciese lo más mínimo a ellos, y menos aún tenían sus vestimentas algo que ver con las de los montañeses. La sobrevesta de terciopelo marrón que casi rozaba el suelo, con dibujos bordados en hilo de oro y piel fina de color blanco en cuello, puños y borde inferior, el ancho tocado del mismo material, adornado con una tira de seda, y las calzas de color escarlata dejaban bien claro que el personaje era alguien importante, pues las pieles blancas y las calzas escarlatas eran prendas cuyo uso estaba únicamente autorizado a los caballeros.

–¿Compartiréis nuestra humilde cena? –preguntó la mujer deshaciéndose en sonrisas.

–No. He comido con el rey en el palacio del obispo y ya he tenido suficiente por hoy. Deseo descansar.

Su mirada se posó en los tres desconocidos que lo observaban con curiosidad.

–¿No me habíais dicho que estaba yo solo en esta casa? –interrogó a la dueña en tono severo–. Os había advertido que no deseaba compartir el alojamiento con nadie más. Tendrán que marcharse. No quiero extraños a mi alrededor.

–Son personas de fiar, señor. El maestro Geoffroi Bisol, su hija y su ayudante no tenían adónde ir. Las hospederías están todas llenas... –parecía que la mujer estuviese a punto de echarse a llorar.

–Me importa un carajo que...

El hombre iba a replicar cuando se detuvo, se giró para examinar a Geoffroi con más atención y alzó las cejas sorprendido.

–¿Geoffroi Bisol?

El constructor se limitó a hacer un gesto afirmativo.

–¿El maestro constructor? –preguntó el hombre de nuevo.

Geoffroi repitió el gesto afirmativo, más preocupado por tener que abandonar la casa a aquellas horas que por causar buena impresión al grosero personaje.

–Yo soy Antoine Brulé –se presentó el hombre con un sonrisa de oreja a oreja.

A continuación, y para sorpresa de la mujer y de sus tres huéspedes, tomó asiento y pidió que le sirvieran un pote de vino.

El señor Brulé había sido nombrado responsable de obras por Teobaldo con el encargo especial de que en su reino se alzasen construcciones dignas de él. La negativa del obispo de Pamplona para que la corte se instalara en la ciudad exigía una réplica contundente y la edificación de un palacio-fortaleza en las proximidades para demostrarle que, aunque él fuera el señor de Pamplona, el rey lo era de todo el territorio navarro. El emplazamiento para la nueva obra había sido ya elegido, un altozano en la sierra de Alaitz, en el valle de Elorzibar, lugar de encuentro de la ruta que unía Pamplona con la ribera tudelana y la de los peregrinos que llegaban desde Sangüesa y Monreal y se dirigían a la población de Gares. La nueva edificación real llevaría el nombre de Tiebas y, en palabras de Brulé, no había en todo el reino nadie más capaz que Geoffroi Bisol para llevar a cabo la que sería la primera construcción importante del nuevo reinado.

–Abandonasteis Champaña sin despediros de nadie –afirmó el noble.

–Así fue en efecto –respondió Geoffroi, incómodo por el derrotero que tomaba la conversación.

–¿Por qué?

–Razones personales...

–Fue tras la quema de los herejes, si no recuerdo mal. Durante algún tiempo se habló mucho de vos y de vuestra desaparición –prosiguió Brulé sin percatarse de la súbita seriedad reflejada en el rostro del constructor–. Incluso se dijo que la muerte de vuestra esposa tenía algo que ver con vuestra marcha.

–Soy hombre libre y tengo derecho a vivir donde me plazca sin tener que dar explicaciones a nadie.

–Tal vez..., pero nuestro señor Teobaldo se sintió agraviado por vuestro proceder, aunque ahora tenéis la oportunidad de haceros perdonar vuestro extraño comportamiento.

A continuación, el franco se perdió en descripciones y proyectos sobre lo que el rey quería para su reino: mejorar las vías de comunicación, construir puentes, palacios y fortalezas, alentar la repoblación y edificar barrios nuevos en las villas más importantes del Camino francés a su paso por Navarra.

–No podéis negaros a servir a la Corona –finalizó el caballero, y añadió a modo de advertencia–: No se ofende dos veces a un rey.

–No es ésa mi intención –afirmó el constructor con la rabia en el cuerpo.

–¡Me alegro, amigo mío! ¡No esperaba menos de vos! Y ahora, si me lo permitís, me retiro a descansar. La jornada ha sido larga. Mañana sin falta me acompañaréis a ver a nuestro señor.

Diciendo esto, Antoine Brulé se levantó, hizo una reverencia en exceso obsequiosa y desapareció por la puerta. La dueña de la casa se había retirado discretamente en cuanto hubo servido el vino a sus huéspedes, y en la cocina sólo quedaron Geoffroi, su hija y Eder. Durante un rato ninguno de los tres habló.

Lo primero que le vino a la mente al constructor fue abandonar Pamplona de inmediato. Las caballerizas públicas permanecían abiertas de día y de noche. No tenían más que ir en busca de sus animales y marcharse. No quería trabajar para el rey; prefería ganarse la vida construyendo molinos y casas rurales que castillos para él, pero era una idea descabellada. ¿Adónde irían? No podía obligar a su hija a huir como una fugitiva; tenía la obligación de ocuparse de ella, buscarle marido y dotarla generosamente. Los años pasaban y pesaban. En los últimos tiempos había sentido molestias en el brazo izquierdo, presagio de que algo no funcionaba bien en su ya envejecido cuerpo.

–Padre...

Miró a Alix y sintió un estremecimiento. Le dio la impresión de que el color azul de sus ojos se había oscurecido hasta parecer casi negro.

–Padre, ¿es cierto que dejamos nuestra tierra cuando murió mi madre?

–Así fue...

–¿Por qué?

–No quería continuar viviendo allí, todo me la recordaba.

Un nuevo silencio se estableció entre ellos. La mirada de Eder iba del uno a la otra sin atreverse a intervenir. Su intuición le decía que estaba a punto de ser testigo de algo muy especial.

–Padre... –la voz de Alix había perdido su seguridad habitual–, ¿de qué murió mi madre?

–Las personas mueren..., a cada una le llega su momento...

–¿De qué murió, padre?

Geoffroi miró a su hija y la mirada se le empañó. Había llegado el temido momento esperado durante todos aquellos años. Podía mentirle, decirle que había sido una enfermedad cualquiera, una epidemia, un accidente..., pero sabía que ella no le creería. Al principio, después de la muerte de Madeleine, Alix preguntaba a menudo por su madre, y él le respondía que había subido al cielo y la contemplaba desde allí, que era feliz y que algún día estarían todos juntos de nuevo. Poco a poco la niña pareció olvidar su recuerdo y dejó de preguntar, pero él sabía que sólo se trataba de una tregua. Algún día tendría que contarle la verdad; se lo debía a ella y también a Madeleine. La mentira no aliviaría su dolor ni su sentimiento de culpabilidad. Despacio, intentando encontrar las palabras adecuadas, el maestro constructor contó todo lo ocurrido diez años atrás, durante aquellos días aciagos de primavera, en su añorada tierra de Champaña. Al finalizar el relato, sintió que se había quitado un gran peso de encima, que su corazón cansado recuperaba el calor perdido, que su mujer le sonreía.

–Amaba a tu madre más de lo que yo creía –añadió–. Lo supe cuando la perdí, aunque me queda el consuelo de saber que ella también me amaba.

–¿Y a mí?, ¿me amaba a mí también?

–¡Claro! Te adoraba, velaba tu sueño, te contaba cuentos y te cantaba las viejas baladas de nuestra tierra.

–Entonces... –la voz de Alix no mostraba emoción alguna–, ¿por qué me abandonó?, ¿por qué se dejó matar en lugar de renegar y salvar la vida?

–No..., no podía renegar de sus creencias –balbuceó Geoffroi, sorprendido por la pregunta.

–¿Qué credos son ésos que obligan a dar la vida y a desamparar a aquellos a quienes se ama?

La joven se levantó y salió corriendo de la cocina, dejando a su padre conmocionado por su reacción. Al cabo de unos instantes, se levantó él también con ánimo de ir en su búsqueda, pero la mano de Eder apoyada en su brazo lo retuvo.

–Dejadla, maestro.

–Tengo que explicarle...

–Ya lo haréis más adelante. Ahora necesita estar sola y meditar sobre todo lo que le habéis contado. Yo también pasé por algo parecido.

–¿Tú?

–Mi madre murió al dar a luz. La odié por ello y durante mucho tiempo no pude perdonarle que se hubiera ido, que me hubiera abandonado –de pronto el muchacho parecía mayor, más maduro–. Vos me habéis dicho en alguna ocasión que la vuestra vivió largos años y fuisteis afortunado. Ninguna cría de animal sobrevive en el bosque sin su madre; los seres humanos sí, pero su ausencia es una herida que nunca llega a cicatrizar. Con vuestro relato habéis reabierto esa herida en Alix y ahora tendréis que esperar a que se cierre de nuevo.

Cuando al día siguiente Antoine Brulé le pidió que lo acompañara a presencia de Teobaldo, Geoffroi ya había tomado una determinación: construiría para el rey y para quien hiciera falta con tal de que su hija recuperase la sonrisa. La entrevista fue fría, pero cortés. El rey estaba más preocupado en los asuntos de la gobernación de su pueblo, difícil y arisco, que en echarle en cara su deserción. Él tampoco estaba por la labor de hablar más de lo necesario y, por supuesto, no tenía ninguna intención de pedir perdón. Pocos días más tarde se trasladaba con su hija y su ayudante al primer piso de una casona de piedra próxima a la iglesia de San Llorente, la otra iglesia del burgo.

Los días pasaban rápidos. Los dibujos y maquetas para la nueva edificación, el castillo en Tiebas que recordaría al obispo de Pamplona quién era el rey de Navarra, marchaban a gusto del señor Brulé. El monarca había abandonado nuevamente el reino para retornar a sus tierras de Champaña, donde le agradaban bastante más las gentes refinadas que sabían apreciar sus dotes de caballero y poeta, y había dejado todos los puestos de poder copados por personas llegadas de allende los Pirineos. El castillo sería una fortaleza inexpugnable al estar en un alto escarpado, pero no carecería de la elegancia de las construcciones del norte francés: torres redondeadas, tejados de pizarra y torrecillas para los vigías en el exterior; y suelos de madera, ventanas con vidrios de colores y chimeneas en el interior. Geoffroi y Eder trabajaban todo el día presos de una gran excitación; el mayor, animado por el encargo que le devolvía la categoría de gran constructor del reino, y el joven porque aquél era el primer trabajo de verdadera importancia en el que tomaba parte. Además... estaba Alix.

El maestro había contratado a una mujer mayor, Juana, para que ayudase a su hija en las tareas de la casa y también para que no estuviera sola y pudiese pasearse libremente por la ciudad sin que él o su ayudante se vieran obligados a acompañarla. Poco a poco la muchacha volvía a ser la persona alegre y parlanchina que recordaban, y eso alegraba a los dos hombres. Los nuevos trajes le hacían parecer mayor y Eder no podía dejar de mirarla cuando estaban juntos, embargado por un sentimiento desconocido para él hasta entonces. El corazón le daba un vuelco cuando ella aparecía y el simple roce al pasar por su lado le provocaba un cosquilleo en todo el cuerpo; cualquier comentario de ella sobre su apariencia, su cabello revuelto o los cuatro pelos de su barba le hacía enrojecer provocando la risa de la muchacha y la de su padre, dichoso de verla feliz. No habían vuelto a hablar sobre las circunstancias de la muerte de Madeleine, aunque el constructor sabía que, antes o después, su hija volvería sobre el tema, y temía que llegara ese momento porque entonces las preguntas de Alix no se limitarían a querer saber si su madre la quería o no: querría saber más sobre aquellas gentes dispuestas a morir por sus creencias, y él no podría responder.

Antoine Brulé también aparecía a menudo, demasiado, a gusto de Eder. No había razón para su presencia en la casa, aunque el caballero insistiese sobre su interés por el avance del trabajo. Echaba una ojeada y después permanecía largo tiempo hablando con ellos y, en especial, con Alix. La muchacha parecía sentirse a gusto con él y lo acribillaba a preguntas sobre las modas, la música o los amoríos de los grandes personajes de la corte, a lo que él respondía, aparentemente encantado. El día en que el franco obtuvo de Geoffroi permiso para acompañar a su hija a misa en la iglesia de San Cernin y el posterior festejo organizado en honor del santo, Eder no pudo aguantar más.

–¿Vais a permitir que vaya sola con ese hombre? –preguntó al constructor, ignorando la presencia de la muchacha.

–¿Se puede saber a qué viene esa pregunta?

Alix se había vuelto hacia él con la mirada encendida, sin dar tiempo a su padre de responder.

–No me parece decente...

–¿Quién eres tú para opinar en este asunto?

–Ese hombre podría ser tu padre.

–Yo ya tengo un padre.

–Digo que es muy viejo para ti.

–¿Y a ti qué te importa?

–¡Allá tú si quieres pasear con alguien que te dobla la edad!

–¡Mis asuntos son sólo míos!

La joven salió de la cocina dando un portazo.

–El señor Brulé es un caballero y Alix disfruta mucho en su compañía; además, irán acompañados por Juana –aclaró Geoffroi un tanto perplejo por la reacción de su ayudante.

–También yo podría acompañarla...

–¡Muchacho! –rió Geoffroi–. ¡Se ve que no entiendes mucho de mujeres! Ellas prefieren salir con personas que no sean de la familia.

–Yo no soy de la familia...

–¡Claro que lo eres! Eres como un hermano para ella, me lo ha dicho.

–¿Os ha dicho qué?

–Que te quiere como a un hermano, y yo me alegro, porque te quiero como a un hijo.

En cualquier otro momento las palabras de su maestro habrían alegrado al joven, pero ahora sintió un regusto amargo. Él no quería a Alix como un hermano, sino como un hombre a una mujer. Ahora se daba cuenta. Masculló una disculpa y se refugió en su cuartito, donde comenzó a golpear con furia la figurilla de un ciervo que estaba esculpiendo para regalársela a Alix. Los fuertes golpes de la maza acabaron por rajar la piedra, que se separó en dos pedazos, igual que una manzana estrellada contra el tronco de un árbol.

No podía concentrarse en el trabajo y tampoco tenía ganas de permanecer encerrado; salió de la casa y se encaminó hacia el portal de San Llorente, bordeó la muralla y atravesó el Arga por el puente del Mazón, mezclándose con algunos peregrinos que continuaron hacia delante mientras él bajaba a la orilla del río. El cielo estaba completamente azul y, de pronto, echó en falta los montes, el bosque, la tierra bajo sus pies y las ramas de los árboles por encima de su cabeza. Quería volver con los suyos y sentirse libre, pescar truchas, burlarse de su hermano Donat, ver de nuevo a su padre. Era un montañés y la montaña era su casa. No se dio cuenta de que anochecía. El cuerno de ronda que llamaba al cierre de los portales lo sacó de su ensoñación nostálgica, se puso en pie y echó a correr hacia la ciudad. Llegó sin aire en los pulmones justo cuando comenzaban a cerrar el portal de Santa Engracia y tuvo que aguantar la bronca del guarda tras responder a sus preguntas e informarle dónde vivía y para quién trabajaba. Aún escuchó alguna que otra recriminación por parte del soldado mientras bajaba la calle y trataba de orientarse. A media altura, le llamó la atención un grupo de gente amontonada delante de una casa y se aproximó curioso. Allí, delante de la puerta, subido encima de un banco, un hombre hablaba para la concurrencia.

–¡Hermanos! Estad siempre alerta porque Satanás campa a sus anchas entre nosotros y busca sin cesar pervertir las almas buenas. Toma la apariencia de un anciano venerable o de un joven educado, de un campesino iletrado o incluso de un hombre de la Iglesia, pero, sobre todo, el de una mujer joven, atractiva a los ojos pecadores de los hombres. Lo sé porque yo también fui tentado y hube de luchar con todas mis fuerzas para liberarme de sus garras. ¡Escuchadme bien! ¡La herejía tiene apariencia de mujer!

Un rumor se elevó entre los oyentes y las pocas mujeres presentes parecieron encogerse, como si se sintieran culpables por el hecho de haber nacido hembras.

–¡Dos veces fui tentado por el diablo! –prosiguió el predicador embalado–. La primera en mi juventud y la segunda hace poco, en esta misma tierra de Navarra, en la montaña, región de herejes y de paganos excomulgados por el Santo Padre de Roma. Yo mismo acabé con la causa de mi sufrimiento porque es grato a los ojos de Dios quien destruye el pecado.

Eder observaba atónito y también divertido la perorata del hombre y los gritos y gemidos que causaba en los oyentes. Nunca había visto algo parecido, pero sus últimas palabras le sonaron como una señal de aviso. Lo observó con mayor atención y creyó reconocerlo, aunque no estaba seguro.

–¿Quién es? –preguntó al hombre que tenía a su lado.

–El hermano Robert, un santo.

–¿De dónde viene?

–Del norte de Francia, de las tierras del rey Teobaldo.

–¡Yo mismo envié al diablo disfrazado de mujer al infierno de donde nunca debió salir! –insistió el predicador ante la expectación de sus oyentes.

Eder no escuchó más y salió corriendo de nuevo, esta vez para dirigirse a la casa de la Correyería. Entró como una exhalación y se plantó delante de Geoffroi, que se hallaba cenando en compañía de su hija y de Juana.

–¿Dónde estabas? Empezábamos a preocuparnos –el tono del constructor tenía un deje de reproche–. Uno nunca sabe lo que puede ocurrir por las calles después del toque de queda.

–El hermano Robert.

–¿De qué hablas? –el tono de reproche había dado paso a otro preocupado.

–Del hombre que mató a vuestra esposa. Se llamaba Robert, ¿no es verdad?

–Sí..., Robert Lepetit.

–¿Qué fue de él?

–No lo sé... ¿Por qué te interesa saberlo?

–¿Quién era el clérigo del norte que llegó a Baigorri?

La sorpresa reflejada en el rostro de Geoffroi no dejaba lugar a dudas.

–Era él, ¿verdad? Era el mismo hombre.

El maestro no dijo nada, pero la alarma se reflejó en su mirada.

–Está aquí.

–¿Dónde?

–En Pamplona, en el burgo, a dos calles de aquí. Predica a la gente, les habla de herejes y de paganos. Me han dicho que se hace llamar hermano Robert.

–Es un nombre muy común entre los francos –intentó convencerse Geoffroi–; puede que no sea el mismo. El Camino francés atrae a muchas gentes...

–Lo he reconocido. Es el mismo que vimos en Baigorri, cerca del molino, y presume de haber dado muerte a una mujer en la montaña –insistió el joven con la mente puesta en su tía.

Geoffroi no sabía qué pensar. Hacía más de dos años que había dejado San Esteban. De vez en cuando recordaba la figura inquietante del Bugre, pero enseguida intentaba pensar en otra cosa para no escarbar en la herida. Imaginaba que habría continuado hacia Santiago, como tenía intención de hacer. Dos años eran mucho tiempo; tal vez había llegado a Galicia y estaba ahora de vuelta. También podría tratarse de otra persona; había muchos locos recorriendo los caminos y algunos incluso se creían la reencarnación del propio Jesucristo. En Francia habían quemado a más de uno por esa razón. Eder sólo lo había visto una vez y durante unos momentos; podía equivocarse. La mirada airada que veía en los ojos de su aprendiz y la seguridad que denotaban sus palabras le obligaron a aceptar lo que se resistía a creer. Una vez más, Robert Lepetit y él compartían el mismo aire. Miró a su hija. La muchacha había escuchado el corto intercambio de frases sin intervenir, pero estaba pálida.

–¿En qué creen los herejes? –le preguntó Alix tras un largo silencio–. ¿En qué creía mi madre para dejarse llevar a la hoguera?

–No podría decírtelo, yo...

–Yo sí puedo –intervino Eder–. Creen en un dios bueno y en otro malo; creen que el dios bueno creó el alma de los seres humanos y el dios malo todo lo demás, pero están equivocados. Los malvados han sido creados igual que todos, pero así como crecen las malas hierbas y algunas simientes se pudren antes de brotar o un árbol se tuerce y no da frutos, así ocurre con algunos hombres.

–¿Esa mujer de la montaña también era una hereje? –preguntó la muchacha con voz temblorosa.

–Era mi tía Elaia –respondió Eder con cierta brusquedad.

–¿Una agote como tú?

El joven se la quedó mirando, fue a decir algo, pero no lo hizo y salió de la cocina.

–No deberías haber dicho eso –le reprochó su padre.

–¿No es así como los llaman?

–Los nombres no siempre reflejan la realidad y las gentes son muy propensas a hablar de lo que no entienden. Le has hecho daño.

–¿Ese hombre podría hacérnoslo a nosotros? –preguntó Alix con preocupación y, al mismo tiempo, con el deseo de cambiar de tema.

–Podría, puede hacérselo a cualquiera. Está obcecado, y no hay nada peor que una persona que cree que la única verdad es la suya. Yo ya soy viejo para saber que no existe una sola verdad, pero es algo que él no entenderá por muchos años que viva.

La relación entre los dos jóvenes se hizo tirante a partir de ese día. Eder recordó las palabras de su padre advirtiéndole de que nunca sería como los otros aunque lo intentase. Tenía razón. Estaba convencido de que Alix no había dicho aquello con mala intención, pero lo había dicho y ello abría un abismo entre los dos. Nunca lo miraría con los mismos ojos con los que miraba a Brulé. Para ella siempre sería un agote, una persona discriminada nadie sabía muy bien por qué, alguien a quien tal vez se podía querer como a un amigo o un hermano, pero jamás como a un hombre con quien compartir la vida.

Por su parte, Alix estaba preocupada por su padre y por ella misma. Sin que él lo supiera, Juana y ella habían acudido a escuchar al predicador. Sentía una curiosidad morbosa por ver de cerca al hombre que había enviado a su madre y a tantos otros a la hoguera, pero la curiosidad se transformó en verdadero terror al oírle hablar de los herejes.

–Puede cortarse la hierba –le escuchó decir–, pero volverá a crecer si no se arrancan las raíces de cuajo: aquellos que los ayudan, los que los protegen, los que los asilan, sus familiares, sus amigos, todos son tan culpables como ellos.

Su madre era su raíz, había nacido del vientre de una hereje y estaba marcada por la fatalidad, y también su padre estaba en peligro. Necesitaban el amparo de alguien poderoso, alguien contra el cual el predicador no pudiera hacer nada y ese alguien era Antoine Brulé. Fue todavía más amable con el caballero la siguiente vez que él se presentó en la casa, y el hombre, halagado, recibió sus muestras de aprecio como una señal de que las cosas llevaban el rumbo que se había marcado.

Más cerca de los cuarenta que de los treinta, a Brulé empezaba a pesarle la soltería. Por supuesto, no había semana, a veces días seguidos, en los que no se encamase con una mujer de la mancebía, campesina o doncella de servicio. A fin de cuentas, las mujeres estaban para proporcionar placer a los hombres, pero la soltería no estaba bien vista entre los de su clase y tampoco existían demasiadas opciones en Navarra. La mayoría de las mujeres solteras de ascendencia franca eran plebeyas, hijas de comerciantes o de campesinos, y las que pertenecían a las clases superiores, francas o navarras, ya estaban comprometidas. El enlace con la hija de un constructor afamado y respetado no era algo que debía echar en el vacío aunque la muchacha no tuviera fortuna; él la tenía por los dos. También estaba el asunto de la madre, quemada por hereje, pero Champaña quedaba lejos. En Navarra no había peligro de que alguien identificase a Alix Brulé con la hija de una pobre desgraciada ejecutada hacía ya muchos años. Por otra parte, la joven le agradaba, era una muchacha educada con las monjas y estaba seguro de que también era virgen y de que le daría un buen número de hijos dada su edad. Habló con Geoffroi y le pidió su mano.

–Si no quieres casarte con él, lo entenderé –le dijo el maestro a su hija.

–Quiero.

–El matrimonio no tiene vuelta atrás.

–¿Por qué habría de tenerlo?

–¿Amas a Brulé?

–Lo aprecio lo suficiente como para ser su esposa.

–Lo conoces desde hace tan sólo unos meses...

–Suficientes.

–Entonces...

–Dile que aceptas.

El diálogo transcurrió en el cuarto de trabajo del constructor, delante de Eder, sin que en ningún momento ella le dirigiera una mirada ni él levantara la cabeza del tablero. Aquella noche, cuando su padre y Juana dormían, Alix llamó a su puerta. Eder tardó en responder. No estaba dormido, pero no quería abrir; sabía que era Alix quien golpeaba suavemente para no ser oída, a pesar de que no había peligro alguno, pues tanto el maestro como la vieja sirvienta tenían el sueño pesado.

–Abre, por favor –la oyó susurrar al otro lado.

Se decidió por fin. Estaba furioso y triste al mismo tiempo, pero también desesperado. Abrió la puerta dispuesto a decirle que se volviera a la cama, que no tenían nada de qué hablar, que era una mujer incapaz de amar, pero estaba tan hermosa, con el cabello suelto sobre sus hombros y sus pechos intuyéndose bajo la camisa de dormir, que permaneció mudo y al mismo tiempo extasiado ante la visión.

–He de hacerlo –le confesó ella–, mi padre y yo corremos peligro. Antoine nos protegerá.

–Yo también puedo protegeros.

–No puedes, y lo sabes.

–Iremos a Baztán o a Baigorri.

–Pobre amigo mío...

Alix alargó la mano y le acarició la mejilla. No pudo más; la rodeó con sus brazos, la atrajo hacia él y cerró la puerta con un pie al tiempo que besaba sus labios.

Geoffroi y su hija no tenían parientes en Navarra y tampoco los tenía el señor Brulé. Alix se casó con Antoine una tarde fresca de comienzos del invierno cuando el sol había renunciado a la lucha por atravesar con sus rayos la niebla que cubría la cuenca desde hacía varios días. Después de la boda, celebrada por el rector de San Llorente, los recién casados se dirigieron a la casa de él, un edificio nuevo construido en Las Belenas, la calle ancha que atravesaba el burgo de norte a sur. El constructor, Juana y algunos amigos del novio los acompañaron en una cena preparada para el acontecimiento.

Eder Bozat se hallaba desaparecido desde la mañana de ese mismo día. Salió de la casa nada más despertarse, cuando los demás dormían, y deambuló durante horas por los barrios de Pamplona: el burgo, la población de San Nicolás, la de San Miguel y la Navarrería. Acabó en una mancebía situada entre las huertas del cabildo de la catedral y el barrio de la judería, junto al portal del Río, en brazos de una mujer de tez morena, pechos voluminosos y caderas anchas que le hizo olvidar durante un rato la causa de su angustia. Cuando regresó a la Correyería, el maestro y Juana aún no habían vuelto y la casa estaba silenciosa. Rebuscó entre los troncos utilizados para el fuego, eligió una pieza de un codo de alto por tres cuartos de ancho y se encerró en su cuartucho. A la luz de media docena de velas y un candil, trabajó durante el resto de la noche, poseído por la necesidad de dar rienda suelta a su aflicción. No tenía más que cerrar los ojos para sentir los labios de Alix unidos a los suyos; acariciar en el aire sus pechos, pequeños y firmes, su cuello, sus caderas, sus nalgas; hacerla suya en medio del llanto causado por el placer de amar. Al amanecer, derrotado por el esfuerzo y la tensión, se tumbó en el catre y se quedó dormido rodeado de virutas, la pieza entre las manos. Las velas se habían agotado y también el aceite del candil. El maestro lo encontró así cuando fue al cuarto, alarmado al no saber nada de él desde la víspera, y sintió una enorme pena al contemplar el semblante dolorido del joven a quien tanto apreciaba. La talla, sin acabar, era un busto de mujer, el de Alix.

Una tarde, varias semanas después, Geoffroi pidió a Eder que lo acompañara y le mostrara el lugar donde había escuchado hablar al predicador. Quería comprobar él mismo si se trataba realmente de Robert Lepetit. Caminaron despacio por la calle de las Burulerías hasta llegar al cruce y torcieron a la izquierda para seguir por la de Sanduandia hasta topar con el callejón de Sobranza, que presentaba un aspecto muy animado a pesar de ser un lugar más bien oscuro y sin comercios. Al comienzo del callejón, el predicador arengaba a un buen número de personas, la mayoría peregrinos. Geoffroi lo contempló durante un instante, agarró con fuerza el brazo de su ayudante y le hizo una seña para marcharse de allí. Antes de girarse miró de nuevo al Bugre y tuvo un sobresalto. Los ojos del hombre estaban fijos en ellos.

–Puede que no os haya reconocido...

Eder intentaba animar a su maestro, aún conmocionado por la constatación de la identidad del individuo y, sobre todo, por su mirada.

–Lo ha hecho, estoy seguro. No es del tipo de personas que olvida una cara, y menos la mía.

–¿Y a vos qué más os da?

–Es un pájaro de mal agüero. Ha habido una desgracia cada vez que nuestros caminos se han encontrado...

–No se atreverá a intentar nada contra vos, sois el maestro de obras del rey.

–Soy también el recuerdo de sus crímenes y eso a ningún hombre le agrada.

El joven lo contempló con cariño y lo asió del brazo para ayudarle a caminar por la calle a medio empedrar y llena de barro. Desde la boda de Alix estaban más unidos que nunca, ambos se necesitaban y lo sabían. Volvían a trabajar codo a codo, a hablar de proyectos y construcciones, a confiar el uno en el otro, junto al fuego, después de cenar. Aquella noche Geoffroi le mostró por vez primera el pergamino del obispo Moranis y le preguntó si sabía lo que significaba.

–No sé..., parece una escalera...

–Es como una escalera de caracol, en efecto, un símbolo muy antiguo entre los Compañeros Constructores, al igual que lo es la pata de oca.

–¿Símbolo? ¿Compañeros Constructores?

–En mi país, los constructores están organizados, conforman gremios y se rigen por unas ordenanzas muy rigurosas elaboradas para impedir la mala práctica y para la defensa de todos aquellos que trabajan en una construcción.

–Pero ¿qué significa? –preguntó Eder señalando al pergamino.

–Muestra el camino de la verdad.

–¿Qué verdad?

El maestro tardó en responder. En dos palabras su ayudante resumía la pregunta que el ser humano se había hecho desde su creación.

–No sé qué verdad, mi joven amigo. Imagino que es distinta para cada uno de nosotros y que cada cual debe buscar la suya. Es una especie de juego, el juego de la vida y la búsqueda de lo intangible, el futuro. Luego te enseñaré cómo se juega, ahora quiero que veas otra cosa.

Geoffroi le mostró el anverso y lo leyó en voz alta.

–«El día de la Bestia ha llegado, la Bestia está aquí. Yo, Lotaire Moranis, apóstol de la Iglesia de Dios, sé que mis días y los de mi grey están contados. El dos veces renegado y dos veces maldito ha dado rienda suelta a su odio. Pronto las llamas de las hogueras iluminarán el cielo de Francia y los puros perecerán por el fuego, pero sus almas se verán al fin libres de su envoltura carnal y subirán a la casa del Padre. No espero clemencia de la Bestia puesto que la Bestia no conoce la piedad, pero quiero aquí dejar testimonio de un hecho que presenciaron mis ojos y también de mi culpa por haber permitido la muerte de un hombre sabiéndolo inocente. El día primero del mes de febrero de este año fui testigo de la muerte de Jean de Champagne, arcediano de la catedral de Reims, a manos del inquisidor general de la Iglesia de Roma Robert Lepetit en las escaleras de piedra que llevan al lavadero junto al río. Fui asimismo testigo de la ejecución del zapatero Michel Fournier, hermano mío en la fe, acusado del crimen. El miedo pudo más en mí que la verdad y peno cada día y pido perdón por mi pecado. Firmo hoy este documento con la esperanza de que un día se haga justicia. En Vertus, día primero del mes de mayo de 1239 de la era de Cristo.» Doce días más tarde Moranis fue quemado en la hoguera junto a otros ciento ochenta y dos de sus seguidores, mi mujer entre ellos –continuó Geoffroi intentando dominar el temblor de su voz–. Robert Lepetit es un enemigo peligroso. Sabe que yo tengo este documento y que puedo utilizarlo en su contra en cualquier momento. Querrá hacerse con él y nosotros tenemos que evitar que eso ocurra. Lo guardo a la espera de que intente aquí lo que ya hizo en Champaña. No permitiré que envíe a la hoguera a más inocentes.

–Busquemos un lugar para esconderlo. No me parece que el fondo de un arcón de ropas sea el más adecuado...

–Tienes razón, querido Eder, tienes mucha razón, y puesto que tú eres más joven y tienes más imaginación que yo..., ¿cuál crees que sería un buen escondite?

–Bajo las losas del suelo...

–No. La gente suele guardar ahí joyas y dinero.

–Encima de una viga del techo...

–No.

–Dentro de un colchón...

–No. Es el primer lugar donde mirarían.

–¡Ya sé dónde!

El joven salió de la cocina a toda prisa y regresó con la imagen de madera, aquella que había unido sus vidas como maestro y alumno y que desde entonces formaba parte de sus recuerdos más queridos.

–La vaciaré por dentro –declaró al observar el gesto escéptico de Geoffroi.

–¡No puedes!

–¿Por qué no?

–Estropearás la imagen.

–No, ya lo veréis. Y siempre puedo tallar otra.

Perforó la madera y, con una paciencia digna de un miniaturista, fue vaciando su interior con ayuda de una gubia de un dedo de ancho hasta conseguir una oquedad suficiente para introducir el pergamino prietamente enrollado; después cubrió el agujero con una pieza exacta a su diámetro y enceró la madera para disimular la hendidura, algo que hizo sonreír a Geoffroi. Cada vez que él le insinuaba lo conveniente de pintar o barnizar la figura, su alumno siempre se negaba y respondía que la madera era una materia viva, y pintada no podría respirar.

–Bien –dijo Eder satisfecho, una vez acabado el trabajo–, aquí la tenéis; ¿qué opináis, maestro?

–Ha quedado perfecta. De todos modos, prefiero que la guardes tú, por si acaso.

–No os entiendo...

–Soy mucho más viejo que tú. Es lógico que yo abandone este mundo antes. Si esto ocurriera, quiero estar seguro de que el documento se halla en buenas manos y puede ser utilizado contra ese anticristo, asesino de inocentes, que se proclama la voz de Dios. Jura que lo harás.

–Os lo juro –prometió el aprendiz, bastante impresionado por las palabras de su maestro–, pero seréis vos quien haga justicia.

–Ya veremos, hijo, ya veremos...

El dolor del brazo izquierdo se había acrecentado en los últimos meses. Había ido a consultar al médico sin decir nada a nadie, y éste le había aconsejado reposo; podría tener algún disgusto con el corazón, le advirtió, y le entregó un frasquito con un compuesto de hierbas para que tomara unas gotas cada vez que sintiera molestias. Estaba convencido de que su ayudante cuidaría de la única prueba que podía enviar directamente al infierno al asesino de Madeleine y de Elaia.

Alix no tardó en reconocer su error por haberse casado con Antoine Brulé. Tal vez había conseguido un protector, pero desde luego no el amante con el cual soñaban todas las jóvenes al alcanzar la edad casadera. No le faltaba de nada, eso era cierto. La casa de Las Belenas era espaciosa y disponía de varias personas a su servicio; se codeaba con la clase mejor situada de la ciudad y, en una ocasión, había sido incluso presentada al senescal del rey, pero por lo general sus jornadas transcurrían monótonas y aburridas, sin aliciente alguno. Algunas veces acudían a comer a casa de un notable o de un consejero real, pero en dichas ocasiones debía permanecer callada o participar en las insulsas conversaciones de las mujeres de dichos caballeros, con las cuales ella tenía muy poco en común. Por otra parte, las relaciones conyugales eran simples intentos para tener descendencia. Todas las noches, como quien se peinaba o se vestía, Antoine le hacía el amor y todas las noches ella permanecía despierta mientras su marido roncaba a su lado, aparentemente satisfecho. No había pasión en sus abrazos, ni delicadeza, ni voluntad para que ella también disfrutara de un acto que, según los poetas, era el gozo de una pareja, la unión de dos seres que se amaban y se deseaban. En realidad, ella no lo amaba ni lo deseaba, pero habría podido aprender a quererlo si él hubiera puesto algo de empeño. Para agravar el asunto, después de un año de matrimonio no había señales de preñez y Antoine comenzaba a impacientarse. Ella también deseaba quedarse embarazada: un hijo aliviaría su tedio y justificaría su decisión precipitada al aceptar una boda a todas luces equivocada. Eder tenía razón, su marido era demasiado viejo para ella, demasiado grande y voluminoso y, además, nada divertido. Le hablaba como un maestro impartiendo clases, como si ella fuera un chiquilla a la que hubiera que aleccionar.

Echaba en falta a su padre, sus conversaciones, verlo trabajar inclinado sobre su pupitre o solicitándole la opinión sobre algún boceto, añoraba las veladas en el humilde piso de la calle de la Correyería, al lado de la lumbre, y también a Eder. Recordaba su mirada enojada cada vez que Antoine llamaba a la puerta y ella coqueteaba con él, sus ojos apenados al recordarle que era un agote y la desesperación plasmada en ellos la víspera de su boda. Pero, sobre todo, recordaba una noche de amor como no había habido otra desde entonces. Iba todos los jueves por la tarde a visitar a su padre y no podía evitar que su corazón se acelerase al encontrarse con él. No intercambiaban más de dos palabras de saludo y él se marchaba a su cuarto después. Le habría gustado decirle lo mucho que sentía haberlo herido, pero el daño estaba hecho y no había manera de repararlo.

Un jueves, como de costumbre, se acercó a ver a su padre, seguida por un servidor silencioso que esperaba en la calle para acompañarla a la vuelta. Eder abrió la puerta y ambos se quedaron mirándose sin saber qué decirse.

–Vengo a ver a mi padre –se justificó ella, sintiéndose incómoda porque él mantenía la puerta a medio abrir.

–No está.

–¿No?

–No. Ha ido a hablar con el alcalde del burgo.

–¿Para qué?

–No lo sé.

–¿Y Juana?

–Tampoco está. Se marchó hace unos días a la Navarrería porque su hermana está enferma.

–Ah...

De nuevo el silencio. Alix sentía que se ahogaba, el corazón le latía con fuerza. Era incapaz de darse media vuelta y marcharse.

–¿Puedo pasar?

–Ya te he dicho que tu padre no está.

–Sí, ya me lo has dicho.

Eder abrió la puerta justo lo necesario para permitirle el paso, sus cuerpos se encontraron sin que ninguno de los dos hiciera nada por evitarlo y, un instante después, se hallaban uno en brazos del otro. Sin apenas despegar sus labios, unidos por un beso continuo, se buscaron ansiosos; sus manos recorrieron sus cuerpos hasta alcanzar los lugares más secretos del deseo y allí, de pie, junto a la puerta, la espalda de ella apoyada contra la pared, fueron el uno del otro entre suspiros y gemidos, sin haberse dicho una sola palabra.

Alix recompuso su figura, se ató el lazo de la camisa, se estiró la falda, recogió la capa que había caído al suelo y ocultó un mechón de cabello escapado de la toca de casada. Sofocada y aún jadeante, abrió la puerta y salió sin mirar al joven, al hombre que acababa de hacerle sentir el placer absoluto por segunda vez en su vida. Bajó las escaleras despacio, respirando profundamente, intentando recuperar el aplomo, y se detuvo unos momentos en el portalillo. Le temblaban las piernas y sentía los labios en carne viva; ocultó medio rostro bajo el embozo, salió a la calle y se dirigió a paso rápido hacia su casa, siempre seguida por el silencioso sirviente. Aquella noche, cuando Antoine se colocó encima de ella, sintió que estaba siendo infiel... a Eder.

No volvió a la casa de la calle de la Correyería la siguiente semana y envió a su padre un recado pidiéndole que fuera él a verla porque no se encontraba bien. No quería, no podía volver a ver a Eder. No sabía cuál sería su reacción y la de él cuando de nuevo se encontraran frente a frente, y tampoco estaba muy segura de poder mantener la serenidad delante de su padre; temía que un gesto, una palabra o una mirada la traicionasen. Aquello había sido una locura, se había dejado llevar por una pasión descontrolada y no podía arriesgarse a ser repudiada o incluso asesinada por su marido si éste llegaba a sospechar algo. La ley admitía que un hombre ultrajado en su honor se tomara la justicia por su mano, y Antoine tenía su honor en muy alta estima. No salió de su casa durante las siguientes semanas, no se atrevía a poner los pies en la calle ante el temor de encontrarse con Eder y pretextó una molestia inexistente cuando su marido quiso que lo acompañara al palacio episcopal, a una recepción ofrecida con motivo del nombramiento del nuevo senescal del reino. También había perdido el apetito y pasaba horas tumbada encima de la cama sin fuerzas para hacer nada. Su estado llegó a preocupar tanto al señor Brulé que hizo llamar al médico a pesar de las protestas de Alix, que aseguraba que se trataba de un malestar pasajero.

–Enhorabuena, señora, esperáis un hijo –le comunicó el galeno después de haberla examinado– para finales de este año o comienzos del próximo.

La alegría de su marido fue pareja con el temor que la joven sintió en aquellos momentos. ¡Un hijo! Llevaba en sus entrañas un hijo, la mayor ambición de toda mujer casada y también la mayor preocupación. La muerte acechaba a las parturientas, se sentaba a la cabecera de sus camas y esperaba el nacimiento de las criaturas para llevarse a las madres. Olvidó sus deseos de ser madre para contentar a su marido y exorcizar el tedio ahora que el hecho era una realidad sin posibilidad de vuelta atrás. Pensamientos funestos cruzaron su mente y cayó desvanecida. Permaneció en cama durante varios días, atendida en todo momento por Antoine, solícito y cariñoso con ella como no lo había estado desde antes de su boda. El maestro Geoffroi acudía todos los días a verla. Lo encontró viejo y cansado, aunque feliz ante la perspectiva de ser abuelo, y por él supo que Eder no se encontraba en Pamplona; le había rogado que le permitiera ir a visitar a su padre y él no había podido negarse, dijo, aunque le hizo prometer que regresaría a tiempo para ayudarle a supervisar las obras del castillo de Tiebas que comenzarían, por fin, en el otoño.

No supo si alegrarse o lamentar la marcha del hombre del cual se sabía perdidamente enamorada. Deseaba que permaneciera con los suyos, en aquel valle entre montañas, desconocido para ella, y no volvieran a verse en sus vidas. Su amor era imposible, no había futuro para ellos, y no sólo porque ella ya estuviera casada, sino porque la diferencia entre ambos era infranqueable. Incluso si tuviera la fortuna de quedarse viuda, él era un agote, un leproso, según se decía, descendiente de leprosos, un pobre aprendiz que nunca ganaría lo suficiente para mantener a una familia en condiciones honrosas, un montañés iletrado, un artesano..., pero esta imagen quedaba rápidamente oculta por la de un hombre joven y desgarbado, con una extraordinaria mirada gris, unas manos capaces de transformar un pedazo de madera o piedra en una obra de arte y capaces también de hacer vibrar hasta la última fibra de su cuerpo, y unos labios cuyos besos aún le cortaban el aliento cuando los recordaba.

Unas semanas más tarde había recuperado el ánimo y también el apetito. Llevaba una vida dentro de ella y no podía permitirse languidecer por una quimera, debía estar sana y fuerte para que la criatura llegase al mundo en las mejores condiciones. Además, Antoine se había trasladado a la habitación contigua por su propio gusto. Si no podía yacer con su mujer durante el embarazo de ésta, afirmó, mejor dormir separados para evitar las tentaciones, y ella se lo agradeció de todo corazón, aunque puso cara de lamentarlo cuando él le comunicó su decisión. Salía todos los días a pasear por las calles o por la orilla del río, ahora que sabía que no había peligro de encontrarse con Eder; observaba jugar a los niños pequeños bajo la atenta mirada de sus madres y se imaginaba haciendo lo mismo en un par de años. Su hijo sería hermoso, inteligente como su abuelo, audaz, y ella le pondría el mundo a sus pies. Llegó incluso a agradarle la compañía de su marido, quien había sustituido los placeres del lecho por los de la mesa y engordado de forma desproporcionada en poco tiempo, pero también su humor se había transformado y ya no le hablaba como a una niña, sino como a una mujer a punto de darle lo que más ansiaba: un heredero. Era feliz, estaba a gusto consigo misma y mostraba orgullosa su vientre redondeado. Luego, un mal día, a comienzos de septiembre, ocurrió algo que vino a romper el equilibrio en el que creía sentirse a salvo.

A altas horas de la noche unos fuertes golpes en la puerta de la calle despertaron a los Brulé. Un sirviente en camisa fue a abrir y se dio de bruces con el mayoral de la calle que iba acompañado por el de la Correyería. Ambos pidieron hablar con el dueño y el segundo le informó sobre un robo con daños personales ocurrido en la vivienda de su suegro. Al parecer, dijo, unos ladrones habían entrado en el edificio amparándose en la tromba de agua que había obligado a los vigilantes a guarecerse. A eso de la medianoche los gritos de auxilio de una mujer habían despertado a los vecinos y éstos habían salido en su búsqueda.

–Hemos encontrado al maestro constructor sin sentido en el suelo –continuó informando el mayoral–, lo habían golpeado por todo el cuerpo y sangraba mucho de una herida en la cabeza. La mujer que lo atiende estaba encerrada en una despensilla, presa del pánico. Nos dijo que también a ella la habían golpeado antes de encerrarla y que había esperado hasta no escuchar ningún ruido para ponerse a gritar y alertar al vecindario. La vivienda está totalmente patas arriba, incluso han levantado las baldosas del suelo y destripado los colchones.

–¿Y mi suegro?

–En el hospital de San Cernin. No parece que su vida corra peligro, según ha afirmado el médico.

–¿Tenéis idea de quién ha podido ser? ¿Esa mujer no ha visto nada, no podría identificarlos?

–Ha dicho que su señor y ella se habían retirado temprano y que ella despertó al sentir una mano sobre la boca; después sintió que la levantaban de la cama y la llevaban por el aire hasta la despensilla. No vio ni oyó nada de nada, y únicamente afirma que los salteadores iban vestidos al modo de los peregrinos, pero, claro, dada la oscuridad...

–¿Y vos qué opináis?

–Ha podido hacerlo cualquier malnacido de los que hay muchos por el mundo y más en esta época de necesidad –intervino el mayoral de Las Belenas–; puede ser vecino de la ciudad o foráneo, judío o cristiano.

–Vamos, que no tenéis el menor indicio...

–Estamos esperando a que el ama del señor Bisol se calme para ver si podemos averiguar lo que han robado o si recuerda algo que no nos haya dicho.

–Pues mantenedme al corriente. Mi suegro es maestro de obras de la corte y el rey querrá saber lo ocurrido.

La mención del rey puso tiesos a los dos mayorales, que se cuadraron ante el imponente personaje, cubierto con una bata de paño hasta los pies, cuya altura los sobrepasaba con amplitud y cuya barriga abarcaba el doble de cada una de las suyas; prometieron no dormir hasta haber hallado a los culpables de la acción criminal y salieron de la habitación de Brulé haciendo reverencias como si estuvieran en presencia del propio monarca.

En un principio, la noticia del ataque sufrido por su padre sumió a Alix en la perplejidad. ¿Quién podría querer hacer daño a un hombre mayor que no tenía riquezas ni objetos de valor? Más tarde, la perplejidad se transformó en temor. Juana declaró, aunque sin poder asegurarlo del todo –afirmó–, que eran dos los hombres que les atacaron, vestidos como los peregrinos, y que no parecía que hubiesen robado nada, a no ser la bolsa de los dineros del maestro, que no aparecía por ningún lado. Antoine y los mayorales no tuvieron ninguna duda: los dos criminales iban disfrazados. Ningún peregrino, por muy ladrón que fuera, cometería un atropello vestido de aquella guisa, aunque, por si acaso, se dispuso una doble guardia en el portal de Santa Engracia y se ordenó revisar las pertenencias de todas y cada una de las personas que salían de la ciudad por cualquiera de los portales. Alix, sin embargo, no podía dejar de pensar en el hombre cuya presencia había alterado a su padre: Robert Lepetit, el hermano Robert, Robert de Reims, como se hacía llamar en Pamplona. Estaba convencida de que había tenido algo que ver con el ataque, pero por muchos esfuerzos que hizo no pudo encontrar razón alguna.

Antes de que el viento frío del norte comenzara a colarse por las rendijas de puertas y ventanas y cubriera de escarcha los campos, el señor Brulé decidió trasladarse a Gares, también llamada Ponte Regina, el Puente de la Reina. El rey le había encargado buscar un lugar donde construir un palacio en la Zona Media, eje entre el norte y el sur de Navarra, comarca muy activa, rica en vides y con importantes núcleos de población atravesados por el Camino francés, fuente económica del reino que era preciso controlar. Además, en Gares disponía de una casa cedida por los freires templarios con los cuales mantenía unas relaciones excelentes, todo lo contrario a las que tenía con Ximénez de Gazolaz. Había discutido con el prelado en varias ocasiones por su negación a devolver el palacio real de Pamplona cedido al obispado por Sancho VII el Fuerte a cambio de la ayuda monetaria prestada por el obispo García Ramírez con ocasión de la guerra contra Castilla y Aragón. El prelado tampoco autorizaba la construcción de un nuevo palacio dentro de la ciudad y las obras del castillo de Tiebas iban muy lentas.

Tras el ataque, Geoffroi Bisol no había vuelto a ser la misma persona, su corazón se había resentido gravemente y también su ánimo; permanecía todo el tiempo como ausente y pocas veces respondía a las preguntas. Alix había insistido en que su padre fuera a vivir con ellos para atenderlo convenientemente y Antoine había aceptado, incapaz de negarle nada a la madre de su futuro hijo. En tales condiciones, era impensable que el maestro constructor pudiera hacerse cargo de las obras del castillo y no era fácil encontrar a otro de su misma categoría. A la espera de dar con el adecuado, Brulé entregó los dibujos a un maestro cantero de la zona que ya había dirigido trabajos menores, pero, estaba claro, al hombre le venía grande el encargo. Con ésta y otras preocupaciones en la cabeza, el noble franco emprendió el viaje hacia Gares acompañado de su mujer y de su suegro, seguidos por un buen número de sirvientes y varios carros repletos de enseres.

Ordoki

Eder recorrió las veinte millas existentes entre Pamplona y Arizkun tres años después de haberlo hecho a la inversa, pero esta vez a pie. El maestro había vendido los animales nada más llegar a Pamplona y él no tenía dinero para comprar una caballería y tampoco quiso pedirle prestado. No le importó. El maestro decía que muchos peregrinos realizaban el largo y penoso camino hasta Galicia para pensar en soledad y encontrar respuesta a sus preguntas. Él también necesitaba estar solo para meditar, y el mejor medio era caminar sin prisas, atravesar pequeños pueblos, aldeas, valles y bosques de árboles frondosos cuyas sombras mitigaban el calor del verano. Deseaba volver a ver a su padre, a su hermano y a sus tíos, pero no había sido ésa la razón del viaje. Quería escapar, alejarse de Alix. A pesar de haber prometido estar de vuelta para el otoño, no sabía si cumpliría la promesa. En esos momentos sólo tenía un propósito: poner tierra por medio entre él y la mujer que le quitaba el sueño.

No se habían visto desde su encuentro furtivo; ella no volvió a visitar al maestro y él se consumía de ansiedad cada día que pasaba sin verla; merodeaba por Las Belenas, atisbaba las ventanas de su casa a la espera de un encuentro, una señal, y en una ocasión estuvo a punto de llamar a la puerta con una excusa falsa, pero no lo hizo. No podía olvidar los momentos en los que había sido suya; se recreaba en su recuerdo, intentando retenerlos en la memoria y en los sentidos, pero el tiempo pasaba, el recuerdo se desvanecía y su desesperación era cada vez mayor. Había adelgazado, no tenía apetito ni tampoco ilusión por el trabajo que meses antes le entusiasmaba, y no había vuelto a coger un buril. Decidió partir el día en que su maestro, radiante de felicidad, le informó sobre la próxima maternidad de Alix. No había ya razón alguna para permanecer cerca de ella, y cuanto antes se marchara, mejor. Recobraría la calma y la sensatez junto a los suyos, en un entorno que nunca debió haber abandonado. Ellos –el padre se lo dijo al partir– nunca le fallarían, eran su familia, los únicos en los que de verdad podía confiar.

Tuvo que detenerse al llegar la noche. No había comido nada en todo el día y, perdido el hábito de la marcha, la subida del puerto había dejado sus pies malheridos. Pidió asilo en un caserío de Irurita y los dueños le indicaron que podía dormir en el establo, con las vacas, pero le ofrecieron comer con ellos pues, sabido era, no se le podía negar la comida a un viajero, ya fuera mendigo, peregrino o hidalgo, pues su espíritu aparecería para atormentarlos si llegaba a morir por no habérsele prestado ayuda. Sus pies agradecieron el descanso y su estómago aún más el espeso potaje de garbanzos con morcilla que la señora de la casa vertió generosamente en su cuenco.

–¿De dónde vienes? –le preguntó el dueño.

–De Pamplona.

–¿Y adónde vas?

–A Arizkun.

–¿Familia?

–Sí, padre y hermano.

–¿Nombre?

–Bozat.

–No conozco a ningún Bozat.

–Somos de Baigorri.

–Buena tierra ésa, buenas reses.

Entre respuesta y nueva pregunta había un silencio y Eder sonrió; era como estar en casa. El hombre era tan parco en palabras como su padre y sus tíos; daba la impresión de meditar cada respuesta, aunque él sabía que no lo hacía. Era su forma de comunicarse.

–¿No seréis de esos que llaman agotes?

Tuvo un sobresalto y un mal presentimiento.

–No –respondió con todo el aplomo del que fue capaz.

–¿Vives en Arizkun?

–No, sólo voy de paso.

–Ya.

Tuvo la impresión de que el hombre se sentía aliviado al escuchar su respuesta.

–¿Hay agotes en Baigorri?

–Sí.

–Dicen que son leprosos...

–No lo sé.

–Que su olor apesta y que tienen rabo como los animales.

Fue incapaz de responder a la última aseveración del casero y aguantó como pudo a la mesa hasta que sus anfitriones decidieron retirarse. No pegó ojo en el establo, tumbado sobre un montón de heno seco y escuchando el monótono rumiar de las vacas. Se sentía mal consigo mismo por no haber respondido, no haber salido en defensa de su familia, no haberse bajado las calzas para que el hombre viese que no tenía un rabo en el trasero. Se marchó antes de clarear sin despedirse. Era una descortesía y una falta de agradecimiento, pero quería llegar lo antes posible a Arizkun y saber lo que ocurría allí y cómo era posible que un casero, a una jornada de viaje, hablase en semejantes términos de los suyos.

Seguían doliéndole los pies, pero pasó por Elizondo y Elbetea sin tan siquiera pararse para beber agua; se cruzó en el camino con varias personas con aspecto de peregrinos que se dirigían a Pamplona siguiendo la ruta de Baztán y no respiró tranquilo hasta ver las primeras casas de Arizkun. No subió al pueblo, situado encima de una pequeña colina, sino que se desvió hacia el río. El puente de tablas no había sido reparado y tal constatación, curiosamente, calmó un poco su ansiedad. Corrió por la veredilla entre los árboles y sólo se detuvo para coger aire cuando sus ojos toparon con la casa que él había ayudado a construir en la ladera de la loma. No había nadie dentro, pero reconoció la chamarra de piel de lobo del padre colgada de un clavo y el arcón de las ropas tallado por él mismo, sobre el cual se hallaba la figura esculpida en piedra. Salió de nuevo y se sentó en la tierra con la espalda apoyada en el muro, caliente por los rayos del sol, y cerró los ojos.

Se despertó al sentir una presencia junto a él. El padre y el tío Beñat lo observaban con curiosidad. Tres años no eran mucho tiempo, pero él había cambiado. Llevaba el cabello recortado al modo de los francos, a la altura de las sienes, y se había dejado crecer el bigote hasta la comisura de los labios. En cuanto a las ropas, el maestro se había ocupado de su vestimenta desde aquella primera compra, cuando fueron a buscar a Alix al convento. El sayo de color granate, arrugado y demasiado holgado debido a la pérdida de peso, las calzas a juego y los zapatos de piel, cubiertos de polvo del camino, le daban una apariencia ridícula en aquel rincón del mundo. Se levantó de un salto, las piernas dormidas por la postura, y apenas pudo mantener el equilibrio.

–Has vuelto –afirmó su padre.

–Sí.

–¿Para quedarte?

–No lo sé.

Su tío fue más expresivo y le dio un abrazo de oso. Después se separó de él mientras lo mantenía fuertemente asido por los hombros.

–¡Tienes un aspecto horrible! –exclamó, y los dos se echaron a reír.

Había habido cambios en la familia. Donat y su mujer, Andeia, vivían en un minúsculo habitáculo adosado a la parte posterior de la casa, oculto a la vista desde el camino. No había espacio en Bozatenea para todos ellos y el señor no permitía la construcción de una nueva vivienda. No obstante, eran felices y habían tenido una preciosa criatura que a Eder le recordó con dolor a la que crecía en el vientre de Alix. El otro tío, Aner, había regresado a Xuhitoa, a la vieja cabaña. Era un hombre aún más silencioso que el padre, y necesitaba sentirse libre como los animales del bosque, por lo que no estaba a gusto trabajando como criado para otros.

A Eder no le costó acostumbrarse de nuevo a la vida de antaño donde sólo había lo necesario para sobrevivir, a dormir en el suelo sobre un simple colchón relleno de paja seca y a volver a vestir camisa ancha, calzas y abarcas. Ayudó al padre a limpiar los establos del señor de Ursúa y a ordeñar las vacas, acompañó al tío a remover la tierra con las layas para dejarla lista para la siembra del otoño, y a ambos a cortar leña para la torre y, de paso, para ellos mismos. Y recuperó la pasión por la talla.

–¿Qué tal las cosas por aquí? –le preguntó a su hermano un día en que los dos fueron al río a pescar truchas con las manos, como siempre habían hecho.

–¿Qué quieres decir?

–¿Qué tal las gentes del pueblo?

La trucha que coleteaba entre las manos de Donat se escurrió y desapareció en las claras aguas del río.

–Nos desprecian, al igual que las de Anauz y las de San Esteban. No podemos salir de la heredad sin que alguien nos insulte o se burle de nosotros y nos obligan a permanecer en la parte trasera de la iglesia.

–¿Vais a la iglesia? –Eder no sólo estaba asombrado, sino también escandalizado.

–Nos fuerza el señor si queremos permanecer en sus tierras.

–¡Pues marchaos!

–¿Adónde? Aquí estamos bien, nos gusta este lugar y no es ni mejor ni peor que cualquier otro.

–En Xuhitoa éramos libres.

–No lo éramos, pertenecíamos al vizconde, vivíamos en sus tierras y trabajábamos para él.

–Y aquí lo hacéis para el de Ursúa.

–Sí, pero él nos protege.

Eder miró desolado a su hermano y supo que tendría que volver a echarse al camino porque, al igual que su tío, él también quería ser libre y hacer con su vida lo que le placiese. Le había prometido al maestro que estaría de vuelta en Pamplona para el otoño y sólo quedaban unas semanas para que se cumpliese el plazo. Al menos allí nadie sabía quién era y nadie le injuriaba. Una visita inesperada le obligó a retrasar sus planes.

Una mañana, a comienzos de septiembre, mientras desbrozaba una rama gruesa de roble, vio llegar por la vereda del río a tres personas, un hombre y dos mujeres, cargadas con unos fardos. Llamó a la familia y todos salieron con la curiosidad en el cuerpo. En los años que llevaban viviendo en Ordoki no habían recibido una sola visita. A medida que los forasteros se aproximaban, algo en su aspecto, en su modo de caminar, les recordó a unos viejos conocidos.

–¡Maese Bozat! –gritó con alegría el hombre, dejando caer el fardo que portaba–. ¡Por fin!

Se había adelantado a las mujeres y estaba a dos pasos de ellos, y entonces lo reconocieron: era Raymond Gauti, el huido que los había seguido desde el este y no había querido permanecer en Oloron con sus compañeros. Se olvidaron de él, de su mujer y de su hija al hallarse en San Esteban y conocer lo ocurrido durante su ausencia. Maurina y Alazaïs llegaron tras él, igualmente risueñas.

–Os hemos buscado por toda la tierra de Baigorri –explicó Raymond al sorprendido grupo–. Vuestro hermano nos dijo dónde encontraros.

–Pero... ¿por qué? –preguntó Manex, sin poder salir de su asombro.

–Porque salvasteis la vida de nuestra hija y nos juramos estar siempre a vuestro lado.

Apretados en el pequeño espacio que hacía las veces de cocina y taller de carpintería, los Gauti les explicaron cómo habían vivido en la cabaña abandonada en el barrio de detrás de la iglesia de San Esteban, a la espera de que algún día ellos volvieran. El vecino construyó un telar siguiendo las indicaciones de Raymond y obtuvieron el permiso del vizconde para permanecer allí cuando se presentaron ante él y le mostraron una pieza de lana teñida de azul de cinco varas de largo y un juego de lienzos de lino para el lecho, materiales adquiridos con los dineros que llevaban escondidos entre las ropas. No había tejedores en la población y el señor de Etxauz calibró rápidamente los beneficios que podría obtener y, a la espera de los mismos, se cobró un adelanto quedándose con los tejidos.

–El hombre del vizconde...

–Oriol –le interrumpió Manex con acritud recordando el papel que había desempeñado en la muerte de su cuñada.

–Él, sí, nos habló de Xuhitoa y allí encontramos a vuestro hermano. No nos dijisteis que la vida en vuestra tierra era tan difícil como en la nuestra... –había un deje de reproche en la voz del Raymond.

–Lo es para los que son como nosotros, pero vosotros no lo sois.

–Sí que lo somos –intervino Maurina–. No creemos en la Iglesia de Roma y eso nos hace diferentes a los demás.

–Buenos creyentes, herejes, cátaros, mesillos, mesegueros, crestias, leprosos, patarinos, gezitas, agotes, paganos, gitanos... –enumeró Raymond–; para ellos somos todos iguales. No hacen distinciones. Hay poblaciones en las que se nos obliga a vivir juntos en las leproserías o en un barrio separado del resto por un río... Menos mal que, según se ve, habéis encontrado un buen sitio para estableceros.

–No te hagas ilusiones, amigo. Aquí tampoco nos quieren y estamos obligados a permanecer dentro de las lindes de propiedad de nuestro señor actual.

Hablaron durante buena parte de la noche y compartieron el puré de lentejas preparado por Andeia, reconfortados por hallarse entre amigos, personas de buena voluntad que únicamente soñaban con un lugar donde vivir en paz. Aquella noche Eder y su tío durmieron en el establo para así dejar espacio a los recién llegados. El joven tardó en cerrar los ojos; no podía dejar de pensar en Alazaïs. La niña a quien tanto tiempo atrás salvó de morir despeñada se había convertido en una mujer de enormes ojos castaños. Comparada con él, era más bien baja y menuda, no era una belleza y estaba lejos de parecerse a Alix, pero tenía una risa pronta y su sonido alegre había llenado los rincones de la pequeña casa, por lo general silenciosa. En algún momento de la conversación sus miradas se habían cruzado y ella le había sonreído como si no hubieran transcurrido todos aquellos años durante los que él la había olvidado por completo.

A pesar de que el señor de Ursúa había dejado bien claro que no permitiría más construcciones dentro de su propiedad, era preciso encontrar una solución o los Gauti tendrían que marcharse. Andeia y Maurina habían hecho muy buenas migas; la mujer de Donat esperaba otro hijo y no deseaba verse obligada a viajar hasta Arrosa, donde vivían sus padres, para dar a luz como había hecho con el primero y tampoco podía esperar ayuda de las vecinas. Una mujer a su lado era lo único que necesitaba para sentirse segura cuando llegara el momento. Por su parte, Raymond intentaba ser útil, aunque, según confesó con humildad, ignoraba todo lo concerniente al ganado y el cultivo de las huertas.

–También lo ignorábamos nosotros –le respondió Manex con humor–, pero todo se aprende, amigo mío, todo se aprende.

Tal vez, pensó el tejedor, si hacían allí lo mismo que habían hecho en Baigorri, es decir, presentar al señor del lugar las piezas tejidas traídas con ellos en los fardos, éste les permitiría quedarse. No se perdía nada con probar y la negativa ya la tenían por adelantado. Varios días después de su llegada, Raymond y Manex acudieron a la torre. Sancho de Ursúa y su mujer los escucharon y examinaron los tejidos. Al caballero le traían sin cuidado las telas y no tenía intención alguna de aceptar más servidores. Bastantes problemas tenía ya con los hidalgos de Baztán para enojarlos aún más con una nueva construcción, se molestó en informarles, y dio por zanjado el asunto. Los dos hombres saludaron y se disponían a salir cuando la señora de Ursúa, que había permanecido callada durante la entrevista, les pidió que esperaran fuera. Poco después ella misma salió y les informó de que su marido había cambiado de opinión. Podían quedarse en las mismas condiciones que los Bozat, dijo, y la casa debería tener las mismas dimensiones estipuladas. Tejerían para la torre y se les proporcionaría el material: lana y lino. Además de lienzos y tejidos burdos, deseaba telas finas para ropas de vestir, túnicas, camisas y calzas.

–Estoy segura de que nos entenderemos bien –añadió, acompañando la última palabra con una sonrisa, antes de entrar de nuevo en la torre.

De vuelta a Bozatenea, Raymond no salía de su asombro.

–¿Qué ha ocurrido?

–En este país, las mujeres mandan –fue la respuesta de Manex y, después, se echó a reír, algo poco usual en él.

Eder y Alazaïs no se separaban durante el día y el joven olvidó sus propósitos de partir antes de la llegada del otoño. Se sentía a gusto, ahora que tenía con quien conversar, alguien a quien contarle sus planes, sus sueños y decepciones. Alazaïs lo escuchaba en silencio, afirmando con la cabeza o haciendo un comentario para alentar su confianza. Para ella seguía siendo un héroe el muchacho que la había sacado del precipicio; gracias a él estaba viva, y eso no lo olvidaría jamás, pero también había algo más. Cada día se sentía más y más atraída por él, deseaba que la cogiera en sus brazos y la amara como, al parecer, amaba a la mujer causa de su desgracia, pero ni un gesto, ni una palabra traicionaban sus sentimientos. Era la camarada, la amiga, la confidente, nada más, y aceptaba su papel con resignación puesto que era el único medio de estar cerca de él.

Ambas familias trabajaron duro para construir la vivienda de los Gauti. Debían darse prisa antes de que llegara el invierno, que en aquellas tierras era muy riguroso. Las montañas se cubrían de nieve y el aire frío era difícilmente soportable si no se disponía de un lugar donde cobijarse. El día que encendieron el fuego en la diminuta cocina de su nuevo hogar, Maurina se echó a llorar y a punto estuvieron de hacerlo todos los demás, contagiados por la emoción. Manex y su hermano construyeron también un telar según las indicaciones de Raymond, y él y su mujer pudieron comenzar el trabajo y entregar a la señora de Ursúa las primeras piezas solicitadas. Fue entonces cuando Eder decidió por fin partir hacia Pamplona. Él no era carpintero, ni labrador, ni tejedor, y ahora deseaba volver a perderse entre gentes desconocidas, ser él mismo un desconocido.

Una sola vez, desde su llegada, había acompañado a la familia a la iglesia, más por curiosidad que por otra cosa; la orden del señor de la torre no le atañía, no trabajaba para él. Observó cómo las gentes que esperaban para entrar se apartaban de la puerta y los miraban con disgusto y algunos, incluso, con temor. El padre, el tío, el hermano, la cuñada con el niño en brazos y él se colocaron en el fondo de la pequeña iglesia, construida en su mayor parte en madera, a la izquierda, en un rincón, separados del resto de los asistentes. Nunca se había sentido tan humillado y juró no volver jamás. Al acabar el oficio, no esperó a los suyos, salió disparado y no paró de correr hasta hallarse en Ordoki. Había mantenido su promesa y no había vuelto a acompañar a la familia a la iglesia. En Pamplona era uno más, el maestro tampoco iba a misa y nadie se interesaba por él ni por lo que hacía o dejaba de hacer, y ésa también era una forma de libertad. Vio la consternación en las miradas de todos cuando les informó de que pronto volvería a marcharse, pero lo que más le impresionó fue la inmensa tristeza que leyó en los ojos de Alazaïs.

–¿Por qué te vas? –le preguntó ella cuando estuvieron a solas.

–Porque no puedo soportar esta situación, necesito moverme a mi aire y aquí es algo imposible de hacer.

–Llévame contigo.

Permaneció mudo durante unos momentos. La propuesta era del todo descabellada, él no la amaba, nunca podría amarla como a Alix, ni a ella ni a ninguna otra mujer, de eso no tenía duda alguna. Además, no poseía nada; ni siquiera sabía si el maestro lo acogería, puesto que no había regresado al comienzo del otoño y, probablemente, ya se habría buscado otro ayudante. ¿De qué vivirían? ¿Dónde vivirían?

–Llévame contigo.

–Es imposible.

–¿Por qué?

–Yo no te amo.

–Llévame entonces como a una hermana, una amiga. Trabajaré, no seré una carga para ti, sabes que no hay futuro para mí en este lugar.

–Tus padres te buscarán un marido entre los vuestros...

–No quiero ningún marido.

–No querrán que te vayas de su lado.

–Me iré de todas formas, contigo o sola.

Eder tardó varios días en tomar una decisión. Sopesó los pros y los contras y encontró más de estos últimos que de los primeros. Sin embargo, él necesitaba una compañera. Perdida toda esperanza de reunirse de nuevo con Alix, algún día tendría que buscar una y, puestos a elegir, era preferible unirse a una mujer que conocía bien y con la cual se sentía a gusto que con una desconocida aún por descubrir. Aceptó por tanto llevarla con él, pero a condición de mantenerse ambos sin ataduras ni obligaciones. Estarían juntos mientras se necesitasen el uno al otro, pero cada cual sería libre de emprender su propio camino si la ocasión se presentaba.

–Algún día me querrás como yo te quiero a ti –afirmó Alazaïs con tanta seguridad que, por un instante, él la creyó.

Salieron para Pamplona una mañana del mes de noviembre. Sus familiares los acompañaron hasta el puente de tablas y se despidieron de ellos después de haberles prometido que regresarían si las cosas les iban mal. Era la segunda vez que Eder dejaba atrás a los suyos para enfrentarse a su destino, pero ahora ya no era sólo responsable de sí mismo; también debía velar por la mujer que había decidido acompañarlo a cambio de nada.

Nadie en el entorno de don Pedro Ximénez de Gazolaz entendía muy bien cómo había logrado el llamado Robert de Reims convertirse en la mano derecha del obispo y señor de Pamplona. Se decía que el prelado se había sentido impresionado por su piedad, aunque también había quien comentaba que el predicador le había desvelado algún secreto relativo al rey, al proceder ambos de la misma región de Francia. El enfrentamiento entre el obispo y el monarca se hallaba en su momento decisivo debido a una querella por la posesión de la fortaleza de San Esteban de Monjardin, que ambos reivindicaban como propia. El prelado había presentado el caso ante la Corte pontificia acusando a Teobaldo de atacar las libertades de la Iglesia y había logrado que se examinase su solicitud para excomulgar al rey.

En realidad, el Bugre se había limitado a pescar en aguas revueltas, a escuchar las quejas en relación con Teobaldo y a aconsejar al obispo, ya de por sí un hombre inflexible, la utilización de todas las armas en su poder. Y no había mejores armas que las dictadas por Roma. El papa Inocencio IV, además de permitir el uso de la tortura durante los juicios a herejes, también había declarado que él, como sucesor de Jesucristo, verdadero rey y verdadero sacerdote según el orden de Melquisedec, había recibido la monarquía real al mismo tiempo que la pontifical. En dos palabras, que se consideraba ostentador del poder supremo, no sólo espiritual, sino también político y terrenal. El obispo era un representante del Papa, por lo tanto estaba por encima del rey. Robert adquirió un gran ascendente en la diócesis, algo sorprendente si se tenía en cuenta que el prelado continuaba negando el asentamiento dentro de los muros a frailes y monjas y, sin embargo, permitía al antiguo dominico campar a sus anchas, predicar e incluso ordenar el arresto de toda aquella persona sospechosa de herejía o de cualquier otro crimen penado por la Iglesia. Envió a sus discípulos a recorrer las calles de Pamplona a la búsqueda de herejes, personas amancebadas, sodomitas, blasfemos, conversos judaizantes y paganos..., como el aprendiz del maestro constructor.

Se había llevado una desagradable sorpresa al ver aparecer de pronto ante sus ojos a Geoffroi Bisol, a quien creía en una aldea perdida entre montes, y a su ayudante, el agote. Si hablaba, si mostraba el documento que lo incriminaba en la muerte del arcediano, no sólo su futuro estaría en peligro, sino que podría verse arrestado de nuevo y, esta vez, condenado a muerte. Era necesario acabar con Geoffroi Bisol y arrebatarle el testimonio escrito. No tardó en averiguar dónde vivía, puesto que no había muchos maestros constructores en Pamplona y su presencia era bien conocida. Supo que residía a tan sólo dos calles, en compañía del aprendiz y de una sirvienta, y que su única hija, la cachorra de la hereje, había matrimoniado con un consejero real. Era preciso destruir las pruebas, todas: el documento y también a las personas que pudieran estar en el secreto. No tenía ninguna duda de que el joven pagano estaría al corriente y, tal vez, la hija también. Y aunque no lo estuvieran, tanto el uno como la otra eran hijos del mal, propagadores de la lepra espiritual que tanto daño hacía a la única y verdadera religión.

Envió a Aubert a vigilar la casa del constructor para conocer todos sus movimientos y así encontrar el momento oportuno para acabar con su preocupación. Éste se presentó un buen día a finales del verano. La lluvia caía incesante desde hacía varias jornadas, las calles eran un lodazal, algunos tejados se habían derrumbado y el río amenazaba con desbordarse. Las gentes se mantenían sobre aviso, encerradas en sus casas, a la espera de que la tormenta amainase, y apenas se veía un alma en las calles. Robert acudió a la casa de la Correyería en compañía de su segundo en cuanto cayó la noche. En sus buenos tiempos Aubert había sido un ladrón consumado y ninguna cerradura, llave o candado se le resistía. Abrió la puerta con la facilidad del profesional experimentado y los dos hombres penetraron en la vivienda, intentando hacer el menor ruido posible e iluminándose con un pequeño candil de vela. La sirvienta dormía sobre un colchón en el suelo de la cocina y no fue difícil golpearla y encerrarla en un cuartucho diminuto en el cual se apilaban sacos de cereales, garrafas de vino y otros productos, además de un buen montón de leña. Esperaron unos instantes, pero todo estaba en silencio y continuaron buscando. Había dos habitaciones más en la casa, una estaba vacía y en la otra encontraron al constructor dormido plácidamente. Con ayuda de su vela, Robert encendió la que reposaba encima de la mesita de noche mientras Aubert despertaba a Geoffroi sacudiéndole con fuerza con una mano y esgrimiendo un cuchillo en la otra.

–Volvemos a encontrarnos, maestro Bisol –saludó el predicador, acercando su cara a la de su víctima–. Hemos venido a por algo que me pertenece: un documento envenenado escrito por un hereje que ardió en la hoguera junto a vuestra mujer. Entregádnoslo y os dejaremos en paz.

El constructor había recobrado la serenidad tras el sobresalto de haber sido despertado de manera brusca y le mantuvo la mirada sin decir nada. El Bugre supo que no hablaría. Incluso percibió en sus ojos una chispa de ironía que lo enfureció. Le golpearon por tandas, unas veces él y otras Aubert; le amenazaron con despellejarlo vivo, con violar a su hija y degollarla después, y con todo tipo de barbaridades que se les pasó por la cabeza, pero Geoffroi permaneció callado hasta que sólo fue un pelele al que dieron por muerto.

Buscaron luego por toda la casa, no dejaron ni un solo rincón sin examinar, rasgaron los colchones y volcaron los arcones, pero sólo encontraron bocetos y dibujos de construcción, que Robert rompió en un arranque de furia. Oyeron movimientos en el piso de arriba y, temiendo que los vecinos hubieran sido alertados por los ruidos, abandonaron la vivienda y echaron a correr por la calle en medio de un tremendo aguacero.

–Puede que lo tenga su hija... –insinuó Aubert más tarde, cuando ambos se hallaban secándose delante del fuego.

–O el aprendiz... –afirmó su jefe.

Por cierto, ¿dónde estaba el aprendiz? En el cuarto vacío había un catre y un arcón sin nada dentro, ni rastro de ropas ni otros objetos. Con toda probabilidad, se dijo, el pagano había vuelto a su nido de víboras malolientes. No tenía que preocuparse por él, y en el caso de que regresase, encontraría muerto a su maestro. Si era él quien tenía el documento, poco uso podría darle. De todos modos, se prometió mantener los ojos bien abiertos. Luego sus pensamientos se dirigieron hacia la hija del constructor. No podía dejar ningún cabo suelto, pero, cierto era, no sería fácil llegar a ella después de lo ocurrido, y su marido no era un cualquiera. Esperaría el desarrollo de los acontecimientos y luego decidiría.

Fue su amigo, el canónigo Eluard, quien le informó sobre lo acaecido al maestro de obras de Teobaldo, añadiendo en tono malévolo que el rey tendría que buscarse a otro para llevar a cabo la construcción del castillo de Tiebas.

–El hombre ha sufrido un duro golpe y dudo que se recupere.

–¿Quién? –preguntó Robert, creyendo que se refería al monarca.

–Geoffroi Bisol.

–¿No habéis dicho que ha muerto?

–No, sólo que fue asaltado y golpeado, pero no murió, aunque, como os digo, ha quedado en unas condiciones deplorables y no creo que pueda volver a ejercer su profesión.

Robert no quiso seguir preguntando para no levantar sospechas acerca de su interés, pero envió una vez más al fiel Aubert a informarse. Éste regresó un par de horas más tarde y le comunicó que el constructor, en efecto, continuaba con vida y había sido acogido en el hogar de su yerno e hija. Según le había dicho un hombre al servicio del señor Brulé, el maestro se hallaba en un estado lamentable y había sido golpeado de modo brutal, pero, aunque vivo, no hablaba y parecía como alelado.

–Ésas fueron sus palabras –afirmó Aubert tras detallar la conversación a su superior.

–Pero no ha muerto –insistió el Bugre.

–No.

–Y puede recuperarse.

–El hombre ha dicho que no parece que vaya a hacerlo.

–¡Qué sabrá un mezquino de medicina! De ahora en adelante pondrás a dos hombres a vigilar la casa del consejero real, uno de día y otro de noche. Quiero conocer los movimientos de todas y cada una de las personas que viven en ella.

–Yo de vos no me preocuparía porque...

La fría mirada de Robert cortó en seco a Aubert, quien se limitó a bajar la vista y a prometer que se cumplirían sus órdenes.

Durante varias semanas no ocurrió nada digno de mención y Robert recuperó un poco la calma que había perdido al saber que Geoffroi estaba vivo y seguía siendo un peligro para su seguridad. Continuó con sus prédicas enfebrecidas y repletas de visiones apocalípticas que encogían el corazón de sus oyentes; hizo detener a un judío bajo la acusación de corromper las almas inocentes de los cristianos a quienes había vendido amuletos de la buena suerte y también a una mujer que había declarado en público que los curas eran unos ladrones, refiriéndose al diezmo obligatorio exigido por la Iglesia, al que era preciso añadir los impuestos del obispado.

Un mediodía, cuando se disponía a comer, llegó el hombre apostado ante la casa de Brulé, un tal Arnaut que se había unido al grupo en Orleans, y le comunicó que los criados del consejero real estaban sacando arcones de ropa, muebles y utensilios, y llenando unos carros. Todo parecía indicar que la familia salía de viaje.

–¿Hacia dónde?

–No lo sé, no lo he preguntado... –se disculpó el espía.

El Bugre lo taladró con la mirada, cogió el manteo y salió seguido por Aubert y Arnaut, aún sobrecogido. Llegaron a la casa de Las Belenas cuando los carros enfilaban ya La Cuchillería.

–¡Eh! ¡Buen hombre! –interpeló Robert al criado que se hallaba encajando uno de los portones de la casa–. ¿Es ésta la vivienda del señor Brulé?

–Lo es, señor –respondió el hombre sin detenerse.

–He de hablar con él.

–Pues llegáis tarde. El señor acaba de partir en estos momentos.

–¿Y cuándo volverá?

–Eso sólo Dios lo sabe –afirmó el sirviente santiguándose y a punto de cerrar el segundo portón.

–Me era urgente hablar con él –insistió Robert.

–Entonces tendréis que ir a Gares.

Dicho esto, el hombre se metió en la casa y cerró el portón con un golpe seco.

–¿Gares? ¿Dónde diablos está ese lugar?

–A algo más de cuatro leguas de aquí, señor. En la ruta peregrina –le informó el tal Arnaut, sintiéndose reconfortado al observar un amago de sonrisa en el rostro impenetrable del predicador.

–Tendremos pues que continuar nuestra peregrinación –dijo Robert dirigiéndose a Aubert–. Ésta era sólo una etapa en el Camino y el Señor Saint Yago nos espera.

Antes de marchar fue a despedirse de Eluard. El canónigo no disimuló su decepción al conocer su decisión. Esperaba grandes cosas de su amistad con el personaje cuya influencia cerca del obispo era por todos conocida y había hecho oídos sordos a ciertos rumores que aseguraban que el predicador llegado de Francia era, en realidad, un huido de la Inquisición de aquel país. A él no se lo parecía. Había algo extraño en el hermano

Robert, eso era cierto, pero lo achacaba a su profunda piedad, alejada de los bienes materiales. Por otra parte, tampoco le había dado ningún motivo para pensar lo contrario, pues durante su estancia en la ciudad episcopal había vivido con extrema sobriedad y se había dedicado a las prédicas y a ayudar a los peregrinos.

–Decidme, canónigo, ¿conocéis vos a alguien en el lugar llamado Gares que pueda auxiliarnos en caso de necesidad? –le preguntó Robert antes de dejarle.

–¿En Gares? ¿Pensáis quedaros allí?

–No, por cierto. Pero nunca se sabe lo que puede ocurrir durante un viaje por tierras desconocidas sin más apoyo que los pies y el bordón de peregrino..., y entonces..., ¿conocéis a alguien allí?

–Es la encomienda templaria más importante del reino.

–¿Supone ello un peligro para unos pobres caminantes como nosotros?

–No, pero casi todo lo que hay allí, casas, tierras, iglesias, les pertenece. De hecho, la población ha crecido mucho en los últimos años debido a la presencia de los freires que, como sabréis, no dependen de ninguna sede episcopal ni pagan tributos a la Iglesia. Antes únicamente era un pueblucho a un paso de Obanos, donde se unen los caminos de Compostela. Un buen lugar, desde luego, para establecerse y hacer dinero. También están los hospitalarios de San Juan de Jerusalén, pero apenas tienen incidencia comparados con los templarios.

–No habéis respondido a mi pregunta... –Robert comenzaba a impacientarse.

–Conozco a alguien, sí, pero no creo que pueda seros de mucha ayuda. Se trata de un infanzón navarro, de nombre Johan Martínez de Uterga.

–¿Por qué no iba a serme de ayuda?

–Porque no simpatiza con los francos, a pesar de que su mujer es una franca. Lo conocí con motivo de un pleito por unas propiedades que el rey donó al cabildo y que él siempre ha asegurado que pertenecían a su familia. Es hombre brusco y mal encarado, anda metido en eso que llaman las Juntas y reclama a la Corona unos derechos exagerados. No sé por qué razón congenió conmigo y me invitó a visitarle cuando viajara a aquella comarca.

–¿Cómo habéis dicho que se llama?

–Johan Martínez de Uterga.

Robert se despidió del canónigo y al día siguiente, a primera hora, él y sus discípulos salieron por el portal de Santa Engracia, mezclados con un grupo de peregrinos que esperaban ansiosos su apertura para continuar viaje hacia el fin de la Tierra.

Nada más llegar a Pamplona, lo primero que Eder y Alazaïs hicieron fue dirigirse a la calle de la Correyería después de atravesar la Navarrería y responder a las preguntas de los guardas de la Galea, uno de los portales del burgo franco, puesto que a los navarros les estaba prohibido el acceso a menos que trabajaran para los burgueses. Las explicaciones del joven en cuanto a su oficio, nombre y domicilio del constructor convencieron a los guardas, que les permitieron la entrada. Al llegar a la vivienda, la encontraron cerrada con cadena y candado. La vecina del piso superior, la que había escuchado los gritos de Juana y avisado a la ronda, les contó lo sucedido y cómo el maestro Bisol había sido llevado a casa de su hija, en Las Belenas, aunque hecho una pena y medio muerto, aseguró. Eder la escuchó anonadado y, hasta cierto punto, lleno de remordimientos. Si él hubiera estado allí, pensó, habría impedido el ataque y su maestro no habría sufrido daño alguno.

Seguido en silencio por Alazaïs, atenta en todo momento al gesto crispado de su compañero, llegaron a la casa de los Brulé. Eder se preguntaba cuál sería su reacción al ver de nuevo a Alix. No quería pensar en ello, pero no podía dejar de hacerlo. De todos modos, le daba igual. Su principal preocupación en aquellos momentos era interesarse por su maestro, rogarle que le perdonara por no haber estado de vuelta para el otoño como había prometido, y ayudarlo en todo lo que fuera necesario. Golpeó en la puerta y esperó con las mandíbulas apretadas, y también los puños, a que les abrieran, pero al otro lado no parecía haber nadie. Volvió a golpear hasta hacerse daño en los nudillos y en las palmas de las manos. En ese momento apareció un hombre por un lateral de la casa.

–¿A qué viene tanto alboroto? –le increpó enfadado.

–Busco a mi maestro, al señor Geoffroi Bisol.

El hombre lo examinó con atención antes de responder.

–¿Eres tú su ayudante?

–Sí.

–La señora dejó dicho que si aparecías por aquí te informara de que están en Gares. A poco menos de cinco leguas de aquí en dirección a Estella –le aclaró–. Partieron hará tres semanas el domingo que viene.

–¿Cómo está?

–¿La señora? Bien, bien, a punto de parir como Dios manda a las hembras, que para eso están en este mundo.

Notó que la garganta se le secaba al escuchar al hombre. Le hubiera gustado preguntarle más cosas sobre ella, pero Alazaïs estaba a su lado y no perdía palabra.

–Os pregunto cómo está el maestro.

–Ah..., el pobre hombre... Mal. Lo dejaron hecho una calamidad, ¡los muy brutos! Y total para robarle una bolsa de monedas.

–¿Sólo le robaron el dinero?

–Eso se dijo. De todos modos, destrozaron su vivienda, rompieron muebles y colchones como si hubieran estado buscando algo, pero la criada, Juana, que tuvo mucha suerte pues se libró con un par de golpes, aseguró que no se habían llevado nada más.

Dieron las gracias al hombre y se alejaron sin saber muy bien en qué dirección. No tenían dónde alojarse y era preciso guardar las pocas monedas que Raymond Gauti había puesto en la mano de su hija antes de abrazarla para despedirse de ella. El joven recordó el hospital de peregrinos cerca del portal de Santa Engracia y hacia allí se encaminaron. Gracias a su maestro y a Alix, él hablaba la lengua de los francos y, por su parte, Alazaïs conocía la de las gentes del Languedoc; no les sería difícil hacerse pasar por peregrinos. Sonrió recordando las palabras del maestro a su llegada a Pamplona la primera vez: «Aprende, muchacho. No hace falta decir siempre la verdad», pero la sonrisa desapareció enseguida. ¿Quién habría sido el malnacido capaz de golpear a un hombre mayor e indefenso? La respuesta le vino a la mente antes incluso de acabar la pregunta. Los ladrones habían roto muebles y colchones. ¡Robert Lepetit! Apretó de forma inconsciente el morral colgado de su hombro. En el fondo reposaba la imagen de la Madre en cuyo interior se hallaba oculto el rollo de pergamino que el maestro le había confiado.

Antes de acudir al hospital de peregrinos, se dirigieron a la esquina del callejón de Sobranza, allí donde había visto y escuchado por dos veces al asesino de su tía. El corazón le latía cada vez más fuerte a medida que se aproximaban, y su paso también se aceleró mientras Alazaïs lo seguía a trote borriquero sin entender sus prisas. Al llegar a la esquina, la encontraron vacía. Tal vez no era la hora de la prédica, pensó. Esperaron durante un rato que se les hizo interminable a los dos. A él porque temía y, a la vez, ansiaba la aparición en cualquier momento del hombre que tanto daño había hecho a su maestro y a él mismo; a ella porque seguía sin entender el comportamiento de su compañero y no se atrevía a preguntarle nada. Al cabo de otro rato igualmente largo, Eder se acercó a un mendigo a quien ya había visto en las anteriores ocasiones y le preguntó cuándo aparecería el predicador.

–Se ve que has estado ausente durante los últimos tiempos, mozo –replicó el mendigo mostrando una boca vacía de dientes–. El santo se largó a toda prisa por el Camino hará ya más de dos domingos, ¡bendito sea el Señor! –y añadió–: ¿No tendrás algo para darle a este pobre viejo?

Le dieron un pedazo de pan reseco que aún les quedaba de las provisiones, al que añadieron una morcilla pequeña al observar la cara de decepción del hombre.

Eder estaba aterrorizado. El mendigo acababa de afirmar que el predicador había partido dos domingos atrás y el hombre de Brulé les había dicho que el próximo domingo haría tres de la marcha de sus señores. Si tenía alguna duda, se disipó tan rápidamente como lo hacía la niebla en su querido Baigorri. El maldito asesino seguía la pista del señor Geoffroi para acabar lo que había quedado a medio hacer. El maestro estaba en peligro... y Alix también.

–No podemos quedarnos en Pamplona por más tiempo –le dijo a Alazaïs–. Aprovechemos que aún hay luz para seguir adelante. A pocas millas de aquí hay otro hospital de peregrinos donde podremos pasar la noche.

La joven lo miró interrogante, pero él no respondió a su mirada y echó a andar hacia el portal de salida.

Llegaron a Zizur agotados, puesto que llevaban caminando desde la madrugada y sin apenas descanso. El fraile hospitalero les informó de que sólo había plaza para uno, pero al verlos tan jóvenes y agotados sintió lástima de ellos y les ofreció compartir el mismo colchón en el suelo y la misma manta.

–Algo incómodos estaréis –les advirtió, entregándoles una manta de color incierto–, pero más vale estar incómodos que pasar la noche a la intemperie. En esta tierra nunca se sabe cuándo llueve o cuándo escampa. ¡Ah!, y cuidad de vuestras cosas, que hay mucha mano suelta por aquí y yo no me hago responsable.

También les dijo que habían llegado demasiado tarde y no quedaba comida para ellos, pero les daría un cuenco de leche caliente y un buen pedazo de pan por la mañana. Se lo agradecieron y entraron en una sala que olía a pestes y en la cual decenas de colchones se alineaban en el suelo, ocupados por hombres y unas pocas mujeres, algunos ya dormidos y otros hablando en voz baja para no molestar a los demás. Les costó encontrar el colchón vacío en medio de la penumbra del lugar, iluminado por dos candiles, uno en cada extremo. Finalmente dieron con él y se dejaron caer sin fuerzas casi ni para cubrirse con la manta. Obligados por la estrechez, sus cuerpos se tocaron por primera vez, pero estaban demasiado cansados para sentir emoción o deseo alguno. Preso de una gran ternura, Eder pasó su brazo por debajo del cuello de Alazaïs, acercó su cabeza a la de ella y se quedó dormido.

El viaje les llevó dos jornadas. A pesar de su ansiedad por llegar cuanto antes a Gares para advertir al maestro del peligro que corría, el paso de Eder debía ajustarse al de Alazaïs, que no podía ir tan deprisa como él. Intentó no obsesionarse y pensar en otras cosas, pero le resultaba muy difícil. Tampoco le resultaba fácil hablar y, en algunos momentos, le dio la impresión de que ella era un estorbo. De haber ido solo, habría realizado el trayecto en una jornada. Cinco leguas no eran nada para él si hubiera ido solo...

–¿Qué ocurre? –le preguntó la joven cuando bajaban la sierra llamada del Perdón, después de haber pasado su segunda noche en el hospital situado en lo alto–. Te comportas de un modo extraño desde que salimos de Pamplona. No hemos intercambiado ni tres frases seguidas en todo este tiempo.

–Mi maestro corre peligro.

–¿Cómo lo sabes?

Le explicó a grandes rasgos lo que sabía del hombre de negro, causante de la muerte de la esposa del maestro y también de su tía, pero omitió el detalle del rollo oculto en su figura, probable causa del estado de Geoffroi Bisol y de que el predicador se marchara de modo tan intempestivo, según las palabras del mendigo.

–¿Por qué dices que fue el causante de la muerte de dos mujeres? –preguntó Alazaïs.

–Envió a la hoguera a la esposa del maestro y... –le costó continuar– estoy seguro de que asesinó a mi tía.

–¿Por qué? –insistió la joven horrorizada.

–Porque era una..., una agote.

–¿La mujer del maestro también era agote?

–No, ella era una buena creyente, por eso la hizo quemar.

Continuó caminando sin percatarse de que Alazaïs se había detenido. Llevaba avanzado un trecho, inmerso en sus pensamientos, cuando se dio cuenta de que ella no estaba a su lado, se giró, la vio en medio del camino, quieta como una estatua, y regresó a su lado.

–¿Qué te ocurre? ¡Alazaïs! –gritó al no recibir respuesta y observar que los ojos de su amiga estaban fijos en algún punto perdido del camino.

El grito pareció despertarla y echó a andar como una sonámbula. Tardó mucho en volver a hablar, y cuando lo hizo, su voz había perdido la fuerza.

–Yo también soy una buena creyente.

Eder la miró y le echó el brazo por encima del hombro en un gesto de cariño.

–Ya lo sé, ¿y qué?

–Ese hombre...

–No te preocupes. No te tocará un pelo. Estoy deseando que haga algo para clavarle una de mis gubias en la garganta.

–¿Te acuerdas cuando me encontraste?

–Colgabas de un precipicio un tanto asustada. –Sonrió para darle ánimos.

–También las quemaron...

–¿A quiénes?

–A muchas personas de mi pueblo. Nuestro guía, mis padres, algunos más y yo pudimos huir antes de que vinieran a buscarnos, pero desde lo alto de la colina vimos el humo, y el eco nos trajo los gritos de agonía de nuestros vecinos. ¡Fue horrible!

–Ya pasó...

–Tú no sabes lo que fue aquello, ¡no te lo puedes ni imaginar!

Alazaïs se desprendió con ademán brusco del brazo protector, la mirada cargada de reproches. Anduvieron en silencio durante cerca de una milla.

–Bajaron de la montaña hombres, mujeres, jóvenes y viejos, sanos y enfermos –dijo Eder. Su voz sonaba como el repique de campana llamando a difuntos y la muchacha sintió un estremecimiento–; lo hicieron a trompicones, empujados por los soldados que no dejaban de insultarles, algunos tropezaban y rodaban cuesta abajo golpeándose contra las rocas; una pareja de ancianos se ayudaban para no caer mientras enlazaban sus manos y sus labios se movían como si estuviesen rezando; una mujer sostenía a otra por la cintura; una joven me miró... Entraron todos en la empalizada en cuyo interior se habían apilado grandes cantidades de leña. Cantaban, y continuaron haciéndolo cuando varios soldados lanzaron teas encendidas por encima de la estacada. Miles de gargantas rugieron satisfechas apagando los gritos de dolor cada vez más débiles y, luego, el silencio.

–¿De qué me estás hablando?

–De Montségur.

–¿Estabas allí? –Más que una pregunta, era un grito indignado.

–¿De dónde crees que volvíamos cuando os encontramos? Fuimos contratados para montar los trebuquetes con los que atacaron la fortaleza, e hicimos nuestro trabajo.

–¡Ayudasteis a matar a gente inocente!

–No hicimos tal cosa; no sabíamos lo que iba a ocurrir, y aquélla no era nuestra guerra.

–La muerte de seres humanos es asunto de todos –dijo Alazaïs presa de la ira–. Oí decir en Baigorri que vosotros, los carpinteros, los agotes, construisteis la cruz en la que Jesús fue crucificado y por eso lleváis la lepra dentro y vagáis por la Tierra sin encontrar un lugar donde vivir en paz. Ayudasteis a matar al Hijo del Hombre y lo habéis hecho ahora también con los buenos creyentes. ¡Malditos seáis!

Eder se detuvo, la asió con fuerza por un brazo y la obligó a mirarle; durante unos instantes sus ojos grises empequeñecieron y se volvieron casi negros, la presión en su brazo era cada vez más fuerte y ella sintió miedo. Un momento después el nubarrón había desaparecido y la calma se reflejó de nuevo en la mirada del joven.

–En Gares encontrarás algún grupo de peregrinos que regresa a su tierra –dijo en su tono de voz habitual–, podrás unirte a ellos y volver a Baztán.

No hablaron en lo que les quedaba de trayecto y tampoco se detuvieron a descansar en la población de Obanos, a pocas millas de Gares, lugar donde se unían el camino que llegaba de Roncesvalles y el de Somport, para escuchar la historia de San Guillén, un duque aquitano que mató a su hermana, Santa Felicia, porque ésta quería dedicarse al cuidado de los peregrinos. Arrepentido, San Guillén viajó a Santiago y, a su vuelta, se hizo ermitaño. Los verdaderos peregrinos pernoctaban en el hospital de Obanos, escuchaban embelesados la historia y algunos, incluso, se animaban a subir a lo alto del monte para visitar la ermita de Arnotegi, donde el santo pasó el resto de su vida, pero ellos ignoraban la leyenda y atravesaron la población con la mente puesta en su última etapa.

El joven aún estaba afectado por las palabras de su compañera. El corazón se le heló al escucharlas. No le había dado la oportunidad de explicarse, lo había condenado como hacían todos creyéndose las mentiras que corrían sobre ellos, los artesanos, el pueblo del bosque, los hijos de Amari. Observó distraídamente a los peregrinos que llevaban su mismo camino. Su maestro le había explicado la razón por la que un incontable número de personas emprendía un largo viaje, repleto de peligros y penalidades, desde sus lugares de origen para ir a rezar ante la tumba de un hombre. No lo entendía y tampoco tenía demasiado interés en comprenderlo. Entre su gente no había hombres a los que adorar, ni rezos, ni nada parecido a las ceremonias celebradas en las iglesias, las casas de su dios. La

Madre era su única diosa, vivía en las entrañas de la Tierra y sólo era preciso creer en ella y comportarse con honradez para ser acogido en su morada llegado el momento y así volver a nacer. Lo que más le dolía era que, habiendo pasado por algo parecido, Alazaïs se comportara con él como otros lo habían hecho con los suyos.

Por su parte, la muchacha se arrepintió de sus palabras nada más pronunciarlas. Estaba avergonzada y no se atrevía a levantar la vista del camino que tenía delante de los pies. ¿Cómo había podido decir algo tan cruel al hombre que le había salvado la vida, al hombre a quien amaba por encima de todas las cosas? El dolor la había ofuscado. La noticia del final de los mártires de Montségur corrió rápida como el viento por las tierras del conde de Toulouse. Los que aún esperaban un milagro perdieron toda esperanza; algunos se dispusieron a morir sin pena por abandonar el mundo creado por el Mal; otros huyeron al amparo de las sombras, dejando atrás jirones de sus propias almas. Sus padres y ella fueron de estos últimos. Aun ahora no era capaz de pensar con calma en su huida por caminos desconocidos, con la angustia dentro del cuerpo y el miedo que daba fuerzas a sus piernas para seguir adelante, lejos del horror. Colgada de aquel precipicio, esperó la caída. «La muerte –había dicho su guía– no es sino el último paso hacia Dios y debemos aceptarla como una liberación.» Pero ella estaba aterrorizada, era una niña y no quería morir, y entonces lo vio descender como un ángel del Paraíso. Lo había amado desde aquel mismo instante, pensaba en él en todo momento, incluso cuando desapareció de su vida, y creyó morir de placer al volver a verlo tantos años después. Y ahora lo había perdido para siempre.

A primeras horas de la tarde llegaron a Murugarren, enclave primitivo de Gares, al que muchos se referían como Ponte Arga o Ponte Regina por el puente de siete ojos edificado para alivio de los peregrinos, obligados con anterioridad a pasar el río en barca y a pagar cantidades exorbitantes a los barqueros.

La población estaba acostumbrada a la llegada de caminantes de las más diversas procedencias y nadie les hizo ninguna pregunta cuando penetraron bajo el arco entre el hospital de peregrinos y la iglesia de Nuestra Señora dels Orzs, ambos edificios construidos por los monjes templarios. El camino continuaba entre casas hasta topar con la muralla que cercaba el burgo franco.

–Aquí nos despedimos –habló Eder por primera vez en horas, señalando el hospital–. Te deseo un buen viaje de regreso.

Alazaïs lo observó mientras se dirigía hacia la puerta de la muralla; quiso correr tras él, pedirle perdón, rogarle que no la dejara sola, pero permaneció clavada en la tierra mucho después de que él hubiera desaparecido de su vista, borrosa por las lágrimas.

Gares (Puente de la Reina), 1248

Eder vagó por la villa sin saber muy bien adónde dirigirse. Dio varias vueltas por las tres calles de la población, en especial por la del medio, llamada rúa dels Rumeus, repleta de puestos de mercaderías, artesanos, mendigos, peregrinos y freires; observó a la gente, buscando descubrir el rostro del maestro o, al menos, el de su hija o yerno; se sentó un rato en el suelo, junto a un ciego que pedía limosna, y acabó de nuevo en el mismo lugar donde había dejado a Alazaïs cuando la noche caía y la primera estrella brillaba en un cielo rojo y azul. La muchacha ya no estaba allí y sintió remordimientos por haberla dejado sola en un lugar desconocido. La linterna sobre la puerta del hospital indicaba que permanecía abierto y estuvo tentado de entrar para comprobar si ella se encontraba dentro y segura, pero no lo hizo. Todavía le escocían sus palabras y no se había disipado la amargura que había roto de manera brusca una relación hasta entonces gratificante y con futuro. Recordó la sensación que recorrió su cuerpo al tenerla junto a él en el hospital de Zizur. De no haber sido por lo cansado que estaba y también porque aquél no era el lugar apropiado, tal vez, sólo tal vez...

Permaneció en el mismo lugar, quieto, hasta que Gaueko, el señor de la noche en su vieja creencia, extendió su manto y un hombre menudo salió y apagó la linterna. Dio entonces media vuelta y, sin pensarlo demasiado, penetró en la iglesia situada en el lado opuesto de la calle. Estaba vacía y silenciosa; el interior oscuro, iluminado por grandes candiles de aceite y algunas velas, olía a cerrado y a algo dulzón, un tanto empalagoso para su gusto. Era la segunda vez que entraba en una iglesia, pero ésta, construida en piedra y con los muros pintados con dibujos extraños para él, nada tenía que ver con la de Arizkun. Le habría gustado que su maestro estuviera allí. Él le habría explicado el significado de aquellos rostros severos, pájaros, plantas y animales desconocidos que asomaban y se desvanecían entre las sombras; verdes, rojos, naranjas, azules, amarillos..., una explosión de color que nunca antes había visto. Continuó avanzando por el centro hacia el fondo, los ojos fijos en una pequeña figura colocada sobre un pedestal, detrás de una mesa de piedra. Era la imagen de una mujer sentada, con un niño sobre su rodilla izquierda. Se aproximó y la contempló durante un buen rato, maravillado. Estaba atónito y no podía apartar los ojos de la imagen; se aproximó para cerciorarse de que no se equivocaba, de que la luz de cirios y candiles no le estaban jugando una mala pasada.

A pesar de hallarse tan lejos de las montañas, las gentes de aquella región, desconocida para él, también adoraban a la Madre y la hacían visible a su modo. Que él supiera, los suyos jamás se habían atrevido a representarla o no habían sabido. Todo lo que nacía y tenía vida –las plantas, los animales, los seres humanos– era muestra suficiente de su existencia, y no era posible darle cuerpo, pues nadie podría transformar en materia el aire, el fuego o el agua. Él, sin embargo, había intentado representar a la diosa de la fertilidad, dadora de vida, comienzo y fin de todas las cosas. Creía haber sido el único, pero alguien más había tallado aquella figura con una sonrisa apenas esbozada y la criatura ya nacida sobre su regazo. Sonrió y, en un gesto instintivo, le acarició el rostro.

–Es hermosa, ¿verdad?

Retiró la mano y se giró sobresaltado. Un hombre de mediana edad, cabello rapado y barba poblada, vestido como un soldado, se hallaba a tan sólo dos pasos de él. No lo había oído acercarse y dicha constatación le desconcertó poniéndole en guardia, aunque no parecía que el sujeto fuera a agredirle.

–¿Alguna vez la habías imaginado así? –preguntó de nuevo el soldado.

–Es negra –se limitó a afirmar.

–Negra, sí. *Nigra sum sed formosa...* –añadió el hombre, recitando las primeras palabras de uno de los versículos del Cantar de los Cantares.

–Como la noche, como el carbón fabricado por mi pueblo con la madera de los bosques, como el interior de las cuevas, como las puertas de la morada de la diosa. Como la propia Madre Tierra.

–¿No te extraña?

–No, sólo me sorprende no haber pensado antes en ello. Siempre me la había imaginado parecida a mi propia madre.

–Ella también lo es –el comendador señaló la imagen.

–Madre de todos los seres humanos...

–Me emociona tu devoción –prosiguió el hombre con la vista puesta en la imagen–. ¿Eres peregrino?

–No.

–Pero tampoco eres de por aquí.

–No.

–¿Y qué buscas en Gares?

–A mi maestro, Geoffroi Bisol.

El hombre dio un respingo.

–¿Dónde has oído tú ese nombre? –había desconfianza en su tono de voz.

–Es el de mi maestro...

–¿Maestro de qué?

–De obras; mi maestro es constructor del rey de Navarra.

El hombre parecía cada vez más sorprendido y examinó con atención al joven.

–Pero... tú no eres franco...

–No, soy navarro de la montaña.

Poco después Eder comía con avidez un espeso potaje en el cual podía clavarse una cuchara y dejarla tiesa, en un rincón de una cocina, tan amplia, pensó, que cabían en ella media docena o más como la de Bozatenea. Tenía hambre y durante un rato se centró en la comida, sin perder el tiempo en mostrar los buenos modales aprendidos con Geoffroi. El soldado lo observaba con curiosidad, pero le dejó comer tranquilo y no hizo más preguntas hasta verlo satisfecho tras la ingesta de dos cuencos repletos de potaje y un buen pedazo de pan.

–Y ahora, muchacho, vamos a hablar tú y yo. Cuéntame quién eres y cómo has llegado a ser aprendiz de un maestro de obras.

Con el estómago agradecido y la ayuda de un pote de vino, Eder habló. No sabía muy bien la razón, pero el desconocido le infundía confianza, tal vez porque le había dado de comer o porque en su enorme casa guardaba una imagen de Amari. Además, necesitaba confiar en alguien; contarle su vida, la vida del pueblo del bosque, los desprecios soportados y la esperanza en algo mejor el día en que entró a trabajar para el constructor. Él tallaba la madera desde cuando podía recordar y muy bien, por cierto, afirmó con una ingenuidad que provocó la sonrisa del caballero, y por esa razón el maestro Bisol lo había tomado bajo su protección; le había enseñado a esculpir también la piedra y le aleccionaba en el arte de la construcción cuando ocurrió aquello... Sin confesar la verdadera razón de su marcha, le explicó cómo, a su vuelta a Pamplona después de visitar a la familia, supo que el maestro había sido asaltado y se encontraba ahora en Gares. También le confió la sospecha de que su mentor estuviera en peligro. Omitió explicar nada sobre el pergamino oculto en su morral y el triste final de la mujer del maestro y el de su propia tía. Eran asuntos que únicamente les incumbían a ellos dos.

El hombre escuchaba con mucha atención la larga confesión del joven, admirado a veces por lo que decía y otras en extremo interesado.

–¿Tienes dónde dormir?

–No.

–Te quedarás aquí esta noche y mañana yo mismo te ayudaré a encontrar a tu maestro.

–¿Lo haréis?

–¡Por cierto que sí! Quiero conocer a fondo esta historia.

Lo acompañó a un cuarto pequeño y desnudo de objetos; un catre, una palangana con una jarra de agua y un crucifijo clavado en una pared eran todo lo que había en él. Le entregó una manta y le dio las buenas noches.

–A propósito... –el hombre pareció dudar antes de continuar–. Me llamo Bertrand, ¿y tú?

–Eder, hijo de Manex Bozat.

–Bien, Eder, otra cosa. Esa Madre de la que me has hablado, la que dices que tu gente venera, ¿es como la que está en nuestra iglesia?

–En realidad, no. –El joven apenas podía mantener los ojos abiertos–. No tiene rostro, pero cada cual se la imagina a su gusto.

El hombre asintió varias veces con la cabeza y cerró la puerta al salir. Eder se echó la manta por encima de los hombros, se arrebujó en ella, se tumbó en el catre y se quedó dormido.

Al día siguiente, y siguiendo su costumbre, se despertó justo después de haber amanecido. No se oía ningún ruido y aún estaba cansado de la caminata de los días anteriores. Permaneció durante un rato tumbado, sin abrir los ojos; cuando los abrió, se fijó en la cruz de la pared y recordó las palabras de Alazaïs: «Oí decir en Baigorri que vosotros, los carpinteros, los agotes, construisteis la cruz en la que Jesús fue crucificado y por eso lleváis la lepra dentro». Desde que se hallaba en compañía del maestro había aprendido mucho sobre la religión cristiana y sobre ese Jesús mencionado por la muchacha, pero jamás había escuchado que ellos hubieran fabricado una cruz para clavar en ella a un hombre. Al padre nunca le había hablado de semejante hecho, ni tampoco la tía Elaia, que había sido la persona que más sabía sobre los antepasados y las antiguas costumbres. Recordó también la conversación mantenida la víspera con el tal Bertrand y lamentó haberse ido de la lengua con un desconocido. Éste sería como los otros, los de Baigorri, los de Baztán, Robert Lepetit, Alazaïs... Se levantó de un salto y salió del cuarto con intención de abandonar el lugar cuanto antes y buscar al maestro aunque tuviera que ir llamando puerta por puerta preguntando por él.

El pasillo era estrecho y estaba oscuro. No recordaba cómo había llegado hasta el cuarto la víspera y se sintió perdido; casi a tientas buscó una escapatoria y respiró aliviado al encontrar una escalera en uno de los extremos del corredor. La bajó de dos en dos y aterrizó en una sala en la cual se hallaban varios hombres que lo miraron con curiosidad al verlo aparecer dando saltos, pero no le dijeron nada y él atravesó la habitación con la vista puesta en el gran portón abierto a la calle. Unos pasos más y estaría fuera.

–¡Montañés!

Una voz en tono imperioso le obligó a detener su marcha apresurada.

–¿Adónde vas, muchacho?

Se giró y los ojos se le abrieron como platos. El soldado que le había dado de comer y proporcionado un lugar donde pasar la noche se hallaba frente a él, vestido con una túnica larga de color blanco con una cruz roja en el pecho, atada a la cintura con un cinto ancho de cuero del cual colgaba una espada; llevaba asimismo una capa, también blanca, con la misma cruz roja en el hombro, y calzado de hierro. No supo qué responder y permaneció a la expectativa.

–He hecho averiguaciones acerca de tu maestro y sé dónde se encuentra. ¡Vamos!

Bertrand salió de la casa seguido por el joven, aún aturdido por la impresión. En Pamplona podía verse todo tipo de gentes, vestidas de las formas más extrañas o estrafalarias, pobres o elegantes, pero nunca había visto ropas como aquéllas, y tampoco los curas vestían así, y mucho menos llevaban espada al cinto. El soldado, o lo que fuera, atravesó con paso firme el portal de la muralla y se encaminó por la rúa dels Rumeus. Los comerciantes abrían los bajos de las casas o sacaban sus puestos para exponer las mercancías, los peregrinos que llegaban y los que continuaban el viaje caminaban en ambas direcciones, mujeres con grandes cántaros sobre las cabezas tomaban el camino del río, y comenzaba una animación que no decaería hasta la puesta del sol. Eder observó estupefacto cómo algunas personas hacían una leve inclinación al paso de su acompañante y no le cupo duda de que el hombre no era un cualquiera. Antes de darse cuenta, estaban delante de una casona de piedra cuya puerta se abrió sin que hiciera falta llamar. El guarda se inclinó casi hasta el suelo y ellos entraron en un pequeño patio cuadrado al que daban puertas y ventanas de todos los tamaños.

–¡Comendador!

Antoine Brulé apareció por una esquina del patio y se dirigió hacia los recién llegados con los brazos extendidos. Eder retrocedió unos pasos hasta quedar medio oculto por una columna, mientras los dos hombres se fundían en un abrazo y él observaba al marido de Alix, el que compartía su vida y su lecho. Había engordado exageradamente y vestía una túnica granate de tela gruesa y hombros y mangas abombadas que lo hacían parecer todavía más obeso.

–Os hemos estado esperando desde nuestra llegada a Gares –le oyó decir.

–He estado de viaje –se disculpó Bertrand–. Llegué hace unos días y los asuntos de la encomienda precisaban mi atención.

–Lo sé, lo sé, pero quería agradeceros vuestra hospitalidad y el que hubierais puesto esta hermosa casa a nuestra disposición, mucho más digna de un comendador del Temple que de un simple cortesano como yo.

–Los freires no necesitamos lujos –había un pequeño deje de ironía en la voz del soldado–. Decidme, amigo mío, ¿están aquí vuestra esposa y vuestro suegro?

–¡Naturalmente! No sé cuánto tiempo me llevarán los asuntos de nuestro señor Teobaldo en estas tierras y no quería dejarlos solos en Pamplona ahora que mi mujer va a darme un hijo y su padre se halla en un triste estado de salud.

–Me alegra saber que vais a ser padre y lamento la enfermedad de vuestro suegro. ¿Cuál es su nombre?

–Se llama Geoffroi Bisol, es maestro de obras del rey. Bueno, era maestro. Ahora, como ya os he dicho, no se encuentra bien.

–Este joven dice que se halla en peligro...

–¿Qué joven?

Eder salió de su escondite y avanzó hacia ellos. El rostro del consejero real mostró sorpresa y después satisfacción.

–¡Me alegra volver a verte, Eder! A ver si tú eres capaz de sacar al maestro de su..., su abstracción.

–¿Abstracción? –interrogó Bertrand.

–Le asaltaron unos ladrones en su casa y lo golpearon dejándolo malherido y con la razón perdida –le aclaró Brulé–. De vez en cuando dice cosas bastante coherentes. Habla de su madre y de este muchacho, su aprendiz.

–¿Podríamos verle ahora?

–¡Por supuesto! Aunque ya os digo que permanece ausente la mayor parte del tiempo.

El caballero inició la marcha seguido por los otros dos. Ascendieron por una escalera hasta el primer piso y llegaron a una habitación en la que, en un lecho de enormes proporciones, yacía Geoffroi Bisol. A Eder se le encogió el corazón al verlo tan menguado y pálido, hundido entre almohadones, y tuvo que morderse los labios para no echarse a llorar. Despacio, se aproximó y contempló, emocionado, al hombre que tanto admiraba desde el día en que lo conoció. Bertrand hizo una seña a su amigo y ambos salieron de la habitación sin hacer ruido. El joven se sentó en el borde de la cama y cogió una de las manos apoyada sobre el cubrecama de lana con pájaros bordados en ella. Deseaba transmitirle la fuerza de su juventud, el aliento de la vida, recuperar el tiempo, volver años atrás, cuando él era aún un mozalbete ansioso por aprender los secretos de la construcción y su maestro, un hombre sabio; quería gritar, maldecir y estrujar entre sus manos el cuello del culpable de aquella situación.

–Ah... –suspiró–. Maestro, querido maestro. ¿Qué os han hecho?

Geoffroi abrió los ojos y se lo quedó mirando. Él le sostuvo la mirada sin soltar su mano.

–¿Eder?

–Maestro...

–Te he estado esperando, hijo, todo este tiempo. Quería verte antes de partir y pedirte un favor. Fue él, el Bugre, el hijo del diablo, quien me hizo esto.

–¡Lo mataré en vuestro nombre!

–Déjalo, no merece la pena, pero permanece vigilante. El pergamino...

–Sigue a buen recaudo, maestro.

Para confirmar sus palabras, sacó la estatuilla que guardaba en el morral y la puso entre sus manos. En silencio, el enfermo contempló la imagen y una sonrisa, más bien una mueca dolorida, se dibujó en su rostro.

–Es bella tu Madre, querido muchacho, muy bella. ¿Crees que me acogerá como a uno de los suyos?

–Lo hará.

–Puede que no te lo permitan, pero me gustaría que mis huesos fueran enterrados en el collado, ya sabes, junto a mi añorada Madeleine y a tu tía Elaia. Allí esperaría, con ellas, el día en que volviéramos a nacer. Esto es lo que quería pedirte.

–Yo os llevaré, señor. Lo juro.

El maestro acarició el rostro de la imagen, la acercó a su pecho, sonrió y cerró los ojos, después de emitir un profundo suspiro. Eder notó un nudo en la garganta que le impedía respirar, una congoja más dolorosa que la peor de las heridas. No podía pensar, tenía la mente en blanco y los ojos fijos en el muro recubierto por una tela para resguardar la habitación del frío.

Al cabo de un rato, no supo si minutos u horas, escuchó el ruido de la puerta al abrirse, pero no se giró.

–Me ha dicho mi marido que estabas aquí...

Conocía aquella voz demasiado bien; su pulso se aceleró, aunque permaneció inmóvil. Alix se aproximó a la cama y se inclinó en ademán cariñoso hacia su padre. Tardó unos instantes en reaccionar tras darse cuenta de que él ya no respiraba; se dejó caer de rodillas, juntó las manos y comenzó a llorar y a rezar en silencio.

El artesano observó su perfil. Había cambiado en aquellos pocos meses, parecía más madura, más mujer; el pelo sujeto en una larga y espesa trenza, vestida de azul, del mismo color que sus ojos, la encontró aún más hermosa que antes. Su mirada siguió la trayectoria del cuello, el escote, cuadrado y amplio, y los pechos sujetos por el talle alto realzado por una cinturilla bordada con hilos de plata. Se detuvo en el vientre abultado, y al dolor por la pérdida de su maestro se unió el de la pérdida de la mujer a quien amaba y que estaba a punto de traer al mundo a un nuevo ser, hijo de otro hombre.

Los funerales por el alma del maestro constructor Geoffroi Bisol tuvieron lugar en Nuestra Señora dels Orzs con gran solemnidad y la iglesia repleta de gente. Nadie conocía al difunto, ni siquiera de vista, pero los freires se encargaron de expandir la noticia: un descendiente de uno de los nueve caballeros que ciento veinte años atrás se habían unido para proteger a los peregrinos y fundar la orden de los Pobres Caballeros de Cristo había ido a morir entre ellos. Después de la misa y las oraciones fúnebres, seis monjes-soldados vestidos de gala transportaron la litera en la que reposaba el fallecido, cubierto con una tela blanca y la roja cruz templaria bordada en ella, hasta la iglesia de Onat, en el lugar de Muruzabal, a una legua escasa de Gares. El templo había sido fundado medio siglo antes como lugar de enterramiento por infanzones de la región a su vuelta de Tierra Santa, adonde habían ido en peregrinaje, y construido en planta octogonal, en recuerdo al Santo Sepulcro de

Jerusalén. Aquél sería el lugar de reposo del maestro constructor. Fueron muchas las personas que acompañaron al cadáver hasta su última morada. El señor Brulé iba al frente de la procesión como deudo más próximo, junto al comendador Bertrand de Garlande; su esposa había permanecido en Gares, pues había entrado en labor de parto debido al disgusto y el nacimiento se presentaba difícil a decir de la comadrona.

Eder caminaba tras la litera funeraria con la mente llena de palabras, imágenes y recuerdos del hombre que ya no estaba y, sobre todo, de la promesa que le había hecho en su lecho de muerte y que no podría cumplir. No había tenido oportunidad de informar a Alix sobre el último deseo de su padre; no había podido hablar con ella durante las horas que siguieron al fallecimiento. Asimismo, pensaba en su futuro. Ya no había motivo para permanecer lejos de los suyos, aunque tampoco deseaba regresar a Baztán, no por el momento, pero ¿qué otra cosa podría hacer? Sin dinero ni trabajo, se vería obligado a mendigar, y esto era algo que su orgullo le impedía hacer. Siguió la ceremonia en la iglesia con oído distraído y también, igualmente distraído, la de la capilla de enterramientos, mucho más breve. Sólo una cosa llamó su atención: allí podía verse, al igual que en Gares, la imagen de una Madre con su hijo sentado sobre sus rodillas que parecía mirarlo a él exclusivamente. Observó cómo descendían el cuerpo envuelto en la enseña templaria en el agujero excavado bajo el pórtico cubierto y colocaban la losa sin nombre sobre la tumba, igual que las piedras en el collado donde la familia había enterrado a sus muertos durante generaciones. De nuevo recordó su promesa. Al fin y al cabo, se dijo sin mucha convicción, el maestro había vuelto a la tierra y la diosa también velaba por él en aquel lugar. No podía moverse, sentía los pies pegados al suelo, mientras los asistentes al acto comenzaban a regresar a Gares. Una mano, como una tenaza asiendo su brazo, lo sacó de su estupor. Alzó los ojos y encontró la mirada amable de Bertrand.

–Vamos, muchacho.

–¿Adónde?

–Dios proveerá.

Se dejó conducir dócilmente hacia el sendero de vuelta y caminó en silencio al lado del comendador, ambos rodeados por los caballeros de blanco que habían transportado la litera funeraria. Antes de penetrar en el edificio principal de la encomienda, dirigió los ojos hacia el hospital con la remota esperanza de ver allí a Alazaïs, pero fue a otra persona a quien vio y tuvo un sobresalto. La inconfundible figura del predicador se destacaba en medio de varios hombres, todos con el mismo aspecto de discípulos sumisos. Sus miradas se encontraron durante un brevísimo espacio de tiempo y fue la suya la primera en desviarse. Supo que el enemigo de su maestro lo había reconocido al instante, y sintió miedo.

Tras observar cómo Eder desaparecía entre la gente, Alazaïs aún permaneció un rato en el mismo lugar, a la espera de verlo aparecer de nuevo; correría hacia él y le suplicaría que la perdonase, le diría que sus palabras habían sido motivadas por el recuerdo de las miles de personas, gentes de su tierra, asesinadas sin piedad, pero él no volvió. Cansada de esperar y con el estómago reclamando algo de comer, entró en el hospital y pidió refugio para la noche. La joven meditó sobre su futuro tumbada en el catre de la sala de las mujeres, un espacio mucho más pequeño que el de los hombres puesto que también era menor el número de peregrinas que se atrevían a realizar el Camino. Su primera intención fue interesarse por algún grupo que estuviera de regreso y se dirigiera hacia los Pirineos; al menos podría ir hasta Pamplona en su compañía y no arriesgarse a ser atacada en el trayecto. No sería la primera vez que una viajera era asaltada, robada y violada, cuando no asesinada. Luego lo pensó mejor. No quería volver a Baztán. ¿Con qué cara se presentaría ante sus padres? ¿Qué futuro le esperaba allí? Tampoco quería alejarse de Eder. Aunque él la odiase, ella siempre lo amaría como lo había hecho desde su primer encuentro. Por otra parte, sentía la necesidad de protegerlo. Era absurdo, dado que ella era una mujer y, además, más joven, pero era un sentimiento que no la abandonaba desde su reencuentro. Estaba convencida de que él la necesitaba, necesitaba a alguien que lo protegiera y construyera a su alrededor un mundo ajeno a las intrigas, las envidias, la perversión, creadas por el Mal para la perdición de los seres humanos. Era un artesano, sus manos podían dar forma a la belleza, expresar en un trozo de madera o de piedra los sentimientos más puros del alma; era un ser privilegiado por Dios a quien era preciso preservar de los peligros que lo acechaban, pero ¿cómo hacerlo? Decidió quedarse en Gares, encontrarlo y cuidar de él oculta en la sombra.

Al día siguiente comenzó a buscar trabajo. Se lavó con cuidado la cara y las manos, peinó su cabello en un moño para parecer mayor y sacudió sus ropas para quitarles todo rastro del polvo acumulado durante el viaje. Necesitaba vivir en algún lugar, pero el asunto resultó más difícil de lo que creía. Se ofreció para limpiar, servir de criada, ayudar en los puestos de los comerciantes, trabajar en el único taller textil de la población, pero no había trabajo para una desconocida sin recomendaciones. Durante dos días vagó por la población; no podía quedarse más tiempo en el hospital, dos noches era lo máximo admitido, y no tendría más remedio que regresar a Baztán. Tampoco encontró rastro de Eder y temió que se hubiera marchado. Era imposible no encontrarse en un lugar pequeño como aquél. En la tarde del segundo día, a punto de volver al hospital para buscar un grupo con quien caminar hasta Pamplona, escuchó una conversación entre una mujer mayor y la vendedora de un puesto de verduras.

–No hay modo de encontrar una ama de cría –decía la mujer– y mi señora no puede alimentar a la criatura. Ha sufrido mucho durante el parto y está exhausta. Temo que muera y también la niña, que ha nacido débil y sin peso. Ay, ¡cuántas penas! Y mi señor que murió hace dos días...

–Existen compuestos para vigorizar a las madres parturientas y también hay medios para alimentar a los recién nacidos –intervino ella.

La mujer la miró con atención antes de hablar.

–¿De dónde vienes?

–De muchas partes... Nací en las cálidas tierras de Provenza, pero mis padres y yo vivimos durante muchos años en Ultrapuertos y ahora ellos están en Baztán. Mi madre sabe mucho de plantas y remedios, aunque es tejedora –aclaró para dejar bien claro que no era una campesina.

–¿Y qué haces tú en Gares?

–Es una historia larga de contar... Llegué ayer en compañía de..., del hombre que amo, pero él ya no está conmigo y yo busco trabajo.

Poco después entraba por la puerta posterior de una casona de piedra, cuyo interior estaba silencioso como una tumba.

–No te prometo nada –afirmó la mujer–, pero tienes una oportunidad para quedarte aquí si consigues alimentar a la niña. Ni siquiera llora de lo débil que está.

La condujo a una habitación pequeña, caldeada por un brasero de carbón, y le mostró a la criatura, fajada hasta el cuello, que permanecía inmóvil como un pequeño cadáver. Alazaïs sintió que se le encogía el corazón al contemplar a un ser tan desvalido. Hizo esfuerzos por recordar la forma en la que su madre había ayudado con éxito a una vecina del barrio de los artesanos, en San Esteban, que había dado a luz a un niño medio muerto, se encomendó al Dios del Bien y se subió las mangas de la camisa.

–Necesito un barreño con agua caliente, aceite de romero, leche templada recién ordeñada, un trozo de intestino de oveja muy limpio, un embudo, hilo, aguja, paños de aseo y una manta pequeña de lana suave.

La mujer quiso preguntarle para qué necesitaba cosas tan dispares, pero la vio tan segura que se limitó a afirmar con la cabeza y a salir corriendo en busca de lo solicitado. Estaba dispuesta a probar cualquier cosa y nada se perdía dejando hacer a aquella extraña muchacha aparecida como por arte de magia en un momento tan desesperado.

Lo primero que Alazaïs hizo fue desenfajar a la niña. Era una práctica común, pues se tenía la convicción de que los miembros del cuerpo debían estar bien sujetos para no deformarse, pero ella había oído decir a su madre que aquélla era una costumbre absurda, que en lugar de sujetar los miembros del recién nacido, los atrofiaba. Ya desenfajada, metió a la niña en el barreño de agua, después de haberse asegurado de que ésta no quemaba y haber vertido una generosa cantidad de aceite de romero en ella. La mantuvo un buen rato dentro, dándole masajes suaves en las extremidades y también en el abdomen. Sonrió al ver que se movía y que por primera vez abría los ojillos. Cuando el agua comenzó a enfriarse la sacó y le frotó con los paños de aseo hasta que estuvo bien seca; luego friccionó su cuerpecito con el aceite y, finalmente, la envolvió en la manta de lana y la colocó en los brazos de la mujer. Luego llenó el intestino de oveja con la leche ayudándose del embudo, ató un extremo con el hilo y agujereó el otro con la aguja. Se sentó en una silla, se abrió la camisa para dejar el pecho al descubierto y alargó los brazos para tomar a la niña; apoyó su carita contra su piel y le introdujo la tetina improvisada en la boca. Al principio la niña se negó a comer, la leche corría por su barbilla y apretaba con fuerza los labios, pero la joven insistió y, por fin, comenzó a chupar.

La mujer no salía de su asombro. Ella y otras sirvientas de la casa habían intentado por todos los medios alimentar a la criatura y hete aquí que una mozuela llegaba de la nada y lograba lo que otras personas con más edad y experiencia no habían conseguido. Contempló a la joven y a la niña con los ojos empañados de lágrimas y salió de la habitación para ir a contar a todos el milagro presenciado. Poco rato después los miembros de la casa admiraban en silencio el prodigio. El propio padre de la criatura no ocultaba su satisfacción y se mordía el labio inferior, emocionado.

–¿Cómo te llamas, muchacha? –preguntó cuando la niña dejó de comer y se durmió cansada por el esfuerzo.

–Alazaïs, señor –respondió ella al tiempo que se cubría el pecho, súbitamente acalorada.

–¿Quieres quedarte en esta casa y ocuparte de mi hija?

–Me gustaría, señor.

–Todos conformes entonces.

El caballero salió seguido por los demás, excepto por la vieja sirvienta.

–¡Nunca lo hubiera podido creer de no haberlo visto! –exclamó la mujer–. ¿Has hecho esto otras veces?

–No, pero se lo he visto hacer a mi madre.

–¿Por qué te has soltado la camisa?

–Para que la niña sintiese el calor de mi cuerpo y escuchase los latidos de mi corazón.

La mujer se inclinó y le dio un beso en la mejilla.

–Gracias –dijo en un susurro y añadió después–: Mi nombre es Juana y yo me encargo de todo. ¿Tienes hambre?

–¡Casi tanta como ella! –rió la joven mirando al bebé–. ¿Cómo se llama?

–Aún no tiene nombre, pero mi señora quería llamarla Madeleine. Era el nombre de su madre.

Aquella noche Alazaïs durmió en la casona, en el cuarto de la pequeña, junto a su cuna, tumbada sobre un mullido jergón de paja y hierbas secas, con sábanas limpias que olían a tomillo y a hierbabuena. Juana le informó de que el señor había encargado ropas nuevas para ella y una cama y también de que la señora esperaba verla a la mañana siguiente para darle las gracias. Su último pensamiento, mientras acunaba a la niña con un mano, fue para Eder. Si él pudiera verla en aquellos momentos, si supiera lo que había hecho, seguro que la perdonaría por sus palabras y podrían retomar la relación interrumpida de forma desafortunada.

Con el paso de los días, la pequeña Maddi, como todos la llamaban, fue cogiendo peso a gran velocidad; sus mejillas se llenaron y su piel adquirió el suave color rosa de los niños sanos. Alix también mejoró y, pasadas unas semanas, pudo levantarse y llevar una vida normal. Había algo, sin embargo, que tenía a todos los de la casa muy sorprendidos: no mostraba ningún afecto por su pequeña. Acudía todos los días a verla o pedía que se la llevaran para comprobar sus progresos, la cogía durante unos momentos, besaba su frente y volvía a dejarla en la cuna o en brazos de la niñera hasta el día siguiente. Juana estaba escandalizada y no dejaba de expresar sus sentimientos.

–¡No parece ni su madre!

–Aún no está repuesta del todo –mediaba Alazaïs.

–Lo está para salir a pasear y para acudir a casa de sus amistades.

–Sufrió mucho durante el parto...

–No ha sido la única –insistía la mujer–. De cada tres mujeres que paren, dos sufren tanto o más que ella y no se comportan con tanta frialdad. Una criatura necesita cariño.

–Lo tiene, mi querida Juana, tú y yo se lo damos con creces.

–Pero no somos su madre. ¡Ay! ¡Si mi señor viviese!

Juana siempre acababa las frases refiriéndose a su difunto señor. Al principio, Alazaïs no hacía ningún comentario, pero un día se le ocurrió preguntar por él, visto el empeño que ponía la mujer en citarlo en todo momento. Le llevó algo de tiempo enterarse de que el hombre del cual la vieja sirvienta hablaba con tanta pasión era la misma persona mencionada por Eder con pareja devoción: su maestro Geoffroi Bisol. El descubrimiento la dejó paralizada y tardó un rato en unir cabos. Así pues, Alix, la mujer a cuya hija había salvado de una muerte segura, era el gran amor del hombre a quien ella amaba. «Amo a la hija de mi maestro –le había confiado él en Baztán–, pero es un amor imposible. Está casada y, aunque no lo estuviera, nunca me aceptaría. Los hijos del bosque sólo pueden unirse entre ellos, pero, para mí, nunca habrá otra mujer.»

A pesar de sus palabras, ella había decidido luchar, seguirlo a su vuelta a Pamplona, lograr que la quisiera aunque no fuera con la misma pasión que sentía por aquella mujer, un fantasma que con el tiempo se diluiría en el recuerdo. La perseverancia, solía decir su padre, era la mejor de las virtudes, y ella estaba dispuesta a ponerla en práctica. El destino, imprevisible, la había llevado a la propia casa de su rival y había cambiado su situación por completo. No podía quedarse allí, se dijo excitada. Eder sabía que la hija de su maestro se hallaba en Gares y la buscaría o, al menos, intentaría acercarse a ella. No quería estar presente cuando eso ocurriera. Vencer un sueño era difícil, pero posible; vencer una realidad era algo inalcanzable. La distrajo el llanto de Maddi y se aproximó a su lado; la cogió en brazos y la acunó hasta que volvió a dormirse. La idea de abandonar a la pequeña le partía el corazón. Había volcado en ella el amor que se le negaba como mujer y sentía que ella era su verdadera madre; le había salvado de la muerte, alimentado, cuidado y velado sus sueños. No era madre quien daba a luz, sino quien cuidaba a una criatura indefensa. ¿Cómo podía Eder estar enamorado de alguien incapaz de darle cariño a su propia hija?

A partir de entonces, espió todos los movimientos de Alix. La vio engalanarse, pasar las mañanas en manos de su criada personal, quien se encargaba de peinarla, maquillarla y vestirla; salir acompañada de su marido para ir a visitar a sus conocidos; invitarlos a su vez y agasajarlos con una mesa repleta de viandas, vinos y dulces. Observó con rabia sorda la desgana con la que cogía a la niña en brazos y preguntaba por su salud, y la indiferencia con que la trataba a ella misma. Cada día se decía que se marcharía de aquella casa al día siguiente, pero Maddi se había convertido en el centro de su vida. Bañarla, darle de comer, hablarle y hacerla reír era más importante que perder el tiempo pensando en un hombre obcecado por el amor de una mujer que no le merecía.

Un día, mientras tomaba el aire y jugueteaba con la niña sentada en la hierba de la pequeña huerta situada detrás de la casa, algo llamó su atención: los ojos de Maddi eran grises, del mismo color que las piedras de las montañas y las nubes tormentosas. Tenía ya dos meses de vida y la telilla que los cubría había desaparecido. No era un color habitual. De hecho, ella sólo conocía a una persona que tuviera aquella mirada. Dicha constatación la dejó tan sorprendida que llegó a creer que eran alucinaciones suyas. Posteriores exámenes en distintos momentos del día no hicieron más que confirmar su primera impresión. Observó con disimulo los ojos de Alix cuando, como de costumbre, fue a llevarle a su hija a la mañana siguiente; eran de un azul profundo. También se fijo en los del señor Brulé, quien todos los días, sin faltar uno, se interesaba por la niña y le hacía las carantoñas que su madre le negaba; eran castaños. Quiso asegurarse antes de dar crédito a lo que su intuición le indicaba e interrogó a Juana.

–¿Te has fijado en los ojos de Maddi? –le preguntó.

–¿Les ocurre algo? –preguntó a su vez la mujer alarmada.

–¡No! Quería saber si te habías fijado en su color...

La sirvienta cogió a la niña y la miró con atención.

–¡Son preciosos! Será una mujer muy bella, más aún que su madre.

–¿No te parece extraño? Son grises.

–Sí, grises con algo de verde y amarillo... Nunca había visto un color de ojos semejante.

–¿Nunca?

–No... Bueno, tal vez... Pero no.

–¿Lo habías visto, sí o no?

–No.

–Tal vez tu difunto señor...

–No, él los tenía... ¿Sabes que no me acuerdo? Creo que eran oscuros. Es curioso que sea el color de los ojos lo que menos se recuerda de una persona.

–La señora los tiene azules y el señor castaños.

–¿Qué quieres decir?

–Que tal vez alguno de los abuelos los tuviera como ella. Mi madre dice que yo me parezco a la suya, que las generaciones dan un salto y los nietos se parecen a los abuelos más que los hijos.

No quiso insistir para no dar que pensar a Juana, pero casi podía asegurar que los ojos de la niña eran exactamente iguales a los de Eder. ¿Y si así fuera? ¿Querría decir que él y Alix habían tenido una relación tan íntima que el fruto había sido aquella criatura que le sonreía cada vez que se inclinaba sobre la cuna o la tomaba en brazos? Tal vez era ésa la razón por la que la señora se desatendía de su hija y la mantenía apartada de ella. La sospecha de que Maddi fuera hija de Eder fue suficiente para hacerle olvidar sus planes de abandonar la casa. Alguien debía velar por la hija del hombre que amaba, alguien tendría que decirle algún día a éste que tenía una hija y a ella quién era su verdadero padre.

Lejos de los razonamientos de la niñera, Alix se decía cada día que estaba siendo injusta. Su hija no tenía la culpa de que el parto hubiera sido una tortura que duró horas, durante las cuales se sintió morir más de una vez; tampoco la tenía de la gran cantidad de sangre perdida, de las fiebres, de la debilidad que la había mantenido en el lecho durante semanas y de la falta de leche que le había impedido alimentarla. Desearía apretarla contra ella, besarla, acariciarla, decirle que la quería, pero no podía. Notaba una especie de repeluzno cada vez que la joven sirvienta le llevaba la niña y al mismo tiempo se sentía culpable por no amarla como toda madre debía hacer con sus retoños. No tendría más hijos. Antoine deseaba un heredero varón, pero ella no se lo daría. No estaba dispuesta a perder la vida, y estaba segura de que eso sería lo que ocurriría en caso de tener que pasar por el mismo trance una segunda vez. Además, dormía más tranquila desde que ocupaban habitaciones separadas. Todavía estaba convaleciente y la complicidad, por otra parte ignorada, del médico y de la partera hacían las cosas más fáciles. Ambos habían recomendado abstinencia total hasta que los desgarros producidos durante el parto no estuvieran bien cicatrizados. Ya pensaría en cómo apañárselas cuando su marido requiriese de nuevo sus derechos conyugales, pero por el momento estaba a salvo y él no parecía sentirse descontento con la situación.

Algunas veces cruzaba su mente la visión de unos brazos alrededor de su talle, un beso interminable, el contacto de otro cuerpo, unas sensaciones jamás sentidas, una noche de amor en un cuartucho sin ventanas o un momento de éxtasis en un pasillo estrecho y oscuro. Tuvo que hacer un gran esfuerzo para disimular su nerviosismo cuando Antoine le comunicó que Eder estaba con su padre y no echar a correr hacia la habitación. Dejó pasar un rato, y después, tras respirar profundamente varias veces, entró en el dormitorio y se encaró con el hombre que le había hecho vivir sus únicos momentos de pasión, cuyo recuerdo lograba llevarla al cenit de la excitación cuando yacía con Antoine, quien, muy satisfecho de sí mismo, creía ser el responsable de su placer. Olvidó sus sentimientos al ver a su padre muerto, pero volvió a revivirlos cuando el primer dolor se calmó. Más adelante, se dijo al encontrárselo de nuevo durante la vela en la iglesia de Nuestra Señora, cuando todo hubiera pasado y las cosas volvieran a su cauce, hallaría el modo de hacerle saber que lo deseaba con locura, que nada les impedía amarse hasta la extenuación. Ya había sido infiel a sus votos matrimoniales una vez y podía volver a serlo. Los dolores del parto comenzaron aquella misma noche y con ellos las largas horas de sufrimiento que la dejaron destrozada. No volvió a pensar en él hasta que se recuperó, pero él ya no estaba entonces y su marido no pudo informarle sobre su paradero cuando le preguntó, como de pasada, qué había sido del aprendiz de su padre. No obstante, estaba segura de que Eder volvería antes o después, y ella lo estaría esperando.

Nada más llegar a Gares, Robert Lepetit y sus seguidores se acogieron en el hospital de peregrinos, propiedad de los templarios. El hospitalero les informó de que sólo podrían pernoctar allí dos noches, pues el local no era un asilo, sino un lugar de tránsito. Únicamente se permitía una estancia larga a los enfermos o heridos que eran atendidos por el médico hasta que se restablecían o morían. Era preciso buscar con urgencia otro alojamiento, pensó el Bugre. En dos días le sería imposible encontrar el medio de acercarse al maestro constructor y a su hija. El clima era ya frío por las noches y no era cuestión de andar durmiendo en las iglesias como hacían algunos peregrinos y mendigos. Dejó a sus hombres y, acompañado por su incondicional Aubert, se dirigió a la casa de Martínez de Uterga después de haber interrogado al hospitalero sobre su ubicación. El edificio era uno de los pocos construidos en piedra desde la base hasta el tejado, con más aspecto de torre de defensa que de domicilio de un caballero rural. Llamó a la puerta y pidió hablar con el dueño. El criado que les atendió era un tipo fornido con aspecto de soldado a pesar del sayo negro con cuello blanco, las calzas negras y las botas de piel a la altura de los tobillos. El cuchillo colgado a su cintura, de un tamaño más apropiado para defenderse o atacar que para comer, no hizo más que confirmar su primera impresión.

–¿Para qué queréis verlo?

–Asuntos de la Corona –respondió Robert con su aplomo habitual, sin dejar de mirar directamente a la cara de su interlocutor.

El criado les indicó con un gesto que esperaran y cerró la puerta. Poco después volvía a abrir, les franqueaba la entrada sin una palabra y les indicaba que lo siguiesen a través de un patio donde gallinas y patos campaban a sus anchas. El señor de la casa se hallaba en el almacén de grano tratando con su administrador sobre las reservas para el invierno.

–Me ha dicho mi sirviente que queréis hablarme sobre algo relacionado con el rey –dijo con brusquedad, disgustado por ver interrumpida su tarea.

–Me llamo Robert de Reims –se presentó el Bugre– y vengo a traeros un mensaje de parte del canónigo Eluard de la catedral de Pamplona.

El hombre frunció el ceño intentando recordar el nombre mencionado y acabó haciendo un gesto afirmativo.

–Es algo... confidencial...

El navarro hizo un ademán y el administrador desapareció de su presencia a toda velocidad.

–¿Y bien?

–El canónigo os hace saber que, en breve, el rey Teobaldo será excomulgado por el obispo Ximénez de Gazolaz.

Martínez de Uterga se mantuvo impasible, pero el brillo de sus ojos indicaba su interés por la noticia. Robert se felicitó por su intuición. Era posible leer en aquel rostro como en un libro abierto. Eluard no le había dicho nada del asunto; se había enterado él mismo por haberlo escuchado de los propios labios del obispo antes de que éste partiera hacia Alcañiz, donde iba a celebrarse un concilio.

–No permitiré que el rey o sus representantes continúen usurpando los derechos de la iglesia catedral. Ejercen la justicia, condenan y ejecutan por autoridad real, expropian casas, no pagan diezmos ni peajes y disponen de bienes en la ciudad –le escuchó afirmar a su secretario y al tesorero de la sede episcopal en una de sus visitas–. Regresaré con la orden de excomunión para Teobaldo o no regresaré.

Conociendo bien al prelado, estaba seguro de que cumpliría su amenaza, y si no la cumplía, le era indiferente. En estos momentos le servía como excusa para granjearse la amistad o al menos la aceptación de aquel navarro de aspecto feroz, igual a los descritos cien años atrás por el monje peregrino

Aymeric Picaud en su obra *Liber sancti Jacobi* que él había tenido oportunidad de leer en París antes de que el diablo en forma de mujer se cruzara en su camino.

–¿Cuándo ocurrirá? –preguntó Uterga.

–A su regreso del concilio de Alcañiz, lugar donde se encuentra en estos momentos.

Los ojos del hombre brillaron de nuevo y Robert reprimió una sonrisa. Sabía perfectamente lo que pasaba por su mente. Un rey excomulgado podía llegar a tener grandes dificultades. La Iglesia era peor enemigo que un ejército bien formado y disciplinado.

–Hemos de irnos –afirmó, acompañando sus palabras con una señal de despedida.

–¿Volvéis a Pamplona?

–No. Nos dirigimos a la ciudad santa de Compostela para postrarnos ante el Apóstol, pero ahora debemos encontrar un lugar donde alojarnos ya que es nuestra intención permanecer en esta población hasta pasado el invierno. No viajamos solos; otros once hermanos nos acompañan y hay entre ellos algunos que, me temo, no sean lo suficientemente fuertes para soportar las inclemencias del tiempo. En el hospital nos han dicho que únicamente podemos quedarnos allí dos noches, así que es preciso que encontremos otro sitio. Quedad en paz.

Robert y Aubert se disponían a salir cuando el señor de Uterga los detuvo y les ofreció una pequeña vivienda, propiedad de su mujer, que nadie utilizaba. Estaba junto a la iglesia de Santiago. Podían utilizarla el tiempo que considerasen oportuno, les dijo, pero tendrían que proveerse ellos mismos de leña y alimentos, pues su caridad no llegaba más lejos. El Bugre se lo agradeció e hizo la señal de la cruz a modo de bendición, aunque, en su fuero interno, el epíteto más suave que le dedicó fue el de usurero judío por no haberse mostrado más generoso con unos hombres de Dios.

La casa junto a la iglesia de Santiago era en verdad muy pequeña, pero más valía eso que nada. Tenía dos pisos, pero su anchura no sobrepasaba los veinte pies y sólo había dos habitaciones en cada uno, incluida la cocina en la parte superior, cuya única fuente de iluminación era un ventanuco abierto en el muro y un agujero en el tejado para dejar salir el humo. Colocada directamente en el suelo, podía verse una losa de piedra ennegrecida, sobre la cual pivotaba un brazo de hierro con un gancho para colgar la olla; unos pocos utensilios, como una trébede y un espetón, y algunos cuencos y cubiletes de vino. Aún quedaba dinero suficiente de lo recaudado durante las prédicas en Pamplona y Robert envió a sus hombres en busca de lo necesario para disponer la vivienda de modo confortable, alimentos incluidos, con la recomendación de intentar ablandar el corazón de los comerciantes antes de pagar.

–Recordadles las palabras de Nuestro Señor: «Antes entrará un camello por el ojo de una aguja que un comerciante avaricioso en el reino de los cielos». No es exactamente así –añadió–, pero esos patanes tampoco lo saben.

Él, por su cuenta, salió a pasear, a familiarizarse con el lugar. La organización de Gares no era muy distinta a la de Pamplona. También allí existían barrios diferenciados: el de los francos, judíos y navarros. El de estos últimos, Murugarren, se hallaba fuera de la encinta amurallada, aunque algunos infanzones como el de Uterga, oriundos de la tierra, habitaban dentro, a pesar de que el fuero los excluía del concejo de francos e incluso de la población. Su matrimonio con una franca, miembro de una de las primeras familias repobladoras, le había permitido lo que se negaba a otros navarros. Aquél era un buen lugar, se dijo el Bugre, mientras observaba los animados puestos de los comerciantes y el mercadeo entre éstos y sus clientes; un enclave próspero y con futuro dadas su ubicación estratégica y, sobre todo, la afluencia de peregrinos. Se cruzó con una pareja de templarios y, unos pasos más adelante, con tres hospitalarios de San Juan. Frunció el ceño. No le gustaban los monjes-soldados. Le parecía bien que se ocuparan de defender los caminos a Tierra Santa, para eso habían fundado sus órdenes, pero allí estaban fuera de lugar y tenían demasiado poder e influencia, demasiada riqueza. Los únicos caminos hacia la salvación eran la pobreza y la palabra. Con la primera se daba ejemplo, con la segunda se combatía la herejía. Este pensamiento le recordó la razón de su presencia allí: buscar y encontrar al maestro Bisol. Preguntó a una vendedora de cecina, pero la mujer se alzó de hombros; también preguntó a un par de personas más, pero nadie parecía conocer al señor Brulé. Tal vez éste y su familia no estaban en Gares, tal vez el criado de Pamplona se había confundido... Hizo un nuevo intento y su insistencia se vio recompensada. Un hombre bien vestido, al modo de los ricos comerciantes de telas, le informó sobre dónde vivía el caballero.

–Es esa casa de ahí, la de piedra, pero no lo encontraréis en ella –añadió–. Su suegro ha muerto esta misma mañana y en este momento velan su cadáver en la iglesia de Nuestra Señora, la que está al lado del hospital de peregrinos.

No respondió ni dio las gracias por la información; permaneció quieto, con los ojos fijos en la casona de piedra, intentado asimilar la noticia. Muerto el perro, muerta la rabia, decía el refrán, pero ¿sería cierto en su caso? Poco después se hallaba en la iglesia templaria. Había una docena de personas rezando por el difunto, el cual se hallaba expuesto sobre un catafalco, vestido con sus mejores ropas y una cinta sujetando su mandíbula. No se acercó; contempló al grupo desde un lateral, medio oculto por una columna. No conocía a nadie, pero por sus vestimentas y posición en torno al muerto podía suponer de quiénes se trataba. La joven dama embarazada, sentada en la única silla disponible, debía de ser la hija del constructor. La examinó con curiosidad tratando de reconocer en sus rasgos a la hereje cátara que él había enviado a la hoguera, pero había sido una de tantos y no la recordaba. El caballero ya maduro y robusto de pie junto a ella y con cara de circunstancias debía de ser su marido, el señor Brulé. El monje-soldado de barba gris, vestido de gala, capa blanca con cruz roja en el hombro, sería el responsable de la encomienda, y los demás, hombres y mujeres, burgueses francos y sirvientes. En ese momento, una anciana se aproximó a la embarazada; por la forma de inclinarse hacia ella y asirle las manos, imaginó que estaría consolándola. Pasó de nuevo revista a los presentes y estuvo a punto de soltar una exclamación. El lugar dejado por la mujer lo ocupaba ahora un joven a quien sí conocía: el aprendiz del constructor. Reculó un par de pasos hasta quedar completamente oculto por la oscuridad y lo observó con mucha atención. Daba la impresión de estar muy afectado, apretaba los labios y no desviaba la mirada del rostro del cadáver; parecía querer decirle algo y sujetaba nervioso el morral que colgaba de su hombro. Robert salió del templo a eso de la medianoche, convencido de que ninguno de los presentes abandonaría la vela, como era costumbre, y mucho menos el aprendiz, tan apegado a su maestro. Podía irse a dormir tranquilo.

Al día siguiente salió de la casa acompañado por sus hombres cuando escuchó el sonido de la campana y todos ellos se unieron a la comitiva que se dirigía a la pequeña iglesia de Onat; se colocaron a la cola, asistieron a la misa y presenciaron la exhumación del cuerpo. El constructor fue enterrado al modo templario, con el rostro hacia abajo, para que el difunto tuviera mayor contacto con la Tierra a la que regresaba. El Bugre no perdió en ningún momento de vista al joven cuyo nombre desconocía y su constatación de la víspera quedó ampliamente confirmada. El aprendiz sólo tenía ojos para el cuerpo de su maestro; lo vio levantar la mirada hacia el cielo en varias ocasiones y permanecer inmóvil ante la tumba como si no fuera capaz de aceptar la realidad. Recordó haber oído decir al rector de San Esteban que aquellas gentes no creían en la Santísima Trinidad, quemaban a sus muertos y los enterraban en el monte o en las cuevas, y se preguntó hasta qué punto comprendería un agote el misterio de la resurrección. Herejes y paganos estaban condenados a las tinieblas eternas; jamás verían el rostro de Dios, gloria únicamente reservada a los fieles cristianos.

Él y los suyos regresaron a Gares y, al igual que muchos otros que habían acudido al sepelio, esperaron la llegada de los deudos cerca del portal de Nuestra Señora. El yerno de Bisol llegó poco después, rodeado por un grupo de amigos y sirvientes; el aprendiz, el comendador y los demás monjes-soldados fueron los últimos en aparecer. Por un instante pensó en ocultarse, en no dejarse ver, para así poder llevar a cabo sus planes con total impunidad, pero su orgullo pudo más que su intuición y avanzó varios pasos cuando apercibió al joven. Fijó en él su mirada de halcón, en muda advertencia, y sintió una profunda satisfacción cuando observó su sorpresa y algo más: miedo.

Aquella misma tarde, y acompañado como siempre por Aubert, se presentó en la encomienda y pidió hablar con el comendador. No había errado en su apreciación. El hombre de mediana edad y barba poblada que había visto en la iglesia y también durante el entierro, Bertrand de Garlande, era en efecto el maestre de la orden templaria en Navarra.

–¿En qué puedo serviros...? –el monje-soldado lo examinaba de pies a cabeza y él se sintió incómodo.

–Me llamo Robert de Reims y me alojo en una propiedad del señor Johan Martínez de Uterga. Llegué hace un par de días con intención de visitar a un viejo conocido, pero, desgraciadamente, hoy mismo he sabido de su fallecimiento y sólo he podido estar presente en su entierro. Se trataba del constructor Geoffroi Bisol –añadió al no observar cambio alguno en el rostro impasible del comendador.

–Así es en efecto. Murió ayer en la paz del Señor. ¿En qué puedo ayudaros?

–Conocí al maestro en la ciudad de Sens y tiempo después volví a encontrarlo en la población de San Esteban de Baigorri, en Ultrapuertos. Tenía un aprendiz, un joven aparentemente anodino, que, me temo, haya tenido algo que ver con su muerte.

El comendador levantó la ceja derecha.

–¿Qué os hace pensar semejante cosa?

–Es un agote, un pagano navarro, portador de la lepra y de los más bajos instintos animales. Lo he visto en vuestra compañía durante el entierro y deseo interrogarlo.

–¿Sois acaso un representante del Santo Padre? –la voz de Bertrand de Garlande había adquirido un tono seco.

–Lo soy del obispo de Pamplona, don Ximénez de Gazolaz.

–El obispo no tiene jurisdicción en Gares.

–Pero vos sois un hombre temeroso de Dios y ha de interesaros que se aclaren las circunstancias de la muerte del maestro Bisol. Tal vez desconozcáis que fue atacado brutalmente en su casa y que el aprendiz desapareció después de ocurridos los hechos –mintió–. El obispo desea que se haga justicia, ya que el crimen se perpetró en su ciudad y me ha rogado que investigue el asunto y lleve al culpable a su presencia.

El comendador tardó en responder, aunque nada en su expresión mostraba el rumbo de su pensamiento. Cuando lo hizo, su tono no admitía réplica.

–El joven se halla acogido en nuestra casa y no permitiré que nadie viole su derecho de asilo.

–Puede tratarse de un asesino.

–En ese caso, yo me encargaré de que se haga justicia.

–Sin embargo...

–Os recuerdo que os encontráis en una encomienda templaria. Sólo respondemos de nuestras acciones ante el Santo Padre. Ahora os ruego que os vayáis y no regreséis hasta que yo os haga llamar.

Robert abrió la boca para protestar, pero la volvió a cerrar; hizo una inclinación y se marchó, seguido por el fiel Aubert.

–¿Quién se ha creído ese mamarracho que es para tratarme así? –preguntó al aire una vez fuera.

Aubert permaneció en silencio. De sobra sabía que, en ocasiones semejantes, era mejor no decir nada. Había llegado a conocer bien a su jefe. La admiración sentida hacia él en un principio había ido variando a medida que lo conocía mejor y, sobre todo, después de los hechos ocurridos en San Esteban. Él era un ladrón, no tenía reparos en admitirlo. Emprendió el viaje a Galicia con la mente puesta, como muchos, en la posibilidad de buscarse la vida, de huir de su miserable entorno y lograr algún dinero sustraído a los peregrinos ricos para así poder retirarse a una pequeña casita en su Normandía natal, encontrar una mujer de carnes acogedoras y dedicarse a la cría de ovejas. Pero cuando conoció al predicador y escuchó sus palabras, creyó que su destino era acompañar a un hombre marcado por la santidad. Él, al igual que el buen ladrón crucificado junto a Jesús, sería perdonado; olvidó sus proyectos y decidió ganarse un lugar en el cielo. La euforia no le duró mucho; la fe tampoco. Comenzó a desaparecer en la zona montañesa cuando el constructor se dirigió al hermano Robert llamándole inquisidor y él no lo desmintió. ¿Qué hacía un inquisidor todopoderoso, como lo eran todos, recorriendo el Camino como un pordiosero? No se atrevió a preguntarle nada en aquel momento, pero la veneración dio paso al temor. Observó la forma como trataba a unos pobres artesanos, aterrorizados por sus palabras, y luego aquella mujer aparecida muerta en el río... Perdió definitivamente la fe el día en que, obedeciendo sus órdenes, él mismo golpeó con saña a un viejo indefenso dejándolo medio muerto. Podía haberse marchado entonces o continuado el viaje por su cuenta, pero no tuvo valor para hacerlo y, por otra parte, sentía curiosidad. Quería conocer el secreto guardado por el predicador y saber qué era aquello tan importante que lo había llevado a seguir las huellas del constructor y buscaba ahora en el joven aprendiz. Después de todo, tal vez aún podría comprar la casita y las ovejas en Normandía. Los secretos importantes tenían su precio.

Ignorando a su hombre, Robert caminaba con paso decidido por la rúa, dispuesto a presentarse en la vivienda del señor Brulé y a hablar con él en persona. De paso, se dijo, podría también entrevistarse con la hija de Bisol y averiguar si ella conocía la existencia del documento que lo incriminaba. Llegaron ante la puerta e hizo una seña a Aubert para que llamara y preguntara por el dueño. Poco después habían sido introducidos en una sala amueblada con sobriedad, pero en la cual podían apreciarse unos cortinones de grueso terciopelo amarillo oro y una alfombra de vivos colores y factura morisca que casi cubría el suelo enlosado; todo ello era prueba de la buena posición social y económica de sus moradores.

–Os ruego disculpéis mi osadía por interrumpir vuestros quehaceres, señor Brulé –se apresuró a decir cuando el caballero entró en la sala–. Mi nombre es Robert de Reims y éste es mi ayudante, Aubert. Conocía a vuestro suegro y he venido a presentaros mis condolencias en cuanto he tenido noticia de su fallecimiento.

Al contrario que el comendador, el consejero de obras de Teobaldo se mostró mucho más receptivo con él; los invitó a sentarse y pidió a un sirviente que les trajera una jarra de vino. Estaba claro que al hombre le gustaba la conversación y era del tipo de personas capaces de contarle los detalles más íntimos de su vida a un desconocido con tal de encontrar un oyente dispuesto. El Bugre lo escuchó hablar de las grandes obras que pensaba realizar en nombre del rey, de su reciente paternidad, de las razones que lo habían llevado a matrimoniar con una joven sin fortuna, de su deseo de regresar algún día a su amada Troyes.

–El único lugar digno de pasar la vida –afirmó–, aunque Provins, la ciudad preferida del rey, tampoco está mal. De todos modos, me daría igual con tal de hallarme en Champaña, en la refinada corte condal, tan diferente a esta tierra de campesinos y mercaderes.

Robert lo escuchaba pacientemente y aprovechaba algunos intervalos del monólogo para sonsacarle la información deseada. El maestro Bisol no había dicho nada después del ataque, le aseguró su anfitrión; algunas frases incoherentes y poco más. Ni su esposa ni él tenían la menor idea de lo ocurrido aquella noche desgraciada, desconocían la identidad de los asaltantes y la razón del ataque.

–Nadie de la casa fue capaz de hacerle hablar, ni siquiera Juana, su criada. ¡Una verdadera lástima! Aunque su aprendiz... –Brulé se interrumpió antes de continuar y al falso predicador se le aceleró el pulso– permaneció junto a él en los últimos instantes de su vida y... –volvió a interrumpirse.

–¿Y? –le alentó el Bugre.

–Cuando le pregunté si había logrado que mi suegro dijera algo, me respondió algo bastante extraño.

–¿Qué dijo?

–«Lo suficiente», eso fue lo que dijo, «lo suficiente». Pregunté a mi mujer si a ella le había dicho algo más, pero al parecer no hablaron. Alix y él permanecieron solos un buen rato en la habitación junto al cadáver.

–¿Podría presentar mis respetos a vuestra esposa? –preguntó Robert intentando no mostrar su ansiedad.

–Me temo que no, lo siento. La muerte de su padre y las penalidades sufridas durante el parto la han dejado muy debilitada. El médico ha recomendado reposo absoluto y le ha prohibido las visitas.

–Lo lamento...

–Podréis visitarla, sin embargo, si aún permanecéis en Gares cuando se reponga.

–Lo haré, sin duda. No deseo otra cosa que saludar a la hija de mi buen amigo y decirle lo mucho que he sentido su pérdida...

Aquella noche el predicador tardó en dormirse. Ahora estaba seguro de que el constructor se había confiado al agote pagano y de que el famoso documento se hallaba en su posesión, aunque no lo estaba tanto en relación con lo que pudiera saber la hija de la hereje. No obstante, llegado el momento, no dejaría ningún cabo suelto; el asunto debía quedar solucionado antes de proseguir el viaje a Compostela.

Estella

Bertrand de Garlande se hizo acompañar por Eder en la visita de inspección que llevaba a cabo todos los meses por las propiedades que la orden poseía entre Gares y la localidad riojana de Nájera. Le proporcionó una túnica y unas calzas negras, iguales a las de sus novicios, y le hizo montar con él, encima de su caballo, un animal musculoso que pateaba el suelo y rebufaba, impaciente por salir a galope.

–¿Es seguro? –preguntó el joven lleno de dudas.

–*Ferragut* es el más seguro de todos los caballos.

–No me importa ir andando...

–A mí sí, ¡no llegaríamos nunca! –rio el caballero–. ¡Adelante, mi buen amigo, vuela!

El animal rebufó una vez más, levantó sus manos y arrancó a galopar con tal brío que Eder creyó que iba a caerse y se asió con fuerza a los hombros del comendador. Bertrand disfrutaba con las galopadas a través de los campos, le gustaba sentir el aire en el rostro y la tensión de su montura bajo su cuerpo. Con la mirada fija al frente, hizo repaso de los recientes acontecimientos.

Al comendador le tenía intrigado el inquietante personaje que se había presentado ante él el día del entierro del constructor con intención de interrogar al aprendiz en nombre del obispo de Pamplona. Conocía a Ximénez de Gazolaz, y estaba tan seguro de que aquel Robert de Reims no era su representante que pondría la mano sobre el hierro candente. El fuerte carácter del obispo era de sobra conocido y no era hombre para hacerse representar, y menos aún por alguien del que nadie había oído hablar. Se había informado debidamente por medio de dos de sus monjes que habían permanecido en la ciudad episcopal casi medio año y, por si acaso, también había hablado sobre él con su amigo. La versión que había dado al consejero sobre su presencia en Gares era diferente a la que le había dado a él mismo. Por otra parte, el hecho de que no le hubiera mencionado a Brulé las sospechas acerca del papel desempeñado por el aprendiz en el ataque a su suegro, no hacía más que aumentar sus dudas.

–¿Todo bien? –preguntó a voz en grito.

–¡Ya os lo diré cuando sienta de nuevo los pies sobre la tierra! –gritó Eder a su vez provocando de nuevo su risa.

Deseaba saber más sobre el joven, su procedencia, la forma como había llegado un navarro de la montaña a ser ayudante de un constructor afamado, la sonrisa indescifrable en su rostro y la luz de su mirada mientras acariciaba la imagen de Nuestra Señora y, también, sobre la despreciada casta a la cual pertenecía.

Los agotes formaban parte de aquel grupo de personas a las que, siguiendo las indicaciones del tercer concilio de Letrán, se había encerrado en las leproserías, lejos del pueblo de Dios. Todos aquellos que arrastraban el vicio, los seres carcomidos por las enfermedades, los locos, los poseídos por el demonio, los sospechosos de herejía y también los judíos, musulmanes, criminales de cualquier especie aunque hubieran redimido sus penas, ateos, bohemios, vagabundos y paganos habían sido desterrados de las poblaciones. Tan sólo unos meses atrás, a su regreso de París, donde había asistido en la casa madre a una asamblea de comendadores de la orden, pasó por la ciudad de Bayona, a orillas del Adur, y se detuvo allí unos días para entrevistarse con el obispo de la diócesis. Tuvo la oportunidad durante su estancia de visitar la leprosería de Saint-Esprit, en la margen derecha del río, y de constatar que, en efecto, en el lugar se hacinaban gentes de muy diferente procedencia. Los había leprosos, pero también otros que no mostraban ninguna señal de la enfermedad; muy al contrario, se les veía con aspecto saludable dentro de su pobreza extrema. Cada comunidad se agrupaba en torno a sus chabolas y mantenía poco contacto con las otras, aunque los habitantes del otro lado del río denominasen a todos con un mismo apelativo: agotes. Su acompañante en aquella ocasión, un sacerdote, ayudante del obispo y oriundo de la región, le informó de que en realidad los verdaderos agotes eran gentes de la montaña obligadas a asentarse en villas y aldeas, y a abandonar sus antiguas formas de vida.

–¿Por qué? –había preguntado él, curioso.

–El mundo ha cambiado; las necesidades son otras –afirmó el eclesiástico. Y añadió–: Antes los seres humanos eran libres y cogían de la naturaleza lo necesario para vivir; ahora la naturaleza tiene propietarios: el rey, el conde, el obispo, el abad... Todo les pertenece: los árboles, los frutos, las liebres, los peces de los ríos...

Creyó percibir cierta nostalgia de los tiempos pasados en las palabras del sacerdote y estuvo a punto de preguntarle si él también era uno de aquellos seres denostados por extrañas razones que nadie conocía, pero recordó que los agotes tenían prohibido tomar los hábitos religiosos y prefirió no indagar.

Al llegar a Estella, Bertrand y Eder continuaron sin detenerse por la rúa principal que corría paralela al río, dejando a su izquierda el barrio judío oculto tras su propia muralla, cruzaron el barrio franco de San Martín de Tours, igualmente amurallado, y salieron por el otro extremo, por el portal de San Nicolás, también llamado de Castilla, para detenerse después, a poca distancia, en un monasterio. A Eder le habría gustado recorrer a pie las calles de la animada población que acababan de atravesar, pero no se atrevió a decirlo en voz alta. Se sentía algo incómodo viajando sobre la grupa del caballo del comendador, obligado a asirse a su compañero para no salir despedido cada vez que el animal daba un brinco, aunque, afortunadamente, su estatura le permitía ver por encima del hombro del caballero y no sólo el cogote de éste. El monasterio pertenecía a la orden del Temple, como pudo constatar el joven por la vestimenta del hombre que salió a recibirlos con los brazos abiertos y que besó a Bertrand tres veces en las mejillas. Ambos lo acompañaron a una sala parecida a la de Zizur donde Alazaïs y él habían dormido abrazados, sólo que aquí los colchones eran menos y estaban colocados sobre catres de madera. El recuerdo de la joven le pellizcó el corazón. Ya no estaba enfadado con ella, únicamente sentía tristeza por haber perdido a una amiga, y sonrió al recordar la carita sucia de la niña a la que había salvado la vida hacía ya tanto tiempo..., una vida. Los dos hombres desaparecieron tras dejarlo en la sala dormitorio para peregrinos, no sin que antes el comendador le hubiera indicado que volvería a por él.

Sentado sobre el catre, a la espera de ser llamado, en la sala vacía de huéspedes en aquellos momentos, Eder meditó sobre lo peculiar de su situación. Había aceptado la invitación del freire, del soldado de Cristo como le había oído llamarse a sí mismo, para no permanecer en Gares. No quería volver a ver a Alix. Tampoco tenía mucho donde elegir y, además, en el fondo temía un nuevo encuentro con el predicador causante de la muerte de su tía y también de su maestro. Si fuera un hombre de acción, se dijo, lo habría matado nada más verlo después del entierro o lo habría buscado al día siguiente, pero él no era un ser violento, ninguno de los suyos lo era.

A pesar de su fortaleza, jamás había visto al padre o a los tíos pelear con quienes los insultaban en Anauz y en San Esteban. Habrían podido desnucarlos de un golpe; sus músculos eran de hierro debido al trabajo con el hacha, pero se limitaban a aguantar sin responder. Recordó una ocasión especialmente dolorosa. Él y el padre habían encontrado a un niño perdido en el bosque, en Xuhitoa; lloraba desconsolado y estaba aterrorizado, pues era invierno y, de vez en cuando, se escuchaban los aullidos de los lobos que bajaban de los montes en busca de comida. El padre lo cogió en brazos y se encaminaron al pueblo. Antes de llegar, toparon con un grupo de hombres que salían en busca del niño. No les dieron tiempo de explicarse, les arrebataron a la criatura y los amenazaron con sus palos, acusándolos de haberse llevado al niño con fines perversos. Las cosas se habrían puesto feas para ellos si uno de los hombres, posiblemente el padre del niño, no se hubiera interpuesto. Había agradecimiento en su mirada, pero las palabras correspondientes no salieron de su boca.

–Son ellos los cobardes, hijo –le dijo el padre cuando él le preguntó por qué no había respondido a la agresión–. El valor no se mide por el golpe de quien lo propina, sino por el aguante de quien lo recibe.

Puede que tuviera razón, pero a veces a él le gustaría devolver los golpes.

Bertrand fue a buscarlo para comer y le advirtió que, al igual que en Gares, debía permanecer callado durante el almuerzo porque los freires jamás hablaban a la hora de comer; observación inútil, pensó, ya que él hablaba más bien poco y menos aún cuando se encontraba en compañía de gente desconocida. Examinó con curiosidad a la docena de hombres sentados a la mesa. Todos tenían el mismo aspecto: cráneos rapados y rostros barbados. Resultaba tarea difícil distinguirlos entre sí. La comida fue muy sobria: unas verduras cocidas y un pedazo de pescado, acompañados con un pedazo de pan y un pote de vino. Tenía hambre y apenas prestó atención al monje que, de pie, en un extremo de la mesa, leía en voz alta una historia escrita en un libro grueso, parecido al que había visto en la iglesia de Arizkun y también durante el funeral de su maestro. El pueblo del bosque no sabía leer y tampoco poseía libros; no le hacían falta. La historia, las leyendas, las creencias se transmitían oralmente de padres a hijos –en su caso, había sido la tía Elaia la encargada de mantener la tradición, recordó con pesar–, pero, a la vista estaba, los «otros» necesitaban la palabra escrita para recordar su pasado. Acabada la comida, todos los comensales se pusieron en pie y él hizo lo mismo; los escuchó recitar una oración y se preguntó por qué razón aquellos hombres, sanos y fuertes, habían elegido vivir juntos y no tenían compañeras ni hijos.

Y una vez más se encontró en la sala de dormir a la cual comenzaban a llegar los peregrinos. No tenía ganas de entablar conversación con ninguno de ellos, se tumbó en el catre y, a pesar de las voces y ruidos, se quedó dormido.

–¡Despierta, muchacho!

La voz de Bertrand lo sacó del sueño en el que Alix y él pescaban truchas en el río Aldude. Ella llevaba el bajo de la falda sujeto a la cintura y él contemplaba extasiado sus piernas perfectas, brillantes por el agua. Pegó un salto y salió detrás del comendador sin soltar el morral que llevaba colgado del hombro incluso cuando dormía.

–¿Ya ha amanecido? –preguntó el joven sobresaltado.

–A punto está. ¡Hora es de que demos gracias a Dios por seguir con vida! ¡Vamos!

Siguió al comendador por entre los catres en los que todavía dormían unos cuantos peregrinos, aunque algunos ya comenzaban a levantarse y a preparar sus sacos para proseguir el viaje. Las tripas le hacían ruidos, la comida de la víspera no había sido suficiente para saciarlo y tenía que abrir y cerrar los ojos para despejarlos del sueño que aún los velaba. Poco después se hallaban dentro de una pequeña iglesia en la que los freires recitaban oraciones con voz monocorde. No supo decir si rezaban o cantaban. Hacía frío, se arrebujó en la capa de lana que le habían entregado junto con el hábito y las calzas, clavó la mirada en el suelo, enlosado con piedras desiguales, sin ninguna gracia, y le vinieron a la mente las palabras del maestro cantero Lucien: «Al buen cantero no ha de preocuparle si su trabajo es para embellecer un palacio o empedrar una calle. Su único fin ha de ser hacerlo bien».

Desde luego, los canteros que habían cubierto el suelo de aquel lugar no eran buenos artesanos, pensó. ¿Y qué hacía él allí?, se preguntó a continuación molesto. No era uno de ellos y no pensaba serlo. Lejos de su pensamiento estaba verse viviendo entre hombres, rezando a un dios a quien él no conocía. Levantó los ojos y se olvidó del frío, del hambre y de su malestar. Amari volvía a aparecer ante él, sentada con el niño sobre su rodilla. Parecía sonreír, aunque no estaba muy seguro de ello pues se hallaba a cierta distancia y la figura era más bien pequeña. Los rezos finalizaron y la iglesia quedó vacía. Bertrand también salió, pero él permaneció allí, con la mirada fija en la imagen.

–También es negra –afirmó, poniendo palabras a su pensamiento, el comendador, quien había vuelto en su búsqueda.

–¿Hay más como ésta y la de vuestra casa?

–Sí, muchas. De Oriente a Occidente, en todas partes se venera a la Virgen Negra.

–¿Por qué?

–Porque el color negro es el misterio y también el conocimiento.

–¿El conocimiento?

–Sí, el que han buscado los seres humanos desde los comienzos, el camino hacia la luz, y ella –Bertrand señaló la imagen– es el medio de alcanzarlo.

–¿Y lo encuentran?

–Algunos sí. ¿Nunca te has preguntado qué ocurre después, una vez que hemos muerto?

–Volvemos al seno de la Madre.

El freire permaneció pensativo. En el fondo, meditó, las creencias del joven no eran tan diferentes a las suyas propias, influidas en parte por el conocimiento de los filósofos y poetas sufíes cuyo pensamiento había estudiado durante su estancia en Tierra Santa, cuando todavía era un novicio, siendo tal vez la tolerancia hacia otras religiones la característica que más le había marcado. También el apego del navarro por su diosa era similar al suyo por la madre de Jesús; no en vano ellos, los Pobres Caballeros de Cristo, habían sido los responsables de expandir la veneración mariana por Europa. Se habían inspirado en las imágenes de la diosa Isis, madre de Horus, y la habían hecho representar al igual que ésta –negra, sentada en un trono, con el niño sobre las rodillas, la corona en la cabeza y el cetro en una mano– para reconducir hacia la Virgen María los cultos matriarcales, aún vigentes en muchas zonas rurales. Pero, en realidad, recapacitó, María, Isis, la Amari del montañés y tantas otras eran una misma representación de la maternidad divina, del nacimiento después de la muerte.

Pasaron la mañana recorriendo las calles de la ciudad del Ega. Cada vez que el comendador penetraba en un local, Eder permanecía en el exterior, embelesado ante las maravillosas construcciones que veía, todas de piedra. Iglesias, arcadas, casonas o simples casas, algunas con escudos encima de las puertas, otras con canecillos adornando fachadas y ventanas. Había visto edificios parecidos en Pamplona, incluso aún más imponentes, pero allí no había tenido tiempo suficiente para deleitarse ante unos trabajos bien hechos. El cielo estaba completamente azul. El pan recién hecho que Bertrand había comprado para él en un puesto junto a uno de los puentes había cambiado su humor. Llevaba mucho tiempo sin coger una gubia, una maza, un cincel y, de pronto, echó en falta su arte. Se sentía a gusto consigo mismo cuando trabajaba un pedazo de madera. No conocía nada mejor para expresar sus penas, y también sus alegrías, aunque en estos momentos no hubiera sitio en su corazón para las segundas. Pensaba en su maestro con más fuerza cada día que pasaba. Ya no volvería a verlo, nunca más trabajarían juntos inclinados sobre los dibujos repletos de líneas, ángulos, arcos y números que algún día se transformarían en hermosas construcciones, pero, sobre todo, no tendría un guía para indicarle el camino que debía seguir, los pasos que debía dar... ¡Y él tenía aún tanto que aprender!

A eso del mediodía, Bertrand decidió hacer un alto en sus visitas, entraron en una pequeña taberna de la rúa de las Tiendas y se sentaron en un rincón, junto a un ventanuco defendido por unas rejas, al abrigo de miradas curiosas. El comendador pidió guisado, una fuente de verduras, pan y vino. Durante un buen rato, ninguno de los dos habló, ocupados como estaban en dar buena cuenta del suculento banquete. Tal vez el hombre era humano después de todo, pensó Eder al ver a su acompañante tan afanoso con el guisado.

–Nuestra regla nos obliga a comer en comunidad, pero permite excepciones. Nuestra vida es sobria, pero no hemos hecho voto de hambre –sonrió a su vez Bertrand al observar su mirada maliciosa.

–¿Qué es un voto?

–Una promesa a Dios. En mi caso, hice voto de pobreza, castidad y obediencia –y aclaró al observar que el joven no le entendía–: ser pobre, no tener posesiones personales; ser casto, no tener relaciones con ninguna mujer; y ser obediente, obedecer a los superiores sin discutir sus órdenes.

–Yo no he hecho ningún voto y soy pobre –dijo a su vez Eder después de beber un trago de vino–, no tengo relaciones con ninguna mujer y me he pasado la vida obedeciendo órdenes.

El templario se echó a reír. Cada vez le gustaba más aquel joven salido de las montañas, aquel pagano más creyente que otros que pretendían serlo, aquel «leproso» sin lepra. Sería un buen elemento para la orden, un espíritu sin contaminar, un alma pura, pensó, pero rechazó de inmediato la idea. El pajarillo aún no había desplegado las alas y él conocía demasiados casos de hombres maduros que se habían dado cuenta tarde de que su vocación no era precisamente pasarse la vida entre los muros de un monasterio o de una encomienda. El Señor podía ser servido de maneras muy diferentes.

–Cuando nos conocimos, me dijiste que tallabas...

–Tallaba...

–¿El qué?

–Un poco de todo... Figuras, útiles, mangos de cuchillos, arcones...

–¿No llevas nada de lo hecho por ti en ese saco que no descuidas ni para dormir?

Con un ademán instintivo, Eder se aferró al morral que, como siempre, colgaba de su hombro, frunció el ceño y la duda asomó a sus ojos, lo que sorprendió a Bertrand, que no esperaba una reacción semejante. Los dos se mantuvieron la mirada durante un buen rato, pero fue el joven el primero en ceder. Una vez había confiado en alguien y no le había ido mal, no perdía nada en confiar de nuevo. Abrió el saco, extrajo la figura y la colocó sobre la mesa, negra por la mugre.

El hombre permaneció silencioso, absorto en la contemplación de la pequeña imagen de madera encerada que, de pronto, había iluminado el oscuro rincón de una taberna y sintió la boca seca. No se atrevía a tocarla por miedo a romper el instante mágico, pero no podía dejar de mirarla. Entonces... era así. La *Virgo paritura,* la Madre de la humanidad era una campesina sin corona, adornos, ni trono; una mujer descalza, casi una niña, que sujetaba su vientre grávido a punto de alumbrar. Un pobre montañés, hijo de leñadores, había mostrado mejor que cualquier maestro tallista de las grandes catedrales la esencia de la maternidad, la belleza del ser creado por Dios; había sido capaz de representar la obra divina en un pedazo de madera sin pintar, sin dorados ni plata, sin joyas incrustadas.

–Hace unos días me dijiste que habías vuelto porque creías que tu maestro estaba en peligro –dijo con voz ronca dando un giro a la conversación–. ¿Conoces a un tal Robert de Reims?

No hizo falta que Eder respondiera; el temor reflejado en su rostro fue suficiente para confirmar las sospechas del freire.

–¿Lo conoces? –insistió sin embargo.

–Su verdadero nombre es Robert Lepetit –afirmó finalmente el joven después de un breve silencio–. Es o fue, no lo sé, inquisidor en las tierras francesas del rey Teobaldo. Condenó a la hoguera a la esposa del maestro Bisol acusándola de ser una hereje cátara, y sospecho que asesinó a mi tía Elaia. También fue él quien atacó al maestro en su casa de Pamplona. Él me lo confesó el mismo día de su muerte.

Bertrand continuaba sin poder apartar la mirada de la imagen, pero su cerebro funcionaba a toda velocidad. Conocía el caso del inquisidor juzgado y condenado por un tribunal eclesiástico debido a sus muchos excesos y tropelías; la historia dio mucho que hablar años atrás, pero había caído en el olvido. Si las acusaciones del antiguo monje habían dejado en él algún poso de duda sobre Eder, si todavía tenía alguna sospecha acerca del aprendiz, del joven artesano cuyas manos eran capaces de dar vida a un sueño, lo que éste le acababa de decir las había hecho desaparecer de golpe.

–¿Por qué iba a atacar ese hombre a Geoffroi Bisol? ¿Por qué te busca a ti?

–Por...

Eder calló. Su secreto era su seguridad, se dijo, pero también era cierto que de nada le valdría si el predicador se lo arrebataba y lo destruía. ¿Cuáles habían sido las palabras de su maestro cuando le confió el documento? «Quiero estar seguro de que se halla en buenas manos y puede ser utilizado contra ese anticristo, asesino de inocentes, que se proclama la voz de Dios.» El maestro estaba ahora muerto y era preciso que alguien más estuviera al corriente. Él era sólo un artesano, no tenía ninguna fuerza, nadie le creería. Tal vez había llegado el momento de traspasar el secreto a alguien que pudiera dar buen uso de él.

El comendador permanecía en silencio a la espera de que se decidiera a hablar. No quería presionarlo, a pesar de la impaciencia que sentía; lo vio asir la figurilla y manipularla por la base.

–Por esto –dijo Eder al tiempo que sacaba de su escondite el rollo de pergamino y se lo tendía.

Cuando regresaron al monasterio, Bertrand se encerró en su celda y desplegó el documento con manos nerviosas. Leyó lo escrito en el reverso y entendió la razón por la que el antiguo inquisidor deseaba recuperarlo con tanto empeño, pero lo que más le interesó fue el jardín de la oca pintado en el anverso. Le habría gustado saber cómo había llegado a manos de Bisol, pero era inútil pensar en ello porque el maestro ya no podía responder y el joven no parecía conocer su procedencia. Lo examinó con atención a la luz del candil. Era muy antiguo, mucho más que la denuncia que implicaba en un asesinato a Lepetit. El pergamino era de excelente calidad y no mostraba imperfección alguna, aunque no podría asegurar si se trataba de piel de venado, de cabra o de ternera; había sido raspado en varias operaciones hasta lograr un espesor poco habitual por lo fino y elástico, que permitía su enrollamiento sin que se apreciaran quebraduras o desgarros en él. Sólo su color, oscuro por el paso del tiempo, daba una pista sobre su antigüedad y también la daba el tipo de tintas utilizadas. No era un experto, pero se preciaba de conocer el arte de la escritura y de la ilustración. Su tío, abad durante la mitad de su vida de la abadía real de San Pedro de Chaumes, en Brie, era un magnífico miniaturista. Él le había introducido en el miniado de códices cuando todavía era un niño, y su familia, una de las más importantes de la región, lo confió a la tutela del tío. Sin llegar a ser ni la mitad de experto que su pariente y los otros monjes que ocupaban el *scriptorium* de la abadía, él también aprendió las técnicas para fabricar el color rojo a partir del mineral de *minium* o de la madera roja traída de Oriente y utilizada para preparar lacas alumbradas; el azul, elaborado con polvo de lapislázuli; la doratura, realizada con pan de oro; el verde, el amarillo... Aquél era un trabajo excelente, digno de un buen conocedor no sólo del arte del miniado, sino también del significado del jardín de la oca.

Algunos creían que se trataba de una ilustración que reproducía el viaje a Compostela; cada casilla correspondería a una etapa del Camino. Se hablaba también de una antigua representación de la senda iniciática que todo ser humano emprendía al nacer; algunos la seguían y se hallaban a sí mismos; otros, sin embargo, ignoraban las señales y pasaban por la vida sin dejar huella de su existencia. Había incluso quien lo consideraba un mero juego de azar, un entretenimiento, igual que los dados, el ajedrez o las damas, pero Bertrand sabía que se trataba de otra cosa. Durante sus años en Tierra Santa había tenido la oportunidad de conocer la interpretación que en

Oriente se daba al extraño dibujo, una tradición llegada desde los confines del mundo conocido por aquellas latitudes. Era un tablero de adivinación mediante el cual podía predecirse el futuro, y se basaba en el significado de los números, una teoría ya expuesta por los matemáticos egipcios y griegos, con Pitágoras al frente, y desarrollada por los estudiosos hebreos de la cábala. La interpretación del futuro, práctica condenada por la Iglesia, era un arma poderosa. Era absolutamente necesario que no cayese en manos de un iluminado como Robert Lepetit, pensó, y dedicó parte de la noche a copiar el texto escrito en el reverso.

Aubert informó a Robert Lepetit de que los hombres encargados de seguir los movimientos del comendador y del aprendiz no los habían visto salir del edificio colindante al hospital en los tres días que llevaban turnándose de día y de noche.

–Tal vez han abandonado la encomienda... –apuntó.

–Pues ve a enterarte –le ordenó el Bugre con brusquedad.

Aubert salió de mala gana, cada día le costaba más acatar las órdenes del predicador. Se dirigió a los edificios templarios y entró en el hospital.

–¿Dónde puedo encontrar al comendador Bertrand de Garlande? –preguntó con una sonrisa al hospitalero.

–¿Para qué queréis verlo?

–Acabo de llegar de Francia y traigo noticias de su familia...

–A pesar de vuestros hábitos, no tenéis aspecto de peregrino –afirmó el hospitalero en tono de duda.

–Pues lo soy. Me hospedo en la casa del señor de Uterga, cuya esposa es prima mía.

–Ya me parecía a mí que mostrabais un aire muy descansado...

–¿Y el comendador? –insistió Aubert sin perder la sonrisa ni la paciencia.

–En estos momentos se halla por el camino peregrino, de inspección. Tenemos casas en varias localidades.

–¿Y sabéis cuándo regresará?

–No. A veces permanece un par de días fuera y otras veces aún más tiempo.

–Habré de esperar entonces su regreso. Quedad con Dios, buen hombre.

–Lo mismo os digo.

Aubert se tomó su tiempo antes de volver para informar de la marcha del comendador y probablemente la del aprendiz. Necesitaba estar solo. La vida en comunidad comenzaba a pesarle. Perdida la veneración por el hombre que una vez había tenido por santo, también la había perdido por todo lo que él representaba. El hermano Robert se empeñaba en que cumplieran las horas del oficio divino como si estuvieran en un monasterio y ellos fueran monjes. Quizá él sí lo era, no tenía la certeza, pero no así todos los demás. Los obligaba a levantarse pasada la medianoche para rezar los maitines, después llegaban las laudes, las horas menores, las vísperas, las completas antes de acostarse... Incluso en las jornadas de viaje debían detenerse para rezar, y luego estaban aquellas prédicas que se repetían una y otra vez, y durante las cuales hablaba de herejes, enemigos de la fe, castigos divinos y llamas penitenciarias. Al igual que había ocurrido a lo largo de todo el Camino, y también en Pamplona, el predicador había logrado atraer a un grupo de personas, mujeres en su mayoría, que acudían a escucharle cada atardecer. Pronto la casa se quedó pequeña y una de las devotas ofreció su pajar y no sólo el pajar, también comida, mantas y dinero, siendo imitada por las demás, de forma que no carecían de nada.

Se detuvo para observar a una mujer que discutía con un vendedor por el precio de las verduras y la examinó con detenimiento. Era del tipo que a él le gustaba, entrada en carnes y rubicunda. Hacía mucho tiempo que no se acostaba con una mujer, tanto que ya ni recordaba cuándo había sido la última vez, y se imaginó a aquélla desnuda entre sus brazos y a él manoseando su hermoso trasero y perdiéndose entre sus pechos voluminosos. En ese momento, la mujer se volvió hacia él y le sonrió. Fue suficiente. Echó a andar a paso rápido y se dirigió hacia el portal del Puente, lo cruzó y tomó la senda de los peregrinos. Buscaría al comendador, donde quiera que estuviese, y le alertaría sobre las intenciones del predicador. Después... Dios diría.

A la altura de Zirauki, Aubert pidió en la iglesia algo de comer por caridad y, antes de proseguir la marcha, aprovechó para robar unas prendas de campesino que se secaban al sol, sobre la hierba, en la parte posterior del templo. Salió corriendo sin mirar atrás, temeroso de ser pillado in fraganti pero, al mismo tiempo, satisfecho de sí mismo. Después de casi cinco años, volvía a su antiguo oficio. No detuvo la carrera hasta llegar a Lorca, una población pequeña en la que aún se recordaba la muerte de un tal rey García Ramírez el Restaurador, cien años antes, como escuchó decir a dos caminantes al llegar a su altura y sobrepasarlos. Se acercó a la orilla del río llamado Salado por la gran salinidad de sus aguas, se despojó del hábito, el mismo que le habían proporcionado los monjes de Sancto Emiliano, y lo tiró entre unos matorrales; después se introdujo en el agua a pesar de que dos peregrinos que cruzaban el puente en ese mismo momento le advirtieron de lo peligroso de su acción, ya que, como todo el mundo sabía, aquéllas eran aguas venenosas. Le daba igual. La última vez que había tomado un baño había sido precisamente en el monasterio aquitano, y desde entonces vestía el mismo hábito que había llegado a convertirse en una segunda piel para él. No era que antes de su experiencia mística hubiera sido un hombre demasiado limpio, pero cinco años sin llevar calzones ni sentir el contacto de una camisa recién lavada era demasiado tiempo. Se dejó acariciar por el agua y se frotó el cuerpo con unas hojas de helecho, aunque sin conseguir hacer desaparecer la mugre acumulada, pero no metió la cabeza por si acaso los peregrinos tenían razón y el agua estaba envenenada. Ya vestido con las ropas de campesino, se sintió un hombre nuevo y volvió al Camino, donde tuvo la buena fortuna de alcanzar de nuevo a los dos hombres y éstos le ofrecieron compartir su pan y su agua, siguiendo la máxima de los caminantes de ayudarse unos a otros. Realizó en su compañía el resto del trayecto hasta llegar a la hermosa y populosa villa de Estella, a orillas del Ega.

Los ojos se le abrieron como platos y la boca se le hizo agua al contemplar los puestos de la rúa Mayor repletos de verduras, quesos, racimos de uva y chacinería variada, pero ni siquiera tenía una moneda pequeña para adquirir una manzana. El hermano Robert controlaba las limosnas y sólo abría la bolsa colgada de su cintura cuando era necesario comprar algo de comida, lo cual ocurría raramente dada su habilidad para encandilar a la gente y conseguir alimentos. No hubiese querido exponerse tan pronto, pero la necesidad apremiaba; chasqueó los dedos y se dispuso a robar al primer viandante descuidado. Le llevó más tiempo del que esperaba; no estaba seguro de la habilidad que en sus buenos tiempos lo habían hecho famoso entre los rateros de París. La presencia del mayoral del burgo y de sus hombres, atentos en todo momento a lo que ocurría a su alrededor, tampoco ayudaba a infundirle confianza. Se decidió a buscar un sitio mejor y encaminó sus pasos hacia la iglesia situada al final de la rúa, en una elevación a la que se ascendía por una escalinata que parecía no tener fin. Desde lo alto, contempló la población y la vista confirmó su primera apreciación: el lugar respiraba prosperidad por todos los costados. Una brisa con olor a campo mezclada con un aroma a guisos le recordó la razón de su ascensión hasta aquella iglesia, e iba a penetrar en ella cuando vio a un hombre gordo, rojo por el esfuerzo, bien vestido y con aspecto de comerciante, que se agarraba a la baranda de piedra y subía con dificultad. En dos saltos se plantó a su lado.

–¿Puedo ayudaros? –preguntó solícito–. Se os ve fatigado.

El hombre lo miró con desconfianza y negó con la cabeza. Aubert lo saludó con la mano e hizo ademán de volver a subir.

–¡Espera! Ayúdame –le rogó el hombre–. Te daré unas monedas...

–Lo haré gratis, señor –respondió el ratero–. Es obligación de todo buen cristiano ayudar a sus semejantes.

Dejó que el hombre apoyara el brazo sobre su hombro, le paso el suyo por la cintura y, despacio, alcanzaron la puerta de la iglesia; lo acompañó hasta uno de los pocos asientos que había en el interior y respondió con una sonrisa a sus palabras de agradecimiento. Instantes después, bajaba de dos en dos la escalinata con la bolsa del comerciante introducida en las calzas.

–¡Ha sido como desvalijar a un niño! –exclamó entre dientes, y estuvo a punto de soltar una carcajada al recordar lo fácil que había sido soltar la bolsa de la cintura del gordo mientras le ayudaba a subir por las escaleras.

De todos modos, y por si acaso, se apresuró a cruzar el puente del Pópulo que unía las dos márgenes del río y también el burgo franco con el barrio navarro de San Juan. Más valía desaparecer de la vista no fuera a ser que el hombre diera su descripción al mayoral y él acabara con los huesos en el cárcel. Según había oído decir, los navarros eran capaces de colgar del primer árbol al ladrón pillado con lo robado encima. Ya en el otro lado del río, compró en un puesto de telas una camisa blanca, unas calzas y un sayo de color oscuro, de los usados por los artesanos. Compró asimismo al vendedor de al lado un par de medias de lana y unas botas cortas. Las sandalias que el hermano Robert les obligaba a calzar tanto en verano como en invierno presentaban unos enormes agujeros en las suelas. También habría podido ir descalzo, se dijo, porque la corteza de piel de las plantas de sus pies era casi tan gruesa como la de las suelas de las sandalias. Acudió a continuación a la casa de baños y se dejó restregar a fondo por una mujer de fuertes brazos que no dejó de hacer comentarios sobre su suciedad. Se echó a reír con ganas. Años sin acercarse al agua y ahora, en una jornada, se había bañado dos veces.

Limpio, vestido con ropa y calzado recién estrenados, salió a la calle dispuesto a disfrutar de su nueva posición. La bolsa del comerciante estaba suficientemente repleta para permitirse placeres de los que, en realidad, jamás había disfrutado, ni siquiera antes de su «conversión». Podía incluso hospedarse en una posada como un potentado y darse un banquete de lechón asado con costrones acompañado de una buena jarra de vino. También dormiría hasta hartarse en un lecho confortable sin que nadie viniese a despertarlo para rezar los maitines y, sobre todo, no lo haría solo. Se dirigió a la Garlanda vieja del mercado de San Miguel y alquiló una habitación en una hospedería recomendada por la mujer de la casa de baños, donde el hospedero le pidió la mitad del precio por adelantado.

–Debéis comprender que en una villa como ésta, repleta de viajeros que van y vienen, uno no se fíe –se disculpó el hombre.

–Os pagaré el total por adelantado si me conseguís compañía para esta noche –le dijo él haciendo tintinear la bolsa de los dineros–. La quiero hermosa en carnes, de piel rosada y cabello rubio.

El cielo mencionado por el hermano Robert tenía que ser algo parecido a la noche de amor y pasión en brazos de aquella mujer que había hecho posibles todas sus fantasías, pensó Aubert sin sentirse en absoluto culpable por haber roto la castidad obligada durante tanto tiempo, cuando ella se marchó prometiendo volver la noche siguiente. Se quedó dormido, agotado y feliz, escuchando el despertar de los ruidos de la calle, las voces del aguador y del vendedor de carne, y las de las mujeres llamándolos.

Durante un par de semanas se dio la gran vida, no reparó en gastos, compró ropas y calzados costosos, comió en las mejores tabernas y durmió todas las noches con la rubia de carnes sonrosadas, pero una mañana se despertó y comprobó que solamente le quedaban cuatro sueldos de sanchete en la bolsa.

Tiempo era pues de partir. Revendió las prendas utilizadas una vez, alguna de ellas ni siquiera eso, por las que obtuvo un tercio de lo abonado al comprarlas y, vestido como un burgués venido a menos, se dispuso a abandonar la villa. No había olvidado su primera intención, poner sobre aviso al comendador acerca de las intenciones del predicador respecto al aprendiz. El tiempo pasado en Estella había transcurrido como en un sueño y tal vez era tarde, se dijo, y el comendador y el mozo habían regresado ya a Gares, pero no perdía nada por intentarlo. Además, cuanto más lejos se hallara del hermano Robert, mejor. Una de sus pláticas preferidas era el fin que les esperaba a los traidores, poniendo a Judas Iscariote como ejemplo. «Se ahorcó presa de los remordimientos –solía decirles– y ése es el fin que espera a todos aquellos que traicionan a Dios y a los hombres elegidos por él para llevar la Palabra a los pecadores.»

Estaba claro que él se consideraba uno de los elegidos, y después de haberlo visto actuar en Baigorri y en Pamplona, Aubert no tenía ninguna duda de cuál sería el destino que le esperaba si llegaba a caer en sus manos, así que más le valía poner tierra por medio y asegurarse la protección del poderoso comendador templario.

La hermosa rubicunda le hizo cambiar de planes. Se echó a llorar en cuanto supo sus intenciones de abandonar la villa, lo abrazó, lo besó y le ofreció su propio hogar, una humilde casa de madera y argamasa, situada junto a otras de la misma factura a orillas del río, cerca del puente de las Berzas. No pudo negarse; con sus cuatro sueldos le compró una manteleta de lana para que se la echase por encima de los hombros ahora que llegaban los fríos y se fue a vivir con ella.

Robert no se percató de la ausencia de su discípulo más querido, como él lo llamaba delante de los demás, hasta justo antes del sermón que diariamente impartía en el pajar. Había estado ocupado durante toda la tarde intentando entrevistarse con la esposa de Antoine Brulé. En un principio, el caballero se había mostrado tan atento como en su primer encuentro. Le comunicó que su mujer se sentía ya totalmente repuesta y que recibiría con placer a alguien que había conocido a su padre. Envió a un sirviente en su búsqueda y no ocultó su contrariedad cuando el criado regresó para decirle que la señora rogaba la disculpasen; no se sentía bien y prefería permanecer en su dormitorio. La contrariedad dio paso a la preocupación; el señor Brulé pidió disculpas, le rogó que esperase y salió, dejándolo solo en medio del patio. Lo vio subir al primer piso, caminar por el balconcillo corrido y desaparecer tras una puerta. Los días comenzaban a acortarse y el calor del sol sólo se dejaba sentir durante el mediodía. Hacía frío en aquel patio en el que unas manos anónimas habían depositado en una esquina un par de macetas cuyas flores colgaban marchitas. El tiempo apremiaba y el invierno no tardaría en llegar. Tenía que tomar una decisión, pero no podía reanudar el viaje sin conocer el paradero del documento. Cuando Brulé volvió a bajar, lo hizo con un semblante serio, muy distinto al que lo había recibido a su llegada.

–Lo siento –comenzó diciendo en tono seco–. En efecto, mi esposa no se siente bien. Aún colean los síntomas que la mantuvieron en cama durante varias semanas. Otra vez será.

Al decir las últimas palabras, el caballero le indicó la salida con la mano y él mismo lo acompañó hasta la puerta. Antes de abandonar la casa, se giró para despedirse y pudo ver en el piso superior a la hija de la hereje acompañada de una mujer bastante más vieja. Reconoció a esta última al instante: era la sirvienta de Geoffroi Bisol a quien Aubert y él habían golpeado y encerrado en la despensilla. Ambas lo contemplaban desde su altura con actitud seria y... también asustada. Pensó en ello mientras se encaminaba hacia el pajar para dar su plática. ¿Lo habrían reconocido y se lo habrían dicho a Brulé? Sólo así podía entenderse el cambio en la actitud del consejero real, pero, que él recordara, nunca había estado cara a cara con la hija del constructor y era imposible que la criada pudiese reconocerlo. La oscuridad y el golpe recibido no habían podido darle tiempo de fijarse en sus rasgos la noche en la que acudieron a la casa de Bisol. ¿Entonces?

Regresó a su casa para prepararse para el sermón y fue entonces cuando se percató de la ausencia de su segundo; preguntó por él, pero ninguno de los compañeros lo había visto desde la mañana. Una sospecha comenzó a fraguarse en su cerebro, pero no podía ser cierta. Envió a los once hombres en busca de Aubert; les encargó buscar por todas partes, incluso en la taberna, en la mancebía extramuros, en la calle de los judíos.

–No dejéis de examinar ni un solo rincón por extraño que os parezca –les ordenó–, preguntad en todas partes, en el hospital, en las iglesias, en los puestos del mercado... Nuestro hermano puede estar en peligro y precisar nuestra ayuda –añadió para convencerse de que no se trataba de una deserción.

La villa no era grande. Si Aubert se hallaba en ella, lo encontrarían; si no... Más valía no pensar en ello por el momento. Los hombres regresaron justo antes de comenzar el sermón en el pajar para confirmar lo que en el fondo temía. No había ni rastro del hermano Aubert. El que había acudido al hospital le informó de que el encargado había asegurado no ser el mismo que estaba de servicio durante la mañana y que debería esperar hasta el día siguiente para poder hablar con él.

Aquella tarde la plática comenzó con la más famosa de las profecías del profeta menor Sofonías: «El día de la ira de Jehová», que Robert conocía de memoria.

–«Destruiré por completo todas las cosas de sobre la faz de la tierra, dice Jehová –repitió en tono cavernoso–. Destruiré a los hombres y las bestias, destruiré las aves del cielo y los peces del mar, cortaré a los impíos y raeré a los hombres de sobre la faz de la tierra, dice Jehová.»

A medida que hablaba, su voz fue elevándose hasta convertirse en un discurso airado que puso los pelos de punta, amedrentó a los presentes e hizo llorar a las devotas.

–«Día de ira aquel día, día de angustia y de aprieto, día de alboroto y de asolamiento, día de tiniebla y de oscuridad, día de nublado y de tinieblas, día de trompeta y de algazara sobre las ciudades fortificadas y sobre las altas torres. Y atribularé a los hombres, y andarán como ciegos porque pecaron contra Jehová; y la sangre de ellos será derramada como polvo, y su carne como estiércol. Ni su plata ni su oro podrán librarlos en el día de la ira de Jehová, pues toda la tierra será consumida con el fuego de su celo, porque ciertamente destruirá a todos los habitantes de la tierra.»

La cólera de Dios caería sobre los pecadores, en especial sobre los herejes, malditos leprosos espirituales, cuyas almas se pudrían en vida al igual que sus cuerpos arderían en la eternidad del infierno reservado para ellos; sobre las mujeres, todas, culpables de los males de la humanidad; sobre los traidores que vendían a su señor por unas monedas; sobre los monjes que, ocultándose tras el hábito de pobreza, llenaban de riquezas sus monasterios; sobre los gobernantes sin escrúpulos, los burgueses adocenados, los campesinos asilvestrados e, incluso, el Papa influido y manejado por consejeros heterodoxos, entre ellos, su propio secretario. No dejó títere con cabeza. Embalado por su propia oratoria y por los rostros compungidos, unos, y estupefactos, otros, que veía frente a él, la prédica duró más de lo acostumbrado, sus gritos alertaron a los que pasaban por los alrededores y hubo quien salió del lugar para regresar poco después acompañado por otras personas. Nunca se había escuchado algo parecido y en el pajar no cabía una mosca. El predicador acabó exhausto y con la voz ronca.

Las consecuencias no se hicieron esperar. Antes de que les hubiera dado tiempo de acabar la cena, él y sus hombres se vieron sorprendidos por unos golpes fuertes en la puerta. El dueño de la casa, Johan Martínez de Uterga, acompañado por dos monjes del Temple, otros dos de San Juan del Hospital, varios notables, soldados y burgueses, entraron en tromba, la expresión enfurecida y las armas en la mano, cuando uno de los discípulos les abrió paso. Les conminaron a abandonar la villa en aquel mismo instante con la advertencia de que nunca más volvieran a ella si no querían ser encerrados y entregados a la justicia real. No les permitieron recoger nada y los acompañaron hasta el portal del Puente en medio de un gran revuelo, empujones e insultos de la población que esperaba a ambos lados de la rúa dels Rumeus. Todos los habitantes de Gares y también los peregrinos se habían dado cita para echarlos del lugar.

Los discípulos salieron presurosos de la muralla y echaron a correr al poner los pies en los primeros tramos del puente. El predicador iba en último lugar. Caminaba despacio, la mirada al frente. Un poco antes de llegar al centro del puente y cuando ya los demás habían desaparecido de la vista por la otra vertiente, Robert se detuvo y se giró. Más de un testigo de su marcha sintió una cierta aprensión al observar la figura alta, iluminada en la noche por la luz de las antorchas, de aspecto bíblico y cabellos demasiado largos agitados por la brisa.

–«Yavé hizo llover fuego y azufre sobre Sodoma y Gomorra; las destruyó junto con todas las personas que habitaban allí y acabó con todo lo que crecía en aquel valle» –recitó con voz potente. Y añadió–: Así este lugar será destruido por la ira de Dios. ¡Os lo prometo!

La respuesta fue una lluvia de piedras, una de las cuales le alcanzó en un brazo. En ese momento, perdió la compostura y echó a correr hacia el otro extremo del puente donde lo esperaban sus hombres. Desaparecieron en la oscuridad y caminaron a paso rápido hasta Mañeru, pequeño pueblo a unas millas de Gares, propiedad también de los monjes templarios, donde fueron a pedir asilo en la primera casa que encontraron. Abrieron la puerta dos hombres, uno viejo y otro joven; ambos eran una imagen repetida cuya única diferencia estribaba en las arrugas del primero, y los dos llevaban una vela en una mano y un garrote en la otra. No les permitieron la entrada pero, después de examinarlos atentamente sin decir palabra, los acompañaron a la cuadra aneja a la vivienda y los dejaron allí sin luz.

–¡Malditos paganos! ¡Así ardan en el infierno! –exclamó Robert al encontrarse perdido en medio de la oscuridad. El brazo apedreado le dolía cada vez más y no se atrevía a dar un paso por miedo a toparse con el morro de una vaca o con algo peor.

Antes de que ninguno de ellos hubiera intentado buscar un rincón donde poder sentarse y descansar, volvieron a aparecer los dos hombres con un candil de aceite encendido, varias mantas y un cesto en el que había pan, queso y manzanas, así como una jarra de vino. Les entregaron las cosas y volvieron a desaparecer sin haber abierto la boca. El Bugre y los suyos encontraron un lugar bastante limpio en un rincón de la cuadra y se acomodaron de la mejor manera posible. Estaban agotados, tenían los pies doloridos y, sobre todo, hambre y sed. La jarra de vino no duró más de una vuelta, pero uno de ellos, mozo de granja cuando era joven, sabía ordeñar y no tardó en ponerse a la tarea; llenó un cubo de madera que encontró colgado de un clavo y lo vaciaron con ayuda de la jarra. Aquella noche no hubo oraciones y no tardaron en quedarse dormidos gracias al calorcillo reinante dentro de la cuadra y a tener saciados los estómagos.

No era mal sitio después de todo, pensó Robert, mientras se frotaba el brazo dolorido; lo hubieran pasado verdaderamente mal a la intemperie sin ropas de abrigo y la helada que desde hacía algunas noches cubría los campos de escarcha. No podía dormir. Era difícil, a pesar del cansancio, reposar en paz con la mente trabajando sin descanso. Repasó lo ocurrido durante la jornada –su visita frustrada a la casa de los Brulé, la deserción de Aubert, su plática encendida y su expulsión de Gares como si fueran unos apestosos– y llegó a la conclusión de que su situación actual era tanto o más humillante que la soportada en París tras escapar de la prisión franciscana. Jamás lo olvidaría y alguien tendría que pagar por ello. La mortecina luz del candil alumbraba a sus seguidores; los once dormían a pierna suelta entre ronquidos y suspiros. Eran hombres simples, se dijo, incapaces de pensar por sí mismos, borregos que seguían al pastor. Comenzaba a estar harto de preocuparse por ellos, harto de andar siempre en su compañía, y no se fiaba de ninguno, mucho menos ahora que había sido traicionado por quien creía el más fiel. ¿Hasta qué punto estarían sus discípulos dispuestos a defenderlo?, se preguntó. Tal vez las cosas hubieran sido diferentes para Jesucristo de no haber estado acompañado por un cobarde como Pedro que le negó, un incrédulo como Tomás, un pusilánime como Juan, un traidor como Judas... ¿Qué habían hecho todos ellos cuando Él fue hecho preso? Nada, y nada harían éstos si a él le ocurriera algo parecido. Antes de quedarse por fin dormido ya había tomado una decisión: seguiría solo a la primera oportunidad que se le presentase. No necesitaba a nadie para llevar a cabo su destino.

Al llegar a Estella al día siguiente, Robert dejó a sus hombres en la iglesia del Santo Sepulcro, con la orden de esperar su regreso, después de entregarles algunas monedas para que adquiriesen algo de comer, y él se dirigió al burgo de San Martín. No tenía muy claro qué haría, pero la idea de la víspera se había afianzado en él durante el trayecto desde Mañeru. Tenía dudas por primera vez de la misión que se había impuesto: acabar con los herejes, discípulos del diablo. Pensó que tal vez había otras formas de llevarla a cabo. La desgraciada experiencia de Gares le había hecho ver las cosas de modo diferente. El mundo estaba tan corrompido que era tarea casi imposible oponerse abiertamente a él. Sin el apoyo de la Iglesia oficial ni el de los poderes terrenales estaba abocado al fracaso, y más teniendo en cuenta que sobre él pesaba una condena emitida por aquellos que se decían representantes de Dios. No obstante, ahí estaban los santos padres de la Iglesia: Ignacio de Antioquia, Justino, Orígenes, Luciano..., todos ellos luchadores contra la herejía y también, recordó, mártires por la fe. No estaba muy seguro de querer ser él también un mártir. Había, sin embargo, otros que no habían tenido que derramar su sangre en aras de la religión, en especial San Agustín, quien, a pesar de ser hijo de un pagano y haber profesado las creencias maniqueas, había llegado a ser el mayor exegeta de la Sagrada Escritura y azote de herejes. Con sus conocimientos en teología, su don de palabra y los años transcurridos en las escuelas de París, estaba en condiciones de presentarse bajo la identidad de un estudioso, un filósofo, un erudito en materia religiosa o cualquier otra que se le ocurriese, pero para ello debía cambiar su imagen.

Nada más poner los pies en el burgo, entró en una taberna y se comió media pierna de cordero acompañada con alcachofas rebozadas que pagó con dineros de la bolsa de las limosnas. A continuación, acudió a una tienda de paños y adquirió una camisa larga de color blanco, un hábito escolar negro y una sobrevesta también negra. Además, compró un gorro, especie de casquete de paño de color pardo con dos tiras para atárselo bajo la barbilla, unas medias de lana y unos zapatos de piel suave. Después buscó al barbero y se hizo cortar el cabello al modo de los francos, recortado hasta las sienes; también pidió que lo afeitara.

–¿No queréis que os deje un hermoso bigote al uso? –preguntó el hombre algo descorazonado.

A su parecer, los rostros rasurados eran propios de jovencitos, eclesiásticos u hombres afeminados, y aquél parecía estar bien lejos de ser alguna de las tres cosas.

–¡Rapad! ¡Rapad todo! ¡Que no quede ni un pelo! –exclamó Robert excitado y en un tono de euforia que a él mismo sorprendió.

Con su nuevo aspecto, parecía un magíster de una escuela de teología o de una universidad. Sólo un pequeño detalle más y el atuendo estaría completo. Preguntó al barbero si existía por allí cerca algún convento o monasterio que dispusiera de una biblioteca.

–¿Libros?

En realidad, no era una pregunta, se trataba más bien de la expresión de asombro del hombre por el interés del desconocido a quien acababa de rapar por algo tan inútil como eran los libros.

–Sí –afirmó el Bugre–. ¿Hay por aquí algún lugar donde pueda encontrar alguno?

–No sé... Dicen que todos los judíos saben leer, pero yo no me lo creo, aunque ¡id vos a saber! Con esa gente todo es posible... Y también... el rector de San Pedro puede que tenga alguno, o tal vez... los monjes de Iratxe...

–¿Dónde se encuentra el monasterio? –Robert empezaba a impacientarse.

–Saliendo por el camino de Castilla, a un par de millas de aquí. ¡Ah! También está el monasterio de Nuestra Señora de Rocamador, justo un poco más allá de la puerta de San Nicolás –el hombre salió a la calle y le indicó el arco que podía verse al final de la misma–. También es hospital de peregrinos.

Decidió probar en este último, pero, antes de dirigirse al monasterio, compró una bolsa de viaje usada, de cuero oscuro, en la que metió su viejo hábito, las sandalias y la bolsa limosnera para darle algo de volumen. Un peregrino pobre sólo llevaba polvo encima, pero podría resultar extraño que un escolar viajero con ropas inmaculadas se presentara con las manos vacías. Por la misma razón, también adquirió una mula vieja, recia y, sobre todo, segura, a un vecino del barbero, pero nunca había cabalgado y le costó Dios y ayuda subirse y estabilizar su cuerpo encima del animal. Lo último que vio antes de echar la mirada al frente fueron las sonrisas irónicas de los dos hombres que observaban sus esfuerzos sin mover un dedo.

A pesar del cambio realizado, de haber perdido el aire de profeta del Antiguo Testamento, su aspecto continuaba siendo impresionante dada su altura y la angulosidad de sus rasgos, aunque ahora parecía diez años más joven y estaba irreconocible. Ni siquiera los desgraciados que había dejado esperando a la entrada de la villa serían capaces de reconocerlo, se dijo satisfecho. Nunca lo habían visto bien vestido y rasurado. Cuando llegó al lugar indicado por el barbero, se llevó una pequeña sorpresa al constatar que el monasterio era una casa templaria, aunque, en el fondo, también era un alivio. Prefería alojarse con los freires que con los dominicos o los franciscanos. El hermano encargado de alojar a los peregrinos sucumbió ante la personalidad del hombre de mediana edad y aire distinguido que llegó montado en una caballería, pidió albergue para la noche y ofreció pagar por una celda individual.

–Me llamo Robert de Reims –se presentó, y añadió con énfasis a continuación–: Soy un *magister scolasticus* en viaje hacia Compostela.

El freire lo acompañó a una pequeña habitación, una de las cuatro reservadas para personas importantes, amueblada con lo mínimo fundamental más una jofaina, un jarro de agua y un lienzo para secarse.

–Nos sentiremos honrados si aceptáis compartir nuestra humilde cena...

–¿Disponéis aquí de un *scriptorium* donde pueda trabajar un rato? –preguntó él sin aceptar la invitación.

–He de reconocer que aquí dedicamos poco tiempo al estudio –se disculpó el freire–. Apenas tenemos libros.

–Yo traigo los míos propios –afirmó el Bugre señalando su bolsa.

–¿Y la cena?

–Guardo ayuno hasta la celebración de la Natividad del Señor.

Nuevamente impresionado, esta vez debido al reproche velado que intuyó en el tono del visitante, el hombre se inclinó, le indicó el camino hasta el *scriptorium*, le entregó la palmatoria con la vela encendida que les había alumbrado por el oscuro pasillo y lo dejó solo después de haberle notificado que, acabada la cena, regresaría en su búsqueda para acompañarlo a la iglesia. Robert echó un vistazo a su alrededor. El lugar era un espacio pequeño en el que apenas cabían dos pupitres de trabajo, media docena de anaqueles ocupaban parte de uno de los muros y en ellos podían verse algunos libros de gran tamaño en bastante mal estado, otros más pequeños, unos cuantos rollos y un montón de pergaminos sueltos, todos cubiertos por una espesa capa de polvo.

–*Beati pauperes spiritu*, «bienaventurados los pobres de espíritu» –recitó entre dientes, metamorfoseando con ironía las palabras iniciales del Sermón de la Montaña.

Encendió con la llama de la vela la mecha de un velón situado cerca de los anaqueles, sacó el hábito de la bolsa y limpió algunos de los volúmenes más pequeños con cuidado para no levantar el polvo. No había ninguno interesante entre ellos; viejos salterios, una vida de San Anselmo, otra de los primeros cristianos, una mala copia de la regla de San Benito y poco más. Las hojas de pergamino estaban mal cosidas y muchas, además, rotas, y las cubiertas de badana mostraban una capa de moho blanquecino debido a la humedad. Chasqueó la lengua disgustado. Seguro que los freires disponían de otro lugar en mejores condiciones. No era un secreto que los caballeros del Temple no sólo eran monjes-soldados, constructores, dueños de tierras y aldeas, sino también los mayores cambistas del mundo civilizado; protegían el dinero ajeno, prestaban sin interés, extendían pagarés y no había lugares más fiables ante todo tipo de robos que sus encomiendas y casas esparcidas por toda Europa, y aquélla no podía ser una excepción. Los muy astutos tendrían sus libros de cuentas a buen recaudo, en una sala cerrada con varios candados, pensó mientras pasaba el dedo por el lomo de uno de los volúmenes. Llevaba mucho tiempo sin tener un libro entre las manos, desde antes de haber sido juzgado como un criminal y encerrado en una celda franciscana, pero la visión de aquel abandono le trajo a la memoria su época de estudiante en la Escuela Catedralicia de Notre Dame, las lecciones de sus maestros, las discusiones teológicas con otros compañeros, Lionor...

–¿Qué leéis? –le había preguntado en una ocasión en que la encontró enfrascada en la lectura.

–Poemas de la condesa de Die.

–¿Perdéis vuestro tiempo con canciones de amor mundano?

–No todo ha de ser estudio en esta vida...

Robert hizo un gesto brusco delante de su cara con la mano para borrar los fantasmas del pasado y al hacerlo tiró sin querer un par de libros cuyas hojas se desparramaron por el suelo. Las recogió tras soltar una maldición, las metió de cualquier manera dentro de las cubiertas y fue a colocarlas en su sitio cuando sus ojos toparon con un pequeño volumen, medio oculto detrás de otro más grande. Parecía estar en mejor estado que los demás; las hojas firmemente sujetas y la cubierta nueva. Leyó el título, *Petrus Comestor Historica Scolastica.* ¿Qué hacía en aquel agujero la obra cumbre del teólogo y canciller de las escuelas de París muerto setenta años atrás? Se sentó en uno de los pupitres y ojeó la obra copiada con tinta negra en una escritura apretada pero legible, en columnas de a dos y de treinta líneas cada una, sin adornos en los márgenes, excepto la iluminación de las letras mayúsculas al comienzo de cada página. Era una versión libre de los hechos narrados en la Biblia que había tenido ocasión de leer por ser materia obligada durante sus estudios. Se detuvo en la parte en que el autor comparaba la construcción de la Jerusalén celeste con la de una ciudad y, en especial, en un párrafo que ya en su momento le había causado una gran impresión. «En la primera fase, el hombre se halla en la angustia y la aflicción; en la segunda, en la paciencia y la espera; en la tercera, en la gloria y la exultación.» Él ya había pasado por la angustia durante sus años de dudas cuando había abandonado a Dios para seguir a una ramera y también después, al ser vilipendiado, juzgado y acusado injustamente. Ahora se hallaba en el segundo estado y pronto estaría en la gloria, y sus méritos serían reconocidos por todos.

El hospitalero entró entonces y él se levantó, se sacudió el polvo de las mangas, cerró la obra y la guardó en su bolsa con toda tranquilidad. Había ido en busca de un libro para reforzar su nueva apariencia, y un libro se llevaba. Estaba claro que allí nadie se percataría de su falta. Siguió al freire hasta la iglesia, satisfecho y seguro en su nuevo papel, ocupó un puesto en un lateral, separado de un buen número de peregrinos que rezaban de rodillas, y recorrió el templo con la vista. Todo allí era oscuro: el lugar, apenas iluminado por unas pocas lámparas de aceite y unos cirios, los hábitos de los monjes de color pardo, las ropas oscuras de los peregrinos, incluso la imagen de la Virgen era negra. Sólo la blancura de una capa desentonaba; era un punto luminoso que atraía la mirada al igual que la llama atraía a los insectos. En un momento dado, el portador de la capa se giró hacia la persona que tenía a su lado y le dijo algo al oído. Pudo ver con claridad ambos perfiles y su respiración se detuvo. Bertrand de Garlande y el aprendiz agote estaban a tan sólo unos pasos de él, tan cerca que hasta podía alargar la mano y tocarlos. El sacerdote finalizó la oración pidiendo a los presentes que se dieran la paz. Robert avanzó y extendió sus manos. Uno después del otro, el comendador y el joven respondieron a su saludo. El Bugre sonrió. Ninguno de los dos lo había reconocido. Su estrella jamás lo abandonaba.

El mensajero había recorrido sin detenerse la distancia que separaba Pamplona de Gares y se reponía de la cabalgada bebiendo directamente de una jarra de vino aguado y comiendo unos garbanzos con puerros en la cocina de la casa. Mientras, el señor Brulé, sentado a su lado, leía el mensaje enviado por el mayordomo de la casa real. Dentro de veinte días a partir de la fecha, le comunicaba, don Teobaldo se dirigiría a Tierra de Estella y a la Merindad de Olite y, puesto que él se hallaba en la comarca, le instaba a ocuparse de todo lo concerniente para que la estancia del rey en la zona se llevase a cabo sin ningún contratiempo. Alcaldes, alcaides, merinos, hombres adinerados, abades; todos debían ser avisados de la llegada. A él se le hacía personalmente responsable de que los alojamientos dispuestos para la real persona y su séquito estuvieran en condiciones y se organizaran los agasajos correspondientes, actos religiosos y audiencias. El consejero pegó un salto y se puso a dar gritos llamando a los sirvientes bajo la mirada indiferente del mensajero, habituado a escenas similares cada vez que llegaba a algún sitio con un mensaje de la corte. Poco más tarde, la casona entera bullía en preparativos. La primera intención de Brulé había sido partir de inmediato hacia Estella en compañía de un par de criados. Solo podría moverse con mayor libertad, pero Alix se plantó en jarras.

–¿Piensas dejarme aquí mientras tú te diviertes? –le interrogó.

–No es ninguna diversión, te lo aseguro, ocuparse del viaje de un rey. Más bien es un quebradero de cabeza. No puedes imaginarte la cantidad de problemas que se plantean en ocasiones como ésta.

–Me da igual. No permaneceré aquí encerrada por más tiempo. Este lugar es asfixiante. Y, por cierto, soy la esposa de un consejero real y aún no he sido presentada en la corte. ¿Acaso te avergüenzas de mí?

El caballero permaneció pensativo. No tenía ganas de discutir ni de explicar a su mujer que se había casado con ella sin autorización y que ello le había traído complicaciones. A pesar de ser la hija de un constructor renombrado, ella no dejaba de pertenecer al común y él era un miembro de la curia. No podía tomar decisiones personales sin antes pedir permiso al rey. Su padre, Gace Brulé, perteneciente a la pequeña nobleza de Champaña, fue un gran trovador que dejó escrita una obra extensa admirada por Teobaldo. El rey había declarado en múltiples ocasiones que sin él la poesía francesa no hubiera sido la misma y había favorecido a su familia concediéndole numerosos beneficios. A él, siendo el cuarto de entre sus hermanos y sin posibilidades de heredar ni de hacer la carrera militar, lo nombró consejero de obras en su reino de Navarra, un gran honor y, por otra parte, un medio cómodo de amasar una pequeña fortuna mediante la gratitud mostrada por ciertos comerciantes al haber sido ellos los elegidos para suministrar los materiales de construcción necesarios.

–Me cuentan que habéis matrimoniado, señor Brulé –le había dicho Teobaldo en un tono punzante durante su último encuentro en Pamplona, el año anterior.

–Sire, así es.

–No recuerdo que hubierais solicitado mi autorización.

–Estabais en Champaña...

–¿Tanta prisa teníais por casaros?

–Sire, un hombre puede sentirse muy solo lejos de su tierra...

–Podéis regresar a ella en cuanto lo deseéis.

–Mi único deseo es poder serviros, señor.

–Pues no lo olvidéis.

El diálogo duró un suspiro, pero a él le pareció interminable. El rey no pidió conocer a su mujer y él no se atrevió a presentarse con ella ante el monarca. Tal vez ahora podría aprovechar la ocasión si el viaje se realizaba sin percances y a gusto del soberano. Después del parto, Alix no había vuelto a ser la misma; estaba irascible y no aceptaba ningún contacto físico con él escudándose en los consejos del físico y de la partera, que seguían recomendando reposo aunque ya habían transcurrido más de tres meses desde el nacimiento de su hija. Si la llevaba con él, quizá también cambiaría su actitud y volvería a ser la esposa complaciente que había sido antes de dar a luz.

–Y también está ese hombre, el predicador... –le oyó decir.

Le vino a la mente la figura del inquietante personaje que por dos veces había insistido en hablar con su mujer. La segunda vez, cuando él acudió al dormitorio de ella, extrañado por las palabras del criado enviado en su búsqueda, la halló en un estado cercano a una crisis de nervios. Juana estaba a su lado e intentaba calmarla. Entre las dos le contaron dónde y cuándo habían visto al hombre que esperaba abajo y por qué estaban seguras de que él había tenido algo que ver con el ataque al maestro Bisol. Podían estar equivocadas, se dijo Brulé, pero no permitiría que nada alterase a su mujer, ya de por sí bastante alterada.

–Tengo que partir de inmediato –señaló–, pero tú puedes seguirme cuando hayas dispuesto el viaje. Te esperaré mañana en Estella.

Antes de marcharse acudió a la encomienda para solicitar una escolta para su mujer y su hija. En los últimos tiempos se notaban movimientos de gentes armadas por los alrededores; lo había podido comprobar mientras recorría la región en busca de un lugar apropiado para construir un palacio digno del rey. Los infanzones, eclesiásticos y labradores, miembros de la Junta, andaban revueltos. Todo el mundo sabía que, durante la última reunión en Obanos, las discusiones habían ido subiendo de tono hasta llegar a un punto en que las armas parecían ser el único medio de dirimir las diferencias. La intervención del cabo o *buruzagi* de la Junta había impedido que esto ocurriese, pero no había disipado el malestar reinante. El obispo de Pamplona había logrado la excomunión de Teobaldo y la noticia había llenado de gozo a los junteros. Sin el apoyo de la Iglesia, nadie estaba obligado a obedecer al rey. Era un buen momento para plantear sus demandas, exigir su cumplimiento y, de paso, acabar con los traidores que después de haber jurado los compromisos de la Junta se habían pasado a la parcialidad real. A pesar de que el monarca francés había hecho poner por escrito el Fuero General, el buen entendimiento entre los junteros y la Corona en tiempos de Sancho VII el Fuerte era agua pasada. Teobaldo no era Sancho y tampoco era navarro, algo que había quedado claro desde el principio. No estaba dispuesto a permitir intromisión alguna en la gobernación de su ahora reino, ni a aceptar que un grupo de vasallos le impusiera condiciones. La Junta se había creado para defender al pueblo de los abusos de los hombres acaudalados, los nobles más poderosos en bienes y tierras, y los malhechores que campaban libres por el reino sin que los gobernantes hicieran nada para evitarlo, pero, a fe del rey, nadie excepto él tenía poder para impartir justicia. Antoine Brulé estaba de acuerdo; mano firme era lo que necesitaban aquellos campesinos levantiscos, pero nadie mejor que él, que se veía obligado a viajar de continuo, conocía los peligros que acechaban a los viajeros y más si éstos eran ricos y francos. En cualquier momento podía saltar la chispa y más valía tomar precauciones.

Partió, pues, en cuanto hubo dejado este asunto solucionado. Él no necesitaba escolta, la distancia entre Gares y Estella no era grande y sus sirvientes iban bien pertrechados, pero al llegar a la altura de Villatuerta los tres se vieron sorprendidos por una partida compuesta por una docena de hombres que los rodearon al tiempo que los amenazaban con sus picas, espadas y una ballesta; los obligaron a salir del camino y se internaron en la sierra. Les forzaron a apearse al llegar junto a una cabaña medio oculta entre las rocas; a empujones los introdujeron en ella, atrancaron la portezuela por fuera y salieron a galope tendido, dejando a dos de los suyos de guardia. Los raptores llevaban los rostros cubiertos y en ningún momento abrieron la boca.

Todo había ocurrido tan rápido que Brulé y sus dos sirvientes apenas tuvieron tiempo de darse cuenta de su situación. La cabaña, más bien una borda de piedra, tejado incluido, no tenía aberturas excepto la realizada en el techo para dejar salir el humo y les llevó algún tiempo acostumbrarse a la penumbra. El antro estaba vacío; no había nada dentro, ni un catre, ni paja, ni leña para encender fuego, ni tan siquiera una vasija de agua, y el suelo de tierra estaba alfombrado con excrementos de cabra. Los tres hombres se miraron sin decir nada y después se sentaron con las espaldas apoyadas en uno de los muros. Brulé sólo podía pensar en una cosa: el rey llegaría a la comarca y él no estaría allí para recibirlo.

Por su parte, Alix se había dado buena prisa en tenerlo todo dispuesto para salir cuanto antes hacia Estella. La apatía sentida durante las últimas semanas se había transformado en excitación. Animada por la idea de abandonar Gares, un aburrido lugar lleno de monjes y peregrinos, según su parecer, y pasar a vivir una temporada en la villa del Ega, la más populosa de Navarra, después de Pamplona y Tudela, no paró de dar órdenes y de volver locos a los sirvientes hasta que estuvo dispuesto un carro repleto de enseres y arcones de ropas y otro más para ella, su hija y los criados que las acompañarían en el viaje. Temprano a la mañana siguiente, y escoltada por cuatro monjes-soldados, la pequeña comitiva salió por el portal del Puente y no se detuvo hasta llegar a su destino: una casona de piedra en la rúa de los Peregrinos, en pleno burgo, que el concejo ponía a disposición de los oficiales reales cuando éstos no se alojaban en el castillo de Zalatambor.

El pasmo de los encargados de la casa al verlos aparecer fue parejo al de los recién llegados cuando aquéllos les hicieron saber que el consejero no había aparecido por allí en los dos últimos meses y tampoco había enviado recado alguno. La primera reacción de Alix fue de hartazgo ante la clara ineptitud de su marido, quien probablemente se hallaría en el castillo olvidado de sus deberes familiares, y despachó a un criado para hacerle saber su llegada. El hombre regresó al poco para decirle que en el castillo tampoco conocían el paradero del señor ni tenían noticias recientes de él. La alarma cundió de inmediato; los templarios volvieron sobre la ruta para informarse en cada pueblo de allí a Gares y examinar cada recoveco, y recorrieron la orilla del río en busca del caballero y de sus dos criados. Alix en persona acudió a ver al alcalde del burgo, quien, a su vez, se puso en contacto con los de los barrios de San Miguel y de San Juan. Mayorales y soldados buscaron por rúas y callejas, en los conventos, iglesias y santuarios, entraron en la judería y ascendieron la cuesta hasta el enclave primitivo de la villa, Lizarra. No quedó un rincón sin investigar y la búsqueda duró dos días con sus dos noches. En la mañana del tercero todos estuvieron de acuerdo en una cosa: el consejero real había desaparecido sin dejar rastro.

Tanto movimiento no podía pasar desapercibido y no había estellés que no supiera lo ocurrido. Se plantearon las teorías más peregrinas para explicar el extraño suceso, desde la posibilidad de que el consejero real hubiera sido arrebatado por los aires por los espíritus nocturnos, hasta la de que hubiera sido asesinado después de ser robado por un grupo de ladrones camineros. También las había más cáusticas, en las que se veía implicada una mujer mora o eslava, según las versiones, muy del gusto de los nobles francos, como era bien sabido. La noticia llegó a oídos de Bertrand de Garlande, quien se apresuró a acudir en compañía de su joven amigo a la casa del concejo donde sus hombres le pusieron al corriente de los acontecimientos.

Algo apartado de los templarios, junto a otras personas que esperaban el desarrollo del asunto en una sala de la planta baja de la casona, Eder experimentaba en aquellos momentos dos sentimientos contradictorios. Por un lado, no deseaba que nada malo le hubiera ocurrido a Brulé, a pesar de considerarlo un ser fatuo que le había arrebatado a la mujer que él amaba; pero, por otra parte, su desaparición solucionaría no pocos de sus problemas. Seguían vivos en su mente los momentos de amor, incomparables, hermosos, experimentados por dos veces. Quizá aún había una oportunidad. Ahora más que nunca, ella necesitaría a alguien que la amara como él la amaba; alguien que la hubiera visto crecer, que hubiera jugado con ella y compartido sus secretos infantiles; alguien, en fin, que le hubiera demostrado su amor sin pedir nada a cambio. La entrada en tromba de Alix cortó en seco sus pensamientos y también su respiración. Sin percatarse de su presencia, la joven se lanzó en brazos del comendador hecha un mar de lágrimas. La observó con el corazón herido mientras hablaba con Bertrand, le contaba lo sucedido, le explicaba detalladamente todos los pasos dados y mostraba el aire afligido de una mujer ansiosa por recuperar a su marido. Así pues, se dijo, no había sitio para él en el corazón de Alix. Su ilusión había sido tan efímera como el postrer suspiro de un moribundo.

Dos personas más entraron en la sala y su presencia le causó la estupefacción más completa. Juana, la vieja sirvienta de su maestro, estaba tal cual la había dejado el día de su regreso a Bozate; la misma toca fálica cubriendo su cabeza, la misma saya de color oscuro y el delantal de un blanco inmaculado, y a su lado... Alazaïs. ¿Qué hacía ella allí? ¿Cómo era posible? Se ocultó tras un hombre de anchas espaldas, casi tan alto como él mismo, para poder observar sin ser visto. Su mirada iba de Alix a Alazaïs, ambas de parecida edad, una rubia y otra morena, y las dos le habían amado para después despreciarlo por su condición. La vida daba muchas vueltas, pero el desenlace siempre era imprevisible. Las únicas mujeres, aparte de su madre y de la tía Elaia, que habían tenido algo que ver con él se hallaban en aquellos momentos juntas en la misma habitación, y a él le hubiera gustado desaparecer igual que el señor Brulé.

Poco a poco, burgueses, autoridades y curiosos iban abandonando la casona. Eder temía ser descubierto en cualquier momento, pero no podía marcharse sin que el comendador lo notase, así que optó por colocarse cerca de la puerta para salir en cuanto éste diera la orden de partida.

–¡Joven Eder!

El grito de Juana resonó en la estancia como la campana grande de la catedral de Pamplona, los presentes interrumpieron las conversaciones y todos, sin faltar uno, se giraron hacia él. En unos instantes pudo ver las miradas curiosas de los hombres que no le conocían, el ademán cariñoso del comendador y el sorprendido de Juana, pero vio, sobre todo, dos pares de ojos fijos en él que lo dejaron inmóvil en su sitio. De pronto, Alix había dejado de ser una supuesta viuda inconsolable; no sonreía, pero su mirada azul reflejaba la satisfacción que le producía el encuentro y, en un ademán involuntario, se frotó un labio con el otro. Alazaïs, por su parte, con la alegría reflejada en el rostro, había abierto la boca para decir algo, pero ningún sonido salió de ella.

–Me alegro de contar con un amigo entre nosotros en estos terribles momentos.

Alix avanzó hacia él y cogió sus manos. Sintió que el aire no le llegaba a la boca, que se ahogaba; hubiera sido capaz de abrazarla en aquel mismo instante y besarla delante de todos, declararle su pasión, decirle que sin ella moría poco a poco, pero se contuvo.

–Todos haremos lo posible por encontrar al señor Brulé –respondió con un tono neutro de voz.

–Cualquier ayuda será bienvenida.

Le dio la impresión de que se sentía un tanto defraudada, pero no dijo nada más y se giró hacia Alazaïs.

–No volviste a Baztán...

–No..., deseaba pedir perdón a un amigo a quien ofendí sin quererlo.

Sonrió y ella le devolvió la sonrisa.

–¿Os conocéis?

La pregunta de Alix interrumpió su silencio

–Sí –respondió el montañés–. Nos conocemos desde hace muchos años.

–¡Querido muchacho! –Juana estaba impaciente por intervenir.– ¡Qué desgracia, Señor! ¡Qué desgracia! Nuestro querido maestro murió...

–Lo sé, Juana. Yo estaba aquí cuando ocurrió.

–¿Estabas aquí? Me hago vieja y pierdo la memoria. A veces la pena no me deja pensar...

–A muchos nos ocurre lo mismo.

La noche había caído y las voces de los guardas de ronda avisaban del cierre de los portales.

–Volveremos mañana –informó el comendador a Alix–. No cejaremos hasta hallar a vuestro esposo, mi buen amigo, aunque tengamos que levantar palmo a palmo esta comarca.

Hizo una seña a sus hombres y al joven y se dirigió a la puerta seguido por ellos. Eder se volvió para mirar una vez más a las dos mujeres e hizo un leve saludo de despedida con la mano antes de salir.

–¿De qué lo conoces? –Alix se dirigió a su sirvienta con sequedad.

–Hace años me salvó la vida. –Alazaïs miraba hacia la puerta.

–¿Y cuándo fue la última vez que le viste?

–En Gares.

–Regresasteis juntos desde Baztán.

–Sí.

–¿Hay algo entre vosotros?

La joven la miró y tardó en responder. No le gustaba el tono de su voz, no le gustaba que alguien se metiera en su vida y mucho menos que la interrogaran, pero ella era la señora, la madre de Maddi y, por ahora, su única fuente de subsistencia.

–No.

–Pues que no lo haya. Exijo que te comportes como una doncella honesta mientras seas mi sirvienta y la de mi hija.

Aquélla fue una noche de velas, sueños interrumpidos e insomnios.

Alix tardó mucho en cerrar los ojos. Quería pensar en su marido, pero el único rostro que aparecía en la oscuridad era el de un hombre joven de cabello ondulado y ojos grises que había vuelto a su vida cuando menos lo esperaba. Si Antoine no apareciera, ella sería libre... Pero... ¿de qué vivirían un aprendiz de constructor y una mujer sin fortuna propia? Ello la llevó a pensar que desconocía a cuánto ascendía la de su marido y dónde la tenía depositada. No se había preocupado por el dinero en el tiempo que llevaba casada, lo cual, tuvo que reconocer, había sido un error. De la noche a la mañana podía encontrarse viuda y sin un mísero sueldo de sanchete para subsistir. Luego recordó la relación estrecha que Antoine mantenía con Bertrand de Garlande y sonrió. Tendría que hablar con el comendador sobre el asunto. Ya más tranquila, cerró los ojos para pensar únicamente en Eder. Pronto, muy pronto...

Alazaïs tampoco podía dormir; aún estaba bajo la impresión recibida y no dejaba de sonreír. Con los ojos cerrados y la mano acunando a la niña, revivía el momento en que él se había vuelto hacia ella y le había sonreído. No quedaba nada de la mirada enfadada, primero, y triste, después, de la última vez que habían estado juntos. Aún había esperanzas. Parecía tan vulnerable, allí en medio de la sala... Si él le hubiera tendido la mano y pedido que lo acompañara, no habría dudado ni un instante en seguirle a cualquier parte. Esperaría a que lo hiciera y, mientras, cuidaría de su hija.

Eder ni siquiera se molestó en tumbarse en el catre. Le molestaban los ronquidos de los peregrinos y los olores que, en otros momentos, ni siquiera notaba. Salió del hospital y anduvo por la campa adyacente. Hacía mucho frío, las hierbas crujían por la helada a su paso, pero él no lo sentía. La luna, redonda y clara, iluminaba los campos y creaba formas fantásticas entre sombras y resplandores; las montañas se dibujaban en el cielo estrellado y su corazón se agitaba dentro de su pecho cada vez que pensaba en Alix y... también en Alazaïs. Después de vagabundear durante un rato, regresó al monasterio y entró en la iglesia cuya puerta nunca se cerraba. No había nadie dentro, sólo la Madre iluminada por una pobre candela a punto de extinguirse. No tuvo ningún reparo en quitar el cabo exiguo y colocar en su lugar una de las dos velas que adornaban el altar. El rostro ennegrecido de la imagen resplandeció con la nueva llama.

–Amari, diosa de mis antepasados, te hallas lejos de nuestras montañas como yo, e igualmente sola...

Bertrand lo encontró a la mañana siguiente dormido a los pies de la imagen cuando acudió a la hora prima. No era raro encontrar algún peregrino pernoctando dentro de la iglesia, le informaron los freires, y ¿qué mejor lugar que aquél para sentirse protegido? El joven parecía en paz y ni los rezos ni los cantos lograron despertarlo, así que decidió dejarlo dormir tranquilo.

–Tenemos que seguir buscando al señor Brulé –le dijo al acabar la oración, al tiempo que lo sacudía por un hombro.

El montañés abrió los ojos y miró a su alrededor sorprendido. El comendador sonrió.

–Eres un joven extraño, Eder Bozat. Con el frío que hace, has pasado la noche aquí, sentado en el suelo y, encima, has dormido como un bendito.

–Ella me protege –dijo señalando a la imagen.

–Protege a todos los hijos de Dios.

–A todos no; sólo a los que no la niegan.

Ese mismo día se recibió un mensaje en la sede del concejo. No llevaba firma, pero sí el sello de la Junta de Obanos, e informaba que el consejero real y sus dos sirvientes se hallaban retenidos por varios junteros que habían decidido raptarlos para negociar su libertad con el rey a cambio de que éste dejara en paz a la Junta y se aviniese a razonar. El *buruzagi* acompañado por miembros leales, seguía informando la nota, y en ejecución de las ordenanzas de su organización, se disponía a hacer justicia con los criminales.

–¿Creéis que lo harán? –preguntó Eder al comendador.

–No me cabe la menor duda –respondió éste con firmeza–. No será la primera vez. Hace unos años, un tal Miguel de Arróniz raptó a la mujer de un juntero, la escondió en la casa de su padre y después la llevó al castillo de Punicastro, en la sierra de Codes, cuya tenencia ostentaba Juan de Bidaurre. Pues bien, la Junta logró que la mujer le fuera devuelta y, a continuación, arrasó la casa de Arróniz y las de varios de sus compinches. Y no hizo lo mismo con el castillo porque es propiedad real. En los años que llevo en la encomienda, los he visto actuar en bastantes ocasiones y te aseguro que no se andan por las ramas.

–¿Y vos no actuáis en dichas ocasiones?

–¿Yo?

–Vos, los caballeros...

–Nosotros no intervenimos en los asuntos internos de los reinos cristianos, protegemos a los peregrinos y, a veces, como ahora, nos vemos obligados por razones de amistad o dependencia, pero son excepciones.

Cuatro días más tuvieron que pasar hasta recibir alguna noticia. Johan Martínez de Uterga y otros junteros aparecieron en Estella al atardecer de la quinta jornada trayendo con ellos a Antoine Brulé y a sus servidores. Su estado era calamitoso. Sólo habían comido unos mendrugos de pan y bebido un poco de agua que sus captores les habían dado; olían a excrementos, la barba les había crecido y unas grandes ojeras rodeaban sus ojos hinchados. Nada más entrar en la casona, el consejero desapareció escaleras arriba sostenido por un par de hombres y mandó recado de que no lo esperasen porque no tenía intención de aparecer en público hasta no estar recuperado del todo.

–¿Y qué habéis hecho con los culpables? –preguntó el comendador a Martínez de Uterga.

–Cuelgan de los árboles de la sierra de Codes –respondió éste, y añadió en voz lo suficientemente alta como para ser oído por todos los presentes–: La justicia en Navarra es cosa de navarros.

Dicho esto, dio media vuelta, montó de nuevo en su mula y se alejó por la rúa en dirección al camino de Gares.

Seguro de su nueva identidad, Robert Lepetit no había perdido detalle de lo ocurrido; se hallaba presente en todo momento y en todas partes, de forma que su figura alargada se había hecho familiar y a nadie extrañaba verlo aparecer de manera imprevista. De todos modos, y para más seguridad, una mañana se acercó hasta la iglesia del Santo Sepulcro y comprobó que los hombres dejados allí a la espera de su regreso continuaban esperándole. Se paseó entre ellos y los peregrinos, entró a rezar en el templo y, al salir, dio una limosna a uno de sus antiguos discípulos que mendigaba en la puerta. El hombre cogió la moneda, le miró a la cara y le dio las gracias. La estupidez humana no tenía límites, meditó Robert de vuelta al burgo; los seres humanos únicamente veían lo que querían ver y eran incapaces de reconocer al mismo pollo con distinto plumaje. Contrariamente a su proceder anterior, se había vuelto muy discreto; apenas hablaba, pero escuchaba con mucha atención todo lo referente a la desaparición del consejero real. Si no se daba con su paradero, a él le sería más fácil acercarse a la hija de la hereje, aunque no podría hacerlo hasta que no se supiera lo ocurrido con Brulé; en esos días la mujer nunca estaba sola. Tampoco perdía de vista al comendador y a su acompañante. Los veía ir juntos a todas partes y era imposible abordar al más joven sin que el freire estuviera presente. No le pasó desapercibida la bolsa que el aprendiz llevaba colgada del hombro como si fuera una prenda más de su vestimenta, y tuvo la certeza de que era allí donde guardaba el documento. Los seguía en sus recorridos por las poblaciones de Pamplona a la espera de un descuido, de un momento en el aire, para hacerse con la bolsa, pero temía acercarse demasiado y acabar siendo reconocido por el freire templario. La mirada aguda bajo las espesas cejas indicaba que éste no era tan estúpido como los desarrapados abandonados a su suerte a la entrada de Estella.

Una tarde los vio adentrarse en San Miguel, el barrio más populoso y ruidoso de la villa, y también el más heterogéneo; subieron por las escaleras de la iglesia y entraron en ella. Él decidió esperarlos abajo. Era más fácil pasar desapercibido mezclado con otras personas. En el barrio convivían gentes navarras y francas, campesinos y comerciantes, e incluso algunos judíos tenían allí tiendas abiertas. También había muchos peregrinos, que preferían buscar refugio en el hospital cercano a la iglesia, y podían verse mujeres de rostros pintarrajeados indicativos de su oficio, personas vestidas a la usanza de los moros y un buen número de hombres de armas. Observó a la vendedora de un puesto de legumbres discutir con otra mujer, supuso que sobre el precio de los géneros, ya que no entendió lo que decían. Hablaban la misma o parecida lengua que los mezquinos de Ultrapuertos y dicha constatación le recordó a los paganos de Baigorri y la promesa hecha a sí mismo de luchar contra éstos y contra los herejes. Aquella ciudad tenía que estar repleta de ellos; la familiaridad con la cual algunas mujeres se dirigían a los hombres, las blasfemias que escuchaba en su propia lengua, los signos diabólicos grabados en las puertas, el grupillo de viejas vestidas de negro que hablaban en un corrillo y, de vez en cuando, lo miraban y se reían... La cabeza comenzaba a darle vueltas y sentía el sudor empapándole por debajo del gorro. Levantó la vista hacia la iglesia, pero no había señales de las dos piezas a las que acechaba. Una risa chillona le obligó a girarse. Una mujer rubia, sin tocado, con afeites en el rostro y entrada en carnes caminaba hacia donde él estaba y reía de forma aparatosa, asida del brazo de un hombre bajo y flaco que daba la impresión de pasarlo tan bien como ella. Los miró con desprecio, pero cuando llegaron a su altura la sorpresa no le dejó reaccionar: el hombrezuelo no era otro que Aubert, el discípulo traidor. Miró de nuevo hacia la puerta de la iglesia, el freire y el aprendiz seguían sin aparecer. No lo pensó más y echó a andar tras la pareja, que continuaba hablando y riendo, se detenía en los puestos, preguntaba los precios y compraba algunas chucherías. Los siguió y esperó a que la noche cayera, apostado a poca distancia de la casa de aspecto humilde donde habían entrado. Cuando la oscuridad era completa y no se veía un alma transitando por allí, se aproximó y llamó a la puerta.

–Buenas noches, hermano Aubert –saludó cuando ésta se abrió.

El hombre, sonriente y a medio vestir, permaneció durante unos instantes paralizado por la impresión. En un primer momento no reconoció al personaje vestido como un canónigo que tenía delante, pero hubiera podido distinguir entre mil la voz grave del predicador. La sonrisa se borró de sus labios al descubrir su mirada de ave depredadora y tragó saliva, incapaz de emitir sonido alguno. El Bugre no esperó a ser invitado y penetró en la vivienda; echó una mirada alrededor de él e hizo una mueca de asco. El lugar era un cuchitril desordenado y bastante sucio; unos pedazos de madera ardían a ras del suelo de tierra y sobre ellos una trébede sostenía una pequeña olla de barro en la que hervía un líquido espeso y aceitoso. La mujer se hallaba sentada sobre el catre y se había cubierto a toda prisa con una manta al verlo entrar.

–¿Y por esto dejaste a Dios? –preguntó Robert a Aubert abarcando la habitación con un ademán del brazo.

Se giró y fijó la mirada en su antiguo discípulo, después salió, pero se detuvo al pisar la calle.

–Te esperaré mañana en el portal del Pópulo, en el burgo franco, justo después del toque de apertura –miró de nuevo al hombre que temblaba de frío y de miedo–. No faltes. Sé dónde vive tu ramera.

La advertencia era clara y Aubert afirmó con la cabeza.

–¿Quién era? –le preguntó la mujer cuando entró, cerró la puerta, se apoyó en ella y cerró los ojos.

–El diablo en persona.

Mucho antes de la apertura de los portales, Aubert se hallaba en el de San Martín a la espera de poder cruzar el puente y acudir a la cita en la otra parte del río. No había podido pegar ojo durante toda la noche. Jamás en su vida había sentido tanto miedo; ni siquiera cuando, presa de pavor, permaneció varios días encadenado en un calabozo del Louvre por haber sido pillado in fraganti sustrayendo la bolsa de los dineros a un individuo que luego resultó ser el capitán de la guardia real. La humedad descendía por los muros en forma de gotas gruesas, el olor era insoportable, los gritos de los torturados no dejaban de oírse ni de día ni de noche y, lo peor de todo, tuvo que convivir con ratas de un codo de largo que se paseaban entre los miserables allí encerrados. Creyó que nunca más vería la luz del sol, pero, para su buena fortuna, el día de Viernes Santo, el rey dio orden de soltar a cincuenta reos culpables de penas menores, y él fue uno de ellos. Juró entonces no reincidir, pero el hambre no hacía diferencias con los arrepentidos y pronto volvió al oficio.

La súbita aparición del predicador esa noche le había helado el alma. Pensó en desaparecer aprovechando la oscuridad;

podía subir al viejo barrio de Lizarra y esperar allí la apertura del portal de San Pedro para marcharse, pero las palabras del hermano Robert no eran simples baladronadas, lo sabía bien y no quería que le ocurriese nada a su amiga. De todos modos, pensó, si hubiera querido matarlo, ya lo hubiera hecho; no iba a esperar a hacerlo a la luz del día. Algo más tranquilo esperó la llegada del amanecer y, sin hacer ruido, salió de la casucha después de haber besado la mejilla de la mujer que durante unas semanas le había hecho tan feliz.

Sentado en un mojón al lado del portal del burgo, vio llegar al hombre que había dominado sus sentidos durante años, respiró profundo, se levantó y lo observó mientras se acercaba. Estaba cambiado, parecía más joven, pero, al mismo tiempo, más viejo. Era algo extraño, al igual que también lo era el atuendo que vestía. ¿De dónde lo habría sacado?, ¿y dónde estaban los otros compañeros? El Bugre estaba ya delante de él, pero no dijo nada. Esperaron durante mucho rato, uno junto al otro, sin mirarse ni hablarse; el sol estaba alto cuando el predicador lo asió por un brazo y le obligó a mirar al río.

–Dentro de un instante pasaran por nuestro lado el freire de Gares y el aprendiz de Bisol –le informó–. Síguelos allá donde vayan. Tú verás cómo te las apañas, pero quiero que me traigas la bolsa que lleva el joven colgada del hombro.

Le hizo una seña cuando los dos hombres llegaron al portal y comenzaron a cruzarlo.

–Estaré esperándote en esa iglesia –añadió indicándole San Pedro de la Rúa–. Hazlo rápido y no olvides que sé dónde encontrar a tu mujerzuela.

Aubert echó a andar sin responder y tampoco se molestó en mirar atrás, pues estaba seguro de que el predicador continuaba en el mismo sitio sin perderlo de vista. Siguió a Bertrand y a Eder por las rúas del barrio navarro de San Juan. Subieron cuesta arriba hacia el viejo enclave de Lizarra y desde allí continuaron ascendiendo hasta a llegar a lo alto de la colina donde se alzaba una fortaleza y también una ermita por cuya puerta desaparecieron. Se aproximó él también y entró, quedándose quieto en la parte posterior del recinto.

–Aquí tienes otra de tus madres –oyó decir al comendador.

–Siempre es la misma –respondió el joven.

–Claro, siempre es la misma...

Aubert se deslizó fuera y se ocultó tras unos arbustos de espino de gran tamaño. Los vio salir poco después, acompañados por un anciano monje benedictino, encargado del cuidado de la ermita, que les explicaba el milagro de la aparición de la imagen a un pastor un siglo antes en aquellos parajes y cómo no había habido modo de moverla de aquel sitio.

–Por eso se construyó esta capilla, para protegerla de la lluvia y del viento –concluyó el clérigo.

–No hacía falta protegerla, ella misma es la lluvia y el viento. Si me disculpáis un momento...

Dejando pasmado al monje y a Bertrand intentando reprimir una sonrisa, Eder se dirigió a un pequeño promontorio desde el que la vista alcanzaba hasta la lejanía la tierra dorada de Deio en la que se encontraban; después se dio la vuelta y contempló la sierra cuyas cumbres se hallaban ocultas por la niebla y sus estribaciones por la arboleda. El viento le traía un olor familiar a hierba, madera y agua, a bosque. No había en el mundo nada más hermoso. Los árboles nacidos de la Madre eran testigos del paso del tiempo, sus raíces se hundían en la tierra y bebían el agua de los ríos plateados que regaban las moradas de Amari; sus ramas se elevaban hacia el cielo construyendo un puente entre lo visible y lo invisible; sus hojas, flores, bayas y cortezas eran medicina para cicatrizar las heridas y aliviar los males del cuerpo y del espíritu, refugio de las aves y de otros animales. Los árboles eran inspiradores de las antiguas leyes no escritas, protectores de su pueblo, y también hacían posible el trabajo de los artesanos. Dejó la bolsa en el suelo, extendió a lo ancho los brazos en un ademán de abrazo a la naturaleza y aspiró su fuerza.

Aubert aprovechó el momento para salir de su escondite y llegar hasta él en unas cuantas zancadas, cogió la bolsa y salió corriendo cuesta abajo a tal velocidad que para cuando Bertrand y Eder quisieron reaccionar, él ya había recorrido un trecho considerable. Fueron tras él, pero se detuvieron al verlo desaparecer por una calleja tortuosa cuyo final se mezclaba en un laberinto de rúas y plazuelas.

–¿Qué había en la bolsa?

–Mis útiles de tallar, las ropas que me regaló el maestro y... mi imagen. ¡Maldito ladrón!

–No es un ladrón cualquiera.

–¿Cómo lo sabéis?

–Es el hombre que acompañaba a Robert Lepetit cuando vino a verme a la encomienda.

–¿Estáis seguro?

–Entonces llevaba un hábito mugriento, pero podría asegurar que es el mismo.

–¿Creéis que encontrará...?

Eder no terminó la pregunta. Prosiguieron el descenso a paso vivo y en silencio, sin prestar atención a la animación reinante en el mercado nuevo de San Juan que los jueves se llenaba de puestos de verduras, carnes, ropas y calzado. Al cruzar el puente que separaba el barrio del burgo tampoco echaron un vistazo al río, cuyas aguas llegaban crecidas, ni se detuvieron para observar a los peregrinos que bajaban por las escaleras de San Pedro de la Rúa después de haberse postrado ante la hermosa Virgen de Belén.

–Ve en busca de *Ferragut* –ordenó el freire al llegar a Rocamador–. Nos vamos. No podemos hacer nada por el momento.

Bertrand entró en el monasterio para despedirse y volvió a salir al poco rato, montó en el caballo que Eder se había apresurado a llevar hasta la puerta e hizo un gesto al joven para que hiciera lo mismo.

–¿Y la hija de mi maestro? –preguntó éste cuando echaron a andar–. Ella también puede estar en peligro.

–Mis hombres se ocuparán de custodiarla hasta que esta situación se aclare.

Tras comprobar que el Bugre y su compinche no se hallaban a la vista, los dos hombres salieron a galope por el camino de Los Arcos. Por un momento, Eder estuvo tentado de pedirle que pasaran por la casa del concejo para despedirse de Alix y de Alazaïs, pero calló. Quizá era mejor no hacerlo, desaparecer de sus vidas de una vez por todas. De repente se sentía cansado y decidido a regresar a Baztán en cuanto se presentase una oportunidad. Su hogar estaba donde estaban los suyos, el único sitio en el cual no era un extranjero. Allí, aunque no poseyera nada, aunque los vecinos tuvieran a los suyos en poca estima, podría vivir y trabajar en paz, la montaña era lo suficientemente grande y el bosque lo bastante denso para todos.

Mientras tanto, Aubert se había apresurado a regresar al burgo. Cuanto antes entregara la bolsa al predicador, antes se vería libre de él y podría volver junto a su amiga. Había perdido una oportunidad de oro, se dijo, al no haberse confiado al freire. Tendría que haberle avisado; él hubiera podido ayudarle a desembarazarse del hermano Robert. Era preciso desaparecer durante una temporada. Su amiga le había dicho que procedía de una aldea del otro lado de la sierra. Si la suerte les era favorable, podrían irse los dos a aquel lugar y comenzar una nueva vida, pero sabía que se hacía ilusiones vanas. El predicador no lo dejaría libre ahora que lo había encontrado de nuevo. Necesitaba un esbirro para realizar las tareas comprometidas o peligrosas y así quedarse él al margen; como ahora, que le había obligado a arriesgarse sabiendo que el monje-soldado iba armado. Subió las escaleras de la iglesia de dos en dos, entró en ella y echó un vistazo ansioso alrededor, pero el temido personaje no estaba allí. Tal vez se había cansado de esperar, aunque las campanas aún no habían llamado al ángelus... Quizá habría hecho real su amenaza y su amiga estuviese en peligro... Quizá Dios, en su misericordia, lo había enviado al infierno...

–Aubert.

La voz del predicador y su figura emergiendo entre las sombras le dieron un susto de muerte y se puso a temblar sin poder evitarlo.

–Me complace comprobar que sigues siendo un discípulo obediente. Sígueme.

Obedeció la orden y lo siguió franqueando una puerta que daba salida a un hermoso claustro, cementerio de peregrinos. El día, que había amanecido con un cielo azul radiante, empezaba a oscurecerse y las nubes se desplazaban veloces por encima de sus cabezas. Aubert tembló de nuevo y no supo si se debía a su propio temor, al airecillo frío que se colaba por las columnas del claustro coronadas con seres monstruosos o a la visión de las lápidas de enterramiento que cubrían el suelo. La idea de morir y acabar dentro de una fosa comido por los gusanos le parecía horripilante.

–¡Maldita sea! ¡Aquí no hay nada!

La exclamación del predicador interrumpió sus cavilaciones. Había vaciado la bolsa en el suelo y, furioso, empujaba con el pie su contenido, unas ropas usadas, unos pocos útiles de carpintero y una talla de madera. Aubert se alegró de que, una vez más, el hombre no se saliese con la suya, pero su alegría duró un suspiro. Un instante después se veía zarandeado y abofeteado y no le cupo la menor duda de que no acabaría el día sin que él también fuera cadáver.

–¿Dónde está? ¿Dónde está?

–¿El qué? –logró preguntar Aubert a punto de echarse a llorar.

–¡El documento!

–Yo no he tocado nada, señor, ¡os lo prometo! Le he quitado la bolsa al aprendiz y he venido aquí directamente como me ordenasteis.

–¿Te han seguido?

–¡Os juro que no!

Los gritos habían llamado la atención de unas mujeres que limpiaban una tumba en el jardín del claustro y también del rector, que apareció seguido por varias personas. Todos se quedaron mirándolos, sin saber si llamarles la atención por organizar un escándalo en un lugar sagrado o permanecer a la expectativa. El Bugre miró de nuevo los objetos desparramados por el suelo y, en un último reflejo, recogió la figura, asió con fuerza el brazo de Aubert y lo arrastró afuera. De igual manera bajaron por las escalinatas y recorrieron la distancia hasta el monasterio extramuros, el uno tirando del otro. Al llegar a Rocamador, se dirigieron directamente al edificio de los monjes y Robert pidió hablar con Bertrand de Garlande, pero el portero le comunicó que el comendador y su novicio acababan de partir.

–¿Hacia dónde? –preguntó con brusquedad.

–No es asunto mío vigilar los pasos de un maestre de la orden –respondió el monje ofendido.

No se habían cruzado con ellos y no había otro camino para entrar en la población, por lo tanto, pensó, sólo habían podido dirigirse hacia el sur. Sin soltar a su presa, se dirigió al hospital, recogió su saco y el libro, y fue a la cuadra en busca de la mula. Únicamente había allí dos animales, el suyo y un pollino de pelambre tirando a gris sucio; obligó a Aubert a montar en este último, hizo otro tanto en el suyo y salieron al camino, perseguidos por los gritos del portero que no les había perdido de vista y contemplaba estupefacto cómo se llevaban el borrico, propiedad del monasterio.

Dorreaga
(Torres del Río)

Los dos jinetes sobre la misma montura cabalgaron durante el resto de la jornada y llegaron a Los Arcos ya muy entrada la noche, pero no se detuvieron a pesar de que el caballo daba señales de cansancio y resoplaba ruidosamente.

–En esta iglesia también hay una Madre negra –dijo Bertrand al pasar por delante–, pero ya habrá tiempo de verla.

Eder no respondió de inmediato. Le dolía el cuerpo, tenía hambre y se preguntaba cómo podía el hombre aguantar tanto siendo mucho más viejo que él.

–¿Adónde vamos? –preguntó al cabo de un rato.

Era noche cerrada y la oscuridad envolvía la región, pero *Ferragut* parecía conocer bien el camino y continuaba avanzando sin vacilar. También hacía frío, mucho frío. Eder no sentía los dedos de sus manos ni de sus pies y se aferraba con fuerza a los hombros del freire temiendo perder el sentido en cualquier momento

–A Dorreaga, una granja de la encomienda. Allí estarás seguro –respondió el monje-soldado.

Primero creyó que se trataba de una estrella desprendida del cielo. La luz parpadeaba, desaparecía y volvía a aparecer. Era un puntito luminoso que aumentaba de tamaño a medida que ellos se aproximaban. También podía tratarse de una hoguera, pensó el joven, como las que los montañeses encendían en Baigorri para calentarse durante los meses de invierno o para celebrar los solsticios, pero aquéllas tenían más volumen y, además, ésta parecía flotar en el aire, como una enorme lámpara sostenida por una mano invisible.

A pesar de la hora tardía, cercana al amanecer, la puerta del edificio contiguo a la iglesia se abrió en cuanto Bertrand golpeó en ella. Primero un monje y después algunos más aparecieron portando velas y candiles. La actitud desconfiada –Eder incluso llegó a avistar una espada oculta entre los pliegues de la camisa de uno de ellos– se trocó en sincera alegría cuando los hombres reconocieron al visitante que interrumpía sus sueños, a quien, uno a uno, abrazaron y besaron en las mejillas. Después de beber sendos cuencos de leche caliente y comer unos bollos de pan untados con miel, los acompañaron a un cuarto en el que, por orden del comendador, instalaron un catre de campaña al lado de la única cama que había y luego los dejaron solos. La habitación era de factura austera tal como correspondía a una orden inspirada por Bernard de Clairvaux, fundador del Císter, en la cual la pobreza formaba una trinidad junto a la obediencia y la castidad. No había allí alfombras, ni pinturas, ni adornos o muebles; sólo silencio.

–No quiero perderte de vista ni siquiera cuando duermes –afirmó Bertrand señalándole el catre.

El joven no podía mantener los ojos abiertos, se dejó caer encima del colchón de hierbas y se quedó dormido. El comendador le quitó las botas y lo cubrió con una manta con gesto paternal; después se arrodilló en el suelo ante un crucifijo que pendía de una de las paredes y rezó durante unos minutos antes de acostarse él también y, al igual que su acompañante, quedarse dormido sin apenas darse cuenta.

El olor a comida, las voces que le llegaban de dentro de la casa y los ruidos que entraban por la ventana lograron por fin despertarlo a eso del mediodía. No había una sola parte del cuerpo que no le doliera después de la cabalgada de la víspera. Le costó un verdadero esfuerzo sentarse y mucho más ponerse en pie; al hacerlo, creyó que sus piernas no resistirían su peso, pero consiguió sostenerse y acercarse al aguamanil que había en un rincón. Vertió el contenido de la jarra sobre su cabeza y metió la cara en el agua hasta sentirse despejado del todo;

luego salió de la habitación. Siguiendo el eco de las voces y el olor de los guisos, llegó a la cocina donde, sentados a una mesa larga y en número de unos veinte, caballeros y novicios daban cuenta del contenido de una olla colgada de un brazo de hierro encima del fuego que ardía en una enorme chimenea de piedra. Se quedó parado en el umbral contemplando a los reunidos. Al contrario que en Gares y en Rocamador, no había un hermano leyendo mientras los demás escuchaban en silencio; allí los comensales hablaban en voz baja, pero hablaban. Al verlo aparecer, las conversaciones cesaron y todas las miradas se dirigieron hacia él.

–¡Pareces un gato mojado! –exclamó Bertrand riendo al tiempo que se levantaba de la mesa, iba a su encuentro y lo presentaba–: Hermanos, éste es nuestro amigo Eder Bozat, el mejor artesano tallista que conozco.

Al atardecer, el comendador le pidió que lo acompañara, quería mostrarle el lugar. La granja se componía de una docena de casas de adobe y madera, además del hospital y la iglesia, ambos edificios de piedra. Había aperos de labranza apoyados en los muros, animales de tiro sueltos y un buen número de gallinas y patos picoteando granos invisibles en el suelo terroso y rojo. A primera vista no se diferenciaba en nada de cualquiera de los pueblos campesinos que Eder había visto desde su salida de Pamplona. Algo, sin embargo, había en aquel lugar que lo hacía distinto. Tardó en darse cuenta de que no se veían mujeres ni niños por ningún lado; no había puestos de mercado y tampoco se oían los gritos ni las voces tan habituales en los pueblos. Sólo se veían hombres; a algunos los recordaba de la comida, otros le eran totalmente desconocidos. También vio a unos cuantos peregrinos que se disponían a continuar el Camino. Le hubiera gustado interrogar a su acompañante sobre la peculiaridad del lugar, pero Bertrand caminaba sin hablar dos pasos por delante de él y Eder no se atrevió a preguntar. Tras el corto paseo, entraron en la iglesia. El interior era un espacio pequeño, frío y silencioso, vacío de ornamentaciones con la excepción de las pinturas murales que representaban el Juicio Final; la luz del día entraba por unos ventanales abiertos en la parte superior, a la altura del techo, como si el constructor hubiera querido destacar la estrella de ocho puntas dibujada en la cúpula mediante los potentes nervios que la cruzaban. Eder observó, admirado, la exactitud y precisión del dibujo y le vinieron a la mente las palabras de su maestro mientras intentaba enseñarle el manejo de la regla y el compás. «La geometría, muchacho –solía repetirle a menudo–, es la base de la construcción. Nunca llegarás a ser un buen maestro de obras si antes no dominas su conocimiento.»

A pesar de sus esfuerzos, no había logrado sentirse atraído por los trazos geométricos, perfectos en sus dimensiones, equidistantes entre todos sus puntos. Él prefería el movimiento, las líneas irregulares, las formas vivas.

–¿Qué te parece? –escuchó preguntar a Bertrand refiriéndose a la iglesia.

–A mi maestro le hubiera gustado...

–Y a ti, ¿te gusta?

–No puede negarse la belleza de la perfección.

–Pero...

Eder avanzó hacia el ábside y se detuvo ante las dos columnas erigidas a modo de guardianes. Entre las luces y las sombras recorrió con la vista las figuras labradas en los capiteles: seres imaginarios, mitad hombre, mitad caballo, monstruos, pájaros y serpientes, un cuerpo muerto que otros personajes parecían disputarse, un arca vacía de la cual emergían unas espirales y cuya cubierta se sostenía en el aire, tres mujeres... No entendía el significado escrito en la piedra, nunca había visto algo parecido. Miró alrededor, tampoco había una imagen de la Madre; tan sólo un hombre clavado en una cruz encima de una mesa de piedra en el centro, justo debajo de la bóveda.

–Falta ella –dijo finalmente, señalando el lugar que en Gares, Onat, Rocamador, Lizarra estaba presidido por la imagen de la Madre.

–Ven –le indicó el comendador.

Ambos se dirigieron hacia el otro extremo de la planta y ascendieron por una escalera de caracol, en el interior de una torre cilíndrica, hasta llegar a un pequeño habitáculo donde podía verse un soporte de hierro del cual colgaba una gran lámpara de aceite, apagada en aquel momento.

–Esta iglesia es una capilla funeraria, un lugar de enterramientos –le explicó Bertrand–. La lámpara se llama Linterna de los Muertos; se enciende cuando un peregrino fallece en nuestra casa para...

–Indicarle el camino –le interrumpió Eder–. Mi pueblo también tiene una luz, pero nunca se apaga.

–¿Nunca?

–No.

El joven señaló la luna que asomaba por el este, aún pálida, en un cielo azul claro pintado con trazos rojizos.

–Su nombre en nuestra lengua es *Ilargia*, «la luz de los muertos». Nosotros creemos que es hija de la Madre y que indica a los difuntos el camino a su morada en el interior de la Tierra.

Permanecieron callados durante un rato con la vista puesta en el astro de la noche.

–¿Encuentran todos el camino? –preguntó finalmente el freire.

–Aquellos que han seguido las leyes de Amari lo encuentran la misma noche después de su muerte, y los que a veces las han olvidado vagan durante algún tiempo por el mundo; por eso les dejamos comida y bebida a las puertas de sus antiguas casas, para que no molesten a los vivos.

–¿Y qué ocurre con las personas malvadas?

–Jamás ven la luz ni hallan el camino.

–¿Y si estuvieras equivocado?

–¿Cómo saberlo? –interrogó Eder a su vez con una sonrisa.

–Permanecerás en Dorreaga durante algún tiempo –continuó Bertrand, tras una pausa, mientras iniciaban el descenso–. Entretanto llevaré a cabo ciertas pesquisas. Pero tendrás que ganarte la vida. No aceptamos gente inactiva entre nosotros.

–Sólo soy un carpintero.

–Jesús también lo era –sonrió el freire indicando la imagen del Cristo crucificado.

–Y así acabó...

–Algún día te explicaré algunas cosas sobre él...

A la mañana siguiente, tras encomendar el cuidado de su amigo a los monjes, Bertrand se dispuso a emprender de nuevo la ruta hacia el norte. En el momento de despedirse de Eder, le entregó un saco de piel envejecida y cuarteada por el uso y los años.

–Nadie sabe exactamente cuál es su misión en la vida, pero hay una cosa cierta: algunas personas han sido dotadas de talentos especiales y están obligadas a hacer buen uso de ellos. Esto perteneció a alguien que, como tú, hablaba con las manos.

El freire agitó un brazo en señal de saludo y azuzó a su caballo, aparentemente recuperado del esfuerzo anterior. Iba acompañado por otro caballero, pero éste cabalgaba sobre su propio animal. El joven permaneció inmóvil hasta verlos perderse dentro de una nube de polvo. Sólo entonces abrió el saco. En su interior había varias gubias de diferentes tamaños y formas, dos mazas, una pequeña y otra más grande, cinceles, piedras de lijar, azuelas, una sierra pequeña de arco y otros útiles de tallista de madera. No se había recuperado de su asombro cuando vio venir hacia él a uno de los novicios, un muchachote fuerte a quien el hábito le quedaba estrecho y cuyas costuras daban la impresión de ir a reventar en cualquier momento.

–Me llamo Lope –se presentó–. El comendador me ha encargado que te ayude en lo que sea menester y que te muestre un lugar que está seguro de que te agradará.

El novicio lo acompañó hasta un especie de pajar no muy grande, situado en la zona reservada sólo a los miembros de la orden y a los campesinos que trabajaban para ella, y le invitó a entrar.

–Es la leñera –le informó el muchacho con un sonrisa de oreja a oreja–. Ahora tengo que irme, pero estaré cerca. Si necesitas algo, sólo tienes que gritar mi nombre.

Un rato más tarde, Eder aún no había cerrado la boca, abierta por la sorpresa. Lo que el novicio había llamado «leñera» era un lugar repleto de troncos de todos los tamaños, desbastados, lavados, cortados y apilados en buen orden; dispuestos para fabricar vigas, aperos de labranza, andamios, cubiertas, muebles, y también para ser utilizados en el calentamiento de las casas, de la iglesia y del hospital durante algunas jornadas invernales que en aquellos parajes, como supo luego por Lope y él mismo experimentó, podían llegar a ser muy crudas. Tardó casi toda la mañana en decidirse y, cuando al fin lo hizo, había recuperado el tacto que creía perdido y que, tiempo atrás, le permitía adivinar casi con los ojos cerrados la madera que tenía entre las manos.

La pieza elegida era perfecta: un bloque de nogal, un corazón negro de algo más de cuatro palmos de ancho, por otros tantos de fondo y ocho de alto, ya descortezado, perfectamente lavado y seco como podía apreciarse por el color y el sonido al golpearlo con los nudillos. Lo examinó con mucho cuidado antes de decidirse definitivamente por él. El nogal se talaba en menguante, después de la caída de la hoja, y luego se desbastaba y sumergía en una regata para que la corriente de agua eliminara el tinte de la madera y también la savia. Así, una vez seco al aire, podía ser utilizado para cualquier tipo de trabajos, en especial la talla. También le gustaba la encina, dura como el mármol, y el tejo, duro como el hierro; ambos árboles considerados sagrados por los antiguos, pero en aquella zona de Navarra escaseaba la primera y no existía el segundo. El nogal era la mejor opción. Salió al exterior dispuesto a hincar la azuela, pero recordó los consejos de su maestro. «No tengas prisa, muchacho –le decía cuando lo veía ansioso por empezar–. Tómate el tiempo que sea necesario, piensa, recapacita. La madera, la piedra, son parte de la naturaleza y han de tratarse con respeto. Ambas estaban sobre la Tierra mucho antes que el ser humano, y nosotros no tenemos derecho a destruirlas por un capricho o un error.»

Cerró los ojos, palpó la madera, la acarició como si fuera la mujer amada y esperó a que ella le hablara. A gran velocidad pasaron por su mente imágenes de su infancia, de la madre perdida, de la tía Elaia, de los bosques en los que se había criado, de la niebla y la lluvia, de los ríos bajando tumultuosos tras el deshielo; ciervos, jabalíes...; el oso que en una ocasión avistó entre los árboles; su padre, sus tíos, su hermano, seres queridos y ahora tan lejanos; su maestro, Alix, Alazaïs, Bertrand... Suspiró y continuó acariciando la madera. Sonriente, seria, engalanada, humilde, rubia, morena, de piel blanca, de tez morena, grande, pequeña, esbelta, regordeta, sentada o de pie, la vio con tanta claridad que creyó que la tenía delante y abrió los ojos. Sacó un pedazo de grafito del saco y dibujó sobre el bloque los trazos de una silueta, cortó las partes que sobraban dejando un margen de tres dedos a partir de la línea marcada y, después, comenzó a tallar en un rincón de la leñera.

Presa de una fiebre creadora, durante muchos días trabajó sin descanso de sol a sol. Lope se ocupaba de avisarle a las horas de las comidas, pero a veces ni lo oía y el novicio aparecía más tarde con un cuenco de sopa o potaje y le obligaba a descansar. Al principio, los miembros de la granja acudían a comprobar el avance del trabajo, permanecían unos instantes observando su habilidad y continuaban con su trabajo, pero cuando la talla fue tomando forma, los instantes se convirtieron en largos ratos, y cuando la figura adquirió su aspecto definitivo y comenzó el pulido, hubo quien se sentaba y pasaba media jornada a su lado. Ajeno a todo y a todos, el artesano no sentía el cansancio ni el dolor de sus dedos, su cara estaba sucia y su cabello blanco del polvo de la madera, al igual que su hábito negro de novicio templario que no se había quitado desde su llegada. Cuando finalizó la obra, salió con ella de la leñera y la colocó sobre un bloque de piedra, de los utilizados para atar las caballerías, y se retiró unos pasos; dio vueltas a su alrededor examinándola por delante, por detrás y por ambos perfiles; se sentó en el suelo para verla desde abajo y se subió a un olivo centenario para hacerlo desde arriba. Los freires lo contemplaban con curiosidad; todos se hallaban allí, olvidadas las tareas, los campos, los animales y los peregrinos alojados en el hospital; también acudieron el encargado de la cocina y su ayudante, deseosos como los demás de poder admirar la imagen acabada. Eder bajó del olivo y se plantó delante de ella con los brazos cruzados y las piernas abiertas, miró al cielo y una sonrisa de satisfacción distendió su rostro por primera vez desde el comienzo del trabajo. Como si la sonrisa fuera una señal, caballeros y novicios se le acercaron, le felicitaron, le palmearon la espalda y aprovecharon la ocasión para admirar el trabajo.

Durante unos cuantos días, Eder y el hermano Gastón, hábil artista encargado de pintar los frescos de la iglesia, se encerraron en el taller de este último y no dejaron entrar a nadie en él; ni siquiera a Lope, que se moría de ganas de saber lo que estaban haciendo. Los dos artesanos aún tardaron algunas jornadas más en permitir a los demás miembros de la comunidad la visión de la obra completamente acabada. No se dejaron convencer por súplicas ni halagos y permanecieron alerta en todo momento para impedir el acceso a los curiosos hasta estar seguros de que la pintura estaba bien seca. Llegado el momento, trasladaron a la casa la imagen cubierta con una manta, la colocaron sobre una mesa y esperaron a que todos estuvieran reunidos para descubrirla.

Monjes y novicios quedaron maravillados, cautivados por la belleza del rostro perfecto y dulce de una Virgen cuyo cabello castaño oscuro cubría sus hombros esparciéndose por encima de una capa de vuelo y pliegues en movimiento de color verde, intenso y brillante, como la hierba después de la lluvia, adornada con soles de pan de oro y lunas plateadas y que dejaba entrever una túnica blanca y un cordoncillo también dorado bajo el pecho. La mano derecha sostenía una punta de la capa y la izquierda reposaba confiada sobre su vientre embarazado.

Sentado en un banco de piedra adosado al muro del hospital de peregrinos de Los Arcos, con las posaderas y los riñones doloridos tras el viaje en mula desde Estella, Robert Lepetit reflexionó sobre su situación. Las cosas no estaban saliendo como él esperaba. De hecho, no estaban saliendo en absoluto. Tal vez debería olvidarse del aprendiz y de lo que él pudiera saber, y continuar viaje a Compostela. Allí no correría peligro alguno y podría, al fin, fundar un cenobio de hombres santos dispuestos a luchar contra la herejía. Sin embargo, recapacitó, no podría sentirse verdaderamente a salvo hasta que no hubiera eliminado las pruebas y a los testigos de su vida pasada. No era sólo una cuestión de garantía para el futuro, sino también de orgullo. Le ponía enfermo pensar que un pagano miserable conociese detalles de su vida y haría un bien a los buenos cristianos acabando con él.

–¿Qué hago con vuestra bolsa?

Aubert estaba frente a él con la bolsa en las manos tras haber dejado a los animales en la cuadra de la hospedería.

–Ocúpate de vigilarla –respondió Robert con sequedad–. Hay mucho ladrón suelto entre los peregrinos.

Aubert no ocultó su disgusto. Después de haberse sentido libre durante algún tiempo, volvía a ser un criado, bueno únicamente para cumplir órdenes. Iba a entrar en el edificio con la esperanza de que hubieran comenzado a repartir la sopa de caridad cuando lo detuvo la voz del predicador.

–Espera, trae eso acá.

El Bugre hurgó dentro de la bolsa y extrajo la figurilla de madera.

–Ya puedes llevártela.

Aubert cogió de nuevo la bolsa y penetró en el hospital dispuesto a comer y a echarse a dormir cuanto antes para olvidar su triste presente y soñar con su amiga y con sus noches de amor, tan recientes y, sin embargo, tan lejanas ya en el recuerdo.

Robert escudriñó la imagen con atención. Tenía que reconocer que era un buen trabajo de artesano, aunque la visión del vientre abombado de una mujer le producía náuseas. Sólo un pagano sería capaz de tallar a una mujer preñada; sólo un bruto montañés podría imaginar algo tan feo y obsceno. Todo ser humano nacía de igual forma, eso no tenía remedio, pero de ahí a representar tal hecho había una gran diferencia. Dio varias vueltas a la figura y se percató de que la base aparecía agrietada, algo extraño puesto que el resto estaba en perfectas condiciones. Pasó el dedo por la hendidura y, para su sorpresa, la pieza se movió; probó a presionar sobre un borde y el otro se levantó dejando a la vista un agujero. Excitado, metió el dedo índice y con cuidado fue extrayendo un rollo de pergamino. No quería ni imaginarse que aquello fuera lo que con tanta ansia buscaba; no era posible una suerte semejante de manera casual. Tardó unos instantes en desenrollar el documento, las manos le temblaban y sentía el corazón palpitar acelerado. Observó sin entender el dibujo en espiral, igual al de una serpiente enroscada, marcado con signos y números. Después examinó el anverso. ¡Por fin! La declaración del hereje estaba en su poder; no tenía ya nada que temer. Entró en el hospital y se dirigió hacia la chimenea, sobre la cual colgaba una enorme olla repleta de sopa humeante, con la intención de hacer desaparecer para siempre el único testimonio que podría incriminarlo, pero antes de llegar se detuvo y volvió a estudiar el extraño dibujo.

–¡Este hombre tiene un jardín de la oca! –gritó un peregrino a sus espaldas.

Robert se giró furioso. Al grito del hombre, otros dos se habían aproximado y lo miraban sonrientes.

–¡Qué suerte! Podremos pasar una velada muy agradable... –dijo el primero y los otros afirmaron con la cabeza.

–¿De qué hablas?

–De tu jardín de la oca –repitió el peregrino señalando el pergamino que él había vuelto a enrollar a toda prisa–. Llevo cinco años recorriendo el Camino y sólo lo he visto en contadas ocasiones. ¿Dónde están los dados?

–¿Qué dados?

–Los que se necesitan para jugar... ¡No te hagas el ignorante y comparte el juego con tus compañeros de viaje!

El hombre alargó la mano con intención de arrebatarle el pergamino, pero él le dio un empujón y lo apartó de su lado.

–¡Vete al diablo, maldito idiota!

–¡Los *jacques* lo comparten todo! –protestó otro de los peregrinos.

–Yo no soy uno de vosotros y el que se acerque lo va a pasar mal.

El tono de voz y, sobre todo, la mirada que les dirigió amedrentaron a los tres hombres que se retiraron a un rincón murmurando alguna que otra maldición.

Robert salió de nuevo y buscó la figura que había dejado tirada en el suelo, la recogió, ocultó el documento y colocó la pieza de la base. Luego lo pensó mejor y lo volvió a sacar; se lo metió en el bolsillo de su sobrevesta y guardó la figura. Podía ocurrir que le hiciera falta. Pasó toda la noche en vela. Era raro que nunca hubiera escuchado hablar de aquel entretenimiento y, por otra parte, le intrigaba el hecho de que el obispo herético hubiera escogido precisamente algo tan insustancial como un juego para redactar un testimonio de tal gravedad. La prudencia le aconsejaba destruirlo cuanto antes, pero se lo impedía la curiosidad por averiguar más sobre él. Antes de amanecer despertó a Aubert y ambos reemprendieron la marcha.

A poca distancia de la granja templaria de Dorreaga, vieron llegar en dirección opuesta a un par de jinetes cuyas capas blancas ondeaban al viento. Observaron atónitos cómo uno de ellos azuzaba a su caballo en su dirección y lo frenaba en seco a sólo varios pasos de ellos. El animal relinchó y levantó las patas delanteras, la mula se detuvo y reculó asustada, tropezando con el burro, que comenzó a dar brincos, dio con su jinete en el suelo y salió escapado. La escena duró unos instantes. Para cuando el predicador quiso reaccionar, tenía la punta de la espada de Bertrand apoyada en su pecho mientras el otro freire, todavía sorprendido por la reacción de su superior, amenazaba con la pica a Aubert quien, tumbado en el suelo, no se atrevía a mover ni un dedo.

–¡Exijo una explicación! –vociferó el Bugre al reconocer, no sin cierta aprensión, al comendador de Gares.

–Descabalgad.

–¡No tenéis derecho a tratarme así!

–Descabalgad.

La presión de la punta de la espada se hizo más patente y Robert optó por obedecer y apearse de la mula; el comendador cogió la bolsa que colgaba de la silla, dio una palmada en la grupa del animal y éste salió corriendo en dirección a la granja. Pudieron ver cómo, un poco más lejos, un peregrino asía la mula por el ronzal, montaba en ella y continuaba el viaje.

–Caminad.

La orden dada por el comendador sin levantar el tono de su voz no admitía réplica. Los dos hombres echaron a andar delante de las caballerías de los freires, quienes continuaban con la espada desenvainada y la pica en ristre.

Bertrand no salía de su asombro y daba gracias al cielo por venir en su ayuda de modo tan providencial. Tenía en mente acudir al rey con la copia hecha del documento que acusaba de asesinato al antiguo monje; el original había vuelto a su escondite en el interior de la Virgen turbadora con cara de niña y cuerpo de mujer robada por el sicario, pero daba igual. Pediría justicia a Teobaldo y también al obispo, si fuera preciso. Robert Lepetit tenía causas pendientes tanto con el primero como con la Iglesia y no era cuestión de desaprovechar la oportunidad de quitar de en medio a un ser nefasto para todos. Debía darse prisa. Si se hallaba en Estella aún podía ser apresado, después sería más difícil encontrarlo. Iba dando vueltas al asunto cuando los vio llegar por el camino. No le costó mucho reconocer al hombre que ocupaba su pensamiento montado sobre una mula y, detrás de él, encima de un borrico, al ladrón de Lizarra cuyos pies casi rozaban el suelo. Ahora eran sus prisioneros y él mismo los entregaría a quien correspondía y se haría justicia. Metió la mano en la bolsa y, con gran satisfacción, palpó la figura; la sacó y dejó caer la bolsa a los pies de un peregrino que se cruzó con ellos y se apresuró a rebuscar en su interior.

Caminaron sin detenerse durante casi toda la jornada hasta llegar en el momento de la puesta de sol a San Esteban de Deio, una poderosa fortaleza situada sobre una roca desde la cual se divisaba la sierra de Codes, que había sido ocupada por cristianos, musulmanes y cristianos alternativamente y cuya propiedad se disputaban el rey y el obispo de Pamplona. Allí se hallaban enterrados los restos del gran rey Sancho Garcés, primero de su nombre, y los de su hijo García Sánchez; era un lugar venerado por los navarros, pero también la prisión mejor guardada de la Zona Media. Se decía que nadie salía de ella por sus propios pies. En sus calabozos se hacinaban todo tipo de individuos: criminales, falsificadores, desertores, ladrones a la espera de juicio, y también caballeros caídos en desgracia y junteros acusados de rebeldía.

La temperatura era muy baja y una fina nieve iba cubriendo de blanco el paisaje. Robert, bien calzado y abrigado, había resistido la caminata maldiciendo en todo momento y para sus adentros a los dos templarios, pero Aubert llegó a la fortaleza con los pies destrozados y tiritando de frío, sin apenas fuerzas para mantenerse en pie. Fueron introducidos en un cuchitril apestoso que olía a excrementos y a orines, y oyeron cómo cerraban el candado sin recibir siquiera una manta para abrigarse, ni algo de comer para recuperarse.

–Os ruego que cuidéis de esos dos hombres hasta mi regreso –pidió Bertrand al tenente de la fortaleza.

–No os preocupéis –respondió Martín de Garisoain, antiguo soldado de Sancho el Fuerte, hombre bragado que llevaba a cargo de la plaza desde la muerte del último rey vascón–. Ni yo mismo podría escapar del castillo en caso de estar preso y eso que conozco hasta su último rincón.

–Aun así, no os confiéis. El flaco es un ladrón y su jefe una persona muy peligrosa.

–¿Soldado? No tiene aspecto de serlo.

–Peor. Su arma es la palabra y sabría convencer al propio diablo.

–Entonces, le prohibiré hablar u ordenaré que le pongan una mordaza.

Los dos templarios pernoctaron en el castillo y partieron de buena hora a la mañana siguiente. Al llegar a Estella no se detuvieron en Rocamador y continuaron adelante hasta llegar a la casa propiedad del concejo en la que se alojaban los Brulé. Nadie interceptó su marcha a pesar de que podía verse gran número de soldados armados por las calles del burgo que paraban a los viandantes e inspeccionaban sus ropas y pertenencias. Eso sólo podía significar una cosa: el rey estaba en la villa. Al entrar en la casa pudieron comprobar que así era, en efecto. En ella se alojaban algunos miembros de la corte, dignatarios de segundo orden, puesto que los más importantes estaban en el castillo de Zalatambor, junto a Teobaldo. Bertrand constató satisfecho que los cuatro freires encargados de custodiar a Alix Bisol controlaban el paso de las personas que entraban y salían sin cesar; dejó a su acompañante con ellos y subió al primer piso para entrevistarse con el consejero real.

Antoine Brulé no se había repuesto del infortunio padecido con motivo de su rapto. Había adelgazado hasta quedarse en los huesos y ya nada en él recordaba al orondo caballero de meses atrás. El comendador lo encontró en su dormitorio, sentado en el banco de piedra situado bajo el vano de la ventana aprovechando el espesor del muro, vestido con una camisa de dormir, una sobrevesta de piel encima, zapatillas y un gorro de fieltro en la cabeza. Parecía un anciano débil y enfermo, sin interés por lo que ocurría a su alrededor.

–Con Dios, señor Brulé –lo saludó, impresionado por su apariencia.

–Con él estaré dentro de poco –fue la respuesta del hombre después de dirigirle una mirada de perro apaleado.

–Os veo desmejorado...

–Estoy enfermo. He sido humillado, maltratado, deshonrado y, por si esto fuera poco, también he perdido el favor real.

–Su alteza sabrá entender...

–Su alteza entiende lo que quiere –el tono de voz de Brulé había recuperado algo de su antiguo vigor–. No perdona los errores y para él fue un error caer en manos de unos desalmados y, aún peor, no organizarle la visita a esta región. No ha querido recibirme y me ha hecho saber por su mayordomo que me desea un buen viaje de vuelta a Champaña, lo cual quiere decir que me despide de su servicio.

–¿Y qué pensáis hacer?

–Regresar a la tierra de mis padres en cuanto me sea posible.

–Ordenaré de inmediato que preparen el documento para que podáis presentarlo en nuestra casa de Troyes y disponer de vuestros dineros.

–Ay, amigo mío, si ésa fuera mi única preocupación... Alix no quiere venir conmigo.

–¿Vuestra esposa no quiere acompañaros?

–No. Dice que no volverá a una tierra en la que su madre fue ejecutada. La he amenazado con llevarme a nuestra hija y me ha respondido que haga como bien me parezca, pero que ella se quedará aquí, sola o acompañada.

Brulé calló y desvió la mirada hacia la calle. El freire se sentó a su lado y permaneció pensativo. Conocía el trágico final de la mujer del maestro Bisol; el de ella y el de muchos otros. Las casas de la orden en Champaña, Occitania, Cataluña y Aragón se habían llenado de perseguidos y muchos de sus monjes eran antiguos cátaros. La orden no había intervenido en las cruzadas contra ellos convocadas por el papado a pesar de que la regla obligaba a la obediencia sin fisuras al Pontífice porque, adujo, no podía participar en una guerra contra cristianos y se mantuvo al margen mientras duró la contienda en las tierras del conde de Toulouse. Aunque, meditó Bertrand, esto tampoco era del todo cierto. Había apoyado al rey de Aragón, Pedro II, muerto en la batalla de Muret luchando a favor de sus vasallos occitanos. Y también estaba el hermano Bertrand de La Beccalaria, a quien él había conocido en Oriente, experto *machinator* que construyó en Montségur una balista capaz de lanzar bolaños contra los trebuquetes de los cruzados francos y hacerlos retroceder durante algún tiempo. De todos modos, la esperanza templaria de unir los diversos credos en una sola religión había sufrido un rudo golpe. ¿Cómo hablar de un solo Dios para todos los seres humanos si se mataba y se destruía en su nombre?

–Hablaré con vuestra esposa –dijo al fin– y la haré entrar en razón.

–Dudo mucho que lo consigáis. Está aterrorizada. Hace tan sólo unas semanas, en Estella, vino un hombre que deseaba hablar con ella, mostrarle sus condolencias por la muerte de su padre a quien dijo conocer, pero ella se negó a recibirlo. Afirmó que era el mismo que había condenado a su madre, y nuestra criada Juana confirmó sus palabras porque ambas le habían escuchado predicar en la ciudad episcopal.

–¿Habláis de Robert Lepetit?

–A mí me dijo que se llamaba Robert de Reims. Era un hombre cultivado y de habla correcta, aunque su aspecto dejaba mucho que desear. Iba desaseado y mugriento, como esos anacoretas que pasan la vida en el monte.

–Mi querido amigo, dejad este asunto en mis manos. Vuestra esposa os acompañará cuando sepa que ya no corre ningún peligro.

–Si vos lo decís...

Al salir de la habitación, Bertrand se giró para despedirse de Brulé, pero el hombre había vuelto a su posición anterior y parecía ausente. No quiso entretenerse por más tiempo y dejó su conversación con Alix para más tarde.

Ascendió la cuesta que llevaba hasta el castillo de Zalatambor y pidió hablar con el rey. La presencia de un freire siempre era bien recibida en el entorno de Teobaldo, no en vano la orden del Templo de Salomón tenía su origen en sus tierras y uno de sus antepasados había sido caballero de la misma. La casa de Champaña consideraba a los templarios como algo propio. La entrevista se alargó hasta el mediodía. Ambos se conocían y apreciaban. El comendador entregó al rey una copia del documento de denuncia contra Robert Lepetit por la muerte de su primo Jean, arcediano de la catedral de Reims. No quiso entregarle el original, que él creía bien oculto dentro de la imagen, debido al jardín de la oca dibujado en él. Incluso un rey podría sentirse tentado y desear conocer el futuro. También añadió todo lo referente al sujeto y la condena eclesiástica que pesaba sobre él, además de los indicios que lo acusaban de ser el responsable del ataque sufrido por el maestro de obras Geoffroi Bisol.

El ceño real se hacía más profundo a medida que el caballero desgranaba la información. Cuando Bertrand hubo acabado su exposición, Teobaldo dictó una orden a su escribano, la firmó y selló, y se la entregó.

–Que se haga mi justicia –fue todo lo que dijo.

–Sire..., en cuanto a vuestro consejero de obras...

–Brulé ya no es mi consejero de obras.

–No obstante...

–Envejecerá tranquilamente en nuestra amada Champaña.

No había mucho más que decir. Bertrand se inclinó y salió de la habitación. No regresó a la casa del concejo, pero envió recado a su amigo rogándole que esperase sus noticias antes de tomar decisión alguna en cuanto a su partida.

De nuevo, él y su acompañante cabalgaron hasta la fortaleza de San Esteban de Deio para entregar las órdenes del rey al señor de Garisoain. En ellas se estipulaba bien claro que el hombre de nombre Robert Lepetit o Robert de Reims debería permanecer encarcelado y vigilado hasta que un juez real dispusiese su ejecución. No aceptó la hospitalidad del tenente y poco después su compañero y él salían a galope en dirección a Dorreaga. Estaba ansioso por comunicar la noticia a su joven protegido. Libre de su perseguidor, Eder podría regresar con los suyos o, tal vez, quedarse algún tiempo en la granja y trabajar en su oficio. La pequeña figura de madera estaba siempre presente en su mente. Era preciso crear una nueva imaginería para las gentes que aún creían en la diosa pagana o para aquellas que guardaban su recuerdo en el subconsciente. La imagen de la Virgen Negra sentada en majestad –y que ellos, los caballeros del Temple, habían ayudado a difundir por todo el orbe cristiano, pues negro era también el color de la Tierra antes de ser fecundada– debía dejar paso a otra más cercana, más real; a una que representara la esencia de la vida, a una madre a punto de alumbrar, dando de mamar a su hijo, abrazándolo, sosteniéndolo entre sus brazos, jugando con él. Estaba convencido de que el joven artesano, huérfano añorante, sería capaz de crear esa nueva imagen de María que los tiempos demandaban.

Ya no nevaba y el cielo aparecía despejado y cubierto de estrellas, pero la helada era intensa y el suelo se había transformado en cristal. A pesar de las advertencias de su compañero, Bertrand azuzó a la montura para llegar cuanto antes a la granja y lo dejó atrás.

Una milla después, el freire encontró al comendador en el camino, perdido el sentido, y al caballo algo más adelante relinchando de dolor y con las patas rotas. Tras comprobar que su superior estaba vivo, desenvainó la espada y, con lágrimas en los ojos, degolló al animal de un tajo certero. Luego alzó al hombre sobre su montura, lo sostuvo con su brazo izquierdo mientras cogía las riendas con el derecho y regresaba en dirección a Estella.

Durante varias semanas, Bertrand se debatió entre la vida y la muerte, atendido por los monjes de Rocamador y por los médicos de los cuatro hospitales de la villa, quienes acudieron al monasterio en cuanto se supo que el maestre de la orden del Temple en Navarra se hallaba gravemente herido. También recibió numerosas visitas aunque, en su estado de inconsciencia, ni siquiera se enteró de que el rey en persona había acudido a interesarse por su salud antes de partir una vez más para Champaña y dejar su reino en manos de su senescal. Un mediodía abrió por fin los ojos y tardó en darse cuenta de dónde estaba. Tenía la boca seca y la cabeza le dolía; no podía mover el cuello y su mano topó con un grueso vendaje al tocarse la frente.

–Nos habéis dado un buen susto.

Antoine Brulé estaba sentado en una silla, al lado del lecho, y sonreía, aunque su mirada no estaba exenta de preocupación.

–¿Qué me ha pasado?

–Según nos relató vuestro compañero, el caballo resbaló y vos os golpeasteis al caer.

–¿Cuándo ocurrió?

–Va ya para tres semanas.

¡Tres semanas! ¿Dónde había estado durante todo aquel tiempo? No recordaba nada, salvo que galopaba en la noche sobre un suelo helado.

–¿Está bien mi buen *Ferragut*? –preguntó con la mente puesta en su caballo.

Le había puesto el nombre del gigante, descendiente del linaje de Goliat y enviado por el emir de Babilonia, que se había enfrentado a Rolando en la villa de Nájera y que había sido vencido por éste al clavarle la espada en el ombligo, su único punto vulnerable. Era una historia que a él le gustaba especialmente, aunque estaba seguro de que sólo se trataba de una más de las leyendas que se contaban a lo largo del Camino. Como caballero templario, no tenía posesión alguna, pero de alguna forma consideraba suyo al hermoso animal que le había sido adjudicado algunos años atrás; no sólo era su medio de transporte y su posible salvación en caso de peligro, sino que también era su amigo y parte de sí mismo.

–¿Está bien *Ferragut*? –insistió al no obtener respuesta.

–Lamento comunicaros que se rompió las patas en la caída.

–¿Y...?

–Vuestro hermano hubo de degollarlo.

Apretó las mandíbulas y se obligó a pensar en otra cosa. Tendría tiempo de lamentar la pérdida de tan bravo animal y su responsabilidad en ella, ya que nada habría ocurrido si él hubiese sido más prudente.

–¿Y vos cómo estáis? –preguntó Bertrand para ahuyentar su pena y su remordimiento.

–Igual que la última vez que nos encontramos o quizá peor. El concejo me exige que desaloje; dice que la casa es para uso de los funcionarios reales y, puesto que yo ya no lo soy, debo dejar sitio para otros.

–¿Y vuestra esposa?

–Igual también. Sigue en sus trece e insiste en permanecer en Navarra, pero ya os dicho que el concejo exige que abandonemos la casa.

–Regresad a Pamplona o, en todo caso, a Gares, donde sabéis que tenéis nuestra casa a vuestra disposición.

–No por ahora. No podría resistir las miradas ni los comentarios. A estas horas todo el mundo debe saber que el rey me ha echado de su servicio. Sería muy humillante.

Deseaba estar solo y meditar en el hecho extraordinario que lo había mantenido perdido en la nada durante tantos días para traerlo de nuevo al mundo de los vivos. Si se esforzaba, tal vez podría recordar dónde había estado durante ese tiempo. Las cosas no ocurrían por azar; siempre había un motivo, un designio de la Providencia, y él necesitaba pensar. En lugar de hacerlo, estaba allí escuchando las lamentaciones de Brulé, más preocupado por lo que dirían las gentes que por hacer algo útil en la vida.

–El hombre que os preocupaba está preso en San Esteban y no saldrá vivo de allí. Vuestra esposa no tiene motivos para inquietarse: nadie volverá a molestarla.

–No es sólo ese hombre, también están las costumbres, los modos de vida... Aunque nacida en Champaña, Alix se siente navarra de la cabeza a los pies; dice que ésta es su tierra y que no desea vivir en ninguna otra.

Bertrand suspiró. ¿Por qué eran tan difíciles algunas personas? Si Brulé decidía finalmente regresar a Francia, ella se quedaría sola, sin medios para vivir, sin su hija. Hizo un intento más.

–Iré a nuestra granja de Dorreaga en cuanto me reponga un poco. Aquél es un buen lugar, de clima seco y limpio, rodeado de campos y vides. Vos y vuestra familia podríais acompañarme y quedaros el tiempo necesario para aclarar vuestras ideas y decidir el futuro.

–No sé... Lo consultaré con Alix.

–También está allí alguien a quien conocéis: Eder, el aprendiz de vuestro suegro.

Aún tuvo que soportar otras visitas, entre ellas las de los médicos, tan sorprendidos como él mismo al constatar su aparente recuperación. La cabeza era un lugar delicado, afirmaron, y nunca se sabía cómo iba a responder después de un golpe. De todos modos, estuvieron de acuerdo en ordenarle reposo; por ninguna razón debía moverse y, mucho menos, emprender un viaje aunque sólo fueran unas millas. Aceptó la orden a regañadientes. Aparte del dolor que le trepanaba el cerebro, se sentía con fuerzas suficientes para levantarse, pero decidió esperar unos días.

Dispuso su partida un par de semanas más tarde, cuando las primeras hojillas verdes comenzaban a asomar en las puntas de las ramas, anuncio de la primavera que llegaba. Durante la convalecencia no había dejado de trabajar; sus ayudantes recorrieron todos los días el trayecto entre Estella y Gares para mantenerlo al corriente sobre la marcha de casas, hospitales, granjas y propiedades del Temple en Navarra; dictó disposiciones, revisó los libros de cuentas y respondió a los mensajes enviados desde otras provincias, incluida una del propio rey Teobaldo interesándose por su salud. Todo estaba en orden y podía acabar de recuperarse en Dorreaga. Sentía un afecto especial por la granja, tal vez porque le recordaba a sus años de infancia transcurridos en el campo entre animales y campesinos. Aquellos tiempos estaban ya lejanos, había entregado su vida a Dios y renunciado a todo por él, pero la memoria era libre y, después del percance que por poco le cuesta la vida, había vuelto a recordar lo que creía olvidado: pequeños detalles sin importancia, momentos, promesas, fiestas familiares, retazos de conversaciones... y, por primera vez en muchos años, añoró la casa de sus padres.

Su nuevo caballo era sólido, de patas anchas y buena grupa, pero se sintió extraño al subirse a él. Se había amoldado a *Ferragut* y tuvo la impresión de que sus piernas no lograban abarcar el cuerpo del animal. También se le ocurrió la posibilidad de que sus hermanos habían dispuesto proporcionarle aquella montura para evitar que volviera a cometer la locura de hacerla galopar sobre el hielo, y sonrió; alzó la mano para despedirse de los monjes de Rocamador y, al mismo tiempo, como señal para iniciar la marcha, y avanzó escoltado por media docena de freires.

Antoine Brulé, Alix, la niña, Alazaïs, Juana y dos sirvientes más formaban parte de la caravana y se trasladaban en dos carromatos, uno de los cuales iba repleto de enseres. Los miembros del concejo habían autorizado la permanencia de los Brulé en la casa hasta el momento de la partida, tal como les había solicitado el comendador en cuanto su amigo le comunicó la disposición de su mujer a pasar una temporada en Dorreaga. Tal vez allí, le confesó, alejados de los círculos de poder, de las personas conocidas, del ambiente de comadreo de las poblaciones urbanas, cambiarían las cosas, su relación con Alix volvería a ser al menos tan armoniosa como lo había sido y podrían hacer proyectos para su regreso a Champaña.

Alix no podía aguantar el nerviosismo; en unas horas vería de nuevo a Eder. En la granja tendrían tiempo para hablar, mucho tiempo, ¡y tenían tanto que decirse! Su primera reacción ante la propuesta de Antoine de pasar una temporada en pleno campo había sido negarse, pero cambió de opinión al saber que Eder también estaría allí. No podía quitárselo de la cabeza, ansiaba ser suya, verse entre sus brazos, besarlo, sentirse de nuevo mujer. Su deseo se había convertido en una obsesión que había ido en aumento desde su último encuentro. A veces tenía la certeza de su amor, otras temía que él la rechazase, pero luego se tranquilizaba. Estaba convencida de su dominio. Lo estaba cuando ambos vivían en Baigorri y él hacía siempre lo que ella quería; lo estuvo en Pamplona antes de casarse y también después, y continuaba estándolo la última vez que se vieron en la casa del concejo. Había cosas que una mujer intuía sin necesidad de palabras. Observó el perfil de su marido. El gallo orgulloso se había convertido en un hombre de aspecto añoso y derrotado, bueno para nada y mucho menos para contentar a una esposa joven. En algún momento había pensado en pedir la separación, pero eso no solucionaría el problema porque no podría divorciarse y rehacer su vida. La Iglesia no lo permitía. También existía la posibilidad del repudio por parte de él, pero era un asunto peliagudo porque únicamente se aceptaba por causas graves como una enfermedad incurable o la constatación de adulterio. Había que descontar la primera solución y la segunda era peligrosa. Una mujer adúltera podía ser asesinada por su marido, ser enviada a la cárcel, condenada a ser azotada en público o incluso ejecutada, y ella no tenía intención de arriesgarse hasta tal punto. La voz del comendador señalando la torre de la iglesia de Dorreaga aceleró su pulso y, en un gesto involuntario, sacudió el polvo de su vestido y de su capa.

Caballeros y carros entraron en la granja al mismo tiempo que un grupo de peregrinos, pero aquéllos desviaron su camino hacia el monasterio, mientras los caminantes se dirigían al hospital. El recibimiento fue tal como Bertrand esperaba y temía. Freires, novicios, artesanos y campesinos se agolparon a la puerta para recibirlo en medio de palabras de bienvenida, abrazos y expresiones de afecto. Él también se sentía conmovido; era bueno sentir el aprecio de sus hermanos, habitualmente poco expresivos en sus demostraciones de estima. Se dejó llevar casi en volandas hasta el refectorio-cocina y aceptó, sin fuerzas para rechazarlo, un cuenco de caldo caliente recién hecho que el cocinero puso en sus manos; respondió a las preguntas e hizo él algunas; echó un vistazo alrededor de él para comprobar que todo estaba igual a como lo había dejado y sólo entonces la vio. Sobre una mesa tocinera, apoyada en uno de los muros, estaba la imagen más hermosa que jamás había contemplado: una Virgen embarazada envuelta en un manto verde de oro y plata.

–Ha sido obra del artesano que llegó con vos –oyó decir a uno de los freires.

–La hemos dejado aquí hasta que decidáis qué hacer con ella –dijo otro.

–No podíamos ponerla en la iglesia ni tampoco en nuestra capilla porque no está bendecida –añadió un tercero.

Se aproximó con paso vacilante. La cabalgada había sido larga y él llevaba demasiado tiempo sin montar. No podía apartar los ojos de la imagen y tenía la impresión de haberla visto antes, pero ¿dónde?

–¿Y Eder? –preguntó al comprobar que su protegido no estaba entre los demás.

–En la leñera –terció Lope antes que nadie–. Apenas sale de ella, incluso duerme allí. Desde vuestra marcha no ha dejado de trabajar y hay que obligarle a descansar. Si lo deseáis, voy a avisarle.

–No, déjale. Las personas que han venido con nosotros...

–Ya nos hemos ocupado –le informó el freire hospitalario–. Los hemos alojado en la casa de los peregrinos nobles.

Bertrand se retiró hasta la hora de la oración de vísperas mientras los demás volvían a sus trabajos, se tumbó en la cama y cerró los ojos, pero no tenía sueño a pesar del cansancio. Estaba conmocionado e intentaba con todas sus fuerzas recordar dónde había visto la imagen, pero por muchos esfuerzos que hacía, no lograba averiguarlo. Y, sin embargo..., le era tan familiar como la de Nuestra Señora des Orzs o como la de Rocamador, ante las cuales había pasado horas enteras rezando. Sus pensamientos se dirigieron al artífice de la obra. No había errado; el artesano era una persona valiosa y necesaria para crear una nueva imaginería que acercara la Madre de Dios al pueblo. En ello pensaba mientras azuzaba a *Ferragut* y de pronto se hizo la más completa oscuridad. Oyó la campana llamando a vísperas, pero no se movió y nadie fue en su búsqueda. El recuerdo se hacía más nítido. Durante los días que había permanecido inconsciente, la oscuridad era completa y él no oía ni sentía nada, pero a veces veía un destello, una luz, el rostro de una mujer sonriente, el sol, la luna... Abrió los ojos, se levantó como impulsado por un resorte y cogió la lamparilla de aceite que había encendido al entrar en la habitación. Era ya noche cerrada y no había nadie a la vista, salió al exterior y se dirigió a la leñera.

Eder se hallaba dentro; curvado sobre una pieza, golpeaba la gubia con el mazo, ajeno por completo a otra cosa que no fuera su trabajo.

–Buenas noches, amigo mío.

El joven se detuvo al escuchar su voz, se giró y escudriñó en la oscuridad. Bertrand se aproximó sonriente y él respondió a su sonrisa.

–¿Sabes que la noche está hecha para descansar?

–Cuando se está cansado... Además, ya tengo donde echarme cuando tengo sueño –al decir esto, Eder señaló un colchón y una manta tirados en el suelo–. Me alegra veros en buena salud. Lope me dijo que habíais sufrido un percance.

–Así fue, pero ya pasó. ¿Qué haces?

Bertrand se sentó junto a él y observó con curiosidad la talla de un caballo con alas en movimiento. Sintió una punzadura en el pecho al recordar a *Ferragut*.

–La Madre toma aspectos diferentes y éste es uno de ellos –le aclaró el joven al observar su interés.

–¿El de un caballo alado?

–Sí. Amari se transforma para ir de una de sus moradas a otra, en águila, rayo, hoz de fuego..., pero yo la prefiero cuando aparece como caballo blanco y la he tallado muchas veces de esta forma.

–Déjame ver...

El freire se sentó a su lado y alargó la mano en silencio. La figura estaba casi acabada; no le faltaba ningún detalle y mostraba las proporciones de un hermoso ejemplar árabe, de aquellos únicamente al alcance de los reyes: cuello estilizado, cuerpo compacto, dorso corto y extremidades anteriores largas, delgadas y resistentes. Dudaba de que el joven tallista hubiera tenido oportunidad de contemplar uno al natural –él mismo sólo había visto unos pocos en toda su vida– y, sin embargo, lo había reproducido a la perfección. Le vino a la mente la imagen de Pegaso, el caballo alado de Perseo, nacido según una vieja tradición griega en la tierra, fecundado por la sangre de la Gorgona; también decían los griegos antiguos que Helios, el dios del sol, viajaba todos los días de levante a poniente en su carro de oro tirado por cuatro caballos alados; y los germanos en sus leyendas hablaban de hermosas mujeres cabalgando sobre los lomos de corceles con alas. Desde sus inicios, los seres humanos habían creído en hechos prodigiosos y no era extraño que así lo hicieran unas gentes que habían permanecido aisladas en las montañas. La del tallista era una creencia sencilla, pensó.

Tan natural como debió de haber sido el cristianismo en sus inicios, con la palabra de Jesús como única guía.

–Robert Lepetit está a buen recaudo en la fortaleza de Deio –le informó–, y no saldrá con vida de ella.

–¿Y mi figura?

–La tengo yo. La imagen que está en la cocina...

–Quería fundir en una todas las Madres que me habéis mostrado. A fin de cuentas, todas son la misma.

–¿Qué piensas hacer con ella?

–Es para vos.

–¿Por qué?

–Para agradecer vuestra ayuda y para que vos también poseáis una, pero... –Eder sonrió con picardía antes de continuar– me gustaría que me devolvieseis la mía.

Al regresar a la casa, Bertrand pasó por la cocina, se sentó en una banqueta y estuvo contemplando la imagen hasta que los freires volvieron de la iglesia. No cabía la menor duda; era la misma que había visto durante el tiempo transcurrido entre tinieblas.

La vio acercarse y creyó estar ante una visión. El día había amanecido fresco pero soleado y él necesitaba la luz natural para pulir la figura del caballo, darle los últimos retoques y observar con atención cada detalle. Se dirigía hacia él, vestida con un brial azul, como el color de sus ojos, los cabellos cubiertos con una toca redonda, a modo de corona, sobre un velo de tejido transparente, y un amplio chal de lana sobre sus hombros que flotaba al ritmo de sus pasos. La aparición detuvo su mano en el aire y su corazón latió con fuerza. ¡Qué hermosa era! Se levantó y el caballo cayó al suelo, olvidado. La vista le estaba jugando una mala pasada después de tantos días encerrado en la leñera. Había escuchado en alguna parte que algunas personas sufrían alucinaciones tras permanecer recluidas durante mucho tiempo y veían cosas que sólo estaban en su imaginación; sus obsesiones tomaban cuerpo y eran capaces de asegurar que eran reales. La suya estaba a dos pasos de él, alargó sus manos, él las cogió y se las llevó a los labios.

–¿Hace cuánto que no te lavas? ¡Hueles a pestes!

La exclamación de Alix rompió el encanto. La joven retiró sus manos e hizo un mohín de disgusto que afeó su bonito rostro.

–No lo sé...

–¡Por Dios, Eder! ¡No puedes ir por ahí oliendo como un porquero!

–¿De dónde sales?

–Llegamos ayer con el comendador.

–No..., no me dijo nada...

–Temería que te presentases ante nosotros con semejante aspecto.

–¿Nosotros?

–Sí, claro. Mi marido también está aquí, pero no te preocupes –añadió al observar en él un mohín de desánimo–. Se pasa el día contemplando las moscas. Tendremos todo el tiempo del mundo para nosotros, pero no volveré a dirigirte la palabra si antes no te aseas un poco.

–¡No tendrás que repetírmelo!

Salió corriendo hacia la casa, entró como una exhalación en la cocina y llamó a gritos a Lope ante las miradas desaprobadoras del freire cocinero y de otros dos que se hallaban allí en aquellos momentos. La regla prohibía hablar a gritos; de hecho, prohibía hablar si no era estrictamente necesario, y aunque en la granja existía algo de relajación, únicamente se levantaba la voz para avisar de una catástrofe o cuando se avecinaba la tormenta. Por fin dio con Lope y le pidió un hábito nuevo y jabón. El novicio levantó las cejas. Hora era ya de que el tallista se decidiese a tomar un baño. Si algo diferenciaba a la orden de otros monjes era la pulcritud, pero el protegido del maestre no era de los suyos y tampoco podían exigirle que se comportara como ellos. Eder salió de nuevo a toda prisa cuando tuvo en sus manos lo solicitado.

–¡Tampoco te vendría mal un buen corte de pelo! –le gritó Lope antes de enfrentarse a las miradas, esta vez airadas, de los freires.

Las heladas aguas del Linares cortaban la piel, pero Eder no lo notó cuando entró en ellas desnudo, como tampoco lo notaba cuando, en Baigorri, se metía en el río a pescar truchas. Muy al contrario, estaba sofocado y sentía hervirle la sangre mientras se frotaba el cuerpo con las hojas de esparto que envolvían el jabón rasposo, elaborado con sebo de cabra y ceniza. Rojo por el frío y el frote, regresó a la casa, donde Lope lo esperaba con unas enormes tijeras de esquilar. La sonrisa de Alix al verlo de nuevo le confirmó que su apariencia había dado un gran vuelco. El novicio había hecho un buen trabajo y no lo había trasquilado como una oveja, a pesar de que varias veces aseveró la conveniencia de cortarle el pelo al cero como él y los demás monjes lo llevaban. La barba, afirmó, era un signo varonil, pero el cabello largo era propio de mujeres. No se dejó convencer y logró que Lope se limitara a cortarle el pelo por debajo de las orejas y a arreglarle la barba.

–¡Ahora sí te reconozco! –exclamó Alix cuando él fue a verla al albergue de los peregrinos nobles y la encontró sentada sobre un banco de piedra adosado al muro.

Deseaba abrazarla y besar aquellos labios con los que soñaba cada noche antes de dormirse y que ahora tenía al alcance sólo para él. Otra voz conocida frenó su primer impulso.

–Hola, Eder.

–¡Alazaïs!

La muchacha acababa de aparecer por la puerta y lo contemplaba arrebolada y feliz. Sostenía en sus brazos a una pequeña de ojos grandes que le miraba sin parpadear y que le recordaba a alguien aunque no podía decir a quién.

–¿Tienes una hija? –fue lo único que se le ocurrió preguntar, tan asombrado estaba al encontrársela de forma inesperada.

–Es mía –intervino Alix con sequedad, y añadió mirando a uno y a la otra–: Había olvidado que vosotros dos ya os conocíais... Alazaïs, lleva a la niña dentro. Aquí fuera hace demasiado frío para ella. Y tú, querido amigo, siéntate a mi lado. Tenemos mucho de que hablar.

La sonrisa se borró del rostro de Alazaïs, apretó los labios, hizo un amago de reverencia y volvió a entrar en la casa. Su contrariedad no pasó desapercibida para Eder, pero la mano extendida de su amada invitándole a sentarse a su lado, el anhelo de sentirla junto a él después de tanto tiempo, su olor a flores o a hierbas, no sabía muy bien, le hizo olvidar por completo a la joven occitana; cogió la mano de Alix y la mantuvo entre las suyas.

Aquella noche Alix acudió a la leñera. No hubo movimientos inexpertos como la primera vez, ni fue a hurtadillas en un pasillo oscuro. En esta ocasión, se tomaron su tiempo para acariciarse, descubrirse, unirse, sobre el delgado colchón de paja tirado en el suelo, rodeados de troncos, testigos impasibles de una pasión retenida que se desbordaba como los cauces de los ríos en la época del deshielo y estallaba al igual que la naturaleza lo hacía en bosques y campos al llegar la primavera.

–Nos marcharemos de aquí –afirmó Eder con la respiración entrecortada–. Reharemos nuestras vidas en cualquier lugar. Estaremos solos, tú y yo.

–¿De qué hablas? –Alix no podía pensar en nada. Se sentía plena y satisfecha.

–Iremos a Baztán o a Baigorri o, si tú lo prefieres, buscaré trabajo en Pamplona o en cualquier otro sitio. Se construye sin cesar y yo soy un buen carpintero. Techo y comida no nos han de faltar.

La joven se apoyó en un codo.

–¿Hablas en serio?

–No quiero que volvamos a separarnos. Te amo.

–Deja las cosas como están y sigamos así. Podemos amarnos sin trabas siempre que queramos.

–¿A escondidas? ¿Pretendes que nos amemos a escondidas como si fuéramos unos criminales?

–¿Y tú quieres hacer de mí una mujer deshonrada? No olvides que ya estoy casada.

–¿A quién le importa? El matrimonio no existe entre los míos. Hombres y mujeres se unen por deseo propio.

–Yo no soy una agote.

Eder se levantó y la contempló desde su altura. Alix admiró su cuerpo esbelto y proporcionado, de piel tersa y músculos flexibles. A su lado y en su mejor momento, Antoine había sido tan sólo un saco de grasa; ahora lo era de huesos. Sintió de nuevo un fuerte deseo por él, se tumbó, alargó los brazos y cerró los ojos. Volvió a abrirlos al sentir una ráfaga de aire frío que le provocó un temblor. Su amante había desaparecido y el batiente de la puerta, empujada por el viento, golpeaba contra la jamba a rítmicos intervalos.

No lo vio durante los días siguientes aunque, con la disculpa de dar un paseo, se acercó mañana y tarde a la leñera, e incluso lo hizo también un par de noches. Sus objetos, útiles, maderas a medio tallar, continuaban en el mismo sitio. No entendía lo que ocurría ni su extraño comportamiento. Deseaba hacer el amor con él, lo necesitaba para sentirse viva. Antoine había empeorado y ya ni siquiera se levantaba del lecho; permanecía como ido y ella había dejado su cuidado a Juana. No amaba a su marido, tampoco lo apreciaba como al principio de su matrimonio, y no se veía con fuerzas para atenderlo, asearlo o darle de comer. Aparecía por la habitación todas las tardes, antes de la puesta del sol, que era el momento en que el comendador acudía a visitar a su amigo. Delante de éste, le hablaba con cariño y limpiaba la baba que resbalaba por su barbilla, pero en cuanto el freire se despedía, ella hacía otro tanto. Con un poco de suerte, pensaba, Antoine no llegaría al verano y ella se vería libre y con una pequeña fortuna para instalarse en Pamplona. Luego sus pensamientos volvían a Eder. ¿Dónde estaba? ¿Por qué se había marchado sin despedirse? No se atrevía a preguntar a los monjes sobre su paradero y el ansia y el despecho le roían por dentro. Le había demostrado su amor, se había entregado a él, puesto su honor en peligro... Hizo memoria sobre la noche pasada con él y sintió que su cuerpo se estremecía de deseo; intentó recordar cada una de las palabras que se habían dicho, la propuesta de él para huir juntos, su negativa... Eder no se daba cuenta de que, ni aun viuda ella, podrían unirse ante la gente; era absurdo pensar en dicha posibilidad. Tragándose el orgullo y los celos, decidió finalmente hablar con Alazaïs. Tal vez ella conocía su paradero.

–¿Sabes dónde está Eder? –le preguntó a bocajarro al entrar en la habitación que ella y Juana compartían con otra sirvienta y con la niña.

–¿Por qué habría de saberlo? –respondió Alazaïs.

–Porque sois amigos.

–No le he visto desde el día en que se sentó en el banco junto a vos –la afirmación sonaba a reproche.

–Tú no eres agote, ¿verdad?

–No.

–¿Y navarra?

–Ahora sí, pero no cuando lo conocí.

–¿Dónde fue eso?

Necesitaba saber todo lo concerniente al hombre que le quitaba el sueño y no le daba vergüenza rebajarse a pedirle información a una criada. Alazaïs, por su parte, deseaba hablar de él con alguien, aunque ese alguien fuese su rival. Le contó, por tanto, todo lo que ella quería escuchar. La forma como se habían conocido, cómo él le había salvado la vida y ella y los suyos habían llegado a las tierras del norte de Navarra en compañía de Eder y de sus parientes; cómo sus padres y ella los habían buscado luego hasta dar con ellos en Baztán, y que ella se había ofrecido a acompañarle en su viaje de regreso a Pamplona.

–¿Fuisteis hombre y mujer? –la pregunta quemaba los labios de Alix y escapó sin casi poder evitarlo.

–No.

–¿Y por qué os separasteis?

–Me contó que sus familiares y él habían construido máquinas de guerra para vencer a los buenos creyentes y yo le insulté.

La mención a los cátaros golpeó con fuerza la memoria de Alix. Sólo una vez había hablado con alguien sobre el asunto y después había decidido olvidarlo, borrarlo de su pensamiento. Luego recordó que Eder se hallaba presente la noche en que su padre le contó cómo había muerto su madre y él podía, a su vez, habérselo contado a la sirvienta.

–¿Por qué le insultaste?

–En Montségur fueron quemados vivos dos centenares de seres humanos inocentes que no habían hecho daño a nadie. Hombres y mujeres, ancianos y jóvenes, decidieron morir antes que renegar a su fe.

–¿Cómo lo sabes?

–Porque yo también vengo de aquella tierra y soy una de ellos.

Alix permaneció callada, intentó pensar con orden, pero sus pensamientos se amontonaban, mezclándose en su mente, provocándole una gran confusión. Se había casado con Brulé para estar a salvo, había aceptado matrimoniar con un hombre insulso y más viejo, y ahora resultaba que llevaba meses cobijando bajo su techo a una hereje, a la cual le debía la vida de la hija de Antoine e incluso la suya propia. Notó que el temor ascendía por sus piernas y se alojaba en su estómago. En Navarra los cátaros no eran perseguidos como en otros lugares, tal vez porque eran pocos y estaban dispersos, pero el rey Teobaldo era francés, primo del rey de Francia, y un cristiano ferviente, según decían, y podía tener un arrebato. La mejor seguridad para ella era la ignorancia sobre sus orígenes de quienes la rodeaban y ya había demasiadas personas que lo conocían: Antoine, Eder, Bertrand de Garlande, el predicador... Podía fiarse de los tres primeros, pero no descansaría hasta saber que el asesino de su madre estaba muerto y bien muerto. Alazaïs también era un peligro. Le había confesado que era una creyente y lo mismo podría hacer en cualquier otro momento a otra persona y dar lugar a una investigación. Era preciso prescindir de su servicio y buscar otra niñera para la pequeña... Si Antoine la dejara viuda... Si Eder volviera...

–¿Por qué dices que lo insultaste? –volvió a interesarse antes de salir afuera para tomar el aire e intentar recuperar la calma.

–Le llamé agote.

Transcurridos los meses más fríos durante los cuales se aminoraba la actividad y se dejaban a la espera las decisiones importantes, un juez real se desplazó a San Esteban de Deio para examinar la causa de Robert Lepetit y pronunciar el veredicto ya señalado por el rey. El hombre era un asesino, un peligro para la Corona y para la Iglesia, que ya lo había condenado años atrás, y debía ser ahorcado dentro de la propia fortaleza, al igual que su cómplice.

El Bugre se negó a declarar aduciendo que únicamente Dios podía juzgarlo, a lo que el juez respondió que en unas horas tendría ocasión de comprobarlo. Lepetit escuchó impasible la sentencia, que se cumpliría sin dilación en la madrugada del día siguiente, y pidió un fraile para confesarse. Aubert, sin embargo, se desmoronó durante el interrogatorio, declaró todo lo que se le pidió y aún más, acusó a su jefe de hacerse pasar por Jesucristo, de la muerte de una mujer en Ultrapuertos y del ataque sufrido por el maestro constructor Bisol, rogó clemencia y alegó el miedo descomunal que tenía al predicador para justificar el haberlo acompañado en este último caso. No le valió de nada, el juez lo sentenció también a morir en la horca y el hombre se echó a llorar.

Llegada la noche, el carcelero comunicó a Robert que el fraile solicitado había llegado y lo condujo a un cuartucho pequeño sin ventanas donde lo esperaba para escuchar su confesión. Su resignación y disposición a bien morir desaparecieron al encontrarse con un franciscano de su altura y enjuta complexión, vestido de color pardo oscuro, con una capucha que velaba su rostro y sólo dejaba ver una barbilla barbada. Era una suerte que su propia barba hubiese crecido durante los meses de encierro. No lo meditó. Se aproximó con aire contrito al fraile que había abierto su libro de oraciones y comenzado a recitar una oración, y se abrazó a él entre sollozos y lamentaciones. Ambos se arrodillaron y, en esta posición, el Bugre se lanzó sobre él, lo tumbó, le metió parte de su propio hábito en la boca y le tapó ésta y también la nariz con una mano mientras sujetaba el cuerpo con la otra. El fraile se debatió durante mucho rato, pero él apretó con todas sus fuerzas impidiéndole respirar hasta que, al final, el hombre dejó de moverse. Rápidamente Robert trocó sus ropas por las del franciscano, ocultando el famoso documento bajo la pechera, vistió al muerto con su túnica y la sobrevesta, y le ató el gorro bajo la barbilla para que no se le apreciara el cráneo rapado en corona. A continuación se puso a golpear la puerta.

–¡Ayuda! ¡Ayuda! –gritó desaforado.

El carcelero acudió presto y abrió la puerta del cuartucho.

–Ha comenzado a retorcerse como un poseso –le explicó Robert señalando el cuerpo tendido en el suelo–. He intentado reanimarle, pero en este antro no hay ni un pote de agua. ¿No sabéis lo que es la caridad? ¿Cómo podéis maltratar de esta manera a unos seres creados por Dios aunque sean criminales? Él os pedirá cuentas cuando llegué el día del Juicio Final.

El carcelero, abrumado por las palabras encolerizadas de quien él creía un franciscano, se arrodilló sobre el cuerpo, comprobó que, en efecto, el hombre estaba muerto sin remedio y salió corriendo en busca del tenente dejando la puerta abierta. Robert estuvo tentado de salir él también, pero debía conservar la calma, se dijo, y no apresurarse ni dar motivo de sospecha; se caló la capucha todo lo que pudo y esperó. Martín de Garisoain llegó poco después, seguido por el carcelero y un par de hombres más. Tenía el aspecto de una persona recién despertada, con la camisa sin atar, por encima de los calzones, y el cabello revuelto.

–¡Maldita sea! Este hombre tenía que ser ejecutado al amanecer.

–Dios se os ha adelantado –afirmó el falso fraile procurando hablar despacio y con un tono más grave que de costumbre.

No había peligro de que su voz fuera reconocida puesto que, por orden del tenente, no se le había permitido hablar dos palabras seguidas desde su llegada a la fortaleza. Algo más había dicho ante el juez, pero éste ya no estaba en la fortaleza. De todos modos, cualquier precaución era poca.

–Pues si tenía que ser ahorcado, ¡lo será aunque ya esté muerto!

–La caridad incluso hacia nuestros enemigos...

–Mirad, hermano, eso está bien en vuestro oficio –le interrumpió el soldado–, pero en el mío es diferente. Las órdenes han de cumplirse para evitar problemas y no será la primera vez que se ahorca a alguien ya fallecido.

–Triste visión la de un cadáver conducido al cadalso a la luz del día...

Robert acompañó sus palabras inclinando la cabeza y, para que el efecto fuera completo, sacó el breviario del franciscano que había guardado bajo la pechera junto al documento, lo abrió y comenzó a recitar en tono lúgubre las primeras palabras del responso de difuntos

–Ne recorderis peccata mea, Domine. Dum veneris iudicare sculum per ignem...

–Bueno, da lo mismo una hora que otra –afirmó Garisoain impresionado por el rezo y el cuerpo del muerto a medias iluminado por los candiles de aceite que sujetaban sus hombres–. ¡Pedro! –ordenó a uno de ellos–, despierta a la guardia que vamos a cumplir las órdenes ahora mismo. Ah, y no os olvidéis del compinche; traedlo también. ¡A ver si podemos irnos a dormir de una maldita vez!

Poco rato después, el cuerpo del desafortunado franciscano colgaba de una horca levantada en un extremo del patio de armas para poder llevar a cabo varias ejecuciones al mismo tiempo. El invento consistía en dos postes de dos cuerpos de alto, anclados en tierra, y otro más largo trabando los anteriores; la soga se pasaba por encima de este último y los verdugos jalaban de ella hasta elevar al condenado y asfixiarlo. Aubert fue llevado a rastras hasta el lugar, no podía sostenerse en pie y gritaba y lloraba desesperado ante las miradas impasibles de los soldados, acostumbrados a presenciar ejecuciones, aunque no a horas tan intempestivas y a la luz de las antorchas.

–¿Puedo alentarlo a bien morir? –solicitó el Bugre cuando Aubert ya tenía la soga al cuello.

–Hacedlo, pero no os demoréis –aceptó el tenente de mala gana–. No es bueno para la moral de mis hombres ver el miedo de otros ante la muerte.

Robert se aproximó a su antiguo camarada, echó un poco la capucha hacia atrás para dejar su rostro a la vista, le alzó la barbilla y le obligó a mirarle.

–Te lo dije muchas veces –le susurró–. La horca es el fin que espera a los traidores. Tú, como Judas, has traicionado a tu señor, y éste es tu castigo.

Los ojos de Aubert parecían ir a salirse de sus cuencas. Giró la cabeza para mirar al hombre colgado a su lado y de nuevo al fraile que tenía delante. ¡El hijo del diablo se había duplicado!

–¡Es él! ¡Es él! –gritó aterrorizado, a punto de ahogarse. Lepetit lo bendijo y se separó unos pasos, el tenente dio la señal y dos soldados tiraron de la cuerda hasta levantar al antiguo ladrón a cinco pies del suelo, lo suficiente para que el desgraciado patalease durante unos momentos y se orinase encima antes de quedar inmóvil.

–¿Qué gritaba? –preguntó Garisoain.

–Creo que ha visto al propio Satanás en persona –respondió el Bugre sin pizca de ironía.

–¡Antes o después muchos de nosotros lo veremos! ¿Os quedaréis aquí lo que queda de la noche, hermano?

–Me temo que otras almas desdichadas esperan mi consuelo. Mañana temprano he de estar de vuelta en nuestro convento de Estella.

–¿Y no teméis ser asaltado por el camino?

–¿Quién iba a querer asaltar a un pobre fraile que nada posee?

–Id con Dios, entonces.

–Con Él quedéis vos también.

Con andar pausado y sin demostrar la ansiedad que sentía por dentro, se encaminó hacia el portón de salida, descendió la colina y atravesó la única calle del pequeño poblado erigido a la sombra de la fortaleza y habitado por siervos de la gleba obligados a trabajar para la Corona. Siguió caminando del mismo modo hasta toparse con el camino de peregrinos, pero en lugar de dirigirse hacia el norte, hacia Estella, tomó dirección sur. Sólo entonces un suspiro, un gemido profundo, se escapó de su pecho y apresuró el paso. Amanecía y la tierra parecía envuelta en fuego, la hierba estaba húmeda y una urraca pasó volando por encima de su cabeza. Antes de llegar a Los Arcos se unió a un grupo de peregrinos madrugadores que, según le informaron, esperaban pernoctar aquel día en la granja que los monjes templarios poseían en Dorreaga y cuya excelente acogida y mejor comida eran bien conocidas.

–También yo he oído cosas buenas de ese lugar –se limitó a decir Robert Lepetit, y no volvió a hablar durante todo el trayecto sino para dar las gracias por el pan y el agua que los caminantes compartieron con él.

Al llegar a la granja, hizo fila como los demás y esperó a que se le asignara un lugar para dormir. También guardó turno para comer y poder así saciar el hambre que no le había abandonado desde su apresamiento por Bertrand de Garlande. Al fijarse en su hábito de franciscano, el hospitalero le indicó que en el edificio principal disponían de una dependencia para los hombres de Iglesia, pero él rehusó el favor alegando que no deseaba ser en modo alguno diferente a las demás almas benditas que hacían el Camino como prueba de sacrificio. El monje no insistió y él se quedó tranquilo. No quería correr el riesgo de toparse con el comendador en caso de que se hallase en la granja en aquellos momentos.

Durante su encierro, había dado muchas vueltas al hecho de que el freire le hubiese hecho prisionero sin mediar ataque o palabra alguna por su parte. Asimismo, la forma como había sido tratado desde el primer momento por Garisoain y su condena sin juicio ni testigos sólo podían significar que las cosas se habían complicado para él. Ahora no sólo el leproso agote, sino otros conocían su pasado, incluido el propio rey, que había firmado la orden de ejecución. El juez había leído los cargos que se le imputaban, desde la muerte del arcediano hasta el ataque a Bisol, pasando por su excomunión y expulsión de las órdenes religiosas. Tenía que salir del reino de Navarra cuanto antes, pero no lo haría hasta haber dado su merecido a la persona por cuya culpa había estado a punto de ser ahorcado. Él, sin duda, era quien había puesto al corriente al comendador. No podía hacer nada contra éste, porque estaba seguro de que lo reconocería incluso disfrazado de fraile franciscano y, además, siempre iba armado y acompañado por uno o dos freires, también armados, pero el aprendiz del constructor, el pagano inmundo, el cachorro de Satanás, pagaría el error de haberse cruzado en su camino y, más aún, de haberle impedido llevar a cabo su misión.

A la mañana siguiente era domingo y acudió a la iglesia. Desde su posición, en la parte trasera del templo, mezclado con los demás peregrinos, intentaba descubrir a Bertrand de Garlande entre los caballeros vestidos con túnicas y capas blancas que seguían la misa desde la zona más cercana al altar, a la derecha. Veía sus perfiles, pero le parecieron todos iguales: los mismos cráneos rasurados y las mismas barbas pobladas. Pasó revista a los novicios que ocupaban el lado izquierdo. Tampoco entre ellos distinguió el rostro que esperaba ver. Habían transcurrido casi tres meses desde su encarcelamiento, recapacitó, tiempo suficiente para que el comendador hubiera marchado a cualquiera de las otras propiedades que su orden mantenía en Navarra y en las tierras del río Oja, y era posible que el pagano se hubiera ido con él. Echó un vistazo alrededor de él. No había muchos peregrinos; los que habían llegado con él y algunos más.

Eran personas sencillas que recorrían el Camino a la espera de poder contemplar hechos maravillosos, besar reliquias milagreras y, sobre todo, encontrar soluciones para sus problemas y obtener la indulgencia plenaria que les perdonaría todos sus pecados, pero ¿cuántos de entre ellos eran verdaderos cristianos?, se preguntó. Examinó con atención sus rostros vulgares, curtidos por el aire de la larga andadura, y sintió un estremecimiento. Le recordaron a otros, a los de aquellos que por decenas había enviado a la hoguera: artesanos, campesinos, gentes de pueblo e ignorantes, que eligieron la muerte y le vencieron, puesto que ni la tortura ni la amenaza del fuego les hicieron renunciar a su fe herética.

La ceremonia había finalizado y los peregrinos abrieron paso para dejar salir primero a los monjes-soldados y a los novicios. Robert los vio salir en fila, de dos en dos, y sintió envidia de una milicia tan bien adiestrada, poderosa y rica. Él hubiera sido un excelente maestre templario, pero hasta ahora no se le había ocurrido tal posibilidad. Sabía que la orden disponía de encomiendas, monasterios y granjas a lo largo del Camino. Tal vez podría solicitar su ingreso en alguno de ellos, en las tierras de León o de Galicia... Claro que él no sabía utilizar un arma; pero sabía leer y escribir en latín y francés, y de algo le valdría. Continuaba haciendo planes cuando sus pensamientos se vieron interrumpidos por una visión que lo dejó perplejo. Detrás de los novicios caminaban dos mujeres, una joven y otra vieja. Las reconoció al instante. ¿Qué diablos hacían allí la hija de Bisol y la vieja ama del constructor? En un ademán instintivo, se echó la capucha hasta los ojos en el momento en que ellas pasaban por su lado. Después las siguió al exterior y observó que se dirigían a un edificio contiguo al hospital. Dejó transcurrir un par de horas y, con el breviario abierto en las manos y aparentemente centrado en él, se paseó por delante de la casa hasta tener la certeza de que, en efecto, las dos mujeres se alojaban en ella. Vio también al señor Brulé, muy delgado y con mal aspecto, sentado en una silla tomando el sol, y a otra joven desconocida jugando sobre la hierba con una criatura de corta edad.

–Dios esté contigo, hermano.

La voz del comendador a su espalda estuvo a punto de hacerle perder la sangre fría, pero se rehizo con igual prontitud.

–Y contigo –respondió con suavidad.

Lo vio aproximarse a Brulé, sentarse a su lado después de palmearle en un hombro y hablar con él, aunque no daba la impresión de que el antiguo consejero se percatase de su visita.

No sabiendo qué hacer y temiendo resultar sospechoso si continuaba dando vueltas por el lugar, continuó andando hasta toparse con el edificio principal. Las puertas estaban abiertas de par en par y en cada una de ellas podía verse la cruz griega de los templarios pintada de rojo. Un freire apareció en el umbral, se lo quedó mirando y después se dirigió a él en latín.

–¿Puedo ayudaros, hermano?

–Buscaba una capilla donde recogerme... –improvisó Robert sobre la marcha.

–¿Os alojáis en las dependencias de los hombres de Iglesia?

–Sí...

–La capilla se halla justo a la derecha de la escalera.

Diciendo esto, el freire se apartó para dejarlo entrar y luego salió de la casa. El Bugre dio unos pasos en el interior algo perdido, pero el lugar no era muy diferente a otros conventos o monasterios ya vistos con anterioridad, con una entrada amplia, varias puertas y una escalera al fondo. No se apreciaba movimiento alguno, se encaminó resuelto hasta la última puerta a la derecha, la franqueó y luego la cerró. Tampoco allí había nadie. Se trataba de una capilla pequeña en la cual los freires cumplían las horas canónicas al igual que lo hacían los miembros de otras órdenes monacales. El lugar estaba en penumbra, apenas iluminado por la luz que penetraba a través de dos aberturas recubiertas con papel encerado y la emitida por la llama de una vela colocada encima de un sencillo altar de piedra, sin ornamentación alguna. Una cruz templaria de hierro de grandes dimensiones presidía la humildad del entorno y, a su derecha, había una imagen; se aproximó a ella y abrió los ojos escandalizado. Ni siquiera a los herejes, que no creían en la Encarnación del Verbo, se les habría ocurrido jamás representar preñada a la Madre de Dios. Era un sacrilegio de tales proporciones que la ira del Señor se abatiría sobre la pandilla de idólatras que habitaba aquella granja y había osado colocar junto al altar la representación de una mujer mancillada por la lujuria. Alargó los brazos con la intención de volcar la imagen y hacer que se rompiera en la caída, pero le detuvo el ruido de la puerta al abrirse y permaneció inmóvil, incapaz de moverse del sitio.

–¿Admiráis la imagen de Nuestra Señora? –oyó preguntar detrás de él.

No se volvió y asintió sin hablar con un ademán de cabeza.

–Aún no está consagrada, pero es tan hermosa que nos daba pena tenerla en la cocina entre humos y guisos. Cuando esté consagrada, la colocaremos en el centro, entre la cruz y el altar, que es el lugar que le corresponde.

El hombre estaba ahora a su lado y Robert se giró un poco para observarlo. Era un novicio barbilampiño de cráneo rapado, grande y fuerte, y con la mirada risueña de un niño.

–Deduzco por tus palabras que ha sido realizada recientemente –dijo sin mostrar su indignación.

–Así es. La ha tallado un artesano que llegó no hace mucho con nuestro comendador y se aloja entre nosotros.

Tardó unos momentos en asimilar la información.

–¿Y cuándo tendrá lugar la ceremonia de consagración?

–El próximo sábado, antes del ángelus.

–Ése paga..., ese artesano..., ¿tiene nombre? Conocí a uno...

–Se llama Eder Bozat. Es un montañés.

El Bugre hizo una inclinación de medio cuerpo y se dirigió sin prisas a la puerta de salida. No encontró a nadie en su camino y, una vez fuera, aceleró un poco el paso para hallarse cuanto antes en el hospital, pero, al llegar a éste, continuó caminando hasta adentrarse en un bosquecillo de nogales cercano. Necesitaba meditar y, para ello, era preciso estar solo. Al entrar en el nogueral, buscó un lugar donde sentarse y halló un árbol talado y aún sin desbastar. Era imposible tener tanta suerte, pensó incrédulo, la fortuna se aliaba con él una vez más. Después de todo, iba a poder cumplir su venganza, pero debía andarse con cuidado, prever cada movimiento, asegurar el éxito. No tendría otra oportunidad mejor para pillarlos a todos juntos. No había visto al agote desde su llegada, pero seguro que asistiría a la ceremonia de consagración. ¿Cómo había dicho el novicio que se llamaba? Eder Bozat... Nunca había conocido su nombre, pero era bueno saberlo, darle uno a una cara, así, al menos, se sabía con quién se trataba. Bozat... La mujer de Baigorri se llamaba Elaia Bozat y, pensándolo bien, ambos se asemejaban. Aquél debía ser hijo o pariente de ésta, rama del mismo tronco de seres inmundos, de entrañas roídas por la lepra, que había esculpido a su diosa pagana preñada del mismísimo Lucifer. El maestre templario que lo había encarcelado, que había logrado que el rey lo condenara a muerte, que había prohijado un huevo de serpiente y colocado una imagen sacrílega en el lugar de la Santísima Virgen María, tampoco se salvaría. Ni la hija de la hereje, cuyo nombre desconocía, portadora de la sangre corrompida de su madre, manzana pútrida que era necesario eliminar para evitar la propagación del Mal; el consejero Brulé, la vieja criada, los freires y novicios de un lugar en el cual se acogían los detritus más abyectos de la humanidad... Todos ellos sufrirían las consecuencias de sus actos al igual que los herejes, castigados por el fuego debido a sus muchos y horrendos pecados. Él era el verdugo de Dios y era su obligación cumplir la justicia divina.

Logró convencer al hermano hospitalero para que hiciera la vista gorda y le permitiera quedarse hasta el sábado siguiente, aduciendo su gran devoción y la emoción que había causado en él la imagen colocada en la capilla.

–Si las reglas no me permiten permanecer más tiempo dentro del recinto –añadió recuperando el tono devoto capaz de ablandar a cualquiera–, esperaré a las puertas de la granja, a la intemperie, porque no deseo continuar el peregrinaje sin antes haber orado ante Nuestra Señora de la Buena Esperanza.

El hospitalero le permitió quedarse, conmovido por su piedad y más aún porque acababa de solucionar un grave problema. A pocos días de la consagración, no sabían qué nombre poner a la imagen. El peregrino franciscano había dado con la solución. En cuanto pudo liberarse, el monje escapó corriendo hacia el edificio principal para comunicar a los demás su gran hallazgo. ¿Qué mejor nombre que Nuestra Señora de la Buena Esperanza para una Virgen embarazada? Todos celebraron la propuesta y la aceptaron. El capellán también estuvo de acuerdo y Bertrand sonrió satisfecho. A Eder le gustaría aquel nombre.

Su joven amigo se había marchado a la vecina sierra de Cabrega en compañía de uno de los pastores que cuidaban allí los rebaños de la granja. Su excusa había sido el deseo de encontrar un tronco de árbol de un tamaño determinado para una talla que pensaba realizar, pero sobre la cual no podía decirle nada porque todavía no estaba seguro. También dijo algo sobre la necesidad de pasar unas jornadas en el monte, pues echaba en falta su tierra, pero Bertrand no quedó muy convencido con la explicación. Lo había visto la víspera sentado junto a Alix, recién lavado, cabello cortado y hábito limpio; observó cómo se cogían de las manos y se miraban. Entendió entonces las reticencias de la esposa de Brulé para viajar a Champaña. Aunque en modo alguno podía aprobar un comportamiento adúltero, no por eso dejaba de comprender la situación. La juventud se atraía, como el polen de las flores atraía a las abejas; era algo natural. El consejero era bastante mayor que su mujer y poco atractivo. De todos modos, tampoco había escapado a su observación el proceder de Alix. La señora Brulé únicamente se acercaba al enfermo cuando él iba a visitarlo; lo amara o no, su deber era atenderlo, al igual que lo sería el de él si la enferma fuera ella. Asimismo, no demostraba ningún cariño por su hija y la dejaba todo el tiempo en manos de la niñera, y no era ése el comportamiento esperado en una madre.

Se alegró de que Eder decidiera ausentarse. Era un joven cabal, con los pies en la tierra, y aquella relación sólo podría traerle problemas. Antes de que salieran para la sierra, cogió al pastor en un aparte y le pidió que él y sus compañeros intentaran retener al joven y lo mantuvieran ocupado. Cuanto más tiempo pasara lejos de ella, mejor. Aun así, tendría que llamarlo para la consagración. A pesar de que para él la hermosa imagen no significara lo mismo que para ellos, daba lo mismo. Como bien había dicho en una ocasión, la Madre era la misma, llevara el nombre que llevara, tuviera la forma o el color que tuviera y, además, quién sabía, tal vez así el joven abriese sus ojos y su corazón y acabase creyendo en el misterio cristiano.

Sacó la pequeña figura guardada en su bolsa de viaje. Tenía que devolvérsela a su dueño, pero quería contemplarla a su gusto una vez más. Fue una suerte que toparan con el Bugre renegado y asesino antes de que la hubiese destruido o se hubiese desembarazado de ella. La examinó con detenimiento, intentando descubrir alguna mella o desperfecto, pero estaba intacta y seguía produciéndole una sensación igual a la sentida la primera vez que la vio: emoción ante la belleza de la maternidad y congoja ante su significado. Quitó la pieza que cubría la base. El documento oculto en su interior debía permanecer custodiado, no podía caer en malas manos y a Eder no le hacía ninguna falta. Introdujo el dedo con intención de sacarlo de su escondite, pero la oquedad estaba vacía y tuvo un sobresalto. Únicamente Robert Lepetit podría haberlo encontrado. Se tranquilizó al recordar que el mal hombre había sido ejecutado. La próxima vez que pasase por la fortaleza preguntaría al tenente qué había sido del pergamino y lo recuperaría en caso de que él lo tuviera en su poder.

El sábado amaneció radiante, el cielo de un azul profundo como en pleno verano aun cuando acababa de comenzar la primavera, la temperatura cálida para lo temprano de la estación y la hierba del mismo verde brillante que el color de la capa de la imagen. Freires y novicios estaban en pie antes de la hora acostumbrada. Deseaban que la ceremonia resultase espléndida. Su iglesia era la única templaria en Navarra que no estaba dedicada a la Madre de Dios y la consagración de Nuestra Señora de la Buena Esperanza en el oratorio vendría así a paliar una carencia a veces sentida por los moradores de Dorreaga, quienes echaban en falta la protección de la Madre divina. Barrieron la capilla hasta en los rincones más oscuros, la llenaron de flores, de ramos de olivo y laurel, y de velas nuevas, y colocaron un mantel encima del altar. Una hora antes del ángelus, el capellán de la orden celebró una misa durante la cual procedió a ungir con aceite bendito la frente, las manos y los pies de la imagen, así como se hacía en los tiempos bíblicos de los reyes de Israel. La ceremonia debería haber sido celebrada por el obispo, pero don Pedro Ximénez de Gazolaz se hallaba residiendo en Alcañiz, exiliado decían algunos, hasta que su asunto con el rey se hubiera clarificado y, de todos modos, el comendador no se molestó en requerir su presencia.

Eder Bozat bajó de la sierra tras recibir un mensaje de Bertrand solicitando su regreso. Habría preferido continuar allí, pero no podía desoír la llamada de la persona que, de alguna manera, había ocupado en su vida el lugar de su padre y el de su maestro. Sin embargo, había meditado mucho durante las semanas transcurridas en soledad, con los pastores de la granja y las ovejas como única compañía. Añoraba a su familia, los montes, los valles, los bosques; sentir la lluvia y oler la niebla, oír el cuerno y ser otra vez parte de la naturaleza. Él era el árbol que crecía frondoso, el río que bajaba de las cimas, el aire que traía ecos del pasado, el águila que volaba libre sin depender de nadie. A pesar de sus sentimientos contradictorios durante la última visita a su tierra, era un extraño lejos de ella, un hombre sin raíces, un huérfano. Había vuelto porque deseaba ver de nuevo a Alix, aunque fuera de lejos. Durante una noche, la leñera se transformó en el lugar más maravilloso y él en la persona más dichosa del mundo, pero sólo fue un espejismo y los espejismos desaparecían en cuanto se abrían bien los ojos. Bajó, por tanto, decidido a partir definitivamente hacia el norte después de conocer la razón de la llamada de su amigo. Al llegar, le sorprendió el ajetreo inusual que se respiraba en la granja; se dirigió directamente al edificio principal con la intención de hablar con Bertrand, pero fue a Lope a quien encontró en su camino.

–¡Has llegado, por fin! –exclamó el novicio dándole un golpe en la espalda que a poco lo tira al suelo–. ¡Ya podemos empezar!

Antes de tener tiempo de reaccionar, se vio arrastrado hacia la capilla, lugar en el que entraba por vez primera, y colocado junto a los novicios, detrás de los freires. No tuvo oportunidad de comprobar si la mujer de sus penas se hallaba presente, ni pudo distinguir al comendador entre los portadores de capas blancas situados delante de ellos. Todos se arrodillaron al comenzar la ceremonia y él tuvo que hacer lo mismo en contra de su deseo. «Un hombre libre jamás se arrodilla ante nadie», solía decir su padre.

Entonces pudo verla, en el centro, rodeada de velas que iluminaban su rostro sonriente y ya no vio ni oyó nada más. No escuchó las palabras dirigidas a ensalzar las virtudes de la Virgen, ni tampoco las oraciones y rogativas; no prestó atención cuando el sacerdote ungió la imagen y celebró la misa. Sus ojos estaban fijos en la figura que él mismo había tallado, sorprendiéndose al reconocer en ella el recuerdo de su madre embarazada antes de partir hacia la morada de Amari; el de la tía Elaia la última vez que la vio, despidiéndole con la mano, la sonrisa en los labios; el de Alix, gozosa y confusa tras su primer beso; y también el de Alazaïs, la niña asustada que se asía con todas sus fuerzas de una rama para no caer en el vacío. Tan absorto estaba que Lope tuvo que darle un pequeño empujón para que se alzara en el momento de despedir al oficiante, una vez finalizada la ceremonia.

El estruendo de las puertas al cerrarse, seguido por el golpe seco de la tranca cayendo sobre sus soportes, lo sacaron de su embeleso. No supo lo que ocurría hasta que escuchó gritos aterrorizados y observó que la capilla se llenaba de humo. Una alcancía repleta de alquitrán ardiente entró por una ventana rompiendo el papel encerado y, poco después, una segunda lo hacía por la otra. El fuego se propagó rápidamente por el maderamen del techo y no tardó en hacerlo también por los estandartes templarios que recubrían los muros de adobe soportados por vigas de madera. Los gritos arreciaron y la gente se apretujó junto a la salida; los freires intentaban llamar a la calma y forzar la puerta, pero los asistentes los empujaban sin permitirles la maniobra y varios de ellos cayeron aplastados bajo sus pies. El humo y el calor eran insoportables; toses y gemidos se mezclaban con el crepitar del fuego, y los maderos del techo comenzaron a desplomarse sobre ellos.

Eder sólo tenía ojos para su imagen, alcanzada por una de las ollas y envuelta en llamas. Su sonrisa fue lo último que vio antes de que un pedazo de techo le cayera encima.

Despertó tumbado sobre la tierra; podía sentirla, dura y acogedora a la vez. Cogió un puñado y lo apretó con fuerza para asegurarse de que estaba vivo. A su alrededor escuchaba voces y lloros e intentaba recordar sin conseguirlo. No podía moverse y tampoco podía abrir los ojos a pesar de sus esfuerzos.

–¡Eder! ¡Eder! –le gritaba una angustiada voz de mujer.

–Voy, madre...

–¡Eder! ¡Abre los ojos!

Sintió que le zarandeaban y le mojaban la cara. Tenía ganas de dormir un sueño profundo. Despertaría en Xuhitoa, en la humilde cabaña en la cual había nacido y habían transcurrido los años más felices de su vida. Tenía que tallar el tronco que esperaba en el gallinero, aquel que el padre le había dado después de decirle que perdía el tiempo. No escuchó más voces ni llantos. Cuando de nuevo abrió los ojos, no reconoció el lugar donde se encontraba. Permaneció un rato largo contemplando el techo encalado, antes de girar la cabeza hacia su derecha. Estaba en una sala en la que se alineaba un gran número de camas, todas ocupadas. Intentó moverse, pero sus músculos no respondieron; tenía mucha sed y se pasó la lengua por los labios. Notó que alguien le pasaba el brazo por detrás de la espalda y le ayudaba a incorporarse al tiempo que le ofrecía un cuenco con agua. Un dolor agudo en el hombro izquierdo le hizo soltar un gemido, pero avanzó los labios hacia el cuenco.

–Bebe despacio –oyó que le decían.

Bebió a sorbetones. No podía detenerse; el líquido resbaló por su barbilla y mojó su camisa. Se dejó caer sobre la almohada con un suspiro de alivio y se giró. Alazaïs lo miraba emocionada.

–¿Cuánto tiempo llevo así? –le preguntó sin sorprenderse por encontrarla a su lado.

–Dos semanas hará mañana.

–¿Qué ha ocurrido?

–Te encontraron debajo de los escombros. Tenías un pedazo de hierro clavado en el hombro, habías perdido mucha sangre y... –la voz de la joven se quebró–. Creíamos que no te salvarías.

–El fuego...

–No pienses en ello y descansa. Ahora sé que te pondrás bien.

Durante muchos días más permaneció aletargado por el láudano suministrado por el hermano físico para evitar que se moviera. Siempre hallaba a Alazaïs a su lado cuando abría los ojos, dispuesta a darle de comer y de beber; lo lavaba y le cambiaba la camisa, empapada por el sudor provocado por la fiebre, colocaba paños húmedos sobre su frente y cogía su mano hasta que volvía a dormirse. Despacio primero y más rápido con el paso de los días, sentía que las fuerzas volvían a él hasta que pudo levantarse un mediodía y dar unos pasos vacilantes antes de notar que las piernas se le doblaban como palillos soportando un gran peso. Lope y otro de los novicios llegaron en su ayuda, lo sacaron al exterior y lo sentaron en un pedazo de tronco a modo de asiento situado bajo un olivo que, según el decir de los freires, llevaba allí plantado desde la época de los romanos.

–¡Ya era hora! –exclamó Lope con su alegría habitual y tratando de enmascarar su afecto–. ¡Creíamos que pensabas pasarte el resto de tu vida tumbado como un vago!

El sol brillaba en lo alto y el calor apretaba fuerte. Eder aspiró el olor a mieses recién cortadas tan diferente al de los ungüentos, pócimas y sangre coagulada que llevaba respirando desde que había vuelto a la vida.

–¿Qué ocurrió, Lope?

La actitud risueña del novicio se tornó en otra dolorida. Sólo entonces se dio cuenta de que su amigo tenía una herida sin cicatrizar que le cruzaba el cuello.

–Alguien nos encerró y... prendió fuego a la capilla... –Lope, de costumbre hablador, parecía tener dificultades para explicarse.– Hubo muchos muertos y heridos..., varios freires y novicios entre ellos, también peregrinos...

–¿Y el comendador?

–Sólo sufrió algunos rasguños y golpes. Está en Gares, pero volverá uno de estos días y se llevará una buena alegría cuando te vea recuperado.

–¿Quién fue?

–No lo sabemos. Algunos dicen que vieron a un hombre corriendo por el camino de Logroño, pero muchos corrieron espantados aquel día. El comendador y otros freires salieron la misma noche en busca del culpable, aunque no lograron dar con él.

En contra de la opinión del galeno que le instaba a volver al lecho, Eder permaneció sentado bajo el olivo durante horas, pensando en su abuelo y reconociéndose en él. Al llegarle la hora, el anciano pidió que lo llevaran al bosque para morir rodeado de árboles. Ellos le darían el valor necesario para hacer el viaje, dijo, y se quedó plácidamente dormido una tarde de otoño, sentado con la espalda apoyada en un roble y cubierto por una manta de hojas de colores. Cuando le llegara el turno, él también pediría que lo llevaran al bosque para sentir la tierra bajo su cuerpo y la presencia protectora de Amari.

Alazaïs llegó poco después, llevando con ella a la pequeña Maddi, quien de nuevo le recordó a alguien que conocía. Era curioso, pensó al verlas, daban la impresión de ser madre e hija. No había visto a Alix ni una sola vez con su hija en los brazos y este pensamiento le trajo otro.

–¿Está bien Alix? –preguntó

La joven no respondió. Se sentó en el suelo y comenzó a jugar con la niña.

–Alazaïs...

No quería hacerle daño; lo amaba pero él no podía corresponderle. Lope le informó de que gracias a ella la catástrofe no había sido mayor. Disculpó su no asistencia a la ceremonia al tener que ocuparse de la niña, pero corrió hacia la capilla en cuanto vio el humo. Fue la primera en llegar y ella sola quitó la tranca que impedía la salida. Su amigo también le dijo que la joven había pasado horas a la cabecera de su cama, velando su sueño inquieto, no permitiendo que nadie se ocupara de él, cambiando los vendajes, aplicando el ungüento suministrado por el médico, aseándolo, dándole de comer. No estaba seguro, pero podría jurar que incluso había sentido alguna vez el suave roce de sus labios en la mejilla. No obstante, necesitaba saber. A pesar de sus propósitos durante la estancia en la sierra, continuaba amando a Alix; deseaba volver a verla y estaba dispuesto a vivir a su lado, a su sombra, como un criado, con tal de tenerla cuando ella quisiera. Su amor era más fuerte que su orgullo; su ansia de ella, más fuerte que su dignidad.

–Se ha marchado –la oyó decir en un susurro de voz.

–¿Se ha marchado?

–El señor Brulé murió justo después del incendio y la señora partió hacia Pamplona con el comendador.

–¿Y cuándo volverá?

–No volverá.

–¿Cómo que no?

–No volverá, lo sé. Olvídala.

–¿Y su hija? ¿No me dirás que también ha abandonado a su hija?

–Nunca la ha querido. Me dio una bolsa llena de monedas, me dijo que la cuidara como si fuera mía y que no le hablara de ella.

–¡Estás mintiendo!

–Pregúntaselo al comendador cuando regrese. Él lo sabe.

Eder dirigió la mirada hacia el cielo. Durante un breve momento se había preparado para aceptar la noticia de la muerte de Alix, pero no su huida. Lo había abandonado al borde de la muerte, sin preocuparse de lo que pudiera ocurrirle, y se había ido dejando a su hija detrás como si nunca hubiera existido. Sintió que le ahogaba una fuerte presión en el pecho, quería gritar, morir. Se levantó vacilante y Alazaïs se apresuró a ayudarlo, pero él la rechazó y echó a andar solo hacia el hospital. Una suave brisa de poniente aliviaba el calor que sentía en las sienes. Comenzaba a anochecer y la tierra aparecía envuelta en un halo dorado, pero él sólo veía un cielo oscuro, repleto de negros nubarrones amenazadores. Aguantó hasta llegar al lecho, se tumbó, cubrió su cara con la manta y lloró en silencio.

Durante las dos semanas siguientes, su estado mejoró de forma asombrosa. El deseo de curarse y marcharse de allí cuanto antes le impulsaban a aceptar sin rechistar las indicaciones del médico, comía todo lo que Lope le ponía delante y daba largos paseos para fortalecer sus piernas. A pesar de los ejercicios, no consiguió, sin embargo, recuperar la movilidad del hombro y únicamente podía mover el brazo desde el codo, lo cual, añadido a una cicatriz en la frente y otra en la mejilla derecha debidas a las astillas del techo que se habían clavado en su cara, y la traición de Alix que ensombrecía su mirada cada vez que pensaba en ella, había transformado al joven amable en un hombre de gesto amargo, silencioso y avejentado.

–Dentro de unos días volveré a Baztán –le comunicó a Alazaïs en una de las raras ocasiones en las que le dirigía la palabra–. Puedes venir conmigo si quieres. Tus padres se alegrarán de tenerte de nuevo con ellos.

–¿Y la niña?

–Llévala si es tu gusto. No es asunto mío –replicó con dureza antes de hundirse de nuevo en el silencio.

Bertrand regresó a Dorreaga la víspera del día previsto para la partida. La granja volvía poco a poco a la normalidad. La parte del edificio afectada por el incendio estaba siendo reconstruida y los escombros, hierros retorcidos y maderos carbonizados, retirados de la vista. Los habitantes de los alrededores acudían a prestar ayuda y también llegaron más freires y novicios para sustituir a los fallecidos.

–Dice Lope que te vas –dijo Bertrand a Eder a modo de saludo en su primer encuentro tras la desgracia.

–Así es.

–Confiaba en que te quedarías algún tiempo más entre nosotros.

–Quiero volver con mi gente.

–Lo entiendo, pero ¿y tus proyectos para convertirte en un gran constructor?

–No hay sitio para mí fuera de mis montañas.

–Quería pedirte que tallaras otra Virgen para nosotros.

–Tendréis que pedírselo a otro. Yo no volveré a tallar.

–¿Y qué harás?

–Ayudar a mi padre y ocuparme del ganado del señor de Ursúa.

–Eres un artesano.

–Soy un agote y, además, tullido.

El comendador levantó las cejas, sorprendido por la acidez en el tono de su voz. Era la primera vez que lo escuchaba llamarse a sí mismo por aquel nombre, un insulto en realidad, que las gentes de su casta jamás utilizaban para denominarse a sí mismas. Su amigo estaba herido, eso saltaba a la vista, pero no eran las heridas visibles las que lo atormentaban, sino una más profunda y, por lo tanto, mucho más difícil de sanar. Quizá recuperase la paz entre los suyos y algún día volviera a ser el hombre que él había conocido, amable y soñador; quizá la Madre en la que creía y vivía en las montañas fuera capaz de calmar su dolor y devolverle la serenidad.

El día de la partida todos los habitantes de la granja salieron a despedirlos. Bertrand había ordenado que se aparejara un carro tirado por una mula para hacerles el viaje menos penoso. No se sorprendió al saber que Alazaïs lo acompañaría pues, aunque superficialmente, conocía algo de su procedencia y sospechaba su origen cátaro, ya que nunca la había visto en la iglesia. Había observado cómo miraba a Eder y confiaba que fuera capaz de hacerle olvidar su amor imposible. También se iba con ellos la criada Juana, que no quería separarse de la niña. En un principio, a Bertrand se le pasó por la cabeza la idea de negarse a permitir la marcha de la pequeña. Su madre podría volver a reclamarla y, a fin de cuentas, era la hija de su buen amigo Brulé, pero después lo pensó mejor. Alix no mostraba ningún interés por ella; lo habían hablado a su regreso a Pamplona.

–Deseo comenzar una vida nueva –le informó ella.

–¿Y tu hija?

–No soy una buena madre y estará mejor en vuestra compañía.

–Los freires no podemos encargarnos de cuidar a una criatura.

–Pero sí de encontrarle una buena familia que la quiera y la eduque.

–Ése es el deber de una madre.

–Os ruego que me entendáis –le pidió ella con voz suplicante–. No me siento con fuerzas. Permitid que se quede en la granja o en los alrededores. Un día, tal vez, vuelva a buscarla, pero hasta entonces será mejor para ella tener el amor que yo no puedo darle.

A la joven viuda sólo le interesaba la fortuna de su marido, borrar el pasado de su memoria y rehacer su vida como si nada de lo ocurrido hubiese tenido lugar. Intentó razonar con ella, hacerle ver sus obligaciones, pero no lo consiguió. Estaba aún bajo la impresión de la calamidad que había costado la vida de su marido y había estado a punto de hacer lo mismo con la de ella. Por otra parte, la granja no era lugar para criar a una niña y tendría que entregarla a alguna familia de los alrededores. Tal vez era mejor para ella que se fuera con las dos mujeres que la habían cuidado desde su nacimiento. Por otra parte, en caso de que su madre recobrase la cordura, él sabría dónde encontrarla.

–Confío en volver a verte algún día –le dijo el comendador a Eder en el momento de la despedida.

–Siempre recordaré vuestra amabilidad y vuestros consejos.

Notó que el joven perdía un poco de su agresividad y le tendió la bolsa de los útiles de tallar.

–Llévatela, quién sabe si algún día cambiarás de opinión...

Por un instante, creyó que se negaría a aceptarla al advertir que su mirada gris se oscurecía, pero sonrió cuando Eder alargó la mano y la cogió.

–La guardaré como recuerdo.

–Los recuerdos pueden olvidarse.

–Sólo se olvida lo que uno quiere.

Los vio alejarse por el camino de Los Arcos y no se movió hasta que desaparecieron de la vista. A pesar de su voto de castidad, algunas veces había deseado yacer con una mujer, sembrar su simiente y tener un retoño, pero hacía tiempo que lo había olvidado. Ahora, sin embargo, se sentía como un padre que acabara de perder a su único hijo.

Bozate, 1249

Hicieron el viaje deteniéndose sólo para descansar un poco, tomar algún alimento o estirar las piernas. Atravesaron las poblaciones que conocían sin demorarse en ellas e, incluso, dieron un rodeo al llegar a Pamplona para no tener que entrar en la ciudad. Con la mirada siempre al frente, Eder apenas hablaba lo estrictamente necesario y las dos mujeres respetaban su silencio. No obstante, su semblante adusto iba dulcificándose a medida que se aproximaban a las verdes tierras montañosas, allí donde los caminos se perdían entre los árboles, ascendían por veredas empinadas y descendían hacia los valles, los ríos aparecían y desaparecían juguetones entre las rocas y la vegetación, el balar de las ovejas y los trinos de los pájaros eran los únicos sonidos, las nubes corrían veloces, y el aire olía a hierba.

Tampoco se detuvieron al llegar a Arizkun y tomaron el desvío hacia la heredad de Ordoki seguidos por las miradas interrogantes de los habitantes del pequeño pueblo asentado sobre una colina. Al llegar al puente, Eder hizo una mueca divertida, los tablones seguían igual, con el mismo aspecto de precariedad que él recordaba. Se apeó del carro y asió el ronzal para conducir a la mula. Siguió a pie por la orilla del río, intentando ver por entre la arboleda, y notó un nudo en la garganta al divisar las dos casitas que se alzaban orgullosas en la ladera, iluminadas por el sol del mediodía. Únicamente habían transcurrido unos meses desde su marcha, pero sentía que habían sido años. El hijo pródigo volvía por fin a la casa del padre.

Los gritos del hijo mayor de Donat alertaron a los demás y en unos instantes los miembros de la familia Bozat, así como los padres de Alazaïs, habían salido fuera y observaban su llegada con rostros preocupados que se tornaron en exclamaciones de alegría al reconocerlos; corrieron hacia ellos y durante un buen rato sólo hubo abrazos, preguntas que no esperaban respuestas, más abrazos y más preguntas. Rompiendo con su costumbre de no mostrarse efusivo, Manex apretó a su hijo entre sus brazos y se mordió los labios para no dejar que las lágrimas asomaran a sus ojos.

–¡Es igual que Eder! ¡Igual que su abuela y que Elaia! ¡Amari ha bendecido a esta familia!

Las voces del tío Beñat sorprendieron a los dos hombres que se separaron un tanto avergonzados. El tío sostenía a Maddi en el aire para poder examinarla mejor y la pequeña lo miraba con sus grandes ojos grises sin mostrar miedo alguno ante el gigantón que la había arrebatado de los brazos protectores de su niñera.

–¿Qué dices? –preguntó Manex aproximándose.

–¡A ver! ¿A quién se parece esta criatura?

Manex cogió a la niña y la examinó a su vez, la apoyó sobre su brazo izquierdo y le acarició la carita con una mano callosa. Maddi rio y el viejo leñador supo que, después de tanto tiempo, la alegría volvía a su hogar.

–Gracias, hijo, por darme una nieta que me recuerda a las dos únicas mujeres que he amado en mi vida –dijo volviéndose hacia Eder–. Y ahora, ¡a comer! –ordenó, dirigiéndose a la casa con la niña en brazos y seguido por los demás.

–¿Qué ha ocurrido? –interrogó Eder a Alazaïs–. ¿Les has dicho que era mía?

Ellos y la vieja Juana permanecían en el exterior sumidos en una gran confusión.

–¡Yo no les he dicho nada! –respondió la joven a la defensiva.

–¿Y de dónde han sacado que es mi hija? Es imposible que...

–Es posible –le interrumpió ella.

–¡Estás loca!

–Más loco estás tú que no quieres ver. Sólo tenías ojos para ella y no te diste cuenta de que los de la niña eran iguales a los tuyos.

–¡Figuraciones!

–¿Te acostaste con ella?

–Eso a ti no te importa.

–Te acostaste con ella y Maddi es tu hija, te guste o no. No sólo tiene tus ojos, también el hoyuelo de su barbilla es igual al tuyo, y tiene la misma sonrisa que tú tenías cuando todavía sonreías. Recuerda cuándo fue y haz cuentas. La niña nació a comienzos del último mes del año.

–Ya me parecía a mí extraño que no se pareciese en nada a su padre..., quiero decir, al señor Brulé –intervino Juana, que había escuchando con atención el rápido intercambio de frases–. Y ahora que lo dices, Alazaïs, sí que se le parece...

–¡No pienso permitir que mi familia crea que tengo una hija! ¿Qué les diré cuando pregunten por la madre?

Maurina salió en aquel momento de la casa y se acercó a ellos.

–¡Es una criatura preciosa! –afirmó satisfecha al tiempo que los asía a cada uno por un brazo y los conducía hacia la vivienda de Manex Bozat–. Gracias, hijos míos. Raymond y yo somos muy felices al teneros de nuevo con nosotros. Tenemos que pensar dónde vais a vivir hasta que logremos la autorización del señor para construir una nueva casa.

–No...

La mirada suplicante de Alazaïs enmudeció a Eder. Asió a la joven por un brazo y la retuvo mientras la madre de ésta y Juana penetraban en la casa.

–Antes o después habrá que aclarar esta situación –afirmó con el ceño fruncido y el tono seco–. Mientras tanto, simularemos, pero que te quede bien claro que no te amo, así que no esperes de mí lo que una mujer espera de un hombre.

Aquella noche Juana durmió en casa de Manex y Alazaïs y Eder en la de los Gauti, sin desvestirse y procurando no tocarse, tumbados sobre un mullido colchón relleno de hierba seca, en un espacio minúsculo separado por una cortina de otro parecido en el cual dormían los padres.

El señor de Ursúa no dio su permiso para construir una nueva vivienda, pero aceptó que se añadiese un habitáculo a la de los Gauti cuando Raymond y Manex le recordaron sus propias palabras referentes a que sólo los parientes más cercanos de las personas ya instaladas podrían vivir en Ordoki, y ambos jóvenes lo eran. No les llevó muchas jornadas levantar los muros de argamasa soportados por vigas de madera, pero el espacio era muy pequeño, dos habitaciones minúsculas y una cocina no mucho más grande, encima de lo que sería la cuadra o el taller. Juana se quedó a vivir con Manex y Beñat. Los dos hombres vivían solos, su casa era más amplia y, además, hacía falta una mano femenina en ella para, entre otras cosas, darle la calidez perdida desde la muerte de Elaia. Únicamente eran ocho adultos y tres niños, pero los moradores de Bozate, como ya todos, propios y extraños, llamaban a las casas de la ladera, estaban unidos por lazos de sangre, pero también por otros más sólidos que los del parentesco. Persistía el rechazo hacia ellos de los habitantes de las tierras colindantes e incluso éste se había acrecentado durante la ausencia de los recién llegados.

El contencioso que oponía al valle con Sancho de Ursúa era tema diario de conversación y, no pudiendo hacer nada en contra de éste, las iras se dirigían a los «extranjeros» cobijados a su amparo. Las amenazas lanzadas meses atrás por Juanes Lópiz de Garaia se materializaron el domingo siguiente tras el enfrentamiento entre los dos hidalgos. Cuando acudieron a la iglesia, los Bozat fueron recibidos con piedras y gritos de rechazo. Sólo la pronta actuación de los hombres del señor de la torre impidió que la cosa fuera a mayores, pero el mal ya estaba hecho. A partir de aquel día Manex se negó a poner los pies en el pueblo y lo mismo hicieron los demás miembros de la familia. No valieron de nada las promesas del señor ni las del rector de la parroquia sobre que un incidente parecido no volvería a repetirse, ni la amenaza velada de que tendrían que marcharse si se negaban a asistir a los oficios religiosos. El carpintero se mantuvo firme.

–Trabajamos para vos –afirmó dirigiéndose al señor e ignorando al sacerdote–, aramos vuestros campos y nos ocupamos de vuestro ganado, fabricamos vuestros muebles y arreglamos los desperfectos de vuestra torre, pero somos hombres y mujeres libres; nuestra vida nos pertenece y lo que hagamos fuera de nuestro trabajo no os incumbe. Abandonaremos la heredad si así lo decidís, pero ni yo ni los míos volveremos a ser humillados.

El caballero tardó en responder. No quería problemas con sus vecinos y lamentaba haber aceptado tan a la ligera la sugerencia del maestro constructor de aposentar en su propiedad a los artesanos. Su presencia le complicaba la vida, debería haber meditado más el asunto, buscado otra solución. Sabía, sin embargo, reconocer a una persona con orgullo y dignidad, y el hombre de aspecto rudo y vestido con pobres ropas que mantenía su mirada era una de ellas. Por otra parte, no tenía ninguna queja de los carpinteros ni de los tejedores. Trabajaban bien, eran silenciosos y discretos, y nunca protestaban. ¡Al diablo! Él también era un hombre libre y no permitiría que los hidalgos o los curas le impusieran sus condiciones. Era el único amo en sus tierras y pensaba seguir siéndolo.

–Vuelve a tus tareas y vivid en paz en mi casa tú y los tuyos –le dijo sin prestar atención al ademán escandalizado del rector.

–¿Vais a permitir la presencia en Ordoki de gentes que no cumplen con los deberes religiosos? –le interrogó el rector cuando Manex se hubo marchado.

–Si es eso lo que os preocupa, les ordenaré construir una ermita aquí mismo para que puedan asistir a misa sin sufrir agravios.

–¡No seré yo quien venga a celebrarla!
–Pues traeré a otro sacerdote.
–Acudiré al obispo para que se os niegue la autorización.
–Y yo dejaré de entregar los diezmos que ayudan a manteneros con tanta holgura.

El semblante del rector se volvió de color grana y salió de la torre mascullando amenazas. Ursúa lamentó de nuevo su decisión. El futuro no sería nada halagüeño para los artesanos, pensó. Tenidos por leprosos, temidos y a la vez despreciados, tardarían mucho en ser aceptados como iguales por los habitantes de la región, si alguna vez lo eran. Aquéllos eran tiempos duros en los que sólo los fuertes sobrevivían, y el mañana diría si los artesanos habían sido lo suficientemente fuertes para resistir.

Los Gauti no tuvieron que pasar por la vergüenza de verse injuriados. A la invitación de Manex para que los acompañaran a la iglesia el primer domingo tras su llegada, respondieron que ellos no tenían intención de abandonar sus hábitos religiosos, que diferían bastante de los de los seguidores de la Iglesia de Roma. Su peregrinaje hacía ya ocho años desde la cálida tierra de Oc, desde el hermoso pueblo de Lavelanet acariciado por el sol, no les había hecho olvidar sus orígenes, ni los motivos por los cuales se habían vistos obligados a exiliarse. Conservaban el Nuevo Testamento cristiano escrito en su lengua, regalo del obispo Marty a Raymond en su último encuentro, antes de partir hacia el martirio en compañía de su pariente Arnaud-Raymond Gauti, el caballero *faidit*, quemado con los demás fieles. A veces tenían la impresión de que aquello no había ocurrido, que había sido un mal sueño, pero les impedían olvidar las palabras del obispo escritas en la primera página del Nuevo Testamento: «Sed ovejas entre lobos y el Espíritu Santo iluminará vuestras almas allá donde vayáis». Varias veces al día rezaban el padre nuestro, la única oración de los buenos creyentes, y todas las noches antes de acostarse recitaban las bienaventuranzas, repitiendo varias veces la última de ellas: «Bienaventurados los que padecen persecución por la justicia, porque suyo es el reino de los cielos». No les hacía falta más. Habían perdido su hogar y quizá nunca podrían regresar al lugar que los vio nacer, pero no renegarían de su fe en su tierra de acogida. Su sorpresa había sido enorme al constatar que los Bozat mantenían creencias paganas que ellos pensaban erradicadas del mundo. Como buenos creyentes, tenían la obligación de convertir a quienes no lo eran, pero no lo harían, al menos por el momento, porque, entre otras cosas, sus amigos sufrían persecución y, al igual que ellos, eran ovejas entre lobos.

Eder y Alazaïs ocuparon la vivienda adosada a la de los Gauti en cuanto estuvo terminada; aceptaron con una sonrisa de agradecimiento las mantas tejidas por éstos, los utensilios de madera regalo de Donat y los pocos muebles que el padre y el tío fabricaron, una cama entre ellos «¡para que tengáis un buen montón de hijos, sanos y fuertes!», como expresó Beñat en su habla llana, provocando las risas de todos y el sonrojo de la joven. Cuando por fin se quedaron solos, Alazaïs y Maddi ocuparon el cuarto de la cama y Eder se instaló en el reservado para la niña, sobre cuyo suelo echó un simple colchón relleno de paja. El hecho de sentirse protegido de nuevo y saber que no estaría obligado a acudir a la iglesia ni a mantener relaciones no deseadas le habían devuelto un poco de sosiego. Se levantaba nada más amanecer para trabajar en las huertas y en las cuadras y, a pesar de su brazo medio inmovilizado, logró apañárselas en todos los trabajos excepto en uno: le era imposible asir el hacha e impulsarla con la fuerza necesaria para talar un árbol. Su hermano restaba importancia a su incapacidad y no dejaba de recordarle que nunca había sido un experto leñador, pero lo que antes le resultaba indiferente, ahora reavivaba el dolor sentido por el hierro clavado en su hombro.

–¿Por qué no tallas? –le preguntó Donat en una ocasión.

–Es una pérdida de tiempo –respondió él repitiendo las palabras escuchadas tantas veces en boca de su padre.

–Lo hacías bastante bien...

–Lo hacía. Ya no.

La bolsa de las herramientas, regalo del comendador, permanecía en un rincón de su habitación. No la había abierto ni una sola vez y había estado tentado de echarla al río en más de una ocasión, pero no acababa de decidirse. Estaba seguro de que, si la abría, los recuerdos escaparían de ella para atormentarlo y no quería arriesgarse. Cien veces al día se decía que su futuro estaba allí, labrando la tierra del señor, ordeñando las vacas del señor, recolectando los frutos del señor, y otras cien se rebelaba contra su destino. Tendría que haberse marchado lejos, muy lejos. Los peregrinos que recorrían el Camino venían de tierras desconocidas y se dirigían a otras también desconocidas. ¿Por qué no probar él también? Después miraba a la pequeña Maddi. Seguía negando su paternidad, pero algo en su interior insistía en que la niña era suya, por eso le resultó una cara conocida cuando la vio por primera vez y le recordó a alguien, aunque entonces no supo a quién; era él mismo reflejado en su madre y en la tía Elaia. Hizo las cuentas, como le dijo Alazaïs el día de su llegada a Bozate, y las fechas coincidían. Iba tomándole cariño, pero no quería quererla; era fruto de una relación que lo había herido en lo más profundo, era la hija de Alix.

También observaba a la mujer que soportaba sin quejarse su comportamiento desabrido y se preguntaba qué era lo que la impulsaba a actuar de aquel modo. Habría sido mucho más fácil para ella decir la verdad, se habría desembarazado de él y habría podido unirse con cualquier otro hombre. Era buena y tenía un carácter tan fuerte como para tomar la decisión de seguirle a Pamplona y regresar con él a Baztán. La veía acunar a la niña, volcar en ella el cariño que él le negaba, y sabía que jamás había creído las palabras pronunciadas en el camino a Gares, pero no podía evitarlo. Se sentía como una paloma de aquellas que todos los otoños en su vuelo hacia el sur quedaban atrapadas en las redes de los palomares del señor de Ursúa. Necesitaba ser libre, no depender de nadie y que nadie dependiera de él.

Un día en que arreglaba uno de los goznes de la puerta de la casa le hizo falta un martillo. Llovía a cántaros y no le apetecía ir a pedírselo a su padre. Subió a su habitación y cogió la bolsa de los útiles de tallar, metió la mano para buscar el mazo y su mano topó con una forma conocida. Tardó unos instantes en decidirse y, finalmente, sacó la figurilla de la Madre, aquella que le había acompañado siempre desde hacía tanto y creía en poder de Bertrand de Garlande. El comendador debía de haberla metido en la bolsa antes de dársela. Por su mente pasaron imágenes que deseaba olvidar y apretó con fuerza la figura para hacerlas desaparecer, pero cuanto más apretaba, más nítidas las veía. Rostros amados y odiados, momentos felices y tristes, decisiones, proyectos, peligros, diez años de su vida, transcurridos tan deprisa como un suspiro. El documento que le había costado la vida a su maestro había desaparecido y se alegró de que el freire hubiera decidido guardarlo.

Dejó Bozate en el silencio de la noche, sin despedirse, sin decir a nadie adónde iba y cuándo volvería. La lluvia había cesado y podían verse algunos claros en el cielo por los cuales de vez en cuando asomaba la luna indicándole el camino. Anduvo sin detenerse hasta llegar a lo alto del collado de Elorrieta y se sentó sobre la tierra húmeda para ver salir el sol envuelto en la niebla. Entonces cavó un agujero, sacó la figura de la bolsa, la acarició por última vez y la enterró entre las dos piedras sin nombre que marcaban las tumbas de su madre y de la tía Elaia. Continuó adelante por el camino, divisó la torre del vizconde de Baigorri que su gente había restaurado siguiendo las indicaciones del maestro, cruzó el puente construido por los artesanos, atravesó la pequeña población de Anauz y ascendió por la vereda bordeada de árboles que conducía a Xuhitoa.

El tío Aner estaba sentado a la puerta de la chabola; afilaba el hacha y le saludó levantando el mentón como siempre hacía, como si se hubieran visto la víspera. Se sentó a su lado y ambos permanecieron en silencio mientras el mayor continuaba afilando el hacha. Nunca había oído al tío decir más de dos palabras seguidas; no hacía falta explicarle nada, él entendía los silencios mejor que los vocablos. Su padre solía decir, medio en serio, medio en broma, que su hermano era capaz de descifrar los latidos del corazón al igual que sabía lo que significaban los sonidos del bosque, el murmullo de las aguas, el rumor del aire o el aleteo de los pájaros. Al cabo de un rato el tío se levantó, le palmeó el hombro inútil y se adentró en el bosque. Él también se levantó y entró en el chamizo que una vez le había servido de taller. Todo seguía igual, excepto el polvo y las telarañas, mucho más abundantes. El tronco continuaba en el mismo sitio, esperando su regreso.

Permaneció varias semanas en Xuhitoa, el tiempo necesario para descortezar, lavar, secar y tallar el pedazo de madera. Con temor y dudas al principio y con más seguridad cuando comprobó que la inmovilidad de su hombro no le impedía maniobrar como antaño. Trabajó durante horas, poseído como en Dorreaga por la necesidad de crear, olvidándose de comer y de beber, con los ojos enrojecidos por el esfuerzo y la tensión; sus manos se movían seguras y los golpes eran certeros. El tío lo observaba y asentía satisfecho, y él respondía con una sonrisa agradecida. Cuando hubo finalizado la obra, la hubo pulido y aplicado un barniz, elaborado por él mismo con cera virgen, pez y asfalto, para proteger el color natural de la madera, se echó a dormir y no despertó hasta pasados dos días enteros.

–¿Qué representa? –le preguntó el tío la mañana del tercer día, señalando la figura.

La examinó como si fuera la primera vez que la veía y sintió una congoja profunda. Recordó entonces su intención, tanto tiempo atrás, de tallar una obra especial, mágica, en aquel pedazo de tronco; algo que asombraría al padre y lo haría sentirse orgulloso de él. Había perseguido una ilusión, vivido de memorias y sueños, cuando la verdadera felicidad, la única posible para él, había estado a su alcance durante todo aquel tiempo.

–El amor –respondió por fin al tío que esperaba paciente la respuesta.

–¿Quiénes son?

La figura representaba a una mujer vestida con una túnica de campesina que sonreía con ternura a la niña que, sentada sobre sus rodillas, le devolvía la sonrisa y alargaba la manita para acariciarle la mejilla. Sus rostros eran los de Alazaïs y Maddi.

–Mi mujer y mi hija –respondió Eder con voz entrecortada al tiempo que elevaba una súplica a Amari para que ambas continuaran en su casa, para que Alazaïs le hubiera esperado.

–Son hermosas.

–Lo son.

La despedida fue parecida a la llegada. Los dos hombres se miraron, levantaron los mentones a modo de adiós y tomaron rumbos diferentes; el uno hacia el bosque y el otro hacia el valle de Baztán, hacia Bozate.

Epílogo

–Un atardecer de finales del verano, un hombre cubierto de andrajos y las manos cubiertas de vendas llamó a la puerta de la alberguería de la orden de San Juan, situada a poca distancia de la localidad de Navarrete en tierras del río Oja. Mientras esperaba, el hombre levantó la vista y sintió un escalofrío al descubrir, entre las sombras del ocaso, unos rostros aterradores esculpidos en el portal. La puerta crujió al abrirse y una cabeza rapada asomó por ella. El monje reculó un paso al ver sus vendajes.

–La leprosería está en Navarrete –dijo e intentó cerrar la puerta, pero el hombre avanzó y se interpuso.

–No soy leproso –afirmó en un tono irritado de voz.

–¿Y esas vendas?

El hombre se quitó las vendas mugrosas que cubrían sus manos y el monje no reprimió un gesto de repulsión. La piel mostraba las huellas de unas terribles quemaduras, aparecía arrugada, surcada por cicatrices de color rojo; los dedos sin uñas parecían garfios deformes.

–¿Qué te ha ocurrido, hermano? –preguntó el monje tratando de vencer su aversión.

–Estaba en la granja de los freires templarios cuando el incendio.

Todo el mundo conocía el luctuoso suceso a leguas a la redonda. Los peregrinos supervivientes habían relatado el hecho con todo lujo de detalles y habían añadido algunos más inventados por ellos. El hombre cubrió de nuevo sus manos con las vendas y el monje se hizo a un lado para dejarlo pasar.

–¿Cuál es tu nombre? –le preguntó mientras cerraba la puerta.

–Robert.

–Pasa, hermano. Bienvenido seas en la casa de Dios.

El monje echó a andar indicándole el camino. El Bugre miró alrededor de él, extrajo el pergamino guardado entre los harapos, lo estrujó entre sus dedos descarnados y una mueca desagradable contrajo su rostro.

–Dios está muerto –musitó entre dientes.

Notas finales

Agotes

No se ha escrito mucho sobre los agotes, una comunidad discriminada al menos durante ocho siglos –del XII al XX– en el País Vasco francés, Navarra, Guipúzcoa, Béarn, Huesca y Aquitania, pero algo se ha escrito. Sin embargo, los estudiosos no se ponen de acuerdo y cada cual apunta criterios diferentes a la hora de intentar explicar por qué unas personas que en apariencia no se diferenciaban de sus vecinos fueron rechazadas durante un período de tiempo tan extenso.

Cagots, agots, agotak, agotes, gaffos, chrestias, mesillos, mesegueros, leprosos, gezitas, patarinos, carpinteros... son algunas de las diversas denominaciones que se les aplicaron durante siglos. Se ha barajado todo tipo de hipótesis, tales como que el nombre *cagot* vendría de *can-goth* o, lo que es lo mismo, «perro godo», hasta la más habitual, la de que eran leprosos o descendientes de leprosos.

Los hay que los hacen descender de godos arrianos refugiados en los Pirineos, y de ahí que algunos fueran altos y rubios; otros opinan que eran descendientes de musulmanes escapados de la derrota de Poitiers en el año 732, o de judíos huidos tras su expulsión de Francia en el año 1306 y que por eso eran morenos. Hay quien piensa que pertenecían a una secta herética del norte de Europa, y otros que eran cátaros llegados al occidente francés tras su aniquilación en tierras del conde de Toulouse. También se dice que la denominación «agote» abarcaría a personas de muy distinta procedencia y situación: conversos, enfermos, gitanos, herejes y paganos, a los que se obligaría a vivir en barrios separados para no contaminar socialmente a las poblaciones estables. Se apunta asimismo la posibilidad de que fueran delincuentes refugiados en las leproserías para escapar de la justicia. Y hasta se ha expuesto la peregrina idea de que serían descendientes de los soldados de Carlomagno, derrotados por los vascones en Orreaga en el año 778. Una cosa es cierta: no existen dos opiniones coincidentes y en este asunto tiene cabida todo tipo de conjeturas.

El nombre *cagot* aparece por primera vez escrito en el *Libro de oro* de la catedral de Bayona, en el año 1260, algunos años después de la quema de los cátaros de Montségur, en 1244, y la exterminación oficial de su religión. Existen referencias más antiguas que datan del siglo XII, pero mencionan la palabra *gaffo* o leproso, no agote. La documentación sobre los agotes comienza a aparecer de forma continuada a partir del siglo XVI y, sobre todo, del XVII y XVIII, y ha sido la más utilizada por los estudiosos para tratar de explicar este fenómeno social. La mayoría se refiere a registros de bautizos y defunciones donde la palabra «agote» aparece tras el nombre correspondiente; asimismo se mencionan contratos, actas matrimoniales, relaciones con el clero y la nobleza, y demandas de algunas comunidades agotes, como la de Bozate, en Arizkun, Baztán, quejándose ante obispos y reyes de la discriminación que sufren por parte de párrocos y vecinos.

La situación de los agotes empeoró con el paso de los tiempos. No se les permitía entrar en la iglesia por la misma puerta que los demás católicos y aún se conservan en algunas iglesias la llamada «puerta de los agotes», así como beniteros en los que puede verse grabada la letra «A»; se les bautizaba de noche y se les enterraba en la zona del cementerio no consagrada; se les daba de comulgar con ayuda de unas pinzas de madera y estaban obligados a permanecer en la parte trasera del templo. No se les autorizaba a cultivar, excepto para sus propias necesidades, ni a vender los productos de sus huertas, al considerar que contaminaban todo lo que tocaban con las manos. No se les permitía participar en los bailes, aunque eran los músicos de las fiestas, ni matrimoniar con personas que no fueran agotes, y hubo lugares en los que se les obligó a llevar sobre el hombro una pata de oca de color anaranjado. Además de la acusación de leprosos, se decía de ellos que expelían un olor nauseabundo –al igual que se decía de los herejes, judíos y musulmanes–, se dedicaban a la práctica de la brujería y eran personas lascivas, no tenían lóbulos en las orejas, pero sí rabo como los animales. Se aseguraba que sus antepasados habían fabricado la cruz en la cual murió Jesucristo.

Obispos, reyes y ricoshombres los protegieron –aunque sin demasiado entusiasmo, todo hay que decirlo– e intentaron que las cosas cambiaran, aceptando sus demandas y ordenando que cesase su exclusión, pero los curas rurales y el pueblo en general continuaron manteniendo hacia ellos una actitud discriminatoria, a la que ayudó bastante la postura oficial de los estamentos gubernativos. Hasta el siglo XIX, en España se exigió la presentación de un certificado de limpieza de sangre para acceder a la universidad, el ejército, la iglesia o el funcionariado, en el que constase que el poseedor del mismo no descendía de judíos, musulmanes, conversos o agotes. En Francia la discriminación desapareció durante la revolución.

Sin embargo, algo sobresale de entre toda esta confusión. En algunos lugares del País Vasco continental se les llamó «carpinteros» porque ellos eran los únicos que ejercían dicho oficio. Carpinteros y canteros agotes levantaron iglesias, ermitas, torres, conventos y puentes a ambos lados de los Pirineos y fueron muy solicitados por los monjes-soldados del Temple y por los maestros de catedrales para trabajar en sus construcciones. Al no poseer tierras ni depender del clima, las cosechas o los ganados, y cobrar por sus servicios, disponían de dinero en mano y llegaron incluso a prestárselo a sus vecinos no agotes. Otra cosa que llama la atención es que muchos de los molineros de la baja Navarra eran agotes. Este hecho contradice de alguna manera la acusación de que podían contaminar los productos de consumo alimenticio, puesto que la harina era la materia básica de la alimentación.

Y todo esto, ¿por qué razón? En la Edad Media se pasó de la piedad hacia los afectados por la lepra, la primera enfermedad sanada por Jesucristo, a la mayor de las aversiones, aduciendo que la lepra era un castigo enviado por Dios a los pecadores. En el término «lepra» entraban todas las enfermedades visibles de la piel: manchas, eccemas y, en especial, la psoriasis. Los cruzados de vuelta de Tierra Santa y los peregrinos que recorrían los caminos de Europa propagaron la enfermedad y el número de leproserías creció a partir del siglo XII de manera espectacular, al igual que el temor que infundía en las poblaciones, muy sensibles a cualquier tipo de epidemias, pestes y otros males.

Se habla de la raza agote, de la raza maldita, como si fueran gentes ajenas a su entorno, llegadas de algún lugar remoto, extranjeras. Después de vivir discriminados al menos durante ocho siglos, sin poder mezclarse con los no agotes ni tener acceso a los estudios, resulta cuando menos sorprendente que no conservaran ninguna costumbre, creencia o vocablo de su vida «anterior» que no hubieran transmitido por vía oral los avatares y la procedencia de su comunidad. Tras quince siglos de exclusión, los judíos europeos no sólo conocían las diversas lenguas y habían adoptado las formas de vida de los lugares en los que se asentaron, sino que también mantuvieron la lengua ritual, la religión y los modos que les eran propios, y continúan haciéndolo. En ningún documento se menciona que los agotes fueran en nada diferentes a sus vecinos, a excepción hecha del estigma de la lepra y del hecho de que no poseyeran tierras.

Pero ¿eran nuestros agotes navarros realmente leprosos? Algunos expertos no mencionan en sus trabajos el hecho de que la Iglesia católica llamase «leprosos espirituales» o «leprosos de alma» a los heterodoxos, herejes, conversos o simplemente paganos. Aunque pueda parecer extraño, en la Edad Media aún existían paganos en Europa, gentes aferradas a sus creencias y costumbres precristianas que sobrevivían en zonas montañosas y boscosas, alejadas de las principales vías de comunicación, tardíamente cristianizadas. Los leñadores, carpinteros, almadieros, carboneros y sus familias vivían de la madera, alejados de las poblaciones que iban poco a poco fundándose en los valles. Una villa significaba una iglesia, una calle y una muralla o empalizada. Quien no vivía en un pueblo tampoco asistía a las prédicas dominicales y difícilmente podría haber escuchado y aceptado el mensaje cristiano.

Por si quedase alguna duda, en cuanto al mantenimiento del paganismo, en el siglo XIV, y en algunas zonas de la montaña navarra, aún se incineraban cadáveres, práctica prohibida por la Iglesia al considerarla pagana. Asimismo, y al igual que otros pueblos, los vascos conservan fiestas y ritos claramente paganos, en especial los que giran en torno a la diosa Madre, representación de la Tierra.

Amari o Mari

La diosa matriarcal precristiana continúa viva en la memoria colectiva del ámbito cultural vasco, lo cual significa que la antigua religión sobrevivió durante mucho tiempo como algo más que simple folclore. Dejando a un lado tradiciones y leyendas, muchas de las cuales tienen un origen claramente medieval, que han sufrido transformaciones y cambios a lo largo de los siglos, se mantiene la esencia de lo que debió de ser la creencia en la Gran Madre, la diosa de la fertilidad, dadora de vida, vientre fecundo del cual nacían las plantas, los animales y, por supuesto, los seres humanos, y a cuyo seno se regresaba una vez transcurrido el período vital.

Las moradas de Amari se hallan en las montañas, en simas de difícil acceso, algunas de las cuales fueron utilizadas como cuevas sepulcrales. La cueva era para los antiguos la puerta de entrada a la Tierra, el útero de la diosa. Maternidad y divinidad estaban estrechamente ligadas en la mente popular, de forma que el «famoso» matriarcado vasco no provendría del poder de las mujeres en el sentido que se le da de ordeno y mando, sino de la creencia en la diosa Madre mantenida mucho después de la cristianización. Amari tiene su raíz en la palabra *ama* («madre»), y bruja en vasco se traduce por *sorgiña*, que proviene de *sortu* y *egin* («hacer salir», «hacer nacer»), es decir: «la que hace nacer», la partera. Las mujeres perseguidas durante la caza de brujas no eran sino parteras y curanderas, continuadoras del culto a la diosa pagana.

Robert Lepetit

Este personaje existió en realidad, aunque pueda parecer creado por la imaginación de la autora.

Fue un fraile dominico, cuyo lugar de nacimiento se ignora, excelente predicador y versado en teología, que dejó los hábitos religiosos para seguir a una mujer cátara hasta Milán. Se desconocen las razones, pero después de algún tiempo viviendo en una comunidad cátara, de haber recibido el *consolamentum* y de haberse convertido en un Elegido o apóstol, un *perfecto*, de la Iglesia de los Creyentes, Lepetit decidió volver al seno de la Iglesia católica.

Vestido de nuevo con el hábito religioso, fue nombrado *cathars-cum-inquisitor*, Inquisidor de cátaros, por el papa Gregorio IX, con amplios poderes para ejercer su misión en el norte de Francia. El monje cisterciense Aubri de Trois-Fontaines, autor de una crónica redactada entre 1227 y 1241, dejó escrito, en referencia a Robert Lepetit: «Maestro que habría sido hereje con anterioridad vuelto de nuevo a la fe católica, y buscaba con dedicación a los herejes a través de Francia y por la autoridad del Papa los convertía absolviéndolos, o los llevaba a juicio quemándolos».

Desde al menos 1235, el antiguo Bugre –de la palabra *bougre,* en referencia a Bulgaria, origen de la herejía– dedicó todos sus esfuerzos a perseguir y condenar cátaros. Conocía las señas, saludos, gestos y contraseñas de sus antiguos correligionarios y llevó a la hoguera a cientos de personas. Fue depuesto por el Papa debido a las denuncias de las autoridades eclesiásticas y civiles referentes a su crueldad y sadismo.

En palabras de otro cronista, San Médard de Soissons, «abusando del poder que le había sido conferido y sobrepasando los límites de la moderación y de la justicia, Robert se enorgulleció con el poder y el terror que inspiraba. Confundía a los buenos y a los malos con el mismo rigor y castigaba a los simples e inocentes. La autoridad papal le ordenó no fulminar ni actuar con tanta crueldad en el desempeño de su oficio. Posteriormente, habiendo sido reconocidas de manera evidente sus culpas, que prefiero silenciar aquí, Robert fue condenado a reclusión perpetua».

Se desconoce a ciencia cierta su final. Perdonada por el Papa su sentencia perpetua, fue expulsado por indeseable de la orden de los dominicos y de otras órdenes religiosas y acabó sus días en un lugar sin concretar.

Cátaros

Son muy conocidos los hechos de la guerra en las tierras del conde de Toulouse, de la cruzada, la única convocada por el papado contra cristianos, que ensangrentó las tierras del Midi francés en la época del rey Luis VIII y de su hijo Luis IX, San Luis de los franceses. La excusa de la cruzada fue acabar con la herejía cátara; la verdadera razón, doblegar al conde y a sus barones, vasallos levantiscos del rey de Francia, y apropiarse de sus bienes y de sus tierras.

Montségur, en 1244, fue uno de los últimos enclaves cátaros, el más importante puesto que en él se refugiaron los principales *perfectos* y *perfectas* de la Iglesia de los Creyentes, que quedó de esta manera descabezada al morir éstos en la colosal hoguera del Camp des Cremats, situado a las faldas de la roca. Este hecho, de gran repercusión en su momento, tuvo como resultado la creación de leyendas que aún se conservan y que a partir del siglo XIX dieron paso a todo tipo de especulaciones y han sido noveladas con mucho éxito.

Sin embargo, generalmente se ignora que la llamada herejía cátara tuvo sus comienzos en Bulgaria, pasando con posterioridad a Alemania y de ahí al norte de Francia. Las persecuciones en aquella región fueron terribles y en ellas perdieron la vida un número incontable de hombres y mujeres. En la región de Champaña, en Mont-Aimé, cerca de la pequeña población de Vertus, fueron juzgadas y quemadas vivas ciento ochenta y tres personas cuatro años antes de la quema de Montségur.

Así como los cátaros del Midi y Languedoc huyeron hacia Cataluña y Aragón, llegando hasta Valencia, los de Champaña y otras regiones del norte de Francia tomaron la ruta de Santiago para escapar de la persecución. Una de las denominaciones con la que se conocía a los agotes era la de *chrestias*, nombre que podría traducirse por «cristianos» o «creyentes», que era, en realidad, como los cátaros se llamaban a sí mismos. Hay quien piensa que estos *chrestias* llegaron de occidente, pero es mucho más probable que llegaran a Navarra desde el norte por la ruta de Santiago. De todos modos, y debido a su condición de proscritos, no hay nada que pueda demostrar ninguna de estas tesis y todo queda en una mera suposición.

La religión cátara –pues era una religión como luego lo ha sido el protestantismo o el calvinismo– se expandió por Francia y el norte de Italia y sobrevivió durante mucho tiempo después de su aparente aniquilamiento. También hay indicios para suponer que muchos cátaros fueron acogidos por los templarios españoles.

Bibliografía

AGUIRRE DELCLAUX, MARÍA DEL CARMEN. *Los agotes,* Institución Príncipe de Viana, Pamplona, 1978.

AN 1239 LE PROCÈS DES 183 CATHARES BRÛLES VIFS AU MONT-AIMÉ, http://perso.wanadoo.fr/esbt/MontA.htm, 2003.

ANTOLINI, PAOLA. *Los agotes, historia de una exclusión,* Ediciones Istmo, Madrid, 1989.

ATIENZA, JUAN G. *La ruta sagrada,* Robin Book, Barcelona, 1992.

ATIENZA, JUAN G. *Los enclaves templarios, guía mágica de la orden en España,* Ediciones Martínez Roca, Barcelona, 2002.

BLOT, JACQUES. *Arqueología y montaña vasca,* Elkar, Donostia/Baiona, 1993.

BRENNON, ANNE. *La verdadera historia de los cátaros,* Enigmas, Martínez Roca, Barcelona, 1997.

DUBY, GEORGES. *La época de las catedrales, arte y sociedad, 980-1420,* Ediciones Cátedra (Grupo Anaya), Madrid, 2002.

ESLAVA GALÁN, JUAN. *Los templarios y otros enigmas medievales,* Editorial Planeta, Barcelona, 2002.

FELONES MORRÁS, ROMÁN. *Los caminos de Santiago en Navarra,* Institución Príncipe de Viana, Pamplona, 1999.

GARCÍA ARANCÓN, RAQUEL. *La junta de infanzones,* Fundación Misterio de Obanos, Navarra, 2004.

ORTIZ-OSÉS, ANDRÉS. *La diosa madre. Interpretación desde la mitología vasca,* Editorial Trotta, Madrid, 1996.

PAGOLA LORENTE, JAVIER. *Navarra por mil caminos,* Gobierno de Navarra, Pamplona, 2001.

ROQUEBERT, MICHEL. *Histoire des cathares. Hérésie, croisade, inquisiton du XI au XIV siècle,* Librairie Académique Perrin, 1999.
URSÚA IRIGOYEN, ISIDORO: *Ursúa, historia y seguimiento de un apellido navarro,* Isidoro Ursúa Irigoyen, Pamplona, 1995.
VV. AA. *La vallée de Baïgorry,* Éditions Izpegi, Baigorri, 2002.
VV. AA. *Sedes reales de Navarra,* Gobierno de Navarra, Pamplona, 1991.

Índice

BIBLIOTECA TOTI MARTÍNEZ DE LEZEA

Ediciones EMBOLSILLO

La calle de la Judería
Una familia judeoconversa en el siglo XV

La herbolera
Una joven curandera acusada de brujería

La voz de Lug
La epopeya del pueblo astur

La Abadesa
María, la Excelenta

Las torres de Sancho
En el reino de Sancho el Mayor de Navarra

Señor de la guerra
Señores y vasallos en el siglo XV

La Comunera
María Pacheco, una mujer rebelde

Los hijos de Ogaiz
Dos familias enfrentadas en el siglo de la peste negra

De la misma autora

Encuadernación en cartoné con sobrecubierta

A la sombra del templo

Intriga y conspiración en la ciudad de Vitoria

El verdugo de Dios

Un inquisidor en el Camino de Santiago

La Abadesa

María, la Excelenta

La Comunera

María Pacheco, una mujer rebelde

La voz de Lug

La epopeya del pueblo astur

El Jardín de la Oca

¿Qué misterio oculta un antiguo tablero de adivinación?

TOTI MARTÍNEZ DE LEZEA

Los grafitis de mamá

Monólogo de un ama de casa de 50 años
y... más

Toti Martínez de Lezea realiza un sorprendente cambio de registro y nos ofrece el humorístico y tierno retrato de un ama de casa cincuentona.